Tatsächliche Unterhaltsleistungen faktischer Lebensgefährten im Todesfall

Studien zum deutschen und internationalen Familien- und Erbrecht

Herausgegeben von Martin Lipp, Christoph Benicke, Marina Wellerhofer und Bettina Heiderhoff

Band 18

Zur Qualitätssicherung und Peer Review der vorliegenden Publikation

Die Qualität der in dieser Reihe erscheinenden Arbeiten wird vor der Publikation durch den Herausgeber der Reihe geprüft.

Notes on the quality assurance and peer review of this publication

Prior to publication, the quality of the work published in this series is reviewed by the editor of the series.

Birthe Schekahn

Tatsächliche Unterhaltsleistungen faktischer Lebensgefährten im Todesfall

Ein Vorschlag für eine Reform des § 844 Abs. 2 BGB und zugleich eine Definition der faktischen Lebensgemeinschaft

PL ACADEMIC RESEARCH

Bibliografische Information der Deutschen Nationalbibliothek
Die Deutsche Nationalbibliothek verzeichnet diese Publikation in der Deutschen Nationalbibliografie; detaillierte bibliografische Daten sind im Internet über http://dnb.d-nb.de abrufbar.

Zugl.: Hamburg, Univ., Diss., 2013

D 18
ISSN 1864-497X
ISBN 978-3-631-64228-3 (Print)
E-ISBN 978-3-653-03729-6 (E-Book)
DOI 10.3726/978-3-653-03729-6

PL Academic Research ist ein Imprint der Peter Lang GmbH.

Peter Lang – Frankfurt am Main · Bern · Bruxelles · New York · Oxford · Warszawa · Wien

Dieses Buch erscheint in einer Herausgeberreihe bei PL Academic Research und wurde vor dem Erscheinen peer reviewed.

www.peterlang.com

Meinen Eltern

Vorwort

Die vorliegende Arbeit wurde von der Fakultät für Rechtswissenschaft der Universität Hamburg im Sommersemester 2013 als Dissertation angenommen. Sie befindet sich auf dem Stand Juli 2013.

Das Schreiben einer Doktorarbeit ist nicht möglich, ohne in viele Richtungen Dank zu schulden.

Prof. Dr. Bettina Heiderhoff gebührt großer Dank für die Betreuung dieser Arbeit, die überaus schnelle Erstellung des Erstgutachtens und meine Zeit als Wissenschaftliche Mitarbeiterin an ihrem Lehrstuhl.

Danken möchte ich zudem Prof. Dr. Reinhard Bork für das zügige Abfassen des Zweitvotums. Dank geht auch an die Professores Dres. Bettina Heiderhoff, Marina Wellenhofer, Martin Lipp und Christoph Behnicke für die Aufnahme meiner Arbeit in die Schriftenreihe zum Deutschen und Internationalen Familien- und Erbrecht sowie an Dr. Benjamin Kloss vom Peter Lang Verlag für die nette Betreuung bei der Veröffentlichung.

Christoph Greggersen, Christina Heitz und Lina-Joana Hantelmann danke ich herzlich für hilfreiche Gespräche; Christoph besonders auch für die Gesellschaft in der Dreiviertelstunde vor der Verteidigung. Für die nette Zeit in unserem gemeinsamen Büro möchte ich mich bei Ina Riewert bedanken.

Besonderer Dank geht an meine Familie. Mein Bruder hat mit der Durchsicht des Manuskripts und seinen kritischen Hinweisen zum Gelingen dieser Arbeit beigetragen – Danke Jan! Meinen Eltern Elke und Klaus Schekahn gilt schließlich der größte Dank. Nicht nur für ihre vielfältige und umfassende Unterstützung in allen Phasen meines Dissertationsvorhabens, sondern auch für die fortwährende Begleitung und Förderung meiner gesamten Ausbildung. Ihnen widme ich diese Arbeit.

Hamburg, Juli 2013 Birthe Schekahn

Inhaltsverzeichnis

Einleitung

„Der Gesetzgeber möge prüfen, ob der Schadensersatzanspruch nach § 844 Abs. 2 BGB auf faktisch bestehende und/oder vertraglich geregelte Unterhaltsberechtigungen ausgeweitet werden sollte.“ – So lautet die Empfehlung, die der 50. VGT dem Gesetzgeber im Januar 2012 ausgesprochen hat[1]. Eine mögliche Novellierung wurde dabei explizit am Beispiel der faktischen Lebensgemeinschaft[2] diskutiert.

Nahezu zeitgleich veröffentlichte das Bayerische Staatsministerium der Justiz einen Diskussionsentwurf, in dem gefordert wird, die Haftung aus § 844 Abs. 2 BGB auf den Entzug vertraglicher Unterhaltsansprüche zu erweitern[3]. Begründet wird auch dies schwerpunktmäßig mit den veränderten Formen nichtformalisierten Zusammenlebens.

Beide Vorstöße treffen den Nerv dieser Arbeit: Das vorliegende, zu Beginn des Jahres 2012 bereits begonnene, Promotionsvorhaben untersucht, ob § 844 Abs. 2 BGB[4] in seiner aktuellen Fassung den gegenwärtigen gesellschaftlichen Verhältnissen noch entspricht oder ob eine Erweiterung auf faktische Lebensgemeinschaften erfolgen sollte.

Die Aktualität dieser Fragestellung wird von zwei weiteren Aspekten verstärkt: Zum einen der Tatsache, dass der VGT sich nach 1985 und 2007 bereits zum dritten Mal mit diesem Thema beschäftigt hat, bei den ersten beiden Anläufen Änderungen in Bezug auf § 844 Abs. 2 BGB aber ablehnte[5]. Zwar fordert er auch jetzt keine Novellierung, allein der Umstand, dass er eine solche nun in Betracht zieht, ist jedoch eine bemerkenswerte Entwicklung.

1 Empfehlung I zum AK I des 50. VGT (alle Empfehlungen des VGT sind abrufbar unter http://www.deutsche-verkehrsakademie.de/index.php?option=com_content&view=article&id=8&Itemid=57).

2 Zur Terminologie sogleich Einleitung, A, I und ausführlich 1. HT, Kap. 4, B.

3 Bayerisches Staatsministerium der Justiz, Diskussionsentwurf eines Gesetzes zur Verbesserung der zivilrechtlichen Rechtsstellung der Angehörigen von Unfallopfern (Diskussionsentwurf), Stand: 15.02.2012, S. 3, abrufbar unter http://www.justiz.bayern.de/imperia/md/content/ stmj_internet/ ministerium/ministerium/gesetzgebung/gesetzentwurf_verb_zivilrechtl_rechtstellung_unfallopfer.pdf.

4 Für die Parallelnormen in § 10 Abs. 2 StVG, § 5 Abs. 2 HPflG, § 35 Abs. 2 LuftVG, § 86 Abs. 2 AMG, § 7 Abs. 2 ProdHaftG, § 32 Abs. 4 S. 3 GenTG, § 28 Abs. 2 AtomG, § 12 Abs. 2 UmweltHaftG gilt das Gesagte entsprechend.

5 Empfehlung II zum AK I des 45. VGT sowie Empfehlung 2 zum AK II des 23. VGT.

Zum anderen spricht auch die Behandlung, die die Fragestellung in der rechtswissenschaftlichen Literatur erfährt für ihre Wichtigkeit. Zwei besonders herausstechende Entwicklungen seien hier erwähnt. Kommentierte *Ansgar Staudinger* noch 2009, dass „beachtliche Gründe" für eine Ausweitung des Schutzes auf faktische Unterhaltsbeziehungen sprächen[6], ergänzte er diese Ausführungen in der Neuauflage aus dem Jahr 2012 um den Zusatz, dass die aktuelle Gesetzesfassung „kaum mehr zeitgemäß [ist] und eine Korrektur durch den Gesetzgeber [erfordert]"[7].

Eine ähnliche Entwicklung findet sich im von *Julius von Staudinger* begründeten Großkommentar zum BGB. In der 13. Bearbeitung aus dem Jahr 2000 schreibt *Hans-Wolfgang Strätz*, dass eine Gesetzesänderung, die eine Ausweitung des § 844 Abs. 2 BGB auf tatsächliche Leistungen faktischer Lebensgefährten zur Folge hätte, „zu erwägen" wäre[8]. In der 2007 erschienenen, nun von *Martin Löhnig* verantworteten Neubearbeitung heißt es dann, dass eine entsprechende Änderung „dringend erforderlich" sei[9].

A. Die Einführung in die Problemstellung

Wenn man die Frage aufwirft, ob der heutige § 844 Abs. 2 BGB den gesellschaftlichen Verhältnissen noch gerecht wird oder ob er dafür – neben Ehegatten[10] – auch den hinterbliebenen faktischen Lebensgefährten schützen müsste, sind zwei Faktoren wichtig. Als Vorfrage muss analysiert werden, was unter einer faktischen Lebensgemeinschaft zu verstehen ist. Nur dann kann daran anschließend untersucht werden, ob der § 844 Abs. 2 BGB auf diese Art der Paarbeziehung ausgeweitet werden sollte.

I. Die faktische Lebensgemeinschaft

Bei der faktischen Lebensgemeinschaft handelt sich um eine neben der Ehe stehende Form der Paarbeziehung, deren gesellschaftliche Bedeutung in den letzten

---

6 Schulze/*Staudinger*, 6. Auflage, 2009, § 844 Rn. 7.

7 Schulze/*Staudinger*, 7. Auflage, 2012, § 844 Rn. 7.

8 Staudinger/*Strätz*, 13. Bearbeitung (2000), Anh. zu §§ 1297 ff. Rn. 224.

9 Staudinger/*Löhnig*, Neubearbeitung 2007, Anh. zu §§ 1297 ff. Rn. 253.

10 Die Arbeit bezieht sich nur auf den Vergleich zu Ehegatten. Die Ausführungen gelten weitestgehend aber entsprechend für eingetragene Lebenspartner nach dem LPartG. Dies findet jedoch dort seine Grenzen, wo die Rechtsstellung zwischen Ehegatten und eingetragenen Lebenspartner (noch) nicht identisch ausgestaltet ist.

Jahren zugenommen hat. Hand in Hand damit sind auch ihre rechtlichen Probleme gewachsen. So haben die Gerichte sich vermehrt mit dieser Lebensform auseinanderzusetzen. Zu denken ist insbesondere an die meist nach Beziehungsende angestrengten Rechtsstreitigkeiten, die vermögensrechtliche Ausgleichsansprüche betreffen. Lassen sich die widerstreitenden Interessen durch eine Anwendung der existierenden Normen nicht lösen, wird der Ruf nach dem Gesetzgeber drängender. In der Vergangenheit wurde er bereits in einigen Bereichen erhört, zuletzt im Miet- und Versicherungsvertragsrecht.

Die Konturen der faktischen Lebensgemeinschaft sind bisher dennoch nicht in allen Einzelheiten klar umrissen. Umstritten ist z.B. nach wie vor, ob auch gleichgeschlechtliche Beziehungen unter diesen Begriff zu subsumieren sind. Diese Arbeit wird sich daher zunächst mit den Merkmalen auseinandersetzen, die diese Art der Paarbeziehung charakterisieren. Das Ergebnis ist eine umfassende Definition der faktischen Lebensgemeinschaft.

Bei der Terminologie wird ein moderner Ansatz gewählt. Im Anschluss an *Gernhuber/Coester-Waltjen*, *Löhnig* und *Dethloff* werden an Stelle von nichtehelicher Lebensgemeinschaft oder eheähnlicher Gemeinschaft die Begriffe faktische Lebensgemeinschaft und faktische Lebensgefährten verwendet[11].

II. Der § 844 Abs. 2 BGB

Den zweiten für diese Arbeit wesentlichen Aspekt stellt § 844 Abs. 2 BGB dar. Grundsätzlich werden im deutschen Deliktsrecht nur unmittelbare Schäden, d.h. solche, die der Anspruchsinhaber in eigener Person erlitten hat, ersetzt. Die einzigen echten Ausnahmen davon bilden § 844 und § 845 BGB[12]. Über diese Normen werden unter besonderen Voraussetzungen mittelbar Geschädigte geschützt, worunter man diejenigen versteht, die ohne selbst verletzt worden zu sein, dadurch einen Vermögensschaden erleiden, dass jemand anderes verletzt oder sogar getötet wird[13]. Auf den ersten Blick scheint die Ersatzfähigkeit des sogenannten Schockschadens eine weitere Ausnahme zu bilden. Denn danach sind über § 823 Abs. 1 BGB bei Vorliegen enger Voraussetzungen ebenfalls Schäden ersatzfähig, die jemand dadurch erleidet, dass eine andere Person schwer verletzt oder getötet wird[14]. Der Anknüpfungspunkt ist aber ein gänzlich anderer als die Ansatzpunkte

11 Siehe dazu auch Einleitung zum 1. HT und 1. HT, Kap. 4, B.

12 Palandt/*Sprau*, 72. Auflage, 2013, § 844 Rn. 1; MüKo/*Wagner*, BGB, 5. Auflage, 2009, § 844 Rn. 1.

13 Geigel/*Schlegelmilch*, Kap. 8 Rn. 1.

14 *Angela Diederichsen* NJW 2013, 641, 647; Palandt/*Grüneberg*, 72. Auflage, 2013, Vorb v § 249 Rn. 40; MüKo/*Oetker*, BGB, 6. Auflage, 2012, § 249 Rn. 153; OLG Köln VersR 2011,

der §§ 844, 845 BGB. Der Ersatz von Schockschäden setzt voraus, dass die anspruchsberechtigte Person in Folge der schweren Verletzung oder Tötung eines ihr nahestehenden Menschen selbst eine psychische Gesundheitsschädigung erlitten hat. Anspruchsvoraussetzung ist somit ein unmittelbarer Schaden des Anspruchsinhabers.

§ 844 Abs. 2 BGB hingegen räumt den Hinterbliebenen einer in deliktsrechtlich relevanter Weise getöteten Person einen eigenen Schadensersatzanspruch gegen den Schädiger ein. Voraussetzung ist jedoch, dass zwischen Hinterbliebenen und Getötetem eine gesetzliche Unterhaltsbeziehung bestand und das Recht auf den Unterhalt durch die Tötung entzogen ist.

Gesetzliche Unterhaltspflichten sind nur im Familienrecht geregelt, welches dadurch indirekt die deliktsrechtliche Anspruchsberechtigung vorgibt. Entsprechende Pflichten bestehen zwischen Ehegatten (§§ 1360, 1361, 1570ff. BGB), eingetragenen Lebenspartnern (§§ 5, 12, 16 S. 2 LPartG) sowie Verwandten in gerade Linie (§§ 1601ff. BGB[15]). Hinzu kommen der Anspruch der Mutter eines nichtehelichen Kindes aus Anlass der Geburt nach § 1615l Abs. 1 BGB und der des betreuenden Elternteils eines nichtehelichen Kindes aus § 1615l Abs. 2-4 BGB. Der Verlust vertraglicher oder rein tatsächlicher Unterhaltsleistungen führt nach derzeitiger Rechtslage hingegen nicht zu einer Haftung des Schädigers.

Keine gesetzlichen Unterhaltspflichten bestehen zwischen faktischen Lebensgefährten, weswegen sie sich im Fall der deliktischen Tötung ihres Partners auch nicht auf § 844 Abs. 2 BGB berufen können. In Betracht kommt daher allenfalls die Geltendmachung eines Schockschadens. Dessen Anspruchsinhalt ist jedoch auf Ausgleich der in eigener Person erlittenen Gesundheitsschädigung gerichtet und damit ein völlig anderer als beim Ersatz des Unterhaltsschadens, wo der Schädiger in der Zukunft das zu ersetzen hat, wozu der Getötete bei seinem Weiterleben unterhaltsrechtlich verpflichtet gewesen wäre.

Das BGB schützt zu Lebzeiten erbrachte Unterhaltsleistungen faktischer Lebensgefährten im Fall der deliktischen Tötung somit nicht. Der hinterbliebene Lebensgefährte kann wegen des Verlusts des bisher von seinem Partner erhaltenen Unterhalts keinen deliktischen Schadensersatzanspruch geltend machen.

Mit der starren Anknüpfung an gesetzliche Unterhaltspflichten hat der Gesetzgeber sich für ein hohes Maß an Rechtssicherheit entschieden. Der Kreis der anspruchsberechtigten Personen ist eindeutig und leicht zu bestimmen. Leidtragende dieser Klarheit ist jedoch die Einzelfallgerechtigkeit. So berücksichtigt die aktuelle Gesetzesfassung nicht, dass auch in anderen als den erfassten Konstella-

---

674, 675; LG Frankfurt NJW 1969, 2286, 2287; a.A. Burmann/Heß/Jahnke/Janker/*Jahnke*, 22. Auflage, 2012, Vor § 249 Rn. 102.

15 Für die Adoption ist ergänzend auf den Anspruch in § 1751 Abs. 4 BGB hinzuweisen.

tionen, eine vergleichbare wirtschaftliche Interessenlage bestehen kann, wenn eine Person getötet wird, die eine andere zu Lebzeiten – sei es auf vertraglicher oder rein tatsächlicher Grundlage – unterstützt hat.

Dabei wächst die Zahl faktischer Lebensgemeinschaften stetig. Es ist verbreitet und gesellschaftlich akzeptiert, dass Paare auch außerhalb der formalisierten Ehe füreinander einstehen. Aus dieser Verantwortungsübernahme können Zuwendungen resultieren, die sich auf die wirtschaftlichen Verhältnisse der Lebensgefährten auswirken, etwa indem der eine dem anderen monatlich einen bestimmten Geldbetrag überlässt oder einer der Lebensgefährten allein für die Miete der gemeinsam genutzten Wohnung aufkommt. Wird der Unterstützer nun durch eine deliktische Handlung, z.B. bei einem Verkehrsunfall, getötet, entfallen seine zu Lebzeiten erbrachten Leistungen kompensationslos. Dies gilt unabhängig davon, ob seine Zuwendungen weiterhin erfolgt wären, wäre er nicht ums Leben gekommen.

Es zeigt sich, dass unabhängig davon, auf welcher Grundlage Unterstützungsleistungen erbracht wurden, ihr Wegfall Auswirkungen auf die finanzielle Situation der bisher unterstützten Person hat. Vergleichbar einem hinterbliebenen Ehegatten hat der hinterbliebene Lebensgefährte daher ein Interesse daran, nun den Schädiger in Anspruch zu nehmen. Die heutige Fassung der Norm wird dem nicht gerecht. Sie lässt faktischen Lebensgefährten nur die Möglichkeit, zu heiraten und dadurch gesetzliche Unterhaltspflichten zu begründen, die dann wiederum die Anwendbarkeit des § 844 Abs. 2 BGB nach sich zögen. Die Norm zwingt die Menschen, sich dem Gesetz anzupassen und beharrt damit auf der faktischen Kraft des Normativen. Im Gegensatz dazu könnte das Recht auch den gesellschaftlichen Verhältnissen und so der normativen Kraft des Faktischen folgen.

Bei der Beurteilung, ob zukünftig auch faktische Lebensgefährten in den Genuss des Anspruchs aus § 844 Abs. 2 BGB kommen sollten, ist neben diesem Widerstreit von Rechtssicherheit und Einzelfallgerechtigkeit das Verhältnis der faktischen Lebensgemeinschaft zur Ehe von großer Relevanz. Wie weit *darf* der Gesetzgeber mit Blick auf Art. 6 Abs. 1 GG gehen, wenn er die faktische Lebensgemeinschaft verrechtlicht? Wie weit *muss* er auf Grund des grundrechtlichen Schutzes dieser Paarbeziehung vielleicht sogar gehen? Und welche Rolle spielt die, ebenfalls vom Grundgesetz geschützte, Entscheidung der Lebensgefährten, gerade nicht zu heiraten?

Neben diesen Kernaspekten spielt eine Vielzahl weiterer Gesichtspunkte eine Rolle. Zu überlegen ist z.B., inwieweit die Grundrechte des haftenden Dritten bei einer Haftungsausweitung zu berücksichtigen sind, ob das Deliktsrecht nur die Unterhaltsbeziehungen schützen darf, die das Familienrecht vorsieht und wie andere europäische Rechtsordnungen diese Konstellation auflösen.

B. Der Gang der Untersuchung

Die beiden soeben aufgezeigten Faktoren geben die Zweiteilung dieser Arbeit vor. Der Erste Hauptteil behandelt die faktische Lebensgemeinschaft und schließt mit einer eigenen Definition dieser Lebensform ab. Der Zweite Hauptteil widmet sich der Frage nach der Erweiterung des § 844 BGB und somit dem eigentlichen Kern der Problemstellung. An seinem Ende steht ein detaillierter Reformvorschlag.

Um eine Definition der faktischen Lebensgemeinschaft entwickeln zu können, wird in dem aus insgesamt vier Kapiteln bestehenden Ersten Hauptteil zunächst die Behandlung dieser Paarbeziehung in Gesetzgebung (Kapitel 1), Rechtsprechung (Kapitel 2) und Literatur (Kapitel 3) analysiert.

In Kapitel 1 wird dabei nach Rechtsbereichen differenziert. So wird in Teil A beispielsweise auf das Sozialrecht eingegangen, in dem der Gesetzgeber schon sehr früh auf die Existenz faktischer Lebensgemeinschaften reagierte.

Die Auseinandersetzung mit der Rechtsprechung zur faktischen Lebensgemeinschaft in Kapitel 2 unterscheidet zwischen der Behandlung durch Bundesverfassungsgericht (Teil A), Bundesverwaltungsgericht (Teil B), Bundessozialgericht (Teil C) und Bundesgerichtshof (Teil D).

Kapitel 3 wendet sich zunächst den Motiven, die dem Eingehen einer faktischen Lebensgemeinschaft zugrunde liegen zu (Teil A), bevor auf die in der Literatur diskutierten Definitionsmerkmale eingegangen wird (Teil B).

Im Anschluss daran wird eine eigene Definition der faktischen Lebensgemeinschaft, die für das gesamte Zivilrecht gelten soll, erarbeitet (Kapitel 4). Behandelt werden neben den Vorfragen Definierbarkeit, Notwendigkeit und Reichweite einer Definition die prägenden Eigenschaften dieser Lebensform (Teil A). Daran schließen sich Ausführungen zur Terminologie an (Teil B).

Der in drei Kapitel gegliederte Zweite Hauptteil beginnt mit einer Betrachtung des faktischen Lebensgefährten gegenwärtig von § 844 Abs. 2 BGB vermittelten Schutzes (Kapitel 1). Besprochen wird sowohl die direkte (Teil A) als auch eine mögliche analoge (Teil B) Anwendung der Norm.

Daran knüpft die Erörterung des Kernproblems an (Kapitel 2): Die Frage nach der Ausweitung des Schutzes aus § 844 Abs. 2 BGB auf faktische Lebensgemeinschaften. Es wird zunächst dargelegt, welche Möglichkeiten für eine Ausdehnung der deliktischen Einstandspflicht bestehen (Teil A). Bereits die herangezogenen Stimmen aus dem rechtswissenschaftlichen Diskurs zeigen, dass verschiedene potentielle Anknüpfungspunkte existieren. Am weitesten verbreitet sind der Schutz vertraglicher oder tatsächlicher Unterhaltsleistungen. Über diese sollte, wenn es nach dem 50. VGT geht, auch der Gesetzgeber nachdenken. Auf diesen Abschnitt folgt eine ausführliche Auseinandersetzung mit den vorgebrachten

Argumenten (Teil B). Dabei werden zunächst die gegen eine Ausweitung des § 844 Abs. 2 BGB sprechenden Gründe einer kritischen Würdigung unterzogen. Sodann erfolgt eine Darstellung der befürwortenden Argumente. Dieses Vorgehen ist deshalb zwingend, weil es für eine Novellierung der Norm nicht ausreicht, dass die gegen eine Reform streitenden Einwände entkräftet werden. Vielmehr müssen sich stichhaltige Gründe gerade für eine Neufassung finden lassen. Hier wird neben weiteren Gesichtspunkten auf die bereits angerissenen Spannungsfelder zwischen Rechtssicherheit und Einzelfallgerechtigkeit sowie zwischen Eheschutz und Schutz der faktischen Lebensgemeinschaft einzugehen sein.

Anschließend daran wird Schritt für Schritt ein Reformvorschlag für den § 844 BGB entwickelt (Kapitel 3). Wichtig ist dabei zuerst, welcher Anknüpfungspunkt zukünftig gewählt werden und ob dieser neben die gesetzlichen Unterhaltspflichten treten oder diese miterfassen sollte (Teil A). Der darauf folgende Teil B beschäftigt sich mit der Frage, ob man nur faktische Lebensgemeinschaften oder auch andere familiäre Nähebeziehungen in den erweiterten Schutz einbeziehen sollte. Danach werden die Anforderungen, die an den neuen Anspruch zu stellen sind, diskutiert (Teil C). Teil D behandelt die unmittelbaren Nebenfolgen einer Erweiterung, bevor in Teil E ein Formulierungsvorschlag für die Neufassung des § 844 vorstellt wird. Dem Gesetzgeber wird so eine von mehreren möglichen Alternativen, auf die Empfehlung des 50. VGT zu reagieren aufgezeigt.

Den Abschluss bildet eine Zusammenstellung der Ergebnisse der Arbeit.

Erster Hauptteil: Die faktische Lebensgemeinschaft

Möchte man sich der Bestimmung der faktischen Lebensgemeinschaft nähern, bereiten zwei Aspekte nicht unerhebliche Schwierigkeiten. Da ist zum einen die verwendete uneinheitliche Terminologie. Die gängigsten Bezeichnungen sind jedoch nichteheliche Lebensgemeinschaft, eheähnliche Gemeinschaft und neuerdings auch faktische Lebensgemeinschaft. In dieser Arbeit wird der letztgenannte Begriff präferiert, die Gründe dafür an späterer Stelle erörtert[16]. Sie gebraucht daher ganz überwiegend diesen Terminus und daran anknüpfend den der faktischen Lebensgefährten. In diesem ersten Hauptteil werden jedoch dort andere Bezeichnungen benutzt, wo es erforderlich ist, um die Eigenheiten der verschiedenen von Gesetzgeber, Rechtsprechung und Literatur entwickelten Definitionsansätze aufzuzeigen.

Die zweite große Schwierigkeit besteht darin, dass es „die eine nichteheliche Lebensgemeinschaft nicht gibt"[17]. Die Ausgestaltungen nicht statusbegründender Paarbeziehungen sind vielschichtig und deshalb nicht leicht unter einen Oberbegriff zu fassen. Ein Aspekt aber eint all diese Lebensentwürfe: Es fehlt der Vereinigung zwischen zwei Personen, ob verschieden- oder gleichgeschlechtlich, an der staatlichen Mitwirkung. Es gibt keinen der Eheschließung vergleichbaren Publizitätsakt. Daraus resultiert ein gewisser Grad an Rechtsunsicherheit, da eine pauschale, schnelle Bestimmung über das Vorliegen einer faktischen Lebensgemeinschaft an Hand von Dokumenten nicht möglich ist.

Im Folgenden wird dennoch versucht, ein möglichst umfassendes Bild dieser Beziehungsform zu zeichnen. Neben der Behandlung durch den Gesetzgeber, spielen vor allem Rechtsprechung und Literatur eine wichtige Rolle. Im Anschluss daran wird eine eigenständige Definition entwickelt.

---

16 Vgl. unten 1. HT, Kap. 4, B.

17 *Jahnke* NZV 2007, 329, 330; *Kingreen*, S. 57; *Coester-Waltjen* NJW 1988, 2085, 2085; *Eva-Marie v. Münch* ZRP 1988, 327, 328; *Hans-Jürgen Becker* VersR 1985, 201, 201; *Grziwotz*, 4. Auflage, 2006, § 3 Rn. 12; *Glatzer*, S. 10.

Kapitel 1: Die Behandlung durch den Gesetzgeber

A. Sozialrecht

Das Sozialrecht ist nicht nur das Rechtsgebiet, in dem der Gesetzgeber die eheähnliche Gemeinschaft erstmalig normierte, sondern auch der Bereich, in welchen er diesbezüglich seine größten Anstrengungen investierte.

I. Arbeitslosenhilfe

1. AVAVG

Zum ersten Mal normiert wurde die eheähnliche Gemeinschaft schon sehr früh. Bereits 1956 fand sie ihren Weg in ein Gesetz: Das AVAVG[18]. Dieses stammte aus dem Jahr 1927 und regelte in den §§ 144-156 die Arbeitslosenhilfe. Sie sollte die Lücke füllen, die aus der Begrenzung der Leistungen aus der Arbeitslosenversicherung (§§ 56-129 AVAVG) resultierte. Arbeitslose sollten nicht unter die allgemeine Fürsorge fallen. Mit dem Gesetz zur Änderung und Ergänzung des AVAVG vom 16.04.1956[19] wurde ein neuer § 141e in das AVAVG aufgenommen. Durch ein weiteres Gesetz zur Änderung und Ergänzung des AVAVG vom 23.12.1956[20] wurde der Bundesminister für Arbeit in Artikel X § 8 ermächtigt, das AVAVG neu bekannt zu machen und dabei auch die Paragrafenfolge zu bereinigen. Dies erfolgte durch die Bekanntmachung der Neufassung des AVAVG vom 03.03.1957[21]. Dadurch wurde der bisherige § 141e AVAVG zum nahezu inhaltsgleichen § 149 AVAVG. Diese Norm enthielt Vorgaben für die Bestimmung der Bedürftigkeit, die Voraussetzung für die Gewährung von Arbeitslosenhilfe war. Gemäß § 149 Abs. 1 AVAVG galt der Arbeitslose als bedürftig, soweit er seinen Lebensunterhalt nicht auf andere Weise als durch die Gewäh-

18 RGBl. 1927 I S. 187.
19 BGBl. 1956 I S. 243.
20 BGBl. 1956 I S. 1018.
21 BGBl. 1957 I S. 321; auf diese Gesetzesfassung beziehen sich die folgenden Paragrafenangaben.

rung von Arbeitslosenhilfe bestreiten konnte. Über § 149 Abs. 2 AVAVG waren in diese Berechnung auch das Vermögen des Ehegatten des Bedürftigen und das Vermögen seiner im gemeinsamen Haushalt lebenden Verwandten in gerader Linie einzubeziehen. Gemäß § 149 Abs. 3 S. 1 AVAVG wurde die Arbeitslosenhilfe bei gleichzeitigem Bezug durch beide Ehegatten gemeinsam berechnet, so dass nicht beide Ehegatten den vollen Satz erhielten. § 149 Abs. 3 S. 4 AVAVG lautete:

> „Auf Personen, die in eheähnlicher Gemeinschaft leben, sind die Vorschriften dieses Absatzes entsprechend anzuwenden."

Der Absatz 5 enthielt zudem folgende Formulierung:

> „Im Sinne der Vorschriften der Absätze 1 und 2 sind die Einkünfte und das Vermögen einer Person, mit der der Arbeitslose in eheähnlicher Gemeinschaft lebt, in gleicher Weise zu berücksichtigen wie die Einkünfte und das Vermögen eines Ehegatten."

An einer Definition der eheähnlichen Gemeinschaft fehlt es in der Gesetzesbegründung allerdings[22]. Der Bundesrat forderte während des Gesetzgebungsverfahrens sogar, die Vorschriften zur eheähnlichen Gemeinschaft aus „sozialversicherungsrechtlichen und verfassungsrechtlichen Erwägungen" komplett zu streichen[23]. Die Bundesregierung lehnte dies in einer Stellungnahme jedoch ab. Sie führte aus, dass ohne eine solche Regelung die Partner einer eheähnlichen Gemeinschaft besser stünden als verheiratete Personen und so ein Zustand entstünde, der zu verhindern sei[24]. Zudem übernehme der Gesetzesentwurf mit der Formulierung in § 149 Abs. 3 S. 4, Abs. 5 AVAVG lediglich die Grundsätze, die von Lehre und Rechtsprechung im Bereich der öffentlichen Fürsorge ohnehin bereits angewendet würden[25]. In diese Richtung ging auch der Erste Schriftliche Bericht des Ausschusses für Arbeit[26]. Darüber hinaus wurde klargestellt, dass es für das Vorliegen einer eheähnlichen Gemeinschaft von entscheidender Bedeutung sei, dass eine Haushalts- und Wirtschaftsgemeinschaft bestehe, dass also gemeinsam, vergleichbar der Situation in einer Ehe, gewirtschaftet werde[27]. Das Vorliegen einer geschlechtlichen Gemeinschaft sei nicht von Bedeutung[28]. Auch im Zweiten Schriftlichen Bericht des Ausschusses für Arbeit wurde am späteren § 149 Abs. 3 S. 4, Abs. 5 AVAVG festgehalten. Eventuelle Bedenken bezüglich der

---

22 Vgl. Bt.-Drucks. 2/1274 S. 154 f. Der spätere § 149 AVAVG firmierte im Gesetzesentwurf noch unter § 141d AVAVG.
23 Bt.-Drucks. 2/1274 S. 247.
24 Bt.-Drucks. 2/1274 S. 258.
25 Bt.-Drucks. 2/1274 S. 258.
26 Bt.-Drucks. 2/2101 S. 6.
27 Bt.-Drucks. 2/2101 S. 6.
28 Bt.-Drucks. 2/2101 S. 6.

Umsetzung der genannten Regelungen in der Praxis wurden mit dem Hinweis, dass das Feststellen einer eheähnlichen Gemeinschaft auch im Fürsorgerecht möglich sei, zurückgewiesen. Betont wurde erneut, dass es vor allem darauf ankomme, ob die Partner der eheähnlichen Gemeinschaft „in wirtschaftlicher Hinsicht wie Ehegatten zusammenleben“[29].

2. AFG

Das AVAVG wurde zum 01.07.1969 vom AFG[30] abgelöst. Die Arbeitslosenhilfe war in den §§ 134-141 geregelt. Die durchzuführende Bedürftigkeitsprüfung fand sich in § 137 AFG und das zu berücksichtigende Einkommen war in § 138 AFG festgesetzt. § 137 Abs. 2 AFG ordnete an, dass keine Bedürftigkeit vorliegt, wenn die Gewährung von Arbeitslosenhilfe mit Rücksicht auf das Vermögen des Ehegatten offenbar nicht gerechtfertigt ist. Über § 138 Abs. 1 Nr. 2 AFG war auch das Einkommen des Ehegatten in die Bedürftigkeitsprüfung miteinzubeziehen. Dem § 149 Abs. 3 S. 4, Abs. 5 AVAVG entsprechende Regelungen enthielt das AFG zunächst nicht, da der Gesetzgeber davon ausging, dass dies nicht erforderlich sei. Vielmehr könne das Vorliegen einer eheähnlichen Gemeinschaft im Rahmen einer allgemeinen Bedürftigkeitsprüfung berücksichtigt werden[31]. Aber auch als zum 01.01.1986 der neue § 137 Abs. 2a in das AFG aufgenommen wurde[32], der die Nachfolgernorm zu § 149 Abs. 5 AVAVG war, unterblieb eine Definition der eheähnlichen Gemeinschaft durch den Gesetzgeber. § 137 Abs. 2a AFG war zwar nicht wort-, aber inhaltsgleich mit § 149 Abs. 5 AVAVG. Der Gesetzgeber bezog sich auf einen Beschluss des BVerfG, wonach die Ehe nicht gegenüber eheähnlichen Gemeinschaften benachteiligt werden dürfte[33]. Zudem rekurrierte er auf die – sogleich noch zu erörternde – Parallelvorschrift im Sozialhilferecht: § 122 BSHG[34].

3. SGB III

Vom 01.01.1998 bis zum 01.01.2005[35] war die Arbeitslosenhilfe dann im SGB III[36] geregelt. Die § 149 Abs. 5 AVAVG bzw. § 137 Abs. 2a AFG entsprechende

29 Bt.-Drucks. 2/2714 S. 18.
30 BGBl. 1969 I S. 582.
31 Bt.-Drucks. 5/2299 S. 87.
32 BGBl. 1985 I S. 2484.
33 Bt.-Drucks. 10/4211 S. 27; zur Rechtsprechung des BVerfG sogleich ausführlich 1. HT, Kap. 2, A.
34 Bt.-Drucks. 10/4211 S. 27.
35 Seit dem 01.01.2005 gibt es das Arbeitslosengeld II.
36 BGBl. 1997 I S. 594.

Regelung fand sich in § 194 Abs. 1 Nr. 2 SGB III. § 193 Abs. 2 SGB III war die Nachfolgernorm zu § 149 Abs. 3 S. 4 AVAVG. In der Gesetzesbegründung wurde die eheähnliche Gemeinschaft nicht definiert, sondern lediglich auf die Vorgängernormen im AFG verwiesen[37].

4. Zwischenergebnis

Im Bereich der Arbeitslosenhilfe hat der Gesetzgeber die eheähnliche Gemeinschaft schon sehr früh in das Gesetz aufgenommen. Dies scheint zunächst sehr fortschriftlich und eine Anerkennung faktischer Beziehungen zu sein. Dieser erste Eindruck täuscht jedoch. Es war nicht das Ziel des Gesetzgebers, der eheähnlichen Gemeinschaft durch ihre Normierung Rechte einzuräumen. Ganz im Gegenteil: Ihre Regelung diente allein dem Zweck, die Schlechterstellung von Ehegatten zu verhindern.

II. Sozialhilfe

1. BSHG

Zum 01.06.1962 trat das BSHG[38] in Kraft. Es ersetzte das bis dahin geltende Fürsorgerecht bestehend aus der Verordnung über die Fürsorgepflicht (RFV) und die Reichsgrundsätze über Voraussetzung, Art und Maß der öffentlichen Fürsorge (RGr)[39], die beide aus dem Jahr 1924 stammten[40]. Das BSHG enthielt in § 122[41] eine Regelung, die sogar mit „Eheähnliche Gemeinschaft" überschrieben war und wie folgt lautete:

> „Personen, die in eheähnlicher Gemeinschaft leben, dürfen hinsichtlich der Voraussetzungen sowie des Umfanges der Sozialhilfe nicht besser gestellt werden als Ehegatten. [...]"

§ 122 BSHG wies für den Bereich der Sozialhilfe damit denselben Regelungsgehalt auf wie § 149 Abs. 5 AVAVG, § 137 Abs. 2a AFG und § 194 Abs. 1 Nr. 2 SGB III für den Bereich der Arbeitslosenhilfe[42]. Eine Definition der eheähnlichen Gemeinschaft nahm der Gesetzgeber auch hier nicht vor.

37 Bt.-Drucks. 13/4941 S. 189.
38 BGBl. 1961 I S. 815.
39 Bt.-Drucks. 3/1799 S. 31.
40 Vgl. RGBl. 1924 I S. 100 bzw. RGBl. 1924 I S. 765.
41 Die Regelung firmierte zunächst als § 115 BSHG und wurde erst später zum § 122.
42 Vgl. Bt.-Drucks. 3/1799 S. 61.

2. SGB XII

Durch die Reformen im Sozialrecht wurde das BSHG mit Wirkung zum 01.01.2005 zum SGB XII. Dieses enthält in § 20 eine dem § 122 BSHG entsprechende Regelung. Zum 01.08.2006 wurde § 20 SGB XII[43] dahingehend geändert, dass neben der eheähnlichen nun auch die lebenspartnerschaftsähnliche Gemeinschaft erfasst wird. Damit lautet § 20 S. 1 SGB XII in seiner heutigen Form wie folgt:

> „Personen, die in eheähnlicher oder lebenspartnerschaftsähnlicher Gemeinschaft leben, dürfen hinsichtlich der Voraussetzungen sowie des Umfangs der Sozialhilfe nicht besser gestellt werden als Ehegatten."

In der Gesetzesbegründung wurde explizit offen gelassen, ob die lebenspartnerschaftsähnliche, sprich gleichgeschlechtliche, Gemeinschaft unter den Begriff der eheähnlichen, sprich dem Namen nach eher verschiedengeschlechtlichen, Gemeinschaft subsumiert werden kann. Da hiergegen aber erhebliche Bedenken bestanden wurde der § 20 SGB XII neu gefasst und entsprechend erweitert[44]. Gleichgeschlechtliche Beziehungen scheiden damit nach Ansicht des Gesetzgebers aus dem Anwendungsbereich der eheähnlichen Gemeinschaft aus.

3. Zwischenergebnis

Auch im Bereich der Sozialhilfe verfolgte der Gesetzgeber mit der Normierung der eheähnlichen Gemeinschaft nur ein Ziel: Die Vermeidung ihrer Besserstellung im Vergleich zur Ehe. Zudem dehnte er die Regelungen, die für die eheähnliche Gemeinschaft gelten auch auf lebenspartnerschaftsähnliche Gemeinschaften aus. Dies wurde nach der Einführung des Lebenspartnerschaftsgesetzes für notwendig erachtet, da die gleichgeschlechtliche nichtformalisierte Lebensgemeinschaft andernfalls gegenüber der Ehe und auch gegenüber den verschiedengeschlechtlichen faktischen Lebensgemeinschaften privilegiert würde.

III. Grundsicherung für Arbeitssuchende

Im Rahmen der Hartz IV-Reformen wurde zum 01.01.2005 der § 7 Abs. 3 Nr. 3 SGB II[45] geschaffen, der wie folgt lautete:

---

43 BGBl. 2006 I S. 1706.
44 Bt.-Drucks. 16/1410 S. 34.
45 BGBl. 2003 I S. 2955.

„Zur Bedarfsgemeinschaft gehören …
3. als Partner der erwerbsfähigen Hilfebedürftigen
   a) der nicht dauernd getrennt lebende Ehegatte,
   b) die Person, die mit dem Erwerbsfähigen in eheähnlicher Gemeinschaft lebt,
   c) der nicht dauernd getrennt lebende Lebenspartner, …“.

Abermals enthielt die Gesetzesbegründung keinerlei Hinweis darauf, wie der Begriff der eheähnlichen Gemeinschaft zu verstehen ist.

Bereits zum 01.08.2006 wurde der Wortlaut des § 7 Abs. 3 SGB II[46] wieder geändert und erhielt dadurch seine heutige Fassung:

„Zur Bedarfsgemeinschaft gehören …
3. als Partner der erwerbsfähigen Hilfebedürftigen
   a) der nicht dauernd getrennt lebende Ehegatte,
   b) der nicht dauernd getrennt lebende Lebenspartner,
   c) eine Person, die mit dem erwerbsfähigen Hilfebedürftigen in einem gemeinsamen Haushalt so zusammenlebt, dass nach verständiger Würdigung der wechselseitige Wille anzunehmen ist, Verantwortung füreinander zu tragen und füreinander einzustehen, …“.

Der Gesetzgeber löst sich damit vom Begriff der eheähnlichen Gemeinschaft und übernimmt das Kriterium der Verantwortungs- und Einstehensgemeinschaft, welches das BVerfG geschaffen hat[47]. Zweck der bereits kurz nach Inkrafttreten notwendigen Reform war es, auch Partner einer nichteingetragenen lebenspartnerschaftsähnlichen Gemeinschaft zu erfassen. Hieraus lässt sich erneut schließen, dass gleichgeschlechtliche Beziehungen nicht unter den Begriff der eheähnlichen Gemeinschaft subsumiert werden können. Denn andernfalls wäre eine Änderung des Wortlauts des § 7 Abs. 3 SGB II nicht notwendig gewesen[48].

Eingeführt wurde zudem ein neuer § 7 Abs. 3a SGB II, der eine Beweislastumkehr zugunsten der zuständigen Behörde vornimmt[49]:

„Ein wechselseitiger Wille, Verantwortung füreinander zu tragen und füreinander einzustehen, wird vermutet, wenn Partner

1. länger als ein Jahr zusammenleben,
2. mit einem gemeinsamen Kind zusammenleben,
3. Kinder oder Angehörige im Haushalt versorgen oder
4. befugt sind, über Einkommen oder Vermögen des anderen zu verfügen.“

Dieser Absatz soll dem Missbrauch staatlicher Leistungen durch falsche Angaben über die Lebenssituation der Betroffenen vorbeugen[50]. Er basiert auf den vom

46 BGBl. 2006 I S. 1706.
47 Vgl. dazu unten 1. HT, Kap. 2, A, II.
48 Vgl. Bt.-Drucks. 16/1410 S. 19 und bereits oben 1. HT, Kap. 1, A, III.
49 Bt.-Drucks. 16/1410 S. 19.
50 Bt.-Drucks. 16/1410 S. 19.

BVerfG aufgestellten Kriterien[51]. Ergänzend diskutiert die Gesetzesbegründung ausführlich die erforderliche Dauer und bezog in den Entscheidungsprozess sowohl die diesbezüglichen Entscheidungen des BSG[52] als auch eine Entscheidung des LSG Berlin-Brandenburg ein[53]. Im Anschluss an letzteres wurde die Mindestdauer auf ein Jahr festgesetzt[54].

B. Mietrecht

Zum 01.09.2001 trat das Mietrechtsreformgesetz[55] in Kraft. Es regelte unter anderem das Eintrittsrecht in den Mietvertrag bei Tod des Mieters neu. So tritt zunächst der Ehegatte bzw. der eingetragene Lebenspartner des verstorbenen Mieters in das Mietverhältnis ein, § 563 Abs. 1 BGB. Beim Ehegatten nachrangig, beim Lebenspartner kumulativ, treten zudem die Kinder des Mieters ein, § 563 Abs. 2 S. 1 und 2 BGB. Auf jeden Fall nachrangig zu Ehe- und Lebenspartnern treten andere Familienangehörige ein, die mit dem verstorbenen Mieter einen gemeinsamen Haushalt führten, § 563 Abs. 2 S. 3 BGB. Zudem wurde folgender § 563 Abs. 2 S. 4[56] ins BGB eingefügt:

> „Dasselbe gilt für Personen, die mit dem Mieter einen auf Dauer angelegten gemeinsamen Haushalt führen."

In der Gesetzesbegründung heißt es, dass diese Reformierung den „geänderten Lebensgewohnheiten Rechnung trägt"[57]. Grundlage des Gesetzesentwurfs sei neben der ständigen Rechtsprechung des BGH in diesem Bereich, die Absicht, die Diskriminierung homosexueller Paare zu überwinden[58]. Bezug genommen wird auch auf die Kriterien des BGH zur nichtehelichen Lebensgemeinschaft[59], diese könnten auf den Ausdruck „auf Dauer angelegten gemeinsamen Haushalt" übertragen werden[60]. Daraus folge, dass ein solcher dann vorliegt, „wenn zwischen den Partnern eine Lebensgemeinschaft besteht, die auf Dauer angelegt ist, keine weiteren Bindungen gleicher Art zulässt und sich durch innere Bindungen

---

51 Bt.-Drucks. 16/1410 S. 19; dazu sogleich unten 1. HT, Kap. 2, A, II.

52 Auch dazu sogleich unten 1. HT, Kap. 2, C.

53 LSG Berlin-Brandenburg NJ 2006, 239.

54 Bt.-Drucks. 16/1410 S. 19.

55 BGBl. 2001 I S. 1149.

56 Im Gesetzesentwurf war der § 563 Abs. 2 S. 4 noch der § 563 Abs. 2 S. 2 BGB, vgl. Bt.-Drucks. 14/4553 S. 14.

57 Bt.-Drucks. 14/4553 S. 3.

58 Bt.-Drucks. 14/4553 S. 3.

59 Bezug genommen wird auf BGHZ 121, 116.

60 Bt.-Drucks. 14/4553 S. 61.

auszeichnet, die ein gegenseitiges Füreinandereinstehen begründen, die über eine reine Wohn- und Wirtschaftsgemeinschaft hinausgehen“[61]. Der Gesetzgeber bedient sich damit vermeintlich einer Definition des BGH, ursprünglich entstammt die Formulierung aber der grundlegenden Entscheidung des BVerfG in diesem Bereich[62]. Er legt sie jedoch weiter aus. So werden abweichend vom BVerfG nicht nur verschieden- sondern auch gleichgeschlechtliche Beziehungen unter diese Definition subsumiert und darüber hinaus zudem Wohngemeinschaften unter Senioren, sofern die Partner ihre inneren Bindungen z.B. durch wechselseitige Vollmachterteilungen zum Ausdruck gebracht haben[63].

Klar wird mit dieser Novellierung, dass der Gesetzgeber den Partner einer faktischen Lebensgemeinschaft nicht unter den Begriff des Familienangehörigen fassen möchte. Andernfalls wäre die Einführung des § 563 Abs. 2 S. 4 BGB neben § 563 Abs. 2 S. 3 BGB nicht notwendig gewesen.

C. Gewaltschutzrecht

Das für das Mietrechtsreformgesetz Gesagte gilt entsprechend für das GewSchG[64], das zum 01.01.2002 in Kraft trat und in § 2 Abs. 1 folgende Regelung enthält:

> „Hat die verletzte Person zum Zeitpunkt einer Tat nach § 1 Abs. 1 Satz 1, auch in Verbindung mit Abs. 3, mit dem Täter einen auf Dauer angelegten gemeinsamen Haushalt geführt, so kann sie von diesem verlangen, ihr die gemeinsam genutzte Wohnung zur alleinigen Benutzung zu überlassen.“

Angeknüpft wird damit auch in diesem Bereich an den auf Dauer angelegten gemeinsamen Haushalt. In den Gesetzesmaterialien wird ausdrücklich auf die im Rahmen der Mietrechtsreform aufgestellte Definition und Interpretation abgestellt[65].

61 Bt.-Drucks. 14/4553 S. 61.
62 Siehe dazu unten 1. HT, Kap. 2, A, II.
63 Bt.-Drucks. 14/4553 S. 61.
64 BGBl. 2001 I S. 3513.
65 Bt.-Drucks. 14/5429 S. 20, 30.

D. Spezialgesetzliche Hinterbliebenenversorgung

Auf Grund eines Beschlusses des BVerfG[66] wurde die spezialgesetzliche Hinterbliebenenversorgung[67] nach dem OEG, dem SVG, dem ZDG und dem InfektSchutzG in bestimmten Konstellationen auf die Partner einer eheähnlichen Gemeinschaft erweitert[68]. Die Änderung des OEG trat rückwirkend zum 01.11.1994 in Kraft, die Änderungen im SVG, im ZDG und im InfektSchutzG mit Wirkung vom 23.06.2006[69].

In § 1 Abs. 8 S. 4 OEG, § 80 S. 3 SVG, § 47 Abs. 1 S. 3 ZDG und § 60 Abs. 4 S. 2 InfektSchutzG wurde folgender Passus eingefügt:

> „Partner einer eheähnlichen Gemeinschaft erhalten Leistungen in entsprechender Anwendung der §§ 40, 40a und 41 des Bundesversorgungsgesetzes, sofern ein Partner an den Schädigungsfolgen verstorben ist und der andere unter Verzicht auf eine Erwerbstätigkeit die Betreuung eines gemeinschaftlichen Kindes ausübt; dieser Anspruch ist auf die ersten drei Lebensjahre des Kindes beschränkt."

Hier kam erneut der Terminus eheähnliche Gemeinschaft zum Einsatz. Auch diese Gesetzesbegründung enthält jedoch keine Definition des Begriffs. Sie beruft sich lediglich auf den zugrunde liegenden Beschluss des BVerfG, der insoweit selbst keine Auskunft gibt[70]. Abweichend vom Wortlaut des neuen Gesetzestextes verwendet der Gesetzgeber in der Begründung den Begriff der nichtehelichen Lebensgemeinschaft und folgt damit der Formulierung, die auch das BVerfG in seiner Entscheidung gewählt hatte. Bezug genommen wurde auf die inhaltliche und zeitliche Ausgestaltung des gesetzlichen Unterhaltsanspruchs aus § 1615l BGB, der während der ersten drei Lebensjahre des Kindes dem betreuenden unverheirateten Elternteil zusteht[71]. Dieser sei nach dem Tod seines Partners ebenso auf staatliche Hilfe angewiesen wie ein Ehegatte[72].

Die erneute Verwendung des Ausdrucks eheähnliche Gemeinschaft resultiert daraus, dass es im Bereich der Hinterbliebenenversorgung darum geht, faktischen Lebensgemeinschaften Rechte zu gewähren. Gleichgeschlechtliche Beziehungen sollten nicht profitieren. Es ist nach deutschem Recht jedoch auch keine Konstellation denkbar, in der ein gleichgeschlechtliches, nicht verpartnertes Paar die gemeinsame rechtliche Elternschaft für ein Kind innehat. Die Intention ist daher eine völlig andere als im Sozialrecht, wo das Ziel war, eine Diskriminierung der

66 BVerfGE 112, 50.
67 Zur allgemeinen Hinterbliebenenversorgung siehe unten 2. HT, Kap. 2, B, I, 9.
68 BGBl. 2006 I S. 1305.
69 Bt.-Drucks. 16/444 S. 6.
70 Bt.-Drucks. 16/444 S. 8.
71 Bt.-Drucks. 16/444 S. 8.
72 Bt.-Drucks. 16/444 S. 8.

Ehe zu vermeiden und daher auch lebenspartnerschaftsähnliche Beziehungen erfasst werden sollten.

E. Unterhaltsrecht

Zum 01.01.2008 wurde das Unterhaltsrecht umfassend novelliert[73]. In der Gesetzesbegründung brachte die Legislative zum Ausdruck, dass das Recht (in diesem Bereich) auf die geänderten gesellschaftlichen Verhältnisse – und damit unter anderem auf die gestiegene Zahl faktischer Lebensgemeinschaften – reagieren müsse:

> „Das Unterhaltsrecht soll an die geänderten gesellschaftlichen Verhältnisse und den eingetretenen Wertewandel angepasst werden: Die heutigen gesellschaftlichen Verhältnisse sind gekennzeichnet durch steigende Scheidungszahlen, die vermehrte Gründung von „Zweitfamilien" mit Kindern nach Scheidung einer ersten Ehe und eine zunehmende Zahl von Kindern, deren Eltern in einer nichtehelichen Lebensgemeinschaft leben oder die alleinerziehend sind."[74]

In der Folge wurde – neben anderen Änderungen – in den § 1579 BGB eine neue Nr. 2 aufgenommen, wonach der nacheheliche Unterhaltsanspruch begrenzt werden kann, wenn der Berechtigte in einer verfestigten Lebensgemeinschaft lebt. Es unterblieb ausdrücklich eine Definition, wann von solch gefestigten Verhältnissen ausgegangen werden kann, stattdessen wurde die auf Grund der vielfältigen Lebensentwürfe notwendige Einzelfallentscheidung den Gerichten überlassen[75]. In den Gesetzgebungsmaterialien wird auf die umfassende BGH-Rechtsprechung zum früheren § 1579 Nr. 4 bzw. Nr. 7 BGB verwiesen, aus der auch einige Kriterien entnommen sind[76]. Dazu zählen ein „über einen längeren Zeitraum hinweg geführter gemeinsamer Haushalt, das Erscheinungsbild in der Öffentlichkeit, größere gemeinsame Investitionen [...] oder die Dauer der Verbindung"[77]. Auch die Formulierung der Norm selbst entstammt der BGH-Rechtsprechung. Zur Frage, ob auch gleichgeschlechtliche verfestigte Lebensgemeinschaften erfasst werden, erfolgt keine ausdrückliche Positionierung. In der Gesetzesbegründung findet sich jedoch eine Formulierung, die ein Erfassen gleichgeschlechtlicher Beziehungen sehr nahelegt: Es wird ausgeführt, dass es nicht relevant sei, „ob die Partner der neuen Lebensgemeinschaft eine Ehe bzw. eine Lebens-

73 BGBl. 2007 I S. 2513.

74 Bt.-Drucks. 16/1830 S. 1.

75 Bt.-Drucks. 16/1830 S. 21.

76 Vgl. dazu ausführlich unten 1. HT, Kap. 2, D.

77 Bt.-Drucks. 16/1830 S. 21.

partnerschaft eingehen könnten"[78]. Die Lebenspartnerschaft kann aber gemäß § 1 Abs. 1 S. 1 LPartG nur zwischen Personen des gleichen Geschlechts geschlossen werden. Daraus lässt sich schließen, dass auch gleichgeschlechtliche Beziehungen als verfestigte Lebensgemeinschaft i.S.v. § 1579 Nr. 2 BGB in Betracht kommen.

F. Versicherungsvertragsrecht

Ebenfalls zum 01.01.2008 änderte die Legislative das Versicherungsvertragsrecht. Aus einem „mit ihm in häuslicher Gemeinschaft lebenden Familienangehörigen" in § 67 Abs. 2 VVG a.F. wurde die weniger enge Formulierung „eine Person, mit der er [...] in häuslicher Gemeinschaft lebt" in § 86 Abs. 3 VVG n.F.[79]. Auf diesem Weg sollte den „heutigen gesellschaftlichen Verhältnissen"[80] Rechnung getragen werden. Auch faktische Lebensgefährten profitieren seitdem unstreitig und in direkter Anwendung von der Norm[81]. Eine Definition dieser Beziehungsform wurde jedoch nicht vorgenommen. Erneut zeigt sich, dass der Gesetzgeber den faktischen Lebensgefährten nicht als Familienangehörigen sieht.

G. Sonstige Normen

Im deutschen Recht finden sich zerstreut weitere Normen, die den Begriff der eheähnlichen Gemeinschaft enthalten. Dazu zählen: § 24b Abs. 2 S. 3 EStG, § 17a Abs. 2 S. 7 Nr. 2 StrRehaG, § 6a Abs. 4 S. 4 BKGG, § 7 Abs. 3 Nr. 2 PflegeZG, § 22b Abs. 3 S. 1 FRG, § 2 Abs. 1 S. 2 Nr. 1 MADG, § 8 Abs. 3 S. 2 BerRehaG, § 27 Abs. 1 Nr. 9 und Nr. 13 AgrStatG, § 2 Abs. 6 S. 2 EntschRentG. Auch die dazugehörigen Gesetzesmaterialien enthalten jedoch keine relevanten Aussagen zu diesem Begriff.

H. Zusammenfassung

Die meisten Normen, die faktische Lebensgemeinschaften betreffen, hat der Gesetzgeber im Bereich des Sozialrechts erlassen. Es handelt sich um Normen mit negativen Auswirkungen auf diesen Lebensentwurf. Nur vereinzelt wurde er

---

78 Bt.-Drucks. 16/1830 S. 21.

79 BGBl. 2007 I S. 2631.

80 Bt.-Drucks. 16/3945 S. 82.

81 Zur Anwendbarkeit der Vorgängernorm § 67 Abs. 2 VVG a.F. siehe unten 1. HT, Kap. 2, D, III, 4.

auch, wenngleich erst später, in anderen Regelungsmaterien tätig. Darunter finden sich begünstigende Normen. Ein umfassender Normenkomplex, der, vergleichbar dem Eherecht, alle relevanten Rechtsprobleme der faktischen Lebensgemeinschaft löst, existiert nicht. Es ist auch nicht zu erwarten, dass sich daran in nächster Zeit etwas ändern wird.

In den Fällen, in denen der Gesetzgeber aktiv geworden ist, hat er unterschiedliche Regelungszwecke verfolgt und verschiedene Begrifflichkeiten verwendet. Eine umfassende Definition hat er jedoch nie vorgegeben. Er überließ diese Aufgabe primär der Rechtsprechung und indirekt auch dem Schrifttum, da er Raum für Interpretationen ließ. Je nach Zusammenhang wurden unterschiedliche Aspekte des gemeinsamen Lebens zweier Personen als wesentlich erachtet. Das Erfordernis einer bereichsabhängigen Definition geht auch aus einer Antwort des Parlamentarischen Staatssekretärs des Bundesministeriums der Justiz, *Rainer Funke*, auf eine kleine Anfrage des Grünen-Abgeordneten *Volker Beck* aus dem Jahr 1995 hervor. *Funke* führt aus, dass der vom Gesetzgeber gelassene Spielraum, von den Gerichten ausgefüllt wurde und zwar „bedingt durch die Vielfalt der Regelungszusammenhänge [...] in Abhängigkeit vom jeweiligen normativen Kontext“[82].

I. Belastende Regelungen

Die für die faktische Lebensgemeinschaft ungünstigen Regelungen sind sowohl die des Sozialrechts, genauer die der Arbeitslosenhilfe, der Sozialhilfe und der Grundsicherung für Arbeitssuchende, als auch die Regelung des § 1579 Nr. 2 BGB im Unterhaltsrecht. Maßgebendes Kriterium für das Vorliegen einer eheähnlichen Gemeinschaft im Bereich des Sozialrechts war zunächst das gemeinsame Wirtschaften der Partner, das der Situation in einer intakten Ehe vergleichbar sein musste. Diese Ähnlichkeit zur Ehe wird auch durch die verwendete Terminologie deutlich.

Mit den umfassenden Reformen, die die Arbeitsmarktreformgesetze mit sich brachten, hat der Gesetzgeber dann aber das Merkmal der Verantwortungs- und Einstehensgemeinschaft in seine Gesetzesbegründung aufgenommen. Er rückte damit, im Anschluss an das BVerfG, die inneren Bindungen der Partner und die gegenseitige Übernahme von Verantwortung in den Vordergrund. Die reine Wohn- und Wirtschaftsgemeinschaft ließ er nicht mehr ausreichen. Die Anforderungen an das Vorliegen einer faktischen Lebensgemeinschaft wurden damit verschärft. Durch diese Verengung der Definition werden die faktischen Lebens-

82 Bt.-Drucks. 13/762 S. 12.

gemeinschaften in einem Regelungsbereich, der sie belastet, indirekt begünstigt. Klar wurde auch, dass die gleichgeschlechtliche Gemeinschaft nicht unter den Begriff der eheähnlichen Gemeinschaft fallen kann, andernfalls wären die Änderung in § 20 SGB XII und die Neufassung des § 7 Abs. 3 Nr. 3c) SGB II nicht notwendig gewesen.

II. Begünstigende Regelungen

Durch die aufgeführten Paragrafen im Miet-, Gewaltschutz- und spezialgesetzlichen Hinterbliebenenrecht werden die Partner einer faktischen Lebensgemeinschaft begünstigt. Der Gesetzgeber bediente sich im Rahmen der genannten Gesetzesänderungen bei bereits existierenden Erklärungsansätzen der Rechtsprechung. Im Miet- und im Gewaltschutzrecht bezog er sich eigenen Aussagen zu Folge jeweils auf den BGH, tatsächlich jedoch auf die wegweisende Entscheidung des BVerfG. Betont wurde damit auch hier die Erforderlichkeit innerer Verbundenheit der Partner. Bemerkenswert ist jedoch, dass in diesem Bereich auch gleichgeschlechtliche Beziehungen unter den Begriff der faktischen Lebensgemeinschaft subsumiert werden. Dies folgt aber auch daraus, dass eine Formulierung gewählt wurde, die wesentlich weiter ist, als die der eheähnlichen Gemeinschaft und diese nur neben anderen Konstellationen miterfasst. Im Hinterbliebenenrecht wurde überhaupt keine Definition vorgenommen, sondern lediglich an die Situation des § 1615l BGB angeknüpft.

III. Terminologie

Im Sozialrecht wurde in Gesetzen bis Anfang 2008 der Begriff der eheähnlichen Gemeinschaft verwendet. Da der Gesetzgeber aber gleichgeschlechtliche Beziehungen wegen der Nähe des Begriffs zur Ehe nicht darunter fassen mochte, musste er Anfang 2006 tätig werden, damit keine einseitige Privilegierung gleichgeschlechtlicher Beziehungen im Gegensatz zur Ehe sowie auch zu verschiedengeschlechtlichen Beziehungen und eingetragenen Lebenspartnerschaften entstand. Im SGB XII wurde neben der eheähnlichen die lebenspartnerschaftsähnliche Gemeinschaft in den Gesetzestext aufgenommen. Im SGB II wurde eine andere Vorgehensweise gewählt. Hier wurde eine weite, die erfassten Lebenssituationen umschreibende Formulierung Gesetzestext.

Im Endeffekt waren diese Änderungen nur auf Grund der bisher verwendeten Terminologie erforderlich. Der Begriff eheähnlich stellt eine Nähe zur Ehe her und diese kann nach dem Gesetz nur zwischen Mann und Frau bestehen. Dies gibt das Gesetz, wenn auch etwas versteckt, vor[83]. Abgesehen von der spezialgesetzlichen Hinterbliebenenversorgung wurden ansonsten allgemeine Begriffe verwendet, die auch die faktische Lebensgemeinschaft erfassen, aber vom Wortlaut her nicht auf diese zugeschnitten sind.

83 Vgl. § 1355 Abs. 2 BGB, der von Frau und Mann spricht.

Kapitel 2: Die Behandlung durch die Rechtsprechung

A. Bundesverfassungsgericht

I. Wohn- und Wirtschaftsgemeinschaft

Schon 1958 hatte das BVerfG erstmals über das Vorliegen einer eheähnlichen Gemeinschaft zu entscheiden. Der Entscheidung lag ein sozialrechtlicher Sachverhalt zugrunde: Sie hatte die Prüfung der Verfassungsmäßigkeit des § 149 Abs. 5 AVAVG zum Gegenstand[84]. § 149 Abs. 1 AVAVG normierte die allgemeine Bedürftigkeitsprüfung bei der Gewährung von Arbeitslosenhilfe. Über § 149 Abs. 5 AVAVG wurden auch Vermögen und Einkommen des Partners einer eheähnlichen Gemeinschaft in die Bedürftigkeitsprüfung miteinbezogen[85]. Das vorlegende SG Schleswig hielt diese Regelung für unvereinbar mit dem Gleichheitsgrundsatz. Das BVerfG stellte jedoch fest, dass es nicht gegen Art. 3 Abs. 1 GG verstoße, bei der Prüfung der Bedürftigkeit im Rahmen der Arbeitslosenhilfe Einkommen und Vermögen des Partners einer eheähnlichen Gemeinschaft in gleichem Maße zu berücksichtigen wie Einkommen und Vermögen eines Ehegatten[86].

In diesem Zusammenhang musste das BVerfG eine Definition der eheähnlichen Gemeinschaft vornehmen. Es führte aus, dass dafür allein die Wohn- und Wirtschaftsgemeinschaft ausschlaggebend seien, nicht aber das Vorliegen geschlechtlicher Beziehungen[87]. Entscheidend sei, dass vergleichbar der Situation in einer Ehe „aus einem Topf“ gewirtschaftet werde[88]. Das Gericht verwendete den Ausdruck der eheähnlichen Gemeinschaft, weil er in den genannten Paragrafen des AVAVG wörtlich enthalten war.

---

84 Gegenstand war zudem die inhaltsgleiche Vorgängernorm § 141e AVAVG in der Fassung vom 16.04.1956.

85 Zu den Details schon oben 1. HT, Kap. 1, A, I, 1.

86 Leitsatz BVerfGE 9, 20.

87 BVerfGE 9, 20, 32 f.

88 BVerfGE 9, 20, 32.

II. Verantwortungs- und Einstehensgemeinschaft

Den konkretesten Anhaltspunkt bei den Versuchen, die faktische Lebensgemeinschaft zu definieren, liefert die Entscheidung des BVerfG vom 17.11.1992[89]. Dieser lag ebenfalls ein sozialrechtlicher Sachverhalt zugrunde. Sie erging zu § 138 Abs. 1 Nr. 2, Abs. 3 Nr. 9 AFG[90], bezog aber auch § 137 Abs. 2a AFG in die Prüfung der Verfassungsmäßigkeit mit ein. § 137 Abs. 2a AFG ordnete, vergleichbar dem § 149 Abs. 5 AVAVAG, als dessen Nachfolgenorm an, dass das Vorliegen einer eheähnlichen Gemeinschaft im Rahmen der Bedürftigkeitsprüfung bei der Arbeitslosenhilfe zu berücksichtigen sei. Das BVerfG erklärte auch diese Norm für verfassungsgemäß[91].

Das Gericht nahm im Rahmen dieser Entscheidung eine umfassende Definition der eheähnlichen Gemeinschaft vor, wobei der Gebrauch des Begriffs eheähnlich erneut von der Formulierung des AFG vorgegeben war. In Abweichung zu seinem vorherigen Erklärungsansatz definierte das BVerfG die eheähnliche Gemeinschaft als „eine Lebensgemeinschaft zwischen einem Mann und einer Frau, die auf Dauer angelegt ist, daneben keine weitere Lebensgemeinschaft gleicher Art zulässt und sich durch innere Bindungen auszeichnet, die ein gegenseitiges Einstehen der Partner füreinander begründen, also über die Beziehungen in einer reinen Haushalts- und Wirtschaftsgemeinschaft hinausgehen“[92].

1. Lebensgemeinschaft zwischen einem Mann und einer Frau

Das BVerfG führte aus, dass der Gesetzgeber mit der Verwendung des Begriffs eheähnlich offensichtlich an den Begriff der Ehe angeknüpft habe, worunter die Lebensgemeinschaft zwischen einem Mann und einer Frau zu verstehen sei[93], so dass dies auch für die eheähnliche Gemeinschaft gelten müsse[94]. Gleichgeschlechtliche Beziehungen konnten damit nach Auffassung des BVerfG zunächst keine faktische Lebensgemeinschaft darstellen. Ob dies auch nach der Einführung des LPartG zum 01.08.2001 weiterhin gilt, hat das BVerfG in einer Entscheidung vom 28.09.2005 offen gelassen. Es führte aus, dass Prüfung und Entscheidung dieser Frage zunächst den Fachgerichten obliege[95]. Grundsätzlich sei eine Gleichbehandlung von eheähnlichen und lebenspartnerschaftsähnlichen

89 BVerfGE 87, 234.
90 Zum AFG vgl. oben bereits 1. HT., Kap. 1, A, I, 2.
91 BVerfGE 87, 234.
92 BVerfGE 87, 234, 264.
93 So schon BVerfGE 10, 59, 66.
94 BVerfGE 87, 234, 264.
95 BVerfG NJW 2006, 895, 895.

Lebensgefährten nur geboten, wenn die letztgenannte Form des Zusammenlebens heute häufiger vorkomme als noch 1992[96].

2. Auf Dauer angelegt

Gefordert wird zudem, dass die Beziehung auf Dauer angelegt ist. Dazu, wann das der Fall ist, machte das BVerfG keine näheren Angaben.

3. Exklusivität

Nach den Äußerungen des BVerfG kann eine eheähnliche Lebensgemeinschaft nur dann vorliegen, wenn daneben keine weitere Lebensgemeinschaft gleicher Art besteht. Ausgeschlossen werden damit die Verbindungen, in denen mindestens einer der Partner noch eine weitere Beziehung gleicher Intensität unterhält. Fraglich ist, ob nach der Auffassung des BVerfG eine eheähnliche Gemeinschaft vorliegen kann, wenn zumindest einer der Partner noch anderweitig verheiratet ist, die Ehegatten aber bereits getrennt leben. Ausdrücklich beantwortet hat das Gericht diese Frage bisher nicht.

4. Verantwortungs- und Einstehensgemeinschaft

Erforderlich seien zudem „innere Bindungen, die ein gegenseitiges Einstehen der Partner füreinander begründen, also über die Beziehung in einer reinen Haushalts- und Wirtschaftsgemeinschaft hinausgehen"[97]. Dieser Aspekt kann als Herzstück der Definition des BVerfG bezeichnet werden. Das Gericht rückte in diesem Punkt von seiner Entscheidung vom 16.12.1958 ab und formulierte strengere Anforderungen an das Vorliegen einer eheähnlichen Lebensgemeinschaft. Erforderlich sei nun, dass „die Bindungen der Partner so eng sind, daß von ihnen ein gegenseitiges Einstehen in den Not- und Wechselfällen des Lebens erwartet werden kann"[98]. Die Situation in einer eheähnlichen Gemeinschaft sei der Situation einer gelebten Ehe nur dann vergleichbar, wenn die Partner derart füreinander Verantwortung übernehmen, dass sie zuerst die Kosten für die gemeinsame Lebensführung aufbringen bevor sie ihre eigenen Bedürfnisse befriedigen[99]. Ob eine solche Verantwortungs- und Einstehensgemeinschaft vorliege, sei anhand von Indizien festzustellen. Dies seien z.B. die lange Dauer des Zusammenlebens, die Versorgung von Kindern und Angehörigen im gemeinsamen Haushalt und die

96 BVerfG NJW 2006, 895, 895.
97 BVerfGE 87, 234.
98 BVerfGE 87, 234, 265.
99 BVerfGE 87, 234, 265.

Befugnis, über Einkommen und Vermögensgegenstände des anderen Partners zu verfügen, wenngleich diese Aufzählung nicht abschließend sei[100].

III. Zusammenfassung

Diese neue Rechtsprechung bestätigte das BVerfG in der Folgezeit mehrfach[101]. Sie kann als gefestigt angesehen werden.

Heute ist eine eheähnliche Gemeinschaft nach dem BVerfG daher „eine Lebensgemeinschaft zwischen einem Mann und einer Frau, die auf Dauer angelegt ist, daneben keine weitere Lebensgemeinschaft gleicher Art zulässt und sich durch innere Bindungen auszeichnet, die ein gegenseitiges Einstehen der Partner füreinander begründen, also über die Beziehungen in einer reinen Haushalts- und Wirtschaftsgemeinschaft hinausgehen"[102].

Verwendet wird dabei überwiegend der Terminus eheähnliche Gemeinschaft. Dies resultiert daraus, dass die Gesetze, die den Entscheidungen zugrunde lagen, diesen Begriff enthielten. An anderer Stelle verwendete das BVerfG jedoch auch den Ausdruck der nichtehelichen Lebensgemeinschaft[103].

B. Bundesverwaltungsgericht

Das BVerwG hat im Rahmen des § 122 S. 1 BSHG a.F.[104] mehrfach zum Begriff der faktischen Lebensgemeinschaft Stellung genommen. Nach dieser Norm durften Personen, die in eheähnlicher Gemeinschaft leben, hinsichtlich der Voraussetzungen sowie des Umfangs der Sozialhilfe nicht besser gestellt werden als Ehegatten. Dem Wortlaut des Gesetzes folgend wird auch vom BVerwG der Begriff eheähnliche Gemeinschaft verwendet. Auf Grund des einheitlichen Gegenstandes, handelt es sich durchgängig um Entscheidungen des 5. Senats.

100 BVerfGE 87, 234, 265.
101 BVerfGE 105, 313; BVerfG FamRZ 1999, 1053; FamRZ 2004, 1950.
102 BVerfGE 87, 234, 264.
103 Z.B. BVerfGE 112, 50; BVerfGE 117, 316.
104 Das BSHG wurde zum 01.01.2005 zum SGB XII, die dem § 122 BSHG a.F. entsprechende Norm findet sich seitdem in § 20 SGB XII; vgl. dazu bereits oben 1. HT, Kap. 1, A, II.

I. Anschluss an die BVerfG-Rechtsprechung von 1958

Die Entscheidung des BVerwG vom 27.02.1963 erging kurz nach dem Inkrafttreten des BSHG und damit auch des § 122 S. 1 BSHG. Das BVerwG führte aus, dass maßgebend für eine eheähnliche Gemeinschaft das Bestehen einer Wohn- und Wirtschaftsgemeinschaft zwischen einem Mann und einer Frau sei[105]. Entscheidendes Kriterium sei der Umstand, dass wie in einer Ehe „aus einem Topf" gewirtschaftete werde und nicht, ob innere Bindungen oder Verpflichtungen zur Unterhaltsgewährung oder zur gemeinsamen Lebensführung bestehen[106]. Ebenso wenig relevant sei, ob zwischen den Partnern geschlechtliche Beziehungen bestehen[107]. Das BVerwG übernahm damit, zum Teil sogar wörtlich, die Entscheidung des BVerfG aus dem Jahr 1958, wenngleich diese nicht an dieser, sehr wohl jedoch an anderer Stelle des Urteils zitiert wurde.

Mit einer Entscheidung vom 20.01.1977 bestätigte das BVerwG diese Rechtsprechung[108]. Allerdings wurde jetzt auch die BVerfG-Entscheidung aus dem Jahr 1958 ausdrücklich in diesem Zusammenhang mitzitiert. Das BVerwG spezifizierte darüber hinaus jedoch, unter welchen Voraussetzungen die erforderliche Wohn- und Wirtschaftsgemeinschaft vorliegt. So sei es für das Vorliegen einer Wirtschaftsgemeinschaft nicht erforderlich, dass nur eine gemeinsame Kasse bestehe, dass jeglicher Lebensbedarf gemeinsam und auf Grund gemeinsamer Planung angeschafft werde, dass alle Ausgaben gemeinsam erbracht werden und dass der eine Partner über das Konto des anderen verfügen dürfe[109]. Zudem widerspreche es der Annahme einer Wirtschaftsgemeinschaft nicht, dass nur einer der Partner Partei des Mietverhältnisses der gemeinsam genutzten Wohnung sei und er daher im Außenverhältnis die Miete entrichte[110]. Eine Wohngemeinschaft in diesem Sinn liege auch dann vor, wenn jeder Partner trotz Zusammenlebens ein eignes Zimmer habe, denn eine solche Ausgestaltung komme auch in Ehen vor[111]. Indizien für das Vorliegen einer eheähnlichen Gemeinschaft seien zudem der Umstand, dass die Partner verlobt seien, später geheiratet hätten und dass aus ihrer Beziehung (später) ein Kind hervorgegangen sei[112]. Auch geschlechtliche

105 BVerwGE 15, 306, 312.
106 BVerwGE 15, 306, 312 f.
107 BVerwGE 15, 306, 312.
108 BVerwGE 52, 11, 12.
109 BVerwGE 52, 11, 14.
110 BVerwGE 52, 11, 14.
111 BVerwGE 52, 11, 14.
112 BVerwGE 52, 11, 15.

Beziehungen seien ein, in der jeweils vorzunehmenden Tatsachenwürdigung, zu berücksichtigender Umstand[113].

II. Anschluss an die BVerfG-Rechtsprechung von 1992

Mit seinem Urteil vom 17.05.1995 vollzog der 5. Senat des BVerwG ebenfalls eine Rechtsprechungswende. Er gab seine bisherige Definition der eheähnlichen Gemeinschaft ausdrücklich auf und schloss sich der Rechtsprechung des BVerfG vom 17.11.1992 an. Das BVerwG stellte damit den Gleichlauf seiner Rechtsprechung mit der des BVerfG, der bereits nach der ersten wegweisenden Entscheidung des BVerfG aus dem Jahr 1958 bestanden hatte, wieder her. Darüber hinaus äußerte es sich dazu, wann eine Beziehung auf Dauer angelegt sei. Wichtigstes Indiz sei das bereits lange andauernde Zusammenleben der Partner, relevant könnten aber auch Dauer und Intensität der Beziehung vor einem eventuellen Zusammenziehen, der Anlass des Zusammenziehens, die konkrete Lebenssituation sowie die von der Öffentlichkeit wahrnehmbare Intensität der Paarbeziehung sein[114]. Zudem könnte weiterhin das Vorliegen einer geschlechtlichen Beziehung indizielle Wirkung haben; insoweit nahm das BVerwG, trotz der Abkehr von seiner bisherigen Rechtsprechung, ausdrücklich Bezug auf seine Entscheidung vom 20.01.1977[115].

Diese Rechtsprechungsänderung bestätigte das BVerwG später. Wiederholt werden sowohl Definition als auch Indizien, die die Tatsacheninstanzen zu berücksichtigen haben[116].

III. Zusammenfassung

Das BVerwG hat sich der Definition des BVerfG angeschlossen und zudem Indizien zur Feststellung einer eheähnlichen Gemeinschaft aufgestellt. Dies ist auch der Begriff, der durchgehend verwendet wird.

113 BVerwGE 52, 11, 15.
114 BVerwGE 98, 195, 199 f.
115 BVerwGE 98, 195, 201.
116 Siehe Beschluss vom 24.06.1999, 5 B 114/98 Rz. 4.

C. Bundessozialgericht

I. Anschluss an die BVerfG-Rechtsprechung von 1958

Der Entscheidung des 7. Senats des BSG vom 24.03.1988 lag, wie später auch dem Urteil des BVerfG vom 17.11.1992, der § 137 Abs. 2a AFG a.F.[117] zugrunde. Daraus resultiert auch die Verwendung des Begriffs eheähnliche Gemeinschaft. Das BSG nahm eine solche Beziehung an, wenn „zwei miteinander nicht verheiratete Personen, zwischen denen die Ehe jedoch rechtlich grundsätzlich möglich ist, so wie ein nicht getrennt lebendes Ehepaar in gemeinsamer Wohn- und Wirtschaftsgemeinschaft leben, sie also in Übereinstimmung einen gemeinsamen Haushalt so führen, wie es für zusammenlebende Ehegatten typisch ist“[118]. Wegen dem Erfordernis der möglichen Heirat wurden gleichgeschlechtliche Beziehungen sowie Gemeinschaften von Verwandten explizit ausgeschlossen[119]. Nicht nur mit dem Merkmal der Wohn- und Wirtschaftsgemeinschaft nahm das BSG Bezug auf die zur Zeit des Erlasses seiner Entscheidung noch vorherrschende Rechtsprechung von BVerfG und BVerwG, sondern auch mit den aufgeführten Indizien[120]. Die relevanten Entscheidungen werden auch zitiert. Hervorgehoben wird, dass in einer eheähnlichen Gemeinschaft dieselbe Vielfältigkeit von Gestaltungsformen möglich sei wie in einer Ehe[121]. Die eheähnliche Gemeinschaft wurde damit entsprechend ihrer Bezeichnung an Hand der Ehe bestimmt.

II. Anschluss an die BVerfG-Rechtsprechung von 1992

Im Urteil vom 10.03.1993 hatte der 14b. Senat des BSG darüber zu entscheiden, ob es verfassungsgemäß ist, dass das Ehegatteneinkommen ab dem 7. Lebensmonat des Kindes auf das Erziehungsgeld angerechnet wird, obwohl eine solche Anrechnung bei einer eheähnlichen Lebensgemeinschaft nicht erfolgt. Er übernahm Bezeichnung und Definition der Entscheidung des BVerfG vom 17.11.1992[122]. Auch der 7. Senat des BSG änderte in der Folge seine Rechtsprechung und folgt nun ebenfalls dem BVerfG[123]. Dabei führte er aus, dass eine ausreichende Dauer erst dann

117 Vgl. dazu bereits oben 1. HT, Kap. 1, A, I, 2.
118 BSG NJW 1988, 2128, 2128.
119 BSG NJW 1988, 2128, 2129.
120 Vgl. BSG NJW 1988, 2128, 2129 f.
121 BSG NJW 1988, 2128, 2129.
122 BSGE 72, 125, 127.
123 Vgl. BSG NZS 1998, 581, 584; NZS 2003, 667, 669; BSGE 90, 90.

vorliege, wenn die Beziehung bereits drei Jahre bestehe[124], wobei er diese Grenze nicht als „absolute zeitliche Mindestvoraussetzung" verstanden wissen möchte[125]. Inzwischen hat auch der 4. Senat die Definition des BVerfG übernommen. Betont wurde neben der Ausschließlichkeit auch die Tatsache, dass diese Art der Beziehung zwischen zwei gleichgeschlechtlichen Partnern möglich ist[126]. Allerdings erging die Entscheidung zu § 7 Abs. 3 Nr. 3c) SGB II, der einen offenen Wortlaut hat und daher einer großzügigeren Interpretation zugänglich ist[127].

In diesem Zusammenhang äußerte der 7. Senat sich auch zur verwendeten Terminologie: Dem BVerfG folgend seien strenge Anforderungen an die Ernsthaftigkeit einer eheähnlichen Gemeinschaft zu stellen; dem werde der Ausdruck eheähnlich besser gerecht als der Begriff nichtehelich[128].

III. Zusammenfassung

Nicht nur das BVerwG, sondern auch das BSG folgt bei der Bestimmung des Begriffs eheähnliche Gemeinschaft damit dem BVerfG. Auch verwenden beide Gerichte diesen Ausdruck.

D. Bundesgerichtshof

Der BGH hatte im Vergleich zu BVerfG, BVerwG und BSG bereits wesentlich häufiger über das Vorliegen einer faktischen Lebensgemeinschaft zu befinden. Da keine einheitliche Zuständigkeit für alle betroffenen Angelegenheiten existiert, waren je nach zugrunde liegendem Lebenssachverhalt unterschiedliche Zivilsenate zur Entscheidung berufen. Dies hat zu einer gewissen Unübersichtlichkeit sowohl bei der verwendeten Terminologie, als auch bei den Definitionsansätzen geführt. Um ein geordnetes Bild zu zeichnen, ist thematisch zwischen den ergangenen Entscheidungen zu differenzieren.

124 BSG NZS 1998, 581, 585.
125 BSGE 90, 90, 101.
126 BSG NZS 2013, 190, 191 f.
127 Dazu schon oben 1. HT, Kap. 1, A, III.
128 BSGE 90, 90, 100.

I. Beschränkung oder Versagung von Unterhalt gemäß § 1579 Nr. 2 BGB

Mehrfach hatte der BGH darüber zu entscheiden, unter welchen Voraussetzungen ein Anspruch auf nachehelichen Unterhalt bzw. auf Trennungsunterhalt gemäß § 1579 Nr. 2 BGB zu versagen, zu kürzen oder zu begrenzen ist[129].

Danach kann eine Beschränkung des Unterhaltsanspruchs vorgenommen werden, wenn der Berechtigte in einer verfestigten Lebensgemeinschaft lebt. Die nun in der Nr. 2 enthaltene Regelung ist erst seit dem 01.01.2008 ein eigenständiger Beschränkungsgrund. Zuvor fielen die entsprechenden Fälle unter den Auffangtatbestand, der sich zunächst in Nr. 4 und ab dem 01.04.1986 in Nr. 7 der Norm fand. Dieser forderte einen Grund, der ebenso schwer wiegt wie die in den vorherigen Nummern ausdrücklich geregelten Fälle. Die meisten hier vorgestellten Entscheidungen stammen noch aus dieser Zeit.

1. Entscheidung vom 23.04.1980

1980 hat der IVb. Zivilsenat des BGH, der nach der Teilung des IV. Zivilsenats übergangsweise für das Familienrecht zuständig war, entschieden, dass ein die Generalklausel ausfüllender Grund vorliegen könne, wenn der Unterhalt beanspruchende Ehepartner sich gegen den Willen des anderen von der Ehe abgewendet habe und nun mit einem anderen Partner eine eheähnliche Gemeinschaft führe[130].

2. Entscheidung vom 08.07.1981

Am 08.07.1981 urteilte der IVb. Zivilsenat zu § 1579 Nr. 4 BGB a.F., dass eine solche Gemeinschaft nicht vorliege, wenn zwischen den Partnern zwar eine Wohn- aber keine Wirtschaftsgemeinschaft bestehe[131]. Zudem scheide eine solche Annahme auch aus, wenn der von seinem ehemaligen Ehegatten Unterhalt begehrende Partner dem neuen Partner gegenüber keine ins Gewicht fallenden Betreuungs- und Versorgungsleistungen erbringe[132]. Damit schloss dieser Senat sich dem Urteil des BVerfG vom 16.12.1958[133], wonach Wohn- und Wirtschaftsgemeinschaft erforderlich waren, an.

---

129 Vgl. dazu bereits oben 1. HT, Kap. 1, F.

130 BGH FamRZ 1980, 665, 666.

131 BGH FamRZ 1981, 1042, 1043.

132 BGH FamRZ 1981, 1042, 1043.

133 Dazu bereits oben 1. HT, Kap. 2, A, I.

3. Entscheidung vom 21.12.1988

In einer Entscheidung vom 21.12.1988 entschied erneut der IVb. Zivilsenat, dass die Annahme des § 1579 Nr. 7 BGB a.F. dann in Betracht komme, wenn sich das Zusammenleben des geschiedenen Ehegatten mit seinem neuen Partner so verfestigt habe, dass „ein nichteheliches Zusammenleben an die Stelle einer Ehe getreten ist“[134]. Der Senat führte weiter aus, dass nicht pauschal festgelegt werden könne, wann eine solche Verfestigung vorliege[135]. Auf jeden Fall sei aber eine gewisse Mindestdauer, die er auf mindestens zwei bis drei Jahre festsetzte, erforderlich[136]. Ebenfalls relevant sei, ob nach dem Erscheinungsbild in der Öffentlichkeit diese Lebensform bewusst auch für die Zukunft gewählt wurde[137].

4. Entscheidung vom 28.11.1990

Mit Entscheidung vom 28.11.1990 hat derselbe, mittlerweile in XII. Zivilsenat umbenannte, Familienrechtssenat diese Definition bestätigt und präzisiert. Danach liege eine über § 1579 Nr. 7 BGB a.F. zu berücksichtigende Partnerschaft vor, wenn „der Unterhaltsberechtigte mit einem neuen Partner zusammenlebt und sich diese Beziehung so verfestigt, dass gleichsam ein nichteheliches Zusammenleben an die Stelle der Ehe tritt, die Beziehung also nach ihrem Erscheinungsbild in der Öffentlichkeit bewusst als Lebensform auch für die weitere Zukunft gewählt wird“[138]. Durch diese Definition und die Verwendung der Begriffe „eheähnliches Verhältnis“ und „eheähnliches Zusammenleben“ an anderer Stelle in diesem Urteil wird deutlich, dass der BGH dieselben Konstellationen meint, wie in der früheren Entscheidung, in der er von „eheähnlicher Gemeinschaft“ sprach.

5. Entscheidung vom 25.05.1994

Im Urteil vom 25.05.1994 wiederholte der Senat seine zuvor aufgestellte Definition erneut, nahm aber auch die erforderliche Mindestdauer wieder mit auf und maß ihr so mehr Gewicht bei, ohne aber weitere Angaben bezüglich des minimalen Zeitraums zu machen[139]. Das erforderliche nichteheliche Zusammenleben setze dabei aber nicht zwingend voraus, dass die Partner auch tatsächlich zusammenwohnen und einen gemeinsamen Haushalt führen[140]. Allerdings sei die-

134 BGH NJW 1989, 1083, 1086.
135 BGH NJW 1989, 1083, 1086.
136 BGH NJW 1989, 1083, 1086.
137 BGH NJW 1989, 1083, 1086.
138 BGH NJW 1991, 1290, 1291.
139 BGH NJW-RR 1994, 1154, 1155.
140 BGH NJW-RR 1994, 1154, 1155.

ser Umstand ein klassisches Indiz, das der Tatrichter bei seiner jeweiligen Einzelfallbeurteilung berücksichtigen müsse[141]. Mit dieser Entscheidung rückte der BGH von seiner Entscheidung vom 08.07.1981 ab, in der er noch die Wohn- und Wirtschaftsgemeinschaft als zwingende Voraussetzung definiert hatte. Gleichzeitig war dies eine Abkehr von der bisherigen Rechtsprechung des BVerfG und ein Einschwenken auf dessen neue Linie.

6. Entscheidung vom 14.12.1994

In dieser Entscheidung hatte der XII. Zivilsenat des BGH über die Frage zu urteilen, ob eine Anwendung des § 1579 Nr. 7 BGB a.F. auch dann in Betracht komme, wenn der geschiedene Ehegatte mittlerweile in einer gleichgeschlechtlichen Beziehung lebt. Er verneinte jedoch eine Übertragung seiner zum Bestehen einer Beziehung zwischen Personen verschiedenen Geschlechts entwickelten Grundsätze[142]. Begründet wurde dies damit, dass der Härtegrund des § 1579 Nr. 7 BGB a.F. bei einer verfestigten Beziehung zwischen einem Mann und einer Frau darin liege, dass ihr Zusammenleben an die Stelle einer Ehe getreten sei und der Gesetzgeber für diese Partner das Institut der Ehe geschaffen habe[143]. Die Möglichkeit, eine Ehe miteinander einzugehen, bestehe aber für gleichgeschlechtliche Partner ebenso wenig wie ein vergleichbares Rechtsinstitut; ihre Beziehung genieße anders als die Ehe weder einfachgesetzlichen noch grundgesetzlichen Schutz[144]. Es existiere kein „allgemeingültiges Leitbild, das die Annahme rechtfertigen könne, die Verhältnisse in einer solchen Verbindung gewährleisteten nach der Natur des Zusammenlebens die gegenseitige Versorgung der Partner“[145]. Eine Übertragung der angeführten Grundsätze scheide daher aus. Daran ändere auch der Umstand nichts, dass die gleichgeschlechtlichen Partner ihre Beziehung als „Verantwortungs- und Einstehensgemeinschaft“ sähen[146]. Mit dieser Formulierung nimmt der XII. Senat explizit die Definition des BVerfG vom 19.11.1992 auf. Der BGH ließ offen, ob eine Anwendung des § 1579 Nr. 7 BGB a.F. dann in Betracht komme, wenn neben die gleichgeschlechtliche Beziehung noch weitere Umstände hinzutreten, die eine Unterhaltszahlung des verpflichteten Ehegatten unzumutbar machen[147]. Keine Stellung bezog er auch zu der Frage, worin solche zusätzlichen Umstände gesehen werden könnten.

---

141 BGH NJW-RR 1994, 1154, 1155.
142 BGH NJW 1995, 655, 656.
143 BGH NJW 1995, 655, 656.
144 BGH NJW 1995, 655, 656.
145 BGH NJW 1995, 655, 656.
146 BGH NJW 1995, 655, 656.
147 BGH NJW 1995, 655, 656.

7. Entscheidung vom 12.03.1997

In der Entscheidung vom 12.03.1997 hatte der XII. Zivilsenat dann über die Frage zu befinden, ob es für die Annahme einer auf Dauer angelegten, verfestigten Beziehung erforderlich sei, dass diese von der Umgebung des Unterhaltsberechtigten als ehegleiches Verhältnis wahrgenommen und auch bewertet werde oder ob es nicht vielmehr ausreiche, dass die Partner selbst ihre Beziehung als dauerhaft ansähen[148]. Letzteres hätte zur Folge, dass auch geheim gehaltene, oder zumindest in der Öffentlichkeit nicht erkennbare Lebensgemeinschaften, unter § 1579 Nr. 7 BGB a.F. fallen könnten. Der BGH hat diese Frage mangels Entscheidungserheblichkeit offen gelassen[149]. Er äußerte jedoch, dass, wenn es weiterhin auf das Erscheinungsbild in der Öffentlichkeit ankomme, entscheidend sei, dass die Partnerschaft nach außen erkennbar sei, nicht jedoch, dass sie auch als solche bewertet werde[150].

8. Entscheidung vom 24.10.2001

Am 24.10.2001 entschied der XII. Zivilsenat des BGH über die Frage, ob ein zur Anwendung von § 1579 Nr. 7 BGB a.F. führendes eheähnliches Zusammenleben auch dann vorliegen könne, wenn die Partner ihre Lebensbereiche bewusst getrennt halten, die Beziehung also absichtlich auf Distanz angelegt ist. In diesen Fällen müsse geprüft werden, ob die Beziehung dennoch so intensiv sei, dass sie an die Stelle einer Ehe trete[151]. Erst wenn dies bejaht werden könne, komme es auf die anderen Voraussetzungen an[152]. Eine subjektiv gewollte Distanz schließt die Anwendung des § 1579 Nr. 7 BGB a.F. daher nicht zwingend aus.

9. Entscheidung vom 20.03.2002

Mit der Entscheidung vom 20.03.2002 hat der XII. Zivilsenat des BGH nochmals seine bisherige Rechtsprechung bestätigt, darüber hinaus aber auch detailliert zu einzelnen Aspekten des eheähnlichen Zusammenlebens Stellung genommen. Er formulierte zunächst ein weiteres Indiz: Es spreche für eine gemeinsam geplante Zukunft, wenn die Partner zusammen ein Grundstück aussuchen und finanzieren, um dort zu leben und auch zu arbeiten, d.h. ihren Lebensmittel-

148 BGH NJW 1997, 1851, 1852.
149 BGH NJW 1997, 1851, 1852.
150 BGH NJW 1997, 1851, 1852.
151 BGH NJW 2002, 217, 219.
152 BGH NJW 2002, 217, 219.

punkt zu haben[153]. Dies gelte umso mehr, wenn beide Partner so erhebliche finanzielle Verbindlichkeiten eingegangen seien, dass sie sie allein nicht hätten bewältigen können[154]. Der Umstand, dass kein Mit- sondern lediglich Alleineigentum eines Partners begründet worden sei, ändere an dieser Feststellung nichts[155].

Zudem grenzte der BGH das eheähnliche Zusammenleben von einer einfachen Freundschaft, deren Bestehen nicht zu einer Anwendung des § 1579 Nr. 7 BGB a.F. führt, ab: Unterstützen und helfen sich zwei Menschen ständig bei alltäglichen Verrichtungen, verbringen sie zusätzlich ihre freie Zeit miteinander, planen sie eine gemeinsame, langfristige Beziehung und haben sie ein vertrauensvolles, freundschaftliches Verhältnis zueinander, gehe dies über eine reine Freundschaft hinaus[156].

Des Weiteren stellte er klar, dass es nicht erforderlich sei, dass zwischen den Partnern auch ein intimes Verhältnis bestehe[157]. Zum einen würde dieses in der Regel nicht in die Öffentlichkeit dringen, zum anderen liege der Grund für die Unzumutbarkeit des unterhaltsverpflichteten (ehemaligen) Ehegatten in dem Umstand, dass die neuen Partner ihre Leben aufeinander eingestellt hätten und wechselseitig Verantwortung füreinander trügen[158].

An der Annahme einer verfestigten Lebensgemeinschaft ändere sich auch dadurch nichts, dass der neue Partner des unterhaltsbegehrenden ehemaligen Ehegatten zusätzlich wechselnde intime Beziehungen mit anderen, in diesem Fall gleichgeschlechtlichen, Partnern habe, dies gelte sogar dann, wenn die verfestigte Beziehung sich dadurch vorübergehend etwas lockerer gestalte[159].

Zuletzt nahm der BGH auch erneut zu der Frage der gleichgeschlechtlichen verfestigen Lebensgemeinschaft Stellung. Er betonte, dass er das Vorliegen einer solchen Beziehung bei Gleichgeschlechtlichkeit der Partner zuvor verneint habe[160], weil es kein entsprechendes Leitbild gebe, das eine tatsächliche Versorgung der Partner untereinander gewährleiste, die fehlende Möglichkeit der Eheschließung sei dagegen nicht ausschlaggebend gewesen[161]. Ob sich an dieser Annahme seit der Einführung des LPartG etwas geändert habe, ließ er mangels Entscheidungserheblichkeit offen[162].

---

153 BGHZ 150, 209, 215 ff.
154 BGHZ 150, 209, 215 ff.
155 BGHZ 150, 209, 215 ff.
156 BGHZ 150, 209, 215 ff.
157 BGHZ 150, 209, 217.
158 BGHZ 150, 209, 217.
159 BGHZ 150, 209, 217 f.
160 Vgl. BGH NJW 1995, 655, 656; dazu soeben 1. HT, Kap. 2, D, I, 6.
161 BGHZ 150, 209, 218 f.
162 BGHZ 150, 209, 218 f.

10. Entscheidungen seit der Einführung des neuen § 1579 Nr. 2 BGB

Zum neuen § 1579 Nr. 2 BGB gibt es bislang erst einige wenige Entscheidungen des BGH[163]. In einer von diesen äußert er ausdrücklich, dass die Gesetzesänderung nicht mit einer Rechtsänderung verbunden ist[164]. Die bisher entwickelten Grundsätze haben daher weiterhin Bestand.

11. Zusammenfassung

Die Definition der faktischen Lebensgemeinschaft des BGH im Bereich des § 1579 Nr. 2 BGB lässt sich damit wie folgt zusammenfassen:

„Eine verfestigte Lebensgemeinschaft liegt dann vor, wenn sie als eheähnliches Zusammenleben zu betrachten ist, das an die Stelle einer Ehe getreten ist."

Indizien, aber keine zwingenden Voraussetzungen, bei der Beurteilung sind eine gewisse Mindestdauer, die im Normalfall nicht unter zwei bis drei Jahren liegt, sowie ein gemeinsames Wohnen und Wirtschaften. Anhaltspunkt kann auch die Übernahme gemeinsamer, hoher Verbindlichkeiten sein. Da es gerade auch auf den Eindruck in der Öffentlichkeit ankommt, ist eine sexuelle Beziehung nicht erforderlich.

Bisher ließ der XII. Zivilsenat des BGH in diesem Zusammenhang nur verschiedengeschlechtliche Partnerschaften ausreichen, ob sich daran nach Einführung des LPartG etwas ändert, ist noch nicht ausgeurteilt[165].

II. Vermögensrechtliche Ausgleichsansprüche bei Trennung

Zur Entscheidung über vermögensrechtliche Auseinandersetzungsstreitigkeiten der faktischen Lebensgemeinschaft war gemäß Geschäftsverteilungsplan des BGH bis einschließlich 2002 der II. (Gesellschaftsrechts-) Senat berufen[166], ab 2003 ging die Zuständigkeit dann auf den XII. (Familienrechts-) Senat über[167]. Die Formulierung im Geschäftsverteilungsplan lautet „vermögensrechtliche Auseinandersetzung nichtehelicher Lebensgemeinschaften". In diesem Zusammenhang hat der BGH sich damit für den Begriff der nichtehelichen Lebensge-

163 BGHZ 190, 251; BGH NJW 2011, 1582; NJW 2011, 3712.

164 BGH NJW 2011, 3712, 3713.

165 Vgl. aber OLG Karlsruhe NJW 2009, 860.

166 http://www.bundesgerichtshof.de/cln_136/DE/BGH/Geschaeftsverteilung/FruehereJahre/Geschaeftsverteilung2002/Zivilsenate2002/zivilsenate2002_node.html.

167 http://www.bundesgerichtshof.de/cln_136/DE/BGH/Geschaeftsverteilung/FruehereJahre/Geschaeftsverteilung2003/Zivilsenate2003/zivilsenate2003_node.html.

meinschaft entschieden. Daraus resultierend verwenden II. und XII. Zivilsenat in ihren Urteilen zu den Ausgleichsansprüchen, wenn auch nicht völlig stringent, diesen Begriff.

1. II. Zivilsenat

Der II. Zivilsenat definierte in einer Entscheidung vom 24.03.1980 die nichteheliche Lebensgemeinschaft nicht, sondern charakterisierte sie lediglich dahingehend, dass bei ihr „die persönlichen Beziehungen derart im Vordergrund stehen, dass sie auch das die Gemeinschaft betreffende vermögensbezogene Handeln der Partner bestimmen und daher nicht nur in persönlicher, sondern auch in wirtschaftlicher Hinsicht grundsätzlich keine Rechtsgemeinschaft besteht“[168]. Darüber hinaus gehende Definitionsversuche unternahm er nicht, wiederholte diese Formel in der Folge, auch nach der richtungsweisenden Entscheidung des BVerfG, aber mehrfach[169].

2. XII. Zivilsenat

Zwar übernahm der XII. Zivilsenat diesen Ansatz nach der Zuständigkeitsverschiebung[170], in seiner Entscheidung vom 31.10.2007, schloss er sich aber auch der Definition des BVerfG vom 17.11.1992 an. Der BGH führte dabei die zentrale Entscheidung des BVerfG als Fundstelle an, ließ aber ohne Begründung, Hinweis und Entscheidungserheblichkeit die Definitionspassage weg, nach der die Beziehung zwischen einem Mann und einer Frau bestehen müsse[171].

Der BGH betonte zudem, dass „die Verflechtung der Lebensbereiche im Sinne einer Verantwortungs- und Einstehensgemeinschaft“ im Vordergrund stünden, nicht aber das Zusammenleben der Partner oder das Führen eines gemeinsamen Haushalts[172]. Als Indizien für das Vorliegen einer nichtehelichen Lebensgemeinschaft nannte der BGH gleich mehrere Aspekte:

Die Unterstützung des Partners, auch finanzieller Art, beim Aufbau eines Unternehmens, dessen Pflege im Krankheitsfall, gemeinsames Wohnen sowie nach dessen Tod das Weiterführen seines Unternehmens entsprechend seinen Anweisungen und die Versorgung seines Hauses[173].

168 BGHZ 77, 55, 58 f.
169 Z.B. BGH NJW 1992, 906, 907; NJW 1996, 2727; NJW-RR 1996, 1473, 1473.
170 BGH NJW 2008, 443, 444; BGHZ 176, 262 Rz. 16.
171 BGH NJW 2008, 443, 444.
172 BGH NJW 2008, 443, 444.
173 BGH NJW 2008, 443, 444.

Betätigt wurde diese Rechtsprechung durch eine Entscheidung vom 30.04.2008. Ergänzend wurde klargestellt, dass eine räumliche Trennung nicht zwangsläufig auch die Aufhebung der nichtehelichen Lebensgemeinschaft nach sich ziehe[174]. Vorrangig sei auf die „innere Einstellung der Partner und die Bedeutung, die sie ihrem bisherigen räumlichen Zusammenleben für ihre Gemeinschaft und deren Fortbestand beimessen“ abzustellen[175].

3. Zusammenfassung

Für den Bereich der finanziellen Ausgleichsansprüche nach Trennung oder Tod eines Partners lässt sich festhalten, dass die vom II. Zivilsenat aufgestellten Grundsätze vom XII. Zivilsenat unverändert übernommen wurden, so dass insoweit Konsistenz vorherrscht. Abweichend folgte der nun zuständige XII. Zivilsenat aber auch der grundlegenden Definition des BVerfG aus dem Jahr 1992. Unklar blieb zuletzt, ob der XII. Zivilsenat das Kriterium der Verschiedengeschlechtlichkeit wirklich aufgegeben hat.

III. Der faktische Lebensgefährte als Familienangehöriger

Mehrere Normen der deutschen Rechtsordnung enthalten den Begriff „Familienangehöriger“ wörtlich oder in ähnlicher Formulierung. Der BGH hatte bei verschiedenen von diesen zu entscheiden, ob der Partner einer faktischen Lebensgemeinschaft in direkter oder analoger Anwendung unter diesen Begriff zu subsumieren ist.

1. V. Zivilsenat

1982 entschied der V. Zivilsenat, zuständig für das Sachenrecht, über das Tatbestandsmerkmal Familie in § 1093 Abs. 2 BGB. Danach kann der Inhaber eines dinglichen Wohnrechts (insbesondere) seine Familie in die Wohnung aufnehmen. Zwar ließ der V. Zivilsenat offen, ob der Partner einer nichtehelichen Lebensgemeinschaft, so die von ihm verwendete Bezeichnung, unter diesen Begriff zu fassen sei, hielt jedoch in bestimmten Fällen mindestens eine analoge Anwendung für geboten[176]. Voraussetzung sei, dass „beide Partner unverheiratet sind und eine auf Dauer angelegte Lebensgemeinschaft eingegangen sind, die bereits

174 BGHZ 176, 262 Rz. 25.
175 BGHZ 176, 262 Rz. 25.
176 BGHZ 84, 36, 38.

längere Zeit Bestand hat"[177]. Obwohl der Senat damit keine umfassende Definition vornahm, skizzierte er doch die Anforderungen an das Vorliegen einer nichtehelichen Lebensgemeinschaft.

2. VI. Zivilsenat

Fünf Jahre später hatte der VI. Zivilsenat des BGH darüber zu befinden, ob das Familienprivileg aus § 116 Abs. 6 SGB X direkt oder analog auf die faktische Lebensgemeinschaft angewendet werden kann. Nach dieser Norm ist der gesetzliche Forderungsübergang auf den Versicherungsträger oder Träger der Sozialhilfe aus § 116 Abs. 1 SGB X bei vorsätzlichen Schädigungen durch Familienangehörige, die mit dem Geschädigten in häuslicher Gemeinschaft leben, ausgeschlossen. Entscheidendes Merkmal ist damit der „Familienangehörige, der mit dem Geschädigten in häuslicher Gemeinschaft lebt". Der entscheidende Senat, zuständig für das Recht der unerlaubten Handlungen und für Streitigkeiten über Ansprüche aus Unfällen mit Fahrzeugen, verneinte sowohl eine direkte als auch eine analoge Anwendung[178]. Er erkannte in dieser Entscheidung, in der er die Begriffe eheähnlich und nichtehelich synonym verwendete, zwar an, dass „die eheähnliche Lebensgemeinschaft ein sozialer Tatbestand ist, der seit Jahrhunderten bekannt ist"[179]. Allerdings erfordere die Materie des Privat- und Sozialversicherungsrechts ein hohes Maß an Rechtssicherheit und daher eine schnelle und einfache Feststellung der einzelnen Tatbestände[180]. Es sei nicht möglich, aus den verschiedenen Formen von Lebensgemeinschaften diejenigen herauszufiltern, auf die eine entsprechende Anwendung des § 116 Abs. 6 SGB X geboten sei[181].

Der BGH führte jedoch aus, dass eine solche Anwendung überhaupt nur dann in Betracht komme, wenn die Beziehung zwischen einem Mann und einer Frau bestehe und zudem eheähnlich sei[182]. Letzteres erfordere eine „gewisse Verfestigung, die sich insbesondere in dem Grad der Verknüpfung der Lebenssphären beider Partner und ihrer Anlage auf Dauer ausdrückt"[183]. Aber selbst wenn angemessene Kriterien vorhanden wären, sei deren Feststellung derart mit der jeweils individuellen, konkreten Lebensgestaltung verbunden, dass eine typisierende und pauschalisierende Abgrenzung nicht möglich sei[184].

---

177 BGHZ 84, 36, 38.
178 BGHZ 102, 257, 259 ff., 262 ff.
179 BGHZ 102, 257, 261 f.
180 BGHZ 102, 257, 263 f.
181 BGHZ 102, 257, 264.
182 BGHZ 102, 257, 264.
183 BGHZ 102, 257, 264.
184 BGHZ 102, 257, 264.

3. VIII. Zivilsenat

In einer Entscheidung vom 13.01.1993 entschied der für das Mietrecht zuständige VIII. Zivilsenat darüber, ob der überlebende Partner einer faktischen Lebensgemeinschaft in analoger Anwendung des § 569a Abs. 2 S. 1 BGB a.F.[185] in den Mietvertrag seines verstorbenen Partners, der alleinige Mietvertragspartei war, eintritt. Nach dem Wortlaut der Norm wurde das Mietverhältnis von dem Familienangehörigen, der mit dem verstorbenen Mieter einen gemeinsamen Hausstand gebildet hat, fortgeführt. Der VIII. Zivilsenat subsumierte darunter auch die eheähnliche Gemeinschaft und schloss sich in dieser Entscheidung der Definition des BVerfG vom 17.11.1992 an. Er stellte ausdrücklich klar, dass weder lediglich vorübergehend angelegte noch gleichgeschlechtliche Beziehungen unter den Begriff der eheähnlichen Lebensgemeinschaft gefasst werden können[186]. Auf Grund der Zitierung des BVerfG wird auch der Begriff eheähnliche Gemeinschaft verwendet, überwiegend aber der Ausdruck nichteheliche Lebensgemeinschaft. Dies dürfte daraus resultieren, dass das vorlegende BayObLG diesen Begriff in seinem Vorlagebeschluss, sogar explizit in der Vorlagefrage, verwendete[187].

4. IV. Zivilsenat

2009 hatte dann der für Versicherungsverhältnisse zuständige IV. Zivilsenat über die Frage zu entscheiden, ob § 67 Abs. 2 VVG a.F. auf die faktische Lebensgemeinschaft analog anwendbar ist und bejahte sie[188]. Dem Inhalt nach regelte § 67 Abs. 2 VVG a.F. für das Versicherungsvertragsrecht dasselbe wie § 116 Abs. 6 SGB X für das Sozialversicherungsrecht. Auch enthielt er ebenfalls die Formulierung des „in häuslicher Gemeinschaft lebende[n] Familienangehörige[n]“. Der VI. Zivilsenats hatte eine Erstreckung des § 116 Abs. 6 SGB X im Jahr 1987 noch abgelehnt. Der IV. Senat begründet seine davon abweichende Entscheidung damit, dass das BVerfG seit dem Urteil des VI. Zivilsenats wiederholt zum Begriff der nichtehelichen Lebensgemeinschaft Stellung genommen und dabei mehrfach ausgeführt habe, dass es nicht gegen Art. 6 Abs. 1 GG verstoße, wenn Normen, die den Schutz von Familie bezwecken auf die nichteheliche Lebensgemeinschaft entsprechend angewendet würden[189]. Auf Anfrage des IV. Zivilsenats hat der VI. Zivilsenat erklärt, dass er nunmehr auch § 116 Abs. 6 SGB X auf

---

185 Zur Neufassung der Norm vgl. bereits oben 1. HT, Kap. 1, C.

186 BGHZ 121, 116, 123 f.

187 BayObLG NJW 1993, 137 ff.

188 BGHZ 180, 272; Seit 01.01.2008 findet sich die § 67 Abs. 2 VVG a.F. entsprechende Regelung in § 86 Abs. 3 VVG, dazu bereits 1. HT, Kap. 1, G.

189 BGHZ 180, 272, Rz. 14, 17.

die nichteheliche Lebensgemeinschaft für anwendbar hält[190]. Hinsichtlich Definition und Indizien schloss auch der IV. Zivilsenat sich der BVerfG-Definition an, ergänzte jedoch, dass neuerdings der Begriff „nichtehelich geführte Lebensgemeinschaft" verwendet werde[191].

5. Zusammenfassung

Für die Zusammenfassung der BGH-Rechtsprechung im Bereich des faktischen Lebensgefährten als Familienangehörigen ist zunächst kennzeichnend, dass vier verschiedene Senate zu vier verschiedenen Normen und damit vier verschiedenen Systembereichen Aussagen getroffen haben. Dabei unternahmen die Senate zunächst eigene Definitionsansätze, schlossen sich aber nach der richtungsweisenden Entscheidung des BVerfG aus dem Jahr 1992 dieser an. Uneinheitlich bleibt die verwendete Terminologie. Spricht der V. Zivilsenat von nichtehelicher Lebensgemeinschaft, verwenden IV., VI. und VIII. Zivilsenat die Begriffe nichtehelich und eheähnlich nahezu synonym. Wobei diese Handhabung bei IV. und VIII. Senat wahrscheinlich aus der Bezugnahme auf die BVerfG-Rechtsprechung resultiert, die diesen Begriff verwendet. Der IV. Senat führt jedoch aus, dass neuerdings der Begriff nichtehelich geführte Lebensgemeinschaft im Vordringen sei.

IV. Sonstige Entscheidungen

1. IX. Zivilsenat

In seiner Entscheidung vom 23.01.1997 hatte der IX. Zivilsenat des BGH, zuständig für Zwangsvollstreckung und Insolvenz, zu entscheiden, wann die Übernahme einer Bürgschaft durch den Partner einer faktischen Lebensgemeinschaft sittenwidrig ist. Zwar nahm er keine komplette Definition vor, nannte aber Anhaltspunkte für das Vorliegen einer solchen Beziehung. Diese müsse auf Dauer angelegt sein, eheähnlich und zudem durch enge emotionale Bindungen geprägt sein[192]. Der BGH verwendet in dieser Entscheidung die Begriffe eheähnliche Gemeinschaft und nichteheliche Lebensgemeinschaft nahezu synonym, wenngleich zumindest eine Formulierung[193] den Eindruck nahe legt, dass nichteheli-

---

190 BGHZ 180, 272, Rz. 17.

191 BGHZ 180, 272 Rz. 14.

192 BGH NJW 1997, 1005, 1005.

193 „[...] eheähnliche Lebensgemeinschaft. Für so gestaltete nichteheliche Partnerbeziehungen [...]".

che Lebensgemeinschaft als Oberbegriff verwendet wird und die eheähnliche Gemeinschaft eine (von mehreren) Ausprägungen ist[194].

2. XII. Zivilsenat

Am 05.07.2006 entschied der XII. Zivilsenat des BGH darüber, ob die grundsätzliche Befristung des Unterhaltsanspruchs der nichtehelichen Mutter in § 1615l Abs. 2 S. 3 BGB verfassungsgemäß ist[195]. Der Senat übernahm dabei die Definition der eheähnlichen Gemeinschaft des BVerfG vom 17.11.1992 in seiner ursprünglichen Form, das heißt, dass nur die Beziehung zwischen einem Mann und einer Frau die Kriterien erfülle[196]. Erneut entsteht der Eindruck, der BGH würde den Begriff nichteheliche Gemeinschaft als Oberbegriff verstehen.

3. Zusammenfassung

Diese zu völlig unterschiedlichen Materien ergangenen Entscheidungen lassen sich nicht auf einen gemeinsamen Nenner herunterbrechen. Der IX. Zivilsenat nahm eine eigene Definition vor, während der XII. Zivilsenat sich der BVerfG-Rechtsprechung anschloss. Einheitlichkeit besteht lediglich in den verwendeten Begrifflichkeiten.

V. Zusammenfassung der Rechtsprechung des BGH

1. Definitionsansätze

Festzuhalten ist zunächst, dass die aufgeführten Entscheidungen des BGH nicht nur von verschiedenen Senaten, sondern auch zu völlig unterschiedlichen Sachverhalten ergangen sind. Je nach Entscheidungskontext werden einzelne Aspekte der Definition besonders hervorgehoben. Vereinende Wirkung kommt lediglich dem wegweisenden Urteil des BVerfG vom 17.11.1992 zu, in dem das Gericht eine umfassende Definition der eheähnlichen Gemeinschaft vornahm und zudem Kriterien für ihre Feststellung vorgab. Der IV. und der VIII. Zivilsenat schlossen sich dieser Rechtsprechung an. Gleiches gilt im Prinzip auch für den XII. Zivilsenat, obwohl dieser zum einen seine eigene Definition nicht vollständig durch die des BVerfG ersetzte und zum anderen auch in einzelnen Punkten von ihr abweicht. Denn er zitierte zwar 1994 die Entscheidung des BVerfG und griff Kriterien aus ihr

194 BGH NJW 1997, 1005, 1005.
195 Vgl. zu diesem Problem bereits BVerfGE 118, 45.
196 BGHZ 168, 245 Rz. 19.

auf, in der Folgezeit verwendete er aber überwiegend seinen eigenen Definitionsansatz und die von ihm entwickelten Kriterien. Im Kontext der Ausgleichsansprüche folgte der XII. Zivilsenat zunächst der Definition des II. Zivilsenats und nahm nach der Entscheidung des BVerfG dessen Definition lediglich zusätzlich auf. Auch hat der XII. Zivilsenat entschieden, dass es nicht schädlich sei, dass derjenige, der mit einem anderen eine nichteheliche Lebensgemeinschaft führt, neben dieser weitere intime Beziehungen unterhält, selbst wenn dadurch eine gewisse Lockerung der Kernbeziehung eintritt. Das BVerfG dagegen verlangt Exklusivität.

II., V., VI. und IX. Zivilsenat haben zwar keine vollständigen eigenen Definitionen der faktischen Lebensgemeinschaft aufgestellt, allerdings haben sie Kriterien entwickelt, die es ihnen ermöglichen über die jeweils vorliegenden Regelungsbereiche zu entscheiden. Der V. Zivilsenat verlangte 1982, dass die Partner einer faktischen Lebensgemeinschaft beide unverheiratet sein müssen. Die Entscheidungen des II. und IX. Zivilsenats sind zum Teil auch nach dem 17.11.1992 ergangen, dennoch erfolgte keine Übernahme der BVerfG-Rechtsprechung. Die zitierten Entscheidungen von V. und VI. Zivilsenat liegen dagegen zeitlich vor der des BVerfG, so dass die eigenständigen Definitionsansätze insoweit weder überraschen noch systemwidrig sind.

a) Gemeinsame Kriterien

Trotz dieser heterogen anmutenden Handhabung lassen sich in der Rechtsprechung der verschiedenen Zivilsenate des BGH Gemeinsamkeiten erkennen:

aa) Auf Dauer angelegt

Kleinster gemeinsamer Nenner ist, dass eine Beziehung nur dann als faktische Lebensgemeinschaft klassifiziert werden kann, wenn sie auf Dauer angelegt ist. Strenger wird zum Teil, insbesondere vom XII. aber auch vom V. Zivilsenat, gefordert, dass die Beziehung schon eine gewisse Zeit besteht.

bb) Enge emotionale Verbundenheit

Das wichtigste senatsübergreifende Kriterium ist die enge emotionale Verbundenheit der Lebensgefährten. Zwar wird dieses Element von den einzelnen Senaten unterschiedlich bezeichnet: „Verantwortungs- und Einstehensgemeinschaft“ von den Senaten, die dem BVerfG folgen; der II. Zivilsenat spricht davon, dass die „persönlichen Beziehungen im Vordergrund“ stehen; der VI. Zivilsenat macht die Tiefe der Verfestigung der Beziehung vom „Grad der Verknüpfung der Lebenssphären“ abhängig; der IX. Zivilsenat verlangt für diesen Aspekt „enge emotionale Bindungen“. Trotz dieser unterschiedlichen Bezeichnungen verlangen die Senate im Kern dasselbe: Die Partner müssen einander persönlich eng verbunden sein, ihre Leben aufeinander eingerichtet haben und sich für den anderen verantwortlich fühlen. Dies ist das entscheidende Kriterium, um die faktische Lebensgemeinschaft von anderen Wohn- und Wirtschaftsgemeinschaften, wie z.B. zwischen Geschwistern, bei denen zwar auch eine enge, aber nicht so starke Verbundenheit vorherrschen kann, abzugrenzen.

cc) Kriterium der Verschiedengeschlechtlichkeit

Einzig der XII. Zivilsenat hat sich zu der Frage geäußert, ob das Vorliegen einer faktischen Lebensgemeinschaft nur bei zwei verschiedengeschlechtlichen Personen bejaht werden kann. Hatte er dies 1994 noch bejaht, ließ er diesen Aspekt 2002 kurz nach Einführung des LPartG bewusst offen. In Abgrenzung dazu verlangte er, allerdings in einem anderen Zusammenhang, 2006 wieder Verschiedengeschlechtlichkeit. Wohingegen eine Entscheidung aus 2007 nahe legt, das Kriterium der verschiedengeschlechtlichen Beziehung sei aufgegeben, so dass nach seiner Ansicht auch gleichgeschlechtliche faktische Lebensgemeinschaften möglich scheinen. Leider äußerte er sich dazu nicht explizit, sondern ließ diese Rechtsprechungsänderung nur aus einer veränderten Formulierung erkennen. Dies zudem als Obiter Dictum.

Die übrigen Senate verlangen übereinstimmend Verschiedengeschlechtlichkeit der Partner, dies gilt auch für neuere Entscheidungen, die erst nach Inkrafttreten des LPartG ergangen sind[197]. Allerdings war dieser Aspekt seitdem auch nicht entscheidungserheblich, so dass abzuwarten bleibt, ob die Rechtsprechung sich insoweit verändern wird.

b) Ergebnis

Trotz der zunächst unübersichtlichen Fülle von Entscheidungen zum Begriff der faktischen Lebensgemeinschaft, ziehen sich drei einheitliche Kriterien durch die Rechtsprechung des BGH:

1. Die Beziehung muss auf Dauer angelegt sein
2. Die Partner müssen in einer engen, persönlichen Beziehung verbunden sein
3. Die Partnerschaft muss (zumindest noch) zwischen einem Mann und einer Frau bestehen

197 Vgl. BGHZ 168, 245; BGHZ 180, 272.

2. Terminologie

Uneinheitlich ist die von den verschiedenen Senaten verwendete Terminologie. Gebraucht werden die Begriffe eheähnliche Gemeinschaft und nichteheliche Lebensgemeinschaft. Letzterer in verschiedenen Varianten: nichteheliche Lebensgemeinschaft, nicht eheliche Lebensgemeinschaft und nichtehelich geführte Lebensgemeinschaft. Wie bereits angedeutet hat dies verschiedene Ursachen. Zum einen hat das BVerfG den Begriff eheähnlich verwendet, weil dieser Begriff in den Gesetzen, über die es zu entscheiden hatte, enthalten war. Die Senate, die sich dem BVerfG anschlossen, übernahmen zunächst auch diesen Begriff. Der IV. Zivilsenat entschied sich jedoch zuletzt für den Begriff der nichtehelich geführten Lebensgemeinschaft. Diesen Begriff wählte auch der V. Zivilsenat. Ähnliches gilt für den Geschäftsverteilungsplan des BGH, der im Rahmen der Zuweisung der Auseinandersetzungsansprüche den Ausdruck nichteheliche Lebensgemeinschaft enthält. Dies hatte zur Folge, dass, zunächst der II. und dann auch der XII. Zivilsenat überwiegend diese Formulierung in ihre Urteile übernahmen. Allerdings gilt dies für den XII. Zivilsenat vor allem, soweit er über Ausgleichsansprüche zu entscheiden hatte, in Zusammenhang mit § 1579 BGB verwendete er meist den Begriff eheähnlich.

Der VI. und der VIII. Zivilsenat verwenden beide Ausdrücke synonym. Der IX. Zivilsenat scheint den Begriff nichteheliche Lebensgemeinschaft als Oberbegriff zu gebrauchen und die eheähnliche Gemeinschaft als eine Ausprägung zu verstehen.

Überwiegend entsteht jedoch der Eindruck, die verschiedenen Begriffe würden ohne System verwendet werden.

E. Zusammenfassung

In der bundesgerichtlichen Rechtsprechung wird damit überwiegend die Definition der eheähnlichen Gemeinschaft des BVerfG vom 17.11.1992 verwendet. Sofern sich der BGH dieser Rechtsprechung nicht angeschlossen hat, vertritt er Definitionen bzw. Definitionsansätze, die zumindest im Kern mit den Kriterien des BVerfG übereinstimmen. Die höchstrichterliche Rechtsprechung zum Begriff der faktischen Lebensgemeinschaft kann daher weitgehend als einheitlich bezeichnet werden, es muss jedoch immer beachtet werden, in welchem Kontext eine Definition erging. Je nach Zusammenhang ergaben sich unterschiedliche Gewichtungen der einzelnen Kriterien.

Kapitel 3: Die Behandlung durch das Schrifttum

Von einigen Stimmen in der Literatur wird vorgebracht, die faktische Lebensgemeinschaft sei nicht definierbar[198]. Von anderen Autoren wiederum wird lediglich eingewandt, dass die Grenzen der faktischen Lebensgemeinschaft sich nicht so klar ziehen ließen, als dass sie als selbstständige Institution umfassend gesetzlich geregelt werden könnte[199]. Sehr wohl könnten aber an besondere Ausgestaltungen rechtliche Konsequenzen geknüpft werden[200]. Der überwältigende Teil des Schrifttums hält die faktische Lebensgemeinschaft hingegen für definierbar bzw. zumindest für charakterisierbar[201]. Unstimmigkeiten bestehen lediglich bezüglich der einzelnen Merkmale, die die Eigenheiten faktischer Lebensgemeinschaften ausmachen.

Diese werden nach einer kurzen Darstellung der unterschiedlichen Motive für das Eingehen einer faktischen Lebensgemeinschaft abgebildet.

A. Motive

Die Gründe für die Entscheidung, in einer faktischen Lebensgemeinschaft zu leben, sind vielschichtig. In der rechts- und sozialwissenschaftlichen Literatur finden sich verschiedene Ansätze, die divergierenden Motivationen zu strukturieren. Hier seien nur einige davon exemplarisch wiedergegeben.

---

198 *Schlüter/Belling* FamRZ 1986, 405, 416; *Striewe*, S. 27; *Robert Pfeiffer*, Eigentumsverhältnisse an beweglichen Sachen in der nichtehelichen Lebensgemeinschaft, S. 3; vgl. dazu im Detail unten 1. HT, Kap. 4, A, I.

199 *Eva-Marie v. Münch* ZRP 1988, 327, 328; Landwehr/*Schwab*, S. 61, 83; *Eyrich* ZRP 1990, 139, 140.

200 *Eva-Marie v. Münch* ZRP 1988, 327, 328.

201 Vgl. Palandt/*Brudermüller*, 72. Auflage, 2013, Einl v § 1297 Rn. 11; Staudinger/*Löhnig*, Neubearbeitung 2007, Anh. zu §§ 1297 ff. Rn. 8 ff.; MüKo/*Wellenhofer*, BGB, 6. Auflage, 2013, nach § 1302 Rn. 3 ff.; *Dethloff*, 30. Auflage, 2012, § 8 Rn. 3; *Kingreen*, S. 57, der zwar eine Definition für ausgeschlossen hält, eine Charakterisierung aber für notwendig erachtet.

Coester-Waltjen untergliederte 1988 griffig in drei verschiedene Gruppen[202]. Zur ersten gehörten die Partner, die heiraten möchten, es aber nicht können. Dies seien vor allem gleichgeschlechtliche Paare und auch Lebensgemeinschaften, in denen einer der Partner noch anderweitig verheiratet sei und nicht geschieden werden könne. Die Erfassung gleichgeschlechtlicher Beziehungen, und dies sogar in der ersten Gruppe, war 1988 keinesfalls eine Selbstverständlichkeit, sondern ein moderner Ansatz, weil ein Großteil des Schrifttums gleichgeschlechtliche Beziehungen zu dieser Zeit noch aus der Definition der faktischen Lebensgemeinschaft ausklammerte[203]. Die zweite Gruppe erfasste die Beziehungen, in denen die Partner zwar heiraten können, das aber nicht wollen. Dazu zählte sie mehrere Untergruppen. Zum einen die Lebensgemeinschaften, in denen die Partner *noch* nicht heiraten wollen. Zum anderen aber auch die Beziehungen, die die Ehe insgesamt ablehnen, entweder wegen ihres negativen Vorbilds oder wegen ihrer nachteiligen Folgen insbesondere im Fall der Scheidung. Die dritte Gruppierung bestand aus den Partnern, die nicht heiraten *können*, dies aber auch nicht wollen. Sie seien nur durch emotionale, nicht aber durch sexuelle Bindungen verbunden. Gemeint sind familiale Gruppierungen.

Mittlerweile hat *Coester-Waltjen* ihr Verständnis konkretisiert und auch die Terminologie verändert[204]. Als Oberbegriff verwendet sie den der faktischen Lebensgefährten im weiteren Sinne. Darunter fasst sie drei Untergruppen: Erstens die Lebensgemeinschaften zwischen Personen, die miteinander verwandt, verschwägert oder bekannt sind und sich im fortgeschrittenen Alter gegenseitig unterstützen und pflegen. Zweitens gleichgeschlechtliche Beziehungen, worunter sowohl eingetragene Lebenspartnerschaften als auch nicht formalisierte Partnerschaften fallen. Und drittens verschiedengeschlechtliche Lebensgemeinschaften, die der Ehe ähneln und die *Coester-Waltjen* als faktische Lebensgemeinschaften im engeren Sinne bezeichnet.

Nach *Schwenzer* ist lediglich zwischen zwei Konstellationen zu differenzieren[205]: Ebenfalls 1988 nahm sie die Unterteilung in „Probeehe“, die besonders bei den unter 30-jährigen vorkomme, und „Alternative zur Ehe“, die vor allem bei den über 30-jährigen verbreitet sei, vor.

Hausmann hingegen unterteilt in fünf Kategorien[206]: Zunächst eine Test- und Probierphase zum wechselseitigen Kennenlernen. Sodann die Ablehnung der Ehe auf Grund negativer Erfahrungen mit einer vorangegangenen gescheiterten

202 *Coester-Waltjen* NJW 1988, 2085, 2085 f.

203 Siehe dazu unten 1. HT, Kap. 3, B, II.

204 *Gernhuber/Coester-Waltjen*, 6. Auflage, 2010, § 41 Rn. 1; 1988 verwendete *Coester-Waltjen* noch fast ausschließlich den Begriff nichteheliche Lebensgemeinschaft (NJW 1988, 2085).

205 *Schwenzer* JZ 1988, 781, 781.

206 Hausmann/Hohloch/*Hausmann*, 2. Auflage, 2004, S. 54.

Ehe. Zudem die grundsätzliche Ablehnung der Ehe als überholte gesellschaftliche Lebensform. Darüber hinaus die Paare, bei denen finanzielle Gründe gegen die Eingehung einer Ehe sprechen, z.B. um Unterhalts- und Rentenansprüche sowie Steuervorteile zu erhalten. Und zuletzt die Konstellationen, in denen rechtliche Hindernisse, z.B. eine noch bestehende Ehe mit einer anderen Person, die Eheschließung verhindern.

Ein sozialwissenschaftlicher Ansatz findet sich bei *Erler*[207]. Er unterteilt die Gesamtheit der faktischen Lebensgemeinschaften in drei soziale Gruppen. In die erste fallen die Beziehungen zwischen Personen unter 25 Jahren, für die die faktische Lebensgemeinschaft ein Durchgangsstadium sei. Entweder werde später geheiratet oder die Beziehung beendet. In der zweiten Gruppe fasst *Erler* die faktischen Lebensgemeinschaften mit Kindern zusammen. Häufig bestehe diese zwischen geschiedenen Partnern, die ihre aus der vorangegangenen Ehe stammenden Kinder in die neue Beziehung miteinbringen. Zur dritten Gruppe werden die 25-44-jährigen mit guter Ausbildung und qualifizierten Berufen gezählt.

Eine relativ aktuelle Vorstellung der unterschiedlichen Motivationslagen findet sich bei *Wellenhofer*[208]. Auch sie untergliedert in fünf verschiedene Gruppen, wobei alle Typen faktischer Lebensgemeinschaften zunächst das gemeinsame Hauptmotiv der emotionalen Bindung, die in der Regel auch sexuelle Treue verlange, verbinde. Nicht ausschlaggebend sei damit die Ablehnung der Ehe. Zur ersten Gruppe zählt *Wellenhofer* diejenigen Paare, die planten einander später zu heiraten, in der Regel, wenn die Geburt eines gemeinsamen Kindes bevorsteht. Allerdings existiere auch eine Vielzahl faktischer Partnerschaften, in denen Kinder leben. Diese fasst *Wellenhofer* in der zweiten Fraktion zusammen. Zur dritten gehören ältere Personen. Diese lehnten das Heiraten entweder nach einer vorangegangenen gescheiterten Ehe ab oder sie empfänden das Heiraten auf Grund ihres Alters nicht mehr als angemessen. Auch nach *Wellenhofers* Einordnung existiert eine Gruppe, die vierte, bei der die Partner zwar heiraten möchten, es aber nicht können, etwa weil einer der Partner noch mit einer anderen Person verheiratet ist. Die fünfte und damit letzte Gruppierung machen schließlich die „Dauer-Verlobten" aus. Zwar würde einer der Partner es vorziehen zu heiraten, der andere zögere die Eheschließung jedoch hinaus.

207 *Erler* FuR 1996, 10, 12.
208 *Wellenhofer* AnwBl 2008, 559, 559.

B. Definitionsmerkmale

Nachdem zunächst die zum Teil ganz unterschiedlichen Motivationen der unverheirateten Paare für das Führen einer faktischen Lebensgemeinschaft dargelegt wurden, sollen nun die diskutierten Definitionsmerkmale beleuchtet werden. Es werden verschiedene Kriterien diskutiert, die die faktische Lebensgemeinschaft charakterisieren und damit greifbarer machen sollen. Diese Charakteristika dienen immer auch dem Ausschluss anderer Formen menschlichen Zusammenseins bzw. -lebens. Je nach Thema und Intention der Veröffentlichung wird das eine oder das andere Merkmal mehr oder weniger stark betont.

I. Persönliche und emotionale Bindung

Von nahezu allen Autoren wird für die Existenz einer faktischen Lebensgemeinschaft vorausgesetzt, dass zwischen den Partnern eine persönliche und emotionale Beziehung besteht. Eine reine Wohn- und Wirtschaftsgemeinschaft reiche daher nicht aus[209]. *Dethloff* etwa sieht in der „persönlichen Bindung der Partner" das „tragende Element"[210]. Es diene der Abgrenzung der faktischen Lebensgemeinschaft von einer bloßen Wohngemeinschaft[211]. Auch nach *Kingreen* dient dieses Merkmal, dem er sogar „überragende Bedeutung" beimisst, der Abgrenzung zur reinen Wohngemeinschaft[212]. Er führt weiter aus, dass die „intensive affektive Bindung [...] Basis und Motiv des gemeinsamen Lebens" sei[213]. *De Witt/Huffmann* verstehen die persönliche Bindung als „Grundlage des Zusammenlebens"[214]. *Winde* verlangt eine „Lebensgemeinschaft von einiger Intensität, die von gegenseitiger Zuneigung getragen ist" und verwendet dieses Merkmal um die faktische Lebensgemeinschaft von lediglich sexuellen Verbindungen zu unterscheiden[215]. Nach *Bücherl* seien „sehr enge, emotionale Bindungen" erforderlich[216].

Und auch die Autoren, die sich ganz oder zumindest in Teilen der prägenden Rechtsprechung des BVerfG aus dem Jahr 1992 angeschlossen haben, setzen für die Annahme einer faktischen Lebensgemeinschaft zwingend ein emotionales

---

209 A.A. noch MüKo/*Wacke*, BGB, 4. Auflage, 2000, nach § 1302 Rn. 2, der die alte Definition des BVerfG für die Praxis besser geeignet fand.

210 *Dethloff*, 30. Auflage, 2012, § 8 Rn. 3.

211 *Dethloff*, 30. Auflage, 2012, § 8 Rn. 3.

212 *Kingreen*, S. 61.

213 *Kingreen*, S. 61.

214 *De Witt/Huffmann*, 2. Auflage, 1986, Rn. 5.

215 *Winde*, S. 26.

216 *Bücherl*, S. 2.

Moment voraus[217]. Dies folgt aus der Formulierung des BVerfG. Das Gericht spricht zum einem von „innere[n] Bindungen" und einem „gegenseitige[n] Einstehen der Partner füreinander" und fordert zum anderen eine „Verantwortungs- und Einstehensgemeinschaft"[218].

Nach *Wacke* erwecke diese Formulierung aber gerade eine Nähe zur Ehe, obgleich zwischen faktischer Lebensgemeinschaft und Ehe erhebliche Unterschiede existierten, da erstere jederzeit aufgelöst werden könne, so dass sie von geringerer Intensität sei[219]. Dem tritt *Voß* entgegen, indem sie im Zusammenhang mit der persönlichen Beziehung auf die Eheähnlichkeit abstellt[220]. Auch *Ohlenburger-Bauer* verlangt eine „Gemeinsamkeit der gesamten Lebensführung" und versteht darunter das Zusammenleben von Mann und Frau „mit allen äußeren Anzeichen einer Ehe"[221]. Durch dieses Kriterium würden auch alle rein geschlechtlichen Beziehungen aus der Definition ausgeschlossen werden.

II. Beziehung zwischen zwei Personen

Zuletzt in der Diskussion stand die Frage, ob die faktische Lebensgemeinschaft nur verschiedengeschlechtlich möglich ist oder ob diese Ansicht spätestens seit der Einführung des LPartG zum 01.08.2001 überholt ist. Abgelehnt wurde die Möglichkeit einer gleichgeschlechtlichen faktischen Lebensgemeinschaft noch 1980 von *Strätz*[222] und 1986 von *De Witt/Huffmann*[223]. 1988 hielt das Seminar des Deutschen Juristinnenbundes zumindest nur die verschiedengeschlechtliche faktische Lebensgemeinschaft für eine soziologische Erscheinung, die zahlenmäßig zunehme und daher regelungsbedürftig sei[224]. *Lieb* definierte die faktische Lebensgemeinschaft 1988 in seinem Gutachten für den 57. DJT zwar als eine Beziehung zwischen einem Mann und einer Frau, wollte jedoch gleichgeschlechtliche Partnerschaften nicht von vornherein ausschließen[225]. Er erachtete für die Beantwortung der Frage, ob auch gleichgeschlechtliche Beziehungen erfasst würden, eine je nach Regelungsbereich zu treffende Einzelfallentscheidung für not-

217 Scherpe/Yassari/*Martiny*, S. 79, 82; MüKo/*Wellenhofer*, BGB, 6. Auflage, 2013, nach § 1302 Rn. 3; Palandt/*Brudermüller*, 72. Auflage, 2013, Einl v § 1297 Rn. 11; *Jahnke* NZV 2007, 329, 330.

218 Vgl. oben 1. HT, Kap. 2, A, II.

219 MüKo/*Wacke*, BGB, 4. Auflage, 2000, nach § 1302 Rn. 2.

220 So z.B. *Voß*, S. 43.

221 *Ohlenburger-Bauer*, S. 1 f.

222 *Strätz* FamRZ 1980, 301, 303.

223 *De Witt/Huffmann*, 2. Auflage, 1986, Rn. 5.

224 *Stab* ZRP 1988, 355, 355.

225 *Lieb*, Gutachten A zum 57. DJT, 1988, A 10.

wendig[226]. *Voß* sprach sich bereits 1993 für die Gleichbehandlung von verschieden- und gleichgeschlechtlichen Partnerschaften aus[227]. Auch in einem Gesetzesentwurf zu Rechten und Pflichten faktischer Lebensgemeinschaften, den *Schumacher* 1994 vorlegte und der in § 1 eine Legaldefinition enthielt, wurde sie, neben anderen Aspekten, bereits als „eine Lebensgemeinschaft zwischen einem Mann und einer Frau oder zwischen zwei gleichgeschlechtlichen Personen" definiert[228]. Auch *Kingreen* plädierte im Jahr 1995 für die Fassung gleichgeschlechtlicher Partnerschaften unter den Begriff der faktischen Lebensgemeinschaft[229]. Diese Beziehungen würden eine der Ehe vergleichbare emotionale Verbundenheit aufweisen und seien nicht weniger schutzbedürftig, nur weil eine Heirat für sie nicht möglich sei[230]. Im Jahr 2000, kurz vor der Einführung des Rechtsinstituts für gleichgeschlechtliche Beziehungen, sprach *Strätz* sich dann ebenfalls dafür aus, die für die verschiedengeschlechtliche faktische Lebensgemeinschaft entwickelten Grundsätze auf gleichgeschlechtliche Beziehungen zu übertragen[231]. Verwenden wollte er für diese Beziehungen jedoch den Begriff der gleichgeschlechtlichen Gemeinschaft, um eine klare terminologische Unterscheidung zu gewährleisten[232]. Auch *Hausmann* möchte verschieden- und gleichgeschlechtliche Paare zwar gleich behandeln, lehnt aber eine Subsumierung letzterer unter den Begriff der nichtehelichen Lebensgemeinschaft ebenfalls ab[233]. *Wellenhofer* spricht sich ebenfalls für eine Übertragung der für verschiedengeschlechtliche Paare entwickelten Grundsätze aus[234]. Ob dies unter einer anderen Bezeichnung erfolgen müsse, lässt sie offen, merkt aber an, dass der Terminus lebenspartnerschaftsähnlich in Betracht komme[235]. Diesen möchten auch *Grziwotz* und *Schulz* für gleichgeschlechtliche Lebensgemeinschaften verwenden[236]. *Löhnig* und *Dethloff* hingegen schlagen die Verwendung des Begriffs faktische Lebensgemeinschaft vor und fassen darunter sowohl verschieden- als auch gleichgeschlechtliche Partnerschaften[237]. *Rauscher* nimmt eine differenzierende Betrach-

---

226 *Lieb*, Gutachten A zum 57. DJT, 1988, A 10.

227 *Voß*, S. 36.

228 *Schumacher* FamRZ 1994, 857, 864.

229 *Kingreen*, S. 60 f.

230 *Kingreen*, S. 60.

231 Staudinger/*Strätz*, 13. Bearbeitung (2000), Anh. zu §§ 1297 ff. Rn. 8.

232 Staudinger/*Strätz*, 13. Bearbeitung (2000), Anh. zu §§ 1297 ff. Rn. 8; siehe zu der in der Literatur verwendeten Terminologie unten 1. HT, Kap. 3, C.

233 Hausmann/Hohloch/*Hausmann*, 2. Auflage, 2004, S. 48 f.

234 MüKo/*Wellenhofer*, BGB, 6. Auflage, 2013, nach § 1302 Rn. 4.

235 MüKo/*Wellenhofer*, BGB, 6. Auflage, 2013, nach § 1302 Rn. 4.

236 *Grziwotz*, 4. Auflage, 2006, § 3 Rn. 39, 44; *Schulz* FamRZ 2007, 593, 594.

237 Staudinger/*Löhnig*, Neubearbeitung 2007, Anh. zu §§ 1297 ff. Rn. 9 f.; *Dethloff*, 30. Auflage, 2012, § 8 Rn. 2 f.

tung vor: Für den Bereich des Sozialrechts bejaht er eine Gleichbehandlung, im Verhältnis zu Kindern lehnt er diese jedoch ab, wenngleich er ausführt, dass entsprechende Probleme ohnehin Teil des Kindschaftsrechts seien[238].

Zusammenfassend lässt sich festhalten, dass sich der Streit über die Erfassung gleichgeschlechtlicher Beziehungen seit der Einführung des LPartG zum 01.08.2001 erledigt hat. Es ist gefestigte herrschende Ansicht, dass auch gleichgeschlechtliche Lebensgefährten eine faktische Lebensgemeinschaft führen können[239]. Einzig bezüglich der in diesem Zusammenhang zu verwendenden Begrifflichkeiten besteht noch Uneinigkeit.

III. Wohngemeinschaft

Zum Teil wird gefordert, dass die Partner zusammen leben müssen[240]. Andere Stimmen möchten das gemeinsame Wohnen nicht als eine zwingende Voraussetzung der faktischen Lebensgemeinschaft ansehen, sondern ihm vielmehr nur eine Indizwirkung beimessen[241]. Auch dies resultiert daraus, dass die entsprechenden Autoren sich der Definition des BVerfG zum sozialrechtlichen Begriff der eheähnlichen Gemeinschaft angeschlossen haben und dieses das Zusammenwohnen lediglich als Anzeichen einstuft. Aus soziologischer und psychologischer Sicht wird zu bedenken gegeben, dass nur bei einer weiten Auslegung des Begriffs auch Beziehungen erfasst werden könnten, in denen die Partner getrennte Wohnungen unterhalten[242]. Dieses sogenannte living apart together nehme, auch wegen steigender beruflicher Mobilitätsanforderungen, stetig zu[243] und existiere laut *Glatzer* auch in Ehen[244]. Hiergegen wendet *Asendorpf* aber ein, dass die

238 *Rauscher*, 2. Auflage, 2008, Rn. 728.

239 So neben den bereits genannten Autoren auch Scherpe/Yassari/*Martiny*, S. 79, 83; *Müller* FuR 2002, 441, 443; *Busche* JZ 1998, 387, 390; *Maus*, S. 29; *Trimbach/El Alami* NJ 1996, 57, 58; wohl auch *Winde*, S. 14, wenngleich sie ihrer Arbeit nur verschiedengeschlechtliche Gemeinschaften zugrunde legt, S. 26; a.A. *Bücherl*, S. 2.

240 *Winde*, S. 26; Scherpe/Yassari/*Martiny*, S. 79, 82; MüKo/*Wacke*, BGB, 4. Auflage, 2000, nach § 1302 Rn. 1; *Trimbach/El Alami* NJ 1996, 57, 57; *Kingreen*, S. 62; *Glatzer*, S. 10; *Voß*, S. 43; *Stab* ZRP 1988, 355, 355; *Lieb*, Gutachten A zum 57. DJT, 1988, A 10; *Jörg Schirmer* DAR 1988, 289, 294; *de Witt/Huffmann*, 2. Auflage, 1986, Rn. 5; *Strätz* FamRZ 1980, 301, 303; *Maus*, S. 29.

241 *Rauscher*, 2. Auflage, 2008, Rn. 727; *Dethloff*, 30. Auflage, 2012, § 8 Rn. 3; *Grziwotz*, 4. Auflage, 2006, § 3 Rn. 43; *Schulz* FamRZ 2007, 593, 593; *Bücherl*, S. 2; *Schreiber* FPR 2001, 12, 14.

242 *Glatzer*, S. 11; *Asendorpf* KZfSS 2008, 749, 751; so auch *Kingreen*, S. 60.

243 *Asendorpf* KZfSS 2008, 749, 756, 761; *Glatzer*, S. 11.

244 *Glatzer*, S. 11.

Zahlen von Ehegatten, die nicht im gleichen Haushalt leben, obwohl die Ehe intakt ist, verschwindend gering seien[245].

IV. Wirtschaftsgemeinschaft

Von einigen Autoren wird das Merkmal der Wirtschaftsgemeinschaft betont. Sie sei ein konstitutives Merkmal[246]. Nach *Gernhuber/Coester-Waltjen* fehlt es regelmäßig an einer scharfen Trennung zwischen „Mein" und „Dein"; dieses gemeinsame Wirtschaften lasse die Lebensgefährten nach außen als „Gemeinschaft" erscheinen[247]. *Grziwotz* sieht in der „ökonomischen Solidarität häufig das typische Kennzeichen der Lebensgemeinschaft", allerdings verlangt er die Wirtschaftsgemeinschaft nicht als zwingende Voraussetzung[248]. Zudem sei keine „Quasi-Gütergemeinschaft" erforderlich, denn dies sei auch in der Ehe nicht der gesetzliche Güterstand[249]. *Winde* gibt zu bedenken, dass das Vorliegen einer Wirtschaftsgemeinschaft nicht das alleinige Merkmal sein könne, da dies der Eigenwahrnehmung der Partner nicht gerecht würde, weil sie sich nicht über ihre wirtschaftlichen Verflechtungen skizzierten[250]. In diese Richtung geht auch der Einwand von *Kingreen*, der keine „umfassende finanzielle Verflechtung" verlangt[251]. Von *Trimbach/El Alami* wird gefordert, dass die Partner sich mit ihrem Vermögen in die Partnerschaft einbringen und gemeinsam zumindest Dinge von beträchtlichem Wert angeschafft haben[252]. *Wellenhofer*, die weitgehend der Definition des BVerfG folgt, misst dem Bestehen einer Wirtschaftsgemeinschaft immerhin Indizwirkung bei[253].

---

245 2006 waren es 0,11%, wovon immerhin 0,08% in verschiedenen Haushalten im selben Haus wohnten, *Asendorpf* KZfSS 2008, 749, 754.

246 Scherpe/Yassari/*Martiny*, S. 79, 82; *Bücherl*, S. 2; *Glatzer*, S. 10 f.; *Voß*, S. 43; *Lieb*, Gutachten A zum 57. DJT, 1988, A 10; *Jörg Schirmer* DAR 1988, 289, 294; *De Witt/Huffmann*, 2. Auflage, 1986, Rn. 5; MüKo/*Wacke*, BGB, 4. Auflage, 2000, nach § 1302 Rn. 1.

247 *Gernhuber/Coester-Waltjen*, 6. Auflage, 2010, § 41 Rn. 1.

248 *Grziwotz*, 4. Auflage, 2006, § 3 Rn. 43.

249 *Grziwotz*, 4. Auflage, 2006, § 3 Rn. 43.

250 *Winde*, S. 14.

251 *Kingreen*, S. 62, 65.

252 *Trimbach/El Alami* NJ 1996, 57, 57.

253 MüKo/*Wellenhofer*, BGB, 6. Auflage, 2013, nach § 1302 Rn. 3.

V. Geschlechtsgemeinschaft

Nur vereinzelt wird vertreten, dass zwischen den Partnern einer faktischen Lebensgemeinschaft eine Geschlechtsgemeinschaft bestehen müsse[254]. Nach anderer Ansicht sei das Bestehen intimer Beziehungen nicht notwendig. Zwar könnten sie Indiz für das Vorliegen einer faktischen Lebensgemeinschaft sein, nicht aber eine zwingende Voraussetzung[255]. Gefolgt wird insoweit auch bei diesem Merkmal größtenteils der grundlegenden BVerfG-Rechtsprechung aus dem Jahr 1992. Begründet wird diese Betrachtungsweise damit, dass der Staat bei der Feststellung geschlechtlicher Beziehungen in die Intimsphäre seiner Bürger eindringen müsste und damit ihr allgemeines Persönlichkeitsrecht verletze[256]. Auch nach *Martiny* und *Lieb* ist es nicht zwingend erforderlich, dass zwischen den Partnern eine intime Beziehung besteht, wenngleich dies in der Regel der Fall sein werde[257]. *Maus* geht noch weiter und führt sehr nachdrücklich aus, dass das Bestehen einer intimen Verbindung „jeglicher rechtlichen Relevanz entbehrt"[258]. Vielmehr könnten die „Partner in ihrem Intimbereich machen was sie wollen – auch für eine Ehe ist Sexualität nicht unbedingt erforderlich"[259].

VI. Auf Dauer angelegt

Einigkeit besteht darüber, dass eine faktische Lebensgemeinschaft nur dann besteht, wenn sie auf Dauer angelegt, d.h. nicht zeitlich begrenzt, ist[260]. Dieses Kriterium soll kurzfristige Bekanntschaften aus der Definition der faktischen Lebensgemeinschaft ausklammern[261].

Kontrovers diskutiert wird, ob die Anvisierung einer dauerhaften Beziehung ausreicht oder ob diese bereits eine gewisse Zeit bestehen muss.

---

254 *Glatzer*, S. 11, der allerdings eine soziologische Beschreibung vornimmt.

255 *Dethloff*, 30. Auflage, 2012, § 8 Rn. 3; Staudinger/*Löhnig*, Neubearbeitung 2007, Anh. zu §§ 1297 ff. Rn. 14; Staudinger/*Strätz*, 13. Bearbeitung (2000), Anh. zu §§ 1297 ff. Rn. 13.

256 Staudinger/*Löhnig*, Neubearbeitung 2007, Anh. zu §§ 1297 ff. Rn. 14.

257 Scherpe/Yassari/*Martiny*, S. 79, 83; *Lieb*, Gutachten A zum 57. DJT, 1988, A 10; so auch *Jörg Schirmer* DAR 1988, 289, 294.

258 *Maus*, S. 30.

259 *Maus*, S. 30.

260 *Rauscher*, 2. Auflage, 2008, Rn. 727; *Grziwotz*, 4. Auflage, 2006, § 3 Rn. 42; MüKo/*Wacke*, BGB, 4. Auflage, 2000, nach § 1302 Rn. 1; Staudinger/*Strätz*, 13. Bearbeitung (2000), Anh. zu §§ 1297 ff. Rn. 7; *ders.* FamRZ 1980, 301, 303; *Trimbach/El Alami* NJ 1996, 57, 57; *Lieb*, Gutachten A zum 57. DJT, 1988, A 10; *Jörg Schirmer* DAR 1988, 289, 294; *Schwenzer* RabelsZ 71 (2007), 705, 713; *Maus*, S. 28; Landwehr/*Ingo v. Münch*, S. 137, 138; *Ohlenburger-Bauer*, S. 3; *Bücherl*, S. 2; *Winde*, S. 26; *Glatzer*, S. 10; *Kingreen*, S. 63.

261 *Grziwotz*, 4. Auflage, 2006, § 3 Rn. 42; Landwehr/*Ingo v. Münch*, S. 137, 138.

Teile der Literatur lassen es ausreichen, dass die Partner ihre Beziehung auf Dauer anlegen, so dass die tatsächliche Länge des Zusammenseins nicht ausschlaggebend ist. *Ohlenburger-Bauer* betont, dass in der Regel die „Hoffnung auf ein Nichtenden" existiere[262].

Andere Autoren geben einen Mindestzeitraum vor, über welchen hinweg die Beziehung bereits bestehen muss. So der Soziologie *Glatzer*, der fordert, dass die Partnerschaft etwa ein halbes Jahr bestehen müsse[263]. *Voß* und *Trimbach/El Alami* legen einen strengeren Maßstab an und fordern, dass die faktische Lebensgemeinschaft mindestens 24 Monate Bestand haben müsse[264]. Sie orientieren sich dabei an Section 17 des australischen De Facto Relationship Act von 1984, wonach vor Gericht nur die Beziehungen berücksichtig werden, die schon über den genannten Zeitraum hinweg bestehen. Angelehnt an die im australischen Recht festgeschriebenen Ausnahmen von diesem Zeiterfordernis, möchte auch *Voß* solche zulassen, wenn ein gemeinsames Kind betreut wird oder sonstige besondere Umstände vorliegen[265].

Maus verfolgt einen kombinierten Ansatz von subjektiver und objektiver Komponente. Denn zum einen sei allein die subjektive Absicht der Partner nicht beweisbar, zum anderen sei es schwer zu beurteilen, wie lang eine Beziehung schon existieren müsse, damit die geforderte Dauerhaftigkeit bejaht werden könne[266]. Danach ist eine auf „einige Dauer, nicht befristet angelegte und gelebte Gemeinschaft erforderlich"[267].

VII. Noch bestehende anderweitige Ehe

Fraglich ist zudem, ob man von einer faktischen Lebensgemeinschaft sprechen kann, wenn zumindest einer der Partner noch anderweitig verheiratet ist. Ganz vereinzelt wird vertreten, dass eine noch bestehende Ehe mit einem anderen Partner dem entgegenstehe[268]. Die überwiegende Mehrheit der Autoren bejaht diese Frage jedoch[269]. *Wellenhofer* begründet dies damit, dass die Definitionsan-

262 *Ohlenburger-Bauer*, S. 3.

263 *Glatzer*, S. 11.

264 *Voß*, S. 43; *Trimbach/El Alami* NJ 1996, 57, 57.

265 *Voß*, S. 43.

266 *Maus*, S. 28.

267 *Maus*, S. 28.

268 *Kingreen*, S. 61; *Ohlenburger-Bauer*, S. 3, die Ausschließlichkeit wie in einer Ehe voraussetzt; *Derleder* NJW 1980, 545, 546, der zumindest nur die Gemeinschaften nicht anderweitig verheirateter Partner in den Mittelpunkt seiner Abhandlung stellt.

269 Staudinger/*Löhnig*, Neubearbeitung 2007, Anh. zu §§ 1297 ff. Rn. 10; MüKo/*Wellenhofer*, BGB, 6. Auflage, 2013, nach § 1302 Rn. 4; MüKo/*Wacke*, BGB, 4. Auflage, 2000, nach § 1302

sätze zunächst dem Zweck dienten, die Ehe im Sozialrecht gegenüber faktischen Lebensgemeinschaften nicht zu benachteiligen[270]. Da es inzwischen jedoch vielmehr darum gehe, Rechtsgrundsätze speziell für diese Beziehungsform zu schaffen, könne die Formulierung des BVerfG, dass „typischerweise keine weitere Lebensgemeinschaft dieser Art bestehen darf“ nicht dahingehend interpretiert werden, dass das Bestehen einer faktischen Lebensgemeinschaft verneint werden müsse, wenn einer der Partner *noch* verheiratet sei[271]. Etwas anderes könne nur dann gelten, wenn die noch bestehende Ehe dies ausnahmsweise unbedingt erforderlich mache[272].

VIII. Monogamie

Ganz selten wird besonders betont, dass eine faktische Lebensgemeinschaft nur dann existiere, wenn die Partner monogam lebten[273].

IX. Rechtliche Unverbindlichkeit

Die weitgehende rechtliche Unverbindlichkeit ist der faktischen Lebensgemeinschaft immanent. Von einigen Autoren wird die fehlende Rechtsverbindlichkeit als prägendes Merkmal aber ausdrücklich hervorgehoben[274]. Eng verknüpft mit der rechtlichen Unverbindlichkeit sei die Möglichkeit, die faktische Lebensgemeinschaft zu jedem beliebigen Zeitpunkt und ohne zusätzliche Voraussetzungen, wie z.B. die Einhaltung von Fristen, zu beenden[275]. Allerdings wird ver-

---

Rn. 2; Hausmann/Hohloch/*Hausmann*, 2. Auflage, 2004, S. 48; *Schreiber* FPR 2001, 15; *Stab* ZRP 1988, 355, 355; *Strätz* FamRZ 1980, 301, 303; für eine bereichsabhängige Entscheidung *Lieb*, Gutachten A zum 57. DJT, 1988, A 10.

270 MüKo/*Wellenhofer*, BGB, 6. Auflage, 2013, nach § 1302 Rn. 4.

271 MüKo/*Wellenhofer*, BGB, 6. Auflage, 2013, nach § 1302 Rn. 4, wenngleich das angeführte wörtliche Zitat nicht exakt dem Originalwortlaut des BVerfG entspricht.

272 MüKo/*Wellenhofer*, BGB, 6. Auflage, 2013, nach § 1302 Rn. 4.

273 *Rauscher*, 2. Auflage, 2008, Rn. 727; *Maus*, S. 27; *Kingreen*, S. 60; diesbezüglich offen schon *Gernhuber* FamRZ 1981, 721, 724; zur a.A. siehe die anschauliche Glosse von *Schwab* FamRZ 2003, 16.

274 Palandt/*Brudermüller*, 72. Auflage, 2013, Einl v § 1297 Rn. 11; Staudinger/*Löhnig*, Neubearbeitung 2007, Anh. zu §§ 1297 ff. Rn. 10; *Jahnke* NZV 2007, 329, 330; *Uwe Diederichsen* NJW 1983, 1017, 1018; *Strätz* FamRZ 1980, 301, 303.

275 Palandt/ *Brudermüller*, 72. Auflage, 2013, Einl v § 1297 Rn. 11; *Schlüter*, 14. Auflage, 2012, Rn. 493; *Uwe Diederichsen* NJW 1983, 1017, 1018; *Jahnke* NZV 2007, 329, 330.

mehrt vorgebracht, dass die Partner einer faktischen Lebensgemeinschaft nicht im rechtsfreien Raum leben wollen[276].

X. Fehlender Publizitätsakt

Zuletzt sei die faktische Lebensgemeinschaft zwingend dadurch gekennzeichnet, dass es keinen der Eheschließung vergleichbaren Publizitätsakt gibt[277]. Dadurch sei der Beginn der Beziehung schwer festzustellen, als Anknüpfungspunkte kämen aber z.B. die Einweihung der gemeinsamen Wohnung oder die Anmeldung beim Einwohnermeldeamt in Betracht[278]. Nach *Kingreen* ersetze „die gemeinsame Lebensführung in einer gemeinsamen Wohnung" den bei der Ehe vorhandenen Akt der Publizität[279].

C. Terminologie

Am häufigsten wird der Begriff der nichteheliche Lebensgemeinschaft verwendet, wenngleich in unterschiedlichen Schreibweisen: nichteheliche Lebensgemeinschaft[280], nicht eheliche Lebensgemeinschaft[281], nicht-eheliche Lebensgemeinschaft[282]. Auch der Begriff eheähnliche Gemeinschaft[283] findet sich häufig. Dies resultiert daraus, dass viele Autoren sich der Definition des BVerfG angeschlossen

276 *Schwenzer* JZ 1988, 781, 782; *Wellenhofer*, 2. Auflage, 2011, § 27 Rn. 1; *dies.* FF 2008, 350, 350; *Schlüter*, 14. Auflage, 2012, Rn. 493.

277 Scherpe/Yassari/*Martiny*, S, 79, 83; MüKo/*Wellenhofer*, BGB, 6. Auflage, 2013, nach § 1302 Rn. 3; *Winde*, S. 26; *Jörg Schirmer* DAR 1988, 289, 294.

278 MüKo/*Wellenhofer*, BGB, 6. Auflage, 2013, nach § 1302 Rn. 3; *Nave-Herz* FPR 2001, 3, 5.

279 *Kingreen*, S. 61.

280 MüKo/*Wellenhofer*, BGB, 6. Auflage, 2013, nach § 1302 Rn. 1 ff.; Palandt/*Brudermüller*, 72. Auflage, 2013, Einl v § 1297 Rn. 10 ff.; *Schlüter*, 14. Auflage, 2012, Rn. 493 ff.; *Schulz* FamRZ 2007, 593; *Grziwotz*, 4. Auflage, 2006; *Nave-Herz* FPR 2001, 3; *Messerle* JuS 2001, 28; *Schreiber* FPR 2001, 12; Staudinger/*Strätz*, 13. Bearbeitung (2000), Anh. zu §§ 1297 ff. Rn. 1 ff.; *Merten*, FS Leisner, 1999, S. 615, 626, der damit das entscheidende Kriterium betont sieht; *Busche* JZ 1998, 387; *Trimbach/El Alami* NJ 1996, 57; *Voß*, S. 43; *Huffmann*, 23. VGT, 1985, S. 90; *Hans-Jürgen Becker* VersR 1985, 201; *Maus*, S. 35; *Uwe Diederichsen* NJW 1983, 1018; Alpmann/Brockhaus, Fachlexikon Recht, 2. Auflage, 2005; *Tilch/Arloth*, Deutsches Rechtslexikon, 3. Auflage, 2001, Band II (G-P).

281 *Winde*, S. 8, 26.

282 *Jahnke* NVZ 2007, 329; *Erler* FuR 1996, 10.

283 *Müller* FuR 2002, 441, der sich allerdings auch mit BGH-Rechtsprechung zu eben diesem Begriff auseinandersetzt; *Uwe Diederichsen* NJW 1983, 1017, Fn. 9; *Ohlenburger-Bauer*, S. 3; *Creifelds*, Rechtswörterbuch, 20. Auflage, 2011, Suchwort: eheähnliche Gemeinschaft, S. 309.

haben und dieses diesen Begriff verwendet. Nicht immer, aber doch überwiegend, werden die Begriffe nichteheliche Lebensgemeinschaft und eheähnliche Gemeinschaft synonym verwendet bzw. es erfolgt keine klare Abgrenzung[284]. Begriffe wie Konkubinat[285], wilde Ehe[286], ehelose Gemeinschaft[287], freie Gemeinschaft[288] oder alternative Lebensgemeinschaft[289] werden heutzutage nicht mehr verwendet.

Erwähnt wurde bereits, dass sich seit der Einführung des LPartG auch Begriffe finden, die speziell für gleichgeschlechtliche Beziehungen gelten sollen, insbesondere ist der Terminus lebenspartnerschaftsähnlich zu erwähnen. In neuerer Zeit taucht zudem häufiger der Begriff der faktischen Lebensgemeinschaft[290] bzw. der faktischen Lebensgefährten[291] auf, wobei die Bezeichnung als Lebensgefährten auch früher bereits benutzt wurde[292].

---

284 Für eine synonyme Verwendung Hausmann/Hohloch/*Vogelgesang*, 2. Auflage, 2004, S. 203.

285 Z.B. noch *Strätz* FamRZ 1980, 301.

286 *Brühl* FamRZ 1978, 859.

287 *Roth-Stielow* JR 1978, 233.

288 *Gernhuber* FamRZ 1981, 721, 725.

289 *Kunigk* Jura 1980, 512.

290 Staudinger/*Löhnig*, Neubearbeitung 2007, Anh. zu §§ 1297 ff. Rn. 10; *Dethloff*, 30. Auflage, 2012, § 8 insb. Rn. 2; *dies.* in Bundestagsfraktion Bündnis 90/Die Grünen, Nichteheliche Lebensgemeinschaft – Reformbedarf und Reformüberlegungen, S. 21, 21; so auch schon *Coester-Waltjen* NJW 1988, 2085, 2086.

291 *Gernhuber/Coester-Waltjen*, 6. Auflage, 2010, § 41 Rn. 1, § 43, § 44.

292 Z.B. *Derleder* NJW 1980, 545; *Gotthardt* FamRZ 1980, 17.

Kapitel 4: Eine einheitliche Definition der faktischen Lebensgemeinschaft

A. Definition

Eine Definition der faktischen Lebensgemeinschaft ist der Dreh- und Angelpunkt, wenn es allgemein darum geht, die Rechtsstellung dieser Gemeinschaften zu verbessern und konkret zu diskutieren, ob sie in den Schutzbereich des § 844 Abs. 2 BGB aufgenommen werden sollten. Eine Gesetzesreform kann nur gefordert werden, wenn klar abgesteckt ist, was unter einer faktischen Lebensgemeinschaft zu verstehen ist.

Bevor jedoch auf die einzelnen charakterisierenden Merkmale eingegangen werden kann, sind zunächst einige Vorüberlegungen anzustellen.

I. Grundsätzliche Definierbarkeit der faktischen Lebensgemeinschaft

Zuerst muss auf die grundsätzliche Möglichkeit eingegangen werden, die faktische Lebensgemeinschaft zu definieren. Denn einzelnen Autoren zufolge ist sie nicht als Rechtsbegriff definierbar, sondern stattdessen nur als Typus beschreibbar[293].

Was aber ist ein Typus und wo liegt der Unterschied zur Definition? Um die Frage nach der Definierbarkeit der faktischen Lebensgemeinschaft umfassend beantworten zu können, ist ein Exkurs in die rechtwissenschaftliche Methodenlehre erforderlich.

1. Methodenlehre

Wenn ein Lebenssachverhalt rechtlich erfasst und von anderen unterschieden werden soll, sind zwei Herangehensweisen denkbar: Die Definition und die Typenbildung. Bei letzterer erfolgt anstatt einer Definition eine Deskription.

---

293 *Striewe*, S. 27 f., 125 ff.; *Robert Pfeiffer*, Eigentumsverhältnisse an beweglichen Sachen in der nichtehelichen Lebensgemeinschaft, S. 20 ff.

Eine Art Definition der Definition geben *Schneider/Schnapp*, indem sie sie als „Summe aller Merkmale, die einen Gegenstand ausmachen“ beschreiben; die Definition gibt damit den Inhalt eines Begriffs vor[294].

Wenn in neuerer Zeit geäußert wird, dass die faktische Lebensgemeinschaft als Typus zu bestimmen ist, wird stets auf *Larenz* verwiesen[295]. Dieser sah die Denkform des Typus als Ergänzung zum Rechtsbegriff und damit zur Definition[296]. Definiert werden konnten seiner Ansicht nach nur Rechtsbegriffe[297]. Er berief sich dabei auf *Engisch*, der den Typus in den 1950er Jahren als eine Möglichkeit der Konkretisierung in der Rechtswissenschaft ausgemacht hatte[298].

Nach *Larenz* war Voraussetzung für eine Definition, dass der zu definierende Begriff durch die „vollständige Angabe der [ihn] kennzeichnenden Merkmale“ eindeutig zu bestimmen ist[299]. Er vertrat damit die klassische Definitionslehre[300]. Bei dieser sind jeweils der „nächst höhere Gattungsbegriff und die spezifischen Besonderheiten“ anzugeben[301].

Wegen der vermeintlichen Unzulänglichkeit dieser Herangehensweise wollte *Larenz* neben die Definition die Typenbildung stellen. Bei dieser wird ein Typus durch Beschreibung konkretisiert[302]. Dabei müssen die Merkmale, die in der Typenbeschreibung enthalten sind, nicht zwingend vollständig vorliegen, damit der Typus angenommen werden kann[303]. Es ist vielmehr so, dass die Charakteristika isoliert betrachtet jeweils nur ein Indiz sind, erst in ihrer Gesamtheit entscheiden sie darüber, ob ein bestimmter Lebenssachverhalt als der in Rede stehende Typus zu verstehen ist[304]. Auch *Leenen*, ein Schüler von *Larenz*‘, der von diesem auf das Thema des Typus aufmerksam gemacht wurde[305], hat ausgeführt, dass der Typus ein „elastisches Merkmalsgefüge“ sei[306]. So könne es vorkommen,

---

294 *Schneider/Schnapp*, 6. Auflage, 2006, S. 21, 45.

295 *Striewe*, S. 27; *Robert Pfeiffer*, Eigentumsverhältnisse an beweglichen Sachen in der nichtehelichen Lebensgemeinschaft, S. 3.

296 Die Denkform des Typus hat *Larenz* als Nachfolger seiner, in der Zeit des Nationalsozialismus vertretenen, Lehre von den konkret-allgemeinen Begriffen entwickelt; die Denkform des Typus fortführend auch *Larenz/Canaris*, Methodenlehre der Rechtswissenschaft, 3. Auflage, 1995, S. 290 ff., wobei *Canaris* im Vorwort (S. V) ankündigt die Lehre vom Typus in späteren Auflagen zu überarbeiten. Dazu kam es allerdings (bisher) nicht.

297 *Larenz*, Methodenlehre der Rechtswissenschaft, 6. Auflage, 1991, S. 216.

298 *Engisch*, 2. Auflage, 1968, S. 237 ff.

299 *Larenz*, Methodenlehre der Rechtswissenschaft, 6. Auflage, 1991, S. 216, 221.

300 Vgl. *Kuhlen*, S. 128; *Rüßmann* NJW 1996, 1264, 1264.

301 *Rüthers/Fischer/Birk*, 6. Auflage, 2011, Rn. 197.

302 *Larenz*, Methodenlehre der Rechtswissenschaft, 6. Auflage, 1991, S. 221.

303 *Larenz*, Methodenlehre der Rechtswissenschaft, 6. Auflage, 1991, S. 221.

304 *Larenz*, Methodenlehre der Rechtswissenschaft, 6. Auflage, 1991, S. 221.

305 *Leenen*, S. 7 (Vorwort).

306 *Leenen*, S. 34.

dass ein wesentliches Typenmerkmal zwar teilweise oder vollständig fehle, das Vorliegen des Typus aber dennoch bejaht werden könne[307]. Nach *Engisch* war der Typus sogar konkreter als der Rechtsbegriff[308].

Die Typenbildung erscheint danach zunächst flexibler und anpassungsfähiger als die vermeintlich starre Definition. Sie bereitet jedoch in mehrfacher Hinsicht Schwierigkeiten. Zum einen gibt es eine Fülle unterschiedlicher Typenarten[309], zum anderen ist unklar, ob sie neben die Definition tritt oder anstatt dieser verwendet wird[310]. Ferner ist die Terminologie uneinheitlich[311]. Darüber hinaus kann aber vor allem eingewendet werden, dass kein Bedarf an einer Typenbildung besteht[312]. Auch nach der modernen Definitionslehre ist ein flexibler, offener Rechtsbegriff möglich. Die den Begriff kennzeichnenden Merkmale können dabei durch eine Oder-Verknüpfung verbunden werden[313]. Auch bei dieser Herangehensweise müssen also nicht zwingend alle Merkmale kumulativ vorliegen, um den Begriff zu bejahen[314].

So ist in der Literatur auch einige Kritik an der Typenbildung aufgekommen. Nach *Rüthers/Fischer/Birk* bringt *Larenz* mit seiner Lehre vom Typus lediglich zum Ausdruck, dass Begriffe und ihre Definitionen nicht starr sind, sondern sich wandeln können; dies bedeute aber nicht, dass manche Begriffe einer Definition nicht zugänglich seien[315]. *Kuhlen* sieht im Typus „(Klassen-) Begriffe i.e.S. von besonderer Beschaffenheit“, die offen seien und zumindest teilweise eine alternative Verknüpfung der Merkmale zulassen[316]. Und für *Bydlinski* ist die Typenbildung nichts anderes als eine teleologische Auslegung[317].

---

307 *Leenen*, S. 34.

308 *Engisch*, 2. Auflage, 1968, S. 262.

309 Vgl. dazu *Engisch*, 2. Auflage, 1968, S. 239 ff.; *Larenz*, Methodenlehre der Rechtswissenschaft, 6. Auflage, 1991, S. 461 ff. und noch genauso *Larenz/Canaris*, Methodenlehre der Rechtswissenschaft, 3. Auflage, 1995, S. 290 ff.

310 Nach *Leenen*, S. 57 kann trotz „fließender Übergänge“ eine schwerpunktmäßige Trennung von Typus und Begriff erfolgen, obgleich ein und dasselbe Wort sowohl den Begriff als auch den Typus meinen kann.

311 Vgl. *Kuhlen*, S. 99 ff.

312 *Rüthers/Fischer/Birk*, 6. Auflage, 2011, Rn. 932; *Bydlinski*, 2. Auflage, 1991, S. 546 f.; kritisch zum Typus auch *Rüßmann* NJW 1996, 1264 in einer Buchbesprechung zu *Larenz/Canaris*, Methodenlehre der Rechtswissenschaft, 3. Auflage, 1995.

313 *Rüthers/Fischer/Birk*, 6. Auflage, 2011, Rn. 932; *Kuhlen*, S. 129, 135, 162.

314 *Rüthers/Fischer/Birk*, 6. Auflage, 2011, Rn. 932 führt als gesetzliches Beispiel für dieses Vorgehen § 100 BGB an.

315 *Rüthers/Fischer/Birk*, 6. Auflage, 2011, Rn. 932.

316 *Kuhlen*, S. 129, 135, 162.

317 *Bydlinski*, 2. Auflage, 1991, S. 546 ff.; auch *Engisch/Würtenberger*, 11. Auflage, 2010, S. 191, Fn. 6 sieht die Nähe zur teleologischen Auslegung.

2. Auswirkungen auf die Behandlung der faktischen Lebensgemeinschaft

Was aber heißt das konkret für die faktische Lebensgemeinschaft? Welcher Weg ist zu beschreiten, die Definition oder die Typenbildung?

Die Ausprägungen tatsächlichen Zusammenlebens sind sehr vielschichtig. Deutlich wurde das bereits bei der Darstellung der unterschiedlichen Konstellationen faktischer Lebensgemeinschaften[318]. Dieser Umstand erschwert eine klare Bestimmung ihrer konstitutiven Merkmale erheblich. Genau hier setzt *Striewe* an. Er führt aus, dass „der Lebenssachverhalt des nichtehelichen Zusammenlebens derart vielgestaltig ist, als dass er einer abschließenden Fixierung durch unverzichtbare Merkmale zugänglich wäre“ und möchte daher eine Typenbildung vornehmen[319].

In der Tat erscheint dieser Ansatz auf den ersten Blick naheliegend. Auf diese Weise wäre es nicht erforderlich, zwingende Merkmale der faktischen Lebensgemeinschaft zu bestimmen, mit deren Vorliegen ihre Annahme bzw. Nichtannahme steht und fällt. Durch eine Auflistung verschiedener Merkmale, die nicht notwendigerweise kumulativ vorliegen müssten, die aber eine Gesamtbetrachtung zuließen, könnte eine flexible Eingrenzung der unterschiedlichen Formen faktischen Zusammenlebens erfolgen.

Die Denkform des Typus wird von der modernen Definitionslehre jedoch vollständig erfasst[320], da auch sie dynamische Begriffsbestimmungen ermöglicht. Die Denkform des Typus hat sich nicht nur in der Rechtstheorie, sondern auch im Bereich der faktischen Lebensgemeinschaft damit erledigt. Die Ansicht von *Striewe* überzeugt nicht.

Obgleich es bei der faktischen Lebensgemeinschaft immer auch auf das Gesamterscheinungsbild ankommt, wird im weiteren Verlauf dieser Arbeit aufgezeigt, dass eine zufriedenstellende Definition der Lebensentwürfe entwickelt werden kann, die als faktische Lebensgemeinschaft verstanden werden. Es soll dargelegt werden, dass es einige, ihrer Anzahl nach überschaubare, zwingende Kriterien gibt, wohingegen andere Merkmale zwar Indizien sein können, die die Bestimmung erleichtern, aber gerade nicht konstituierend sind.

Gefolgt wird damit der modernen Definitionslehre. Diese Herangehensweise stellt gewissermaßen eine Kombination aus klassischer Definitionslehre und Typenbildung dar und erlaubt eine flexible Gesamtbetrachtung.

---

318 Siehe oben 1. HT, Kap. 3, A.

319 *Striewe*, S. 27.

320 So auch *Kuhlen*, S. 135.

II. Notwendigkeit einer Definition der faktischen Lebensgemeinschaft

Eine weitere Vorüberlegung auf dem Weg zu einer Definition der faktischen Lebensgemeinschaft betrifft den Bereich, in dem diese Geltung beanspruchen kann. Dem vorgelagert ist die – noch wichtigere – Frage, wo eine Definition überhaupt notwendig ist.

Eine Begriffsbestimmung ist immer dann erforderlich, wenn sich der Inhalt von Tatbestandsmerkmalen nicht allein aus dem Gesetzestext ergibt. Dies ist insbesondere bei der Verwendung unbestimmter Rechtsbegriffe der Fall. Darunter wird ein Begriff verstanden, dessen „Inhalt und Umfang weitgehend ungewiss ist“[321].

Wie bereits dargestellt hat der Gesetzgeber unterschiedliche Wege gewählt, um die Lebensform der faktischen Lebensgemeinschaft zu erfassen.

Hat er eine umschreibende, allgemein gehaltene Formulierung gewählt, die – neben anderen Konstellationen – auch die faktische Lebensgemeinschaft (mit-) erfasst, ist eine Definition entbehrlich. Bereits aus dem Wortlaut ergeben sich die Anwendungsvoraussetzungen. So liegt es etwa bei § 563 Abs. 2 S. 4 BGB und § 2 Abs. 1 GewSchG, die den Wortlaut „auf Dauer angelegter gemeinsamer Haushalt“ enthalten, sowie bei § 178 Abs. 1 Nr. 1 ZPO, der die Formulierung „Erwachsener ständiger Mitbewohner“ aufweist. Ebenso bei § 86 Abs. 3 VVG, für den der Wortlaut „Person, mit der er […] in häuslicher Gemeinschaft lebt“ gewählt wurde.

Anders scheint es – auf den ersten Blick – in Konstellationen zu liegen, in denen das Gesetz die Formulierung „Familienangehörige, die […] mit dem [Betroffenen] […] in häuslicher Gemeinschaft leben“ oder „Familienangehörige […], die […] zu dessen Hausstand gehören und von ihm Unterhalt bezogen haben“ enthält. Als Beispiele können § 116 Abs. 6 S. 1 SGB X und § 1969 Abs. 1 BGB angeführt werden. Diese Normen gehen mit ihren Voraussetzungen über das bloße Zusammenleben hinaus. Erforderlich ist vielmehr, dass es sich um Familienangehörige handelt. Es stellt sich dann – wie auch bei § 1093 Abs. 2 BGB – die Frage, ob die Partner einer faktischen Lebensgemeinschaft Familienangehörige sind. Für ihre Beantwortung ist eine Definition der faktischen Lebensgemeinschaft nicht zwingend erforderlich. Der Begriff des Familienangehörigen kann selbstständig bestimmt werden, ohne dass es eines Rückgriffs auf die faktische Lebensgemeinschaft bedarf.

Verwendet der Gesetzgeber den Begriff eheähnliche Gemeinschaft ergibt sich ebenfalls nicht bereits aus dem Gesetz selbst, was darunter zu verstehen ist.

---

321 *Engisch/Würtenberger*, 11. Auflage, 2010, S. 193.

Es handelt sich um einen ausfüllungsbedürftigen, unbestimmten Rechtsbegriff[322]. Zwar hat das BVerfG eben diesen Begriff in seiner viel zitierten Entscheidung vom 17.11.1992 definiert und viele Autoren haben sich dieser Definition angeschlossen. Allerdings bezieht sich diese Definition auf einen Bereich des öffentlichen Rechts und wird zudem in zivilrechtlicher Rechtsprechung und Literatur nicht immer einheitlich verwendet. Eine Definition ist daher unerlässlich, um Unklarheiten zu vermeiden. Auf diese Weise wurde bislang z.B. bei den öffentlich-rechtlichen § 7 Abs. 3 Nr. 2c) SGB II a.F., § 20 S. 1 SGB XII, § 1 Abs. 8 S. 4 OEG, § 80 S. 3 SVG, § 47 Abs. 1 S. 3 ZDG und § 60 Abs. 4 S. 2 InfektSchutzG verfahren.

Einen Sonderfall stellt neben § 7 Abs. 3 Nr. 3c) SGB II auch § 1579 Nr. 2 BGB dar. Beide Paragrafen haben gemeinsam, dass durch ihren Wortlaut umfangreiche Rechtsprechung zu geltendem Recht wurde. § 7 Abs. 3 Nr. 3c) SGB II übernimmt für die Grundsicherung für Arbeitssuchende nahezu wörtlich die Rechtsprechung des BVerfG zur eheähnlichen Gemeinschaft. Der neu eingefügte Absatz 3a liefert eine Auslegungshilfe und erleichtert so die Rechtsanwendung. Eine nähere Definition ist hier entbehrlich. § 1579 Nr. 2 BGB hingegen hat seine Wurzeln in der Rechtsprechung des BGH. Die Rede ist von einer „verfestigten Lebensgemeinschaft“. Was genau darunter zu verstehen ist, lässt das Gesetz offen. Aus der Rechtsprechung des BGH ergibt sich jedoch, dass eine solche Lebensgemeinschaft dann vorliegt, wenn der Unterhalt begehrende Partner in einer faktischen Lebensgemeinschaft lebt, so dass ein Rückgriff auf die Definition dieses Lebensentwurfs von Nöten ist.

Eine Definition der faktischen Lebensgemeinschaft ist daher bislang an drei Stellen erforderlich.

- Erstens dort, wo das Gesetz den Begriff der eheähnlichen Gemeinschaft verwendet, was momentan lediglich im öffentlichen Recht der Fall ist.
- Zweitens aber auch an Stellen, an denen Formulierungen gewählt wurden, die zwar die gesellschaftliche Erscheinung der faktischen Lebensgemeinschaft meinen, dies aber nicht namentlich zum Ausdruck bringen.
- Und drittens immer dann, wenn allgemeine Rechtsregeln oder allgemeine Rechtsprechung auf die faktische Lebensgemeinschaft angewendet bzw. übertragen werden sollen. So etwa bei der Sittenwidrigkeitsrechtsprechung im Rahmen der Bürgschaft oder bei den sehr wichtigen, die Rechtsprechung viel beschäftigenden, Ausgleichsansprüchen.

Vor allem aber ist die Herausarbeitung einer prägnanten Definition erforderlich, weil zunehmend – und auch in dieser Arbeit – gefordert wird, dass der Gesetzgeber verstärkt – aber keinesfalls umfassend – Rechtsfolgen an das Vorliegen

322 Vgl. BVerfGE 87, 234, 263 f.

einer faktischen Lebensgemeinschaft knüpft. Wenn die Rechtsstellung der faktischen Lebensgefährten verbessert werden soll, ist es unerlässlich, dass die Voraussetzungen einer solchen Beziehung klar abgesteckt sind. Die Entwicklung einer Definition soll daher auch eine Hilfestellung für den zukünftigen Gesetzgeber sein.

III. Reichweite der Definition

Nun ist noch – bevor schließlich zu den charakteristischen Merkmalen der faktischen Lebensgemeinschaft Stellung genommen werden kann – die Frage zu stellen, ob es möglich ist, eine Definition der faktischen Lebensgemeinschaft für das gesamte Zivilrecht zu entwickeln oder ob es vorzugswürdiger ist, jeweils lediglich für einen kleinen Teilbereich, der dann näher zu bestimmen wäre, zu definieren.

Auf eine Berücksichtigung der besonderen Anforderungen an eine Begriffsbestimmung für die Bereiche Strafrecht und öffentliches Recht wird in der vorliegenden Arbeit verzichtet. Es können nicht alle potentiell in Rede stehenden Konstellationen überblickt und beurteilt werden[323].

Für eine einheitliche Definition für das gesamte Zivilrecht spricht neben der Einheitlichkeit der Rechtsordnung, die Vereinfachung der Rechtsanwendung. Gäbe es für das Zivilrecht eine Definition, könnten sich die Gerichte aneinander orientieren und dadurch nicht nur mehr Rechtsanwendungssicherheit schaffen, sondern zudem ihre Arbeit effektivieren.

Solche praktischen Erwägungen dürfen aber nicht darüber hinwegtäuschen, dass man Definitionen nicht in einem Vakuum vornehmen kann. Vielmehr ist der Zweck der betroffenen Norm zu berücksichtigen; Ziel einer guten Definition muss es sein, den Normzweck in optimaler Weise zu beachten und zu realisieren[324]. Auf den ersten Blick scheint daher die Entwicklung einzelner bereichsspezifischer Definitionen – wie sie im öffentlichen Recht etwa für das Eigentum anerkannt ist – vorzugswürdig[325].

Gangbar könnte jedoch sein, im Wege einer Abstraktion eine allgemeine Begriffsbestimmung zu ermitteln. Durch außer Acht lassen der lediglich den Einzelfall bestimmenden bzw. das jeweilige Gesetz betreffenden Merkmale könnte eine Verallgemeinerung auf die wesentlichen Merkmale erfolgen[326]. Diese Abstraktion

---

323 Vgl. dazu Staudinger/*Löhnig*, Neubearbeitung 2007, Anhang zu §§ 1297 ff. Rn. 13, nach dem etwa die Definition des BVerfG nicht auf andere Fallgestaltungen als das Sozialrecht übertragen werden kann.

324 *Röhl/Röhl*, 3. Auflage, 2008, S. 39.

325 So etwa auch der ehemalige parlamentarische Staatssekretär des Bundesministeriums der Justiz, *Funke*, Bt.-Drucks. 13/762 S. 11.

326 Vgl. *Schneider/Schnapp*, 6. Auflage, 2006, S. 21.

darf jedoch nicht zu weit gehen. Denn je stärker verallgemeinert wird, umso aussageleerer wird der Begriff[327].

Was heißt das nun konkret für die faktische Lebensgemeinschaft?

... ... Würde eine allgemeine Definition des Begriffs der faktischen Lebensgemeinschaft vorgenommen, könnte auf die Besonderheiten des jeweiligen Bereichs durch eine unterschiedlich starke Betonung der noch herauszuarbeitenden konstitutiven Merkmale und Indizien eingegangen werden.

Mit der bisherigen Darstellung wurde allerdings aufgedeckt, dass es noch nicht gelungen ist, die eine Definition zu entwickeln, die im gesamten Zivilrecht Geltung für sich beanspruchen kann und die allgemein anerkannt wird. Die Rechtsprechung hat – zwar geprägt durch die Rechtsprechung des BVerfG – naturgemäß stets bereichsspezifische Entscheidungen erlassen. Und die Literatur ist sich zwar bezüglich einiger Merkmale einig, keinesfalls aber hinsichtlich aller. Probleme bereiten insbesondere die Merkmale Wohn- und Wirtschaftsgemeinschaft sowie eine etwaige zeitliche Komponente.

Trotz der aufgezeigten Schwierigkeiten, ist es (Neben-) Ziel dieser Arbeit aufzuzeigen, dass eine Definition entwickelt werden kann, die nicht nur für einen Ausschnitt, sondern für das gesamte Zivilrecht gelten kann.

IV. Merkmale der faktischen Lebensgemeinschaft

Nachdem alle Vorfragen geklärt sind, ist aufzuzeigen, welche Merkmale konstitutiv für das Vorliegen einer faktischen Lebensgemeinschaft sind, welchen indizielle Wirkung zukommt und welche bei der Bestimmung dieser Lebensform keine Rolle spielen sollten.

1. Konstitutive Merkmale

a) Verschieden- oder gleichgeschlechtliche Beziehung

Zu allererst sind zwingend auch gleichgeschlechtliche Beziehungen unter den Begriff der faktischen Lebensgemeinschaft zu fassen. Seit der Einführung des LPartG ist (eigentlich) keine andere Beurteilung mehr möglich[328]. In der Literatur ist dies Konsens, Rechtsprechung und Gesetzgeber zieren sich – unverständlicherweise – jedoch noch mit einer Gleichstellung.

---

327 Vgl. *Schneider/Schnapp*, 6. Auflage, 2006, S. 22.

328 So auch *Schewe-Gerigk/Beck* für die Bundestagsfraktion von Bündnis90/Die Grünen, Nichteheliche Lebensgemeinschaft – Reformbedarf und Reformüberlegungen, S. 3, 5.

Das BVerfG ließ die Frage – allerdings in einer Entscheidung zum öffentlichen Recht – 2005, immerhin vier Jahre nach der Einführung der eingetragenen Lebenspartnerschaft für gleichgeschlechtliche Paare, offen[329]. Es wollte die Entscheidung zunächst den Fachgerichten überlassen und gleichgeschlechtliches Zusammenleben nur dann erfassen, wenn dieses gegenüber der Situation im Jahr 1992, als es seine grundlegende Definition der eheähnlichen Gemeinschaft vornahm, zugenommen habe. Diese Argumentation überzeugt nicht. Wenn es bereits ein Rechtsinstitut für gleichgeschlechtliche Beziehungen gibt, kann ihnen die rechtliche Relevanz, egal in welchem Rechtsgebiet, nicht mehr abgesprochen werden. Und dies unabhängig davon, in welcher Zahl sie tatsächlich existieren.

... Zum Teil resultierte die Entscheidung jedoch auch daraus, dass sie zu einer Norm erging, die die Worte eheähnliche Gemeinschaft als Tatbestandsmerkmal enthielt[330]. Die Ehe kann nach dem Gesetz nur zwischen Mann und Frau eingegangen werden[331]. Dadurch war das Gericht in seinem Entscheidungsspielraum eingeschränkt. Aber nur aus dem Wort eheähnlich zu schließen, dass die Beziehung verschiedengeschlechtlich sein muss, greift zu kurz. Der Begriff tauchte schon 1956 erstmals in einem deutschen Gesetz auf[332]. Zu einer Zeit, in der an den Schutz gleichgeschlechtlicher Partnerschaften oder sogar die Einführung eines eigenen Rechtsinstituts für diese neben der Ehe noch lange nicht zu denken war.

... Neben Wortlaut und Historie spielt aber auch der Telos eine entscheidende Rolle. Der der Entscheidung zugrunde liegende § 137 Abs. 2a AFG wollte eine Schlechterstellung von Ehegatten gegenüber Partnern einer eheähnlichen Gemeinschaft verhindern. Wenn nun aber gleichgeschlechtliche Beziehungen nicht erfasst werden, würden diese nicht nur gegenüber verschiedengeschlechtlichen, dann – um in der Terminologie des BVerfG zu bleiben – eheähnlichen Beziehungen, sondern vor allem auch gegenüber der Ehe privilegiert. Ein solches Ergebnis läuft dem Sinn und Zweck der Norm zuwider. Für gleichgeschlechtliche Lebensgemeinschaften wäre es in diesem Zusammenhang zwar günstiger, nicht unter den Begriff der eheähnlichen Gemeinschaft subsumiert zu werden. Eine solche Handhabung wäre jedoch widersprüchlich. Gleichgeschlechtliche Beziehungen können nicht nur an Stellen, an denen es für sie günstig ist, unter den Schutzmantel der eheähnlichen Gemeinschaft schlüpfen. Wer in den Genuss der Vorteile kommen möchte, muss als Kehrseite auch die Nachteile in Kauf nehmen. Der Gesetzgeber hat der Rechtsprechung die Entscheidung zu diesem Aspekt, zumindest für den Bereich des So-

---

329 Siehe oben 1. HT, Kap. 2, A, II, 1.

330 § 137 Abs. 2a AFG.

331 Vgl. etwa § 1355 Abs. 2 BGB.

332 Siehe oben 1. HT, Kap. 1, A, I, 1.

zialrechts, mittlerweile abgenommen[333]. Im Zuge dessen wurde auch die Terminologie entsprechend angepasst. Dies gibt zugleich einen ersten Hinweis darauf, dass der Begriff eheähnliche Gemeinschaft nicht mehr sachgerecht ist[334].

Auch der XII. Senat des BGH ließ die Frage nach der Erfassung gleichgeschlechtlicher Partnerschaften 2002 zunächst offen und erließ dann 2007 eine Entscheidung, aus der geschlossen werden könnte, dass diese nunmehr auch unter den Begriff der eheähnlichen Gemeinschaft zu fassen sind. Denn der BGH übernahm zwar die Definition des BVerfG, ließ aber die Passage, nach der eine eheähnliche Gemeinschaft nur zwischen Mann und Frau bestehen könne, einfach weg. Es erscheint jedoch fraglich, ob der BGH damit wirklich eine Rechtsprechungsänderung einläuten wollte. Skepsis ist insbesondere deshalb geboten, weil die Äußerung als Obiter Dictum erfolgte. Eine Entscheidung neueren Datums zu diesem Merkmal gibt es nicht. Der BGH wird aber in Zukunft verschieden- und gleichgeschlechtliche Beziehungen nicht mehr unterschiedlich behandeln können. Auch er muss in seinem Zuständigkeitsbereich nicht nur auf die aktuelle gesellschaftliche Entwicklung[335], sondern vor allem auch auf die Veränderung der Rechtsordnung reagieren.

Die Erstreckung der Grundsätze zur faktischen Lebensgemeinschaft auf gleichgeschlechtliche Beziehungen muss für das gesamte Zivilrecht, unabhängig davon, ob dies für die Lebensgefährten einen Vor- oder einen Nachteil bedeutet, gelten[336].

b) Enge persönliche Bindung

Das Bestehen einer engen persönlichen und emotionalen Bindung zwischen den Partnern ist das zentrale Element der faktischen Lebensgemeinschaft. Es bildet nicht weniger als ihre Grundlage. Die Lebensgefährten müssen sich als Einheit verstehen, die gemeinsam versucht die Herausforderungen des (täglichen) Lebens zu meistern; sie müssen ihr Wohlergehen vom Wohlergehen des Partners abhängig machen. Aus dieser besonderen Bindung resultiert die Bereitschaft, dem Lebensgefährten bei persönlichen oder finanziellen Problemen zu helfen und ihn zu unterstützen. Die Lebensgefährten übernehmen Verantwortung füreinander. Dieser Umstand ist es, der die tatsächliche Erscheinung faktische Lebensgemeinschaft neben der finanziellen Verflechtung zu einer rechtlich relevanten Lebensform macht[337].

---

333 Siehe oben 1. HT, Kap. 1, A, I, 3.

334 Vgl. dazu im Detail unten 1. HT, Kap. 4, B.

335 Vgl. zur tatsächlichen Entwicklung unten 2. HT, Kap. 2, B, II, 2.

336 Hier lässt sich sogar festhalten, dass diese Einschätzung für die gesamte Rechtsordnung gelten muss.

337 Vgl. *Schwenzer* RabelsZ 71 (2007), 705, 713.

Das Merkmal der engen persönlichen und emotionalen Bindung grenzt die faktische Lebensgemeinschaft sowohl von lediglich sexuellen Verbindungen als auch von reinen Wohn- und/oder Wirtschaftsgemeinschaften, wo es an diesem Merkmal fehlt, ab. Darüber hinaus sind Geschwister aus dem Anwendungsbereich ausgeschlossen. Zwar können auch sie durch ein enges Band verknüpft sein, die hier geforderte persönliche emotionale Verbundenheit setzt jedoch zwingend eine Paarbeziehung voraus. Nur letztere bietet Raum für die erforderliche Tiefe der emotionalen Verbindung[338].

Rechtsprechung und Literatur sind sich diesbezüglich weitestgehend einig. Lediglich in Randbereichen differieren die Ansichten.

Unter anderem das BVerfG hat diesen Aspekt besonders hervorgehoben. Dafür wurde es zwar vereinzelt kritisiert, da es eine Situation vergleichbar der in einer Ehe skizziere, die auf Grund der geringeren Intensität einer faktischen Lebensgemeinschaft nicht existiere[339]. Einige andere Autoren wiederum fordern explizit eine Ähnlichkeit zur Ehe.

Der Kritik am BVerfG muss in diesem Punkt widersprochen werden. Eine Beziehung ist nicht automatisch enger oder ernsthafter, weil die Partner durch einen förmlichen Eheschließungsakt verbunden sind. Zwar verbindet dieser Akt die Ehegatten auch in rechtlicher Hinsicht miteinander, dies hat aber nicht zwangsläufig auch eine tiefere emotionale Verbundenheit zur Folge. Nicht unterschätzt werden darf jedoch, dass aus dem rechtlichen Band eine schwerere Aufhebbarkeit resultiert, die beziehungserhaltende Wirkung entfalten kann. Rechtliche und persönliche Verbundenheit müssen allerdings voneinander unterschieden werden. Zwar unterstreicht ein Paar mit einer Heirat die Ernsthaftigkeit seiner Partnerschaft und bringt diese vor allem auch für jeden erkennbar zum Ausdruck. Das bedeutet aber nicht, dass die Beziehung eines Paares, das sich bewusst oder unbewusst entschließt, nicht zu heiraten, nicht von der gleichen oder sogar von noch stärkerer emotionalen Intensität sein kann. Auch das Argument, dass die jederzeit mögliche Beendigung der faktischen Lebensgemeinschaft einer starken persönlichen Bindung entgegensteht, schlägt fehl. Während einer Ehe ist die emotionale Beziehung ebenfalls stets aufkündbar. Zwar bleibt das rechtliche Band bis zu einer später folgenden Scheidung – und unterhaltsrechtlich gegebenenfalls auch darüber hinaus – bestehen und kann als verbindendes Element dienen, dies muss sich aber nicht zwangsläufig auch auf die persönliche Ebene auswirken.

Dennoch überzeugt auch die Forderung, dass die faktische Lebensgemeinschaft zwingend eheähnlich sein müsse, nicht. Zwar überschneiden sich beide

338 Siehe dazu noch unten 2. HT, Kap. 3, B.

339 MüKo/*Wacke*, BGB, 4. Auflage, 2000, nach § 1302 Rn. 2.

Formen des gemeinsamen Lebens und sind sich somit ähnlich. Mittlerweile sollte der faktischen Lebensgemeinschaft aber eine eigenständige Existenz, die sich nicht (nur) von der Ehe ableitet, zugestanden werden. Das sollte sich auch in der Terminologie niederschlagen[340].

Zu betonen ist noch, dass das Merkmal der emotionalen Bindung unterschiedlich stark ausgeprägt sein kann. Zwar muss es für das Vorliegen einer faktischen Lebensgemeinschaft immer festgestellt werden, jedoch ist auch den unterschiedlichen Ausgestaltungen dieses Lebensentwurfs Rechnung zu tragen. Zudem kann es wegen vorübergehender Krisen zu einer teilweisen Lockerung der persönlichen Bindung kommen. Dies darf nicht zur Folge haben, dass zwischenzeitlich keine faktische Lebensgemeinschaft existiert. Dies entspräche zum einen nicht der Lebensrealität und würde zum anderen auch zu erheblicher Rechtsunsicherheit führen. Es kann nicht sein, dass die Annahme einer faktischen Lebensgemeinschaft vom jeweiligen Zustand der Beziehung abhängt, sofern die Lebensgefährten diese grundsätzlich wollen. Ausreichend ist damit ein Grad an Verbundenheit, der die Basis der Beziehung stellt, aber variieren kann.

c) Exklusivität

Eng verknüpft mit der engen emotionalen Verbindung ist die zu fordernde Exklusivität. Die Lebensgefährten können jeweils nur eine faktische Lebensgemeinschaft zur selben Zeit führen. Ausgeschlossen ist damit, dass mindestens einer der Lebensgefährten noch eine Beziehung gleicher Intensität zu einer dritten Person unterhält. Begründen lässt sich dies zum einen damit, dass die persönliche Verbundenheit selten eng genug sein wird, wenn einer der Lebensgefährten noch eine Zweitbeziehung gleicher Intensität unterhält. Zum anderen kann nach deutschem Recht eine Person auch nicht gleichzeitig mit zwei Personen verheiratet sein. Die faktische Lebensgemeinschaft ist zwar anders als die Ehe nicht statusverändernd, so dass eine Parallelbeziehung insoweit keine Probleme bereitet. Zudem darf die faktische Lebensgemeinschaft ihre Konturen nicht allein durch die Gemeinsamkeiten bzw. Unterschiede zur Ehe erhalten, sondern ist stattdessen eigenständig zu definieren. Dennoch ist sie eine Lebensform, die neben die Ehe tritt. Es sind daher auch immer die eherechtlichen Wertungen im Auge zu behalten. Einige der im Eherecht getroffenen Grundentscheidungen gelten nicht nur für die Ehe, sondern sind auf jede Form der Paarbeziehung zu übertragen. So liegt es beim Verbot der Mehrehe, woraus sich folgern lässt, dass die notwendige Ernsthaftigkeit und Tiefe nur bei einer exklusiven Beziehung besteht. Dies sehen auch das BVerfG

340 Vgl. dazu im Detail unten 1. HT, Kap. 4, B.

und der Großteil der Literatur so. Das BVerfG hat ausdrücklich ausgeführt, dass „daneben keine weitere Lebensgemeinschaft gleicher Art“ bestehen darf[341].

Der XII. Zivilsenat des BGH hielt es im Rahmen der Unterhaltsbeschränkung über § 1579 Nr. 2 BGB allerdings nicht für hinderlich, dass neben die Kernbeziehung eine weitere intime Verbindung trat. Dagegen kann jedoch eingewandt werden, dass die Zweitbeziehung im zugrunde liegenden Fall wohl eine reine Intimbeziehung war. Und es ihr daher gerade an der vergleichbaren Intensität fehlte. Zudem handelte es sich um eine gleichgeschlechtliche Beziehung, so dass nicht auszuschließen ist, dass ihr auch deswegen nicht das gleiche Gewicht beigemessen wurde.

Im Ergebnis setzt eine faktische Lebensgemeinschaft Exklusivität voraus, so dass die Lebensgefährten neben dieser keine weiteren Beziehungen gleicher Intensität mit Dritten unterhalten können.

d) Auf Dauer angelegt

Die Definition der faktischen Lebensgemeinschaft muss eine zeitliche Komponente enthalten. Sie dient dazu, die erforderliche Intensität und Ernsthaftigkeit zum Ausdruck zu bringen, die diese Art der Lebensführung von nur kurzfristigen oder losen Beziehungen abgrenzt. Letzteren soll auf Grund der nur vagen Bindung keine rechtliche Relevanz zugestanden werden.

Ist dafür aber die Festsetzung einer bestimmten Mindestdauer, die dann in einem zweiten Schritt zu bestimmen wäre, erforderlich oder reicht es aus, dass die Beziehung auf unbestimmte Zeit angelegt ist?

aa) Mindestdauer oder Auslegung auf Dauer

Rechtsprechung und Literatur sind diesbezüglich nicht vollständig auf einer Linie. Zwar kann es als herrschende Ansicht angesehen werden, dass die Beziehung zumindest auf Dauer angelegt sein muss. Der V. Zivilsenat des BGH, der 7. Senat des BSG und Teile der Literatur fordern jedoch darüber hinaus eine Mindestdauer.

Zunächst ist eine Differenzierung der Voraussetzungen danach, ob gemeinsame Kinder in der Beziehung leben, abzulehnen[342]. Zwar stehen faktische Lebens-

---

341 Siehe oben 1. HT, Kap. 2, A, II, 3.

342 So aber bei Statuierung einer Mindestdauer *Wellenhofer* AnwBl 2008, 559, 565, die eine solche aber ablehnt. The Law Commission, No. 307, Cohabitation: The financial consequences of relationship breakdown, S. 52 ff. machte diesen Vorschlag für das englische Recht. Die lediglich beratende Kommission überließ es jedoch dem Gesetzgeber, die erforderliche Mindestdauer festzulegen; empfohlen wurde lediglich ein Zeitrahmen zwischen zwei und fünf Jahren.

gemeinschaften mit Kindern unter dem besonderen grundrechtlichen Schutz des Art. 6 Abs. 1 GG[343], der es rechtfertigen würde, sie gegenüber entsprechenden kinderlosen Gemeinschaften besser zu stellen. Bei der Definition der faktischen Lebensgemeinschaft geht es jedoch darum, faktische Lebensgefährten selbst rechtlich erfassen zu können und nicht darum, sie nur zu begünstigen, um indirekt ihren Kindern eine bessere Rechtsstellung einzuräumen. In der Vergangenheit hat sich gezeigt, dass der Schutz nichtehelicher Kinder auf anderem Wege erreicht werden kann, wie etwa das Beispiel des § 1615l BGB zeigt.

(1) Vorteile der bloßen Auslegung auf Dauer

Es spricht einiges dafür, es grundsätzlich ausreichen zu lassen, dass die Beziehung auf unbestimmte Zeit eingegangen ist.

Zum einen scheint es fast unmöglich zu sein, eine Mindestdauer festzusetzen. Wo soll die zeitliche Grenze gezogen werden, die darüber entscheidet, ob eine Beziehung als faktische Lebensgemeinschaft zu klassifizieren ist? Wann kommt die erforderliche Ernsthaftigkeit zum Ausdruck? Nach 24 Monaten, bereits nach sechs Monaten oder erst nach drei Jahren? Zum anderen resultieren aus diesem Umstand gewisse Zufälligkeiten. Die Festlegung auf einen bestimmten Zeitraum hätte zur Folge, dass es einen Stichtag gäbe, von dem an die faktische Lebensgemeinschaft existiert. Vom einen auf den anderen Tag könnten daher Rechtsfolgen an die Beziehung geknüpft werden, die positive wie auch negative Auswirkungen für die Lebensgefährten selbst oder außenstehende Dritte haben könnten. Diese Zufälligkeit würde der Wichtigkeit der richtigen Festsetzung des Mindestzeitraums noch größeres Gewicht verleihen.

Zu beachten ist auch die Missbrauchsgefahr, die aus der Statuierung einer bestimmten Mindestdauer resultiert und die bei der Ausrichtung auf Dauer entfällt. Wäre ein Mindestzeitraum konstitutive Voraussetzung, läge es in der Hand eines Lebensgefährten das Entstehen einer faktischen Lebensgemeinschaft zu verhindern, indem er kurz vor Ablauf der erforderlichen Zeit die Beziehung beendet, z.B. um das Entstehen von Ausgleichsansprüchen zu vermeiden. Dagegen kann zwar eingewendet werden, dass es in diesen Fällen eventuell bereits an der erforderlichen engen emotionalen Bindung fehlt; das muss aber nicht so sein. Interessant ist der Gedanke zudem auch, wenn man ihn andersherum denkt. Ein Lebensgefährte könnte sich gezwungen sehen, eine eigentlich bereits gescheiterte – eventuell sogar von Gewalt geprägte – Beziehung nur deswegen noch eine Zeitlang aufrechtzuerhalten, um das Vorliegen einer faktischen Lebensgemeinschaft her-

343 BVerfGE 112, 50, 67; *Krings* FPR 2001, 7, 9.

beizuführen[344] und sich auf diese Weise Ausgleichsansprüche zu sichern. Dieser Einwand rückt erneut die schon angesprochene Problematik um die Reichweite der Definition in den Fokus. Da die Mindestdauer insbesondere bei den Ausgleichsansprüchen zu unbefriedigenden Ergebnissen führen kann, ist zu überlegen, singulär bei diesen auf sie zu verzichten. Das wäre allerdings entbehrlich, wenn – worauf sogleich einzugehen ist – die Festsetzung einer Mindestdauer insgesamt nicht notwendig ist.

Dafür eine Auslegung auf Dauer ausreichen zu lassen spricht zudem, dass bereits dadurch zum Ausdruck kommt, dass die Lebensgefährten eine ernsthafte und grundsätzlich unbegrenzte Beziehung führen. Der Festsetzung einer Mindestdauer bedarf es für diese Feststellung nicht.

Auch dürfte der Beweis der Auslegung auf unbestimmte Zeit leichter fallen als der der bisherigen Dauer der Beziehung. Zwar kann beides eine mitunter sehr intime Beweisaufnahme erfordern und insbesondere Dritten große Schwierigkeiten bereiten, da sie kaum Einblicke in die persönlichen Verhältnisse der Lebensgefährten haben. Bei der unbegrenzten Ausrichtung kann den Beweisschwierigkeiten jedoch mittels Indizien entgegengewirkt werden, wohingegen bei einer Mindestdauer der Beginn der Beziehung ganz genau bestimmt werden müsste.

Nach dem Gesagten ist die Statuierung einer Mindestdauer daher nur dann zu befürworten, wenn dieses Vorgehen gravierende Vorteile mit sich brächte.

(2) Vorteile der Festsetzung einer Mindestdauer

Ein Aspekt könnte entscheidend für die Festsetzung einer Mindestdauer streiten: Die Tatsache, dass auf diese Weise ein objektives Kriterium Teil der Definition wäre, das greifbarer wäre, als die „weichen“ Merkmale, wie z.B. die enge persönliche Bindung oder eben eine Auslegung auf Dauer. Ist der Beweis über die bisherige Zeitspanne der Beziehung erst mal erbracht, könnte dies den Beweis des Bestehens oder Nichtbestehens einer faktischen Lebensgemeinschaft erleichtern, was die Rechtssicherheit erhöhen würde. Das Fehlen objektiver Kriterien, wie der förmlichen Eheschließung, wird oft gegen die Forderung, der faktischen Lebensgemeinschaft mehr Rechte zuzugestehen, vorgebracht. Zwar kann über die Festsetzung einer Mindestdauer keinesfalls eine der Eheschließung vergleichbare Publizität hergestellt werden, aber die Definition der faktischen Lebensgemeinschaft doch zumindest klarer und eindeutiger gestaltet werden.

Dieses Ergebnis könnte man jedoch auch durch das Aufstellen anderer Merkmale erreichen. In Betracht kommt neben der Mindestdauer insbesondere die

344 Vgl. The Law Commission, No. 307, Cohabitation: The financial consequences of relationship breakdown, S. 52, 54.

Forderung nach einem konstitutiven Zusammenwohnen der Lebensgefährten. So möchte *Kingreen* vorgehen, der eine „gemeinsame Lebensführung in einer gemeinsamen Wohnung“ verlangt[345]. Er meint, dass dies die bei einer Ehe vorhandene Erkennbarkeit für Außenstehende ersetze[346]. Allerdings sehen viele Autoren im Zusammenwohnen nur ein Indiz, nicht aber eine zwingende Voraussetzung der faktischen Lebensgemeinschaft[347].

Auf den ersten Blick scheint das Anknüpfen an eine Mindestdauer gegenüber dem Zusammenwohnen tatsächlich vorzugswürdiger. Beim Erfordernis des zwingenden Zusammenwohnens würden die sogenannten living apart together-Beziehungen große Schwierigkeiten bereiten. Es handelt sich dabei um Lebensgemeinschaften, in denen die Partner aus verschiedenen Gründen nicht zusammen wohnen. Zum Teil nicht in derselben Wohnung, zum Teil aber nicht einmal in derselben Stadt oder im selben Land. Soziologische Studien haben ergeben, dass dieser Beziehungstyp in den letzten Jahren zugenommen hat, gegenüber „Kohabitation und Ehe“ aber weniger stabil ist[348]. Dennoch würde ein Ausklammern dieser Lebensform die Lebenswirklichkeit nur in unzureichender Weise wiederspiegeln. Gerade die gestiegenen Anforderungen an die berufliche Mobilität führen dazu, dass Paare nicht zusammen wohnen. Aber auch unabhängig davon kann es vorkommen, dass die Lebensgefährten ihre eigene Wohnung behalten möchten, um sich so einen Rückzugsraum zu erhalten.

Allerdings gäbe es bei einem Anknüpfen an das Zusammenleben eine nach außen erkennbare Handlung, das Ein- oder Zusammenziehen, die leicht beweisbar wäre. Zwar ist ein Umzug selbstverständlich nicht gleichzusetzen mit einem förmlichen Publizitätsakt, wie er bei der Ehe existiert, dennoch ist er gegenüber der, nach außen nicht erkennbaren, bisherigen Dauer einer Beziehung, vielleicht besser geeignet, Rechtssicherheit zu erzeugen. Auch bei dieser Vorgehensweise könnte sich die Einordnung einer Beziehung von einem Tag auf den anderen ändern, dies aber bedingt durch eine aktive Handlung und nicht durch bloßen Zeitablauf.

Der Entscheidung, welches Kriterium sich am besten als objektives Merkmal der faktischen Lebensgemeinschaft eignet, ist allerdings die Frage, ob ein solches überhaupt notwendig ist, vorgeschaltet.

Für die Notwendigkeit spricht die soeben angesprochene Beweiserleichterung. Die Definition der faktischen Lebensgemeinschaft würde ein Stück weit

345 *Kingreen*, S. 61.

346 *Kingreen*, S. 61.

347 Vgl. dazu 1. HT, Kap. 3, B, III.

348 *Asendorpf* KZfSS 2008, 749, 756, 760, der diese drei Lebensformen getrennt betrachtet; wohingegen Gegenstand dieser Arbeit gerade die Frage ist, ob living apart together-Beziehungen zwingend unter den Begriff der faktischen Lebensgemeinschaft zu fassen sind.

objektiviert, wodurch ihre Bestimmung leichter fiele und die Rechtssicherheit erhöht würde.

Dagegen spricht jedoch, dass gerade die angestrebte Rechtssicherheit auf diesem Weg schwerlich zu erreichen sein wird. Zwar würde das Bestehen einer faktischen Lebensgemeinschaft mit dem Vorliegen bzw. Nichtvorliegen dieses konstitutiven Merkmals stehen und fallen. Allerdings wären auch bisherige Dauer oder das Zusammenleben wiederum zu beweisen, was für außenstehende Dritte nicht zwingend einfacher ist als der Beweis der Auslegung auf Dauer, bei dem Indizien helfen können. Mit der Einführung eines objektiven Merkmals wäre daher nicht viel gewonnen.

Zudem erlaubt eine Gesamtschau der konstitutiven Merkmale, gegebenenfalls in Zusammenspiel mit den sogleich vorzustellenden Indizien, eine hinreichend klare Bestimmung über das Vorliegen einer faktischen Lebensgemeinschaft, so dass ein objektives Merkmal nicht notwendig ist.

Eine Beziehung muss daher weder über eine bestimmte Zeit bestehen noch müssen die Lebensgefährten in einem Haushalt leben, damit von einer faktischen Lebensgemeinschaft gesprochen werden kann. Gleichzeitig wird so nicht nur dem angesprochenen Missbrauch durch die Lebensgefährten selbst, sondern auch der Notwendigkeit unterschiedlicher Definitionen für unterschiedliche Rechtsbereiche entgegengewirkt.

(3) Zusammenfassung

Auf das Merkmal einer konstitutiven Mindestdauer ist bei der Definition der faktischen Lebensgemeinschaft zu verzichten. Vielmehr reicht es aus, dass die Beziehung auf Dauer angelegt ist. Etwaige Beweisprobleme können an Hand von Indizien überwunden werden, die im Folgenden darzulegen sind.

bb) Anhaltspunkte für die Auslegung auf Dauer

Ob eine Beziehung auf unbestimmte Zeit eingegangen ist, lässt sich mit Hilfe von Indizien bestimmen. Hier ist die bisherige Dauer der Beziehung ebenso heranzuziehen wie die Tatsache, dass das Paar gemeinsame Kinder hat oder größere Anschaffungen zusammen tätigte. Darunter fallen neben Haus, Wohnung oder Auto auch Mobiliar und sonstige Gegenstände, die der faktischen Lebensgemeinschaft zu Gute kommen. Daneben können die gemeinsame Aufnahme eines Darlehens oder Ratenkäufe dafür sprechen, dass die Beziehung auf Dauer angelegt ist. Ebenso die gemeinsame Geldanlage. Auch die Lebensplanung muss berücksichtigt werden. Trifft einer der Lebensgefährten, in Absprache mit dem anderen, Dispositionen über seine berufliche Situation, um sich mehr dem Haushalt oder den (gemeinsamen) Kindern zu widmen, spricht auch dies für eine dauerhaft angelegte

Partnerschaft. Einige dieser Aspekte hat auch das BVerfG in seiner Entscheidung aus dem Herbst 1992 als maßgeblich erachtet. Allerdings weniger bei der speziellen Frage, wann eine Beziehung auf Dauer angelegt ist, sondern vielmehr allgemein im Bereich „Verantwortungs- und Einstehensgemeinschaft".

cc) Zusammenfassung

Eine Beziehung kann nur dann als faktische Lebensgemeinschaft eingeordnet werden, wenn sie auf Dauer angelegt ist. Bei der erforderlichen Prognoseentscheidung helfen Indizien.

e) Mindestens einjährige Trennung vom Noch-Ehegatten

In den 80er Jahren wurde in der Rechtsprechung verbreitet die Ansicht vertreten, dass eine faktische Lebensgemeinschaft nur dann vorliegen könne, wenn die Lebensgefährten unverheiratet seien bzw. wenn zwischen ihnen die Ehe rechtlich grundsätzlich möglich wäre. Mit der letztgenannten Einschränkung wurde neben der Verschiedengeschlechtlichkeit auch auf den deutschen Grundsatz der Einehe, wonach eine Ehe nur zwischen Personen möglich ist, die nicht (noch) anderweitig verheiratet sind, Bezug genommen.

Dem ist nur zum Teil zuzustimmen. Zwar ist es richtig, dass auch die gescheiterte noch nicht geschiedene Ehe in den Schutzbereich des Art. 6 Abs. 1 GG fällt[349]. Liegen die Scheidungsvoraussetzungen vor, greift also insbesondere die Härteklausel des § 1568 BGB nicht ein, besteht die Ehe jedoch nur noch rein formal. Dies kann nicht dazu führen, dass die tatsächlich gelebte, vom Schutzbereich des Art. 2 Abs. 1 GG erfasste[350], faktische Lebensgemeinschaft ausnahmslos hinter sie zurücktreten muss.

Allerdings ist die Zeit der Trennung eine Zeit der Erprobung. Den Ehegatten soll der Weg zurück in die Ehe so leicht wie möglich gemacht werden. Dies gilt auch in wirtschaftlicher Hinsicht. Um dieses Ziel zu erreichen, ist es notwendig, anderweitige finanzielle Verflechtungen und Verpflichtungen eines Noch-Ehegatten in diesem Zeitraum zu verhindern. Dem Schutz der Ehe aus Art. 6 Abs. 1 GG ist insoweit der Vorrang einzuräumen. Da bei getrenntlebenden Ehepartnern die Scheidung regelmäßig spätestens nach einem Jahr erfolgt, kann während dieses

349 Vgl. Maunz/Düring/*Badura*, 61. EL, 2011, Art. 6 Rn. 46.

350 MüKo/*Wellenhofer*, BGB, 6. Auflage, 2013, nach § 1302 Rn. 7; *Grziwotz* FamRZ 2003, 1417, 1418; *Trimbach/El Alami* NJ 1996, 57, 58; *Krings* FPR 2001, 7, 11 hält das allgemeine Persönlichkeitsrecht aus Art. 2 Abs. 1 GG i.V.m. Art. 1 Abs. 1 GG für einschlägig; ebenso neben Art. 2 Abs. 1 GG Hausmann/Hohloch/*Vogelgesang*, 2. Auflage, 2004, S. 193, 210 f., 223; *Kingreen*, S. 73 hält den Schutz über das allgemeine Persönlichkeitsrecht immerhin für möglich.

Jahres der Noch-Ehegatte nicht gleichzeitig eine faktische Lebensgemeinschaft führen.

Damit werden zwar einige Beziehungen aus dem Anwendungsbereich der faktischen Lebensgemeinschaft ausgeschlossen. Die Mikrozensus-Ergebnisse für das Jahr 2011 zeigen jedoch, dass es sich dabei um sehr wenige handelt. Dort werden auch verheiratete, aber getrennt lebende Personen zu denjenigen gezählt, die eine – wie sie dort genannt wird – nichteheliche Lebensgemeinschaft führen können. Von 5.546.000 faktischen Lebensgefährten waren lediglich 121.000 noch anderweitig verheiratet[351], was einer Quote von knapp 2,2% entspricht.

Als Ergebnis kann man festhalten, dass das Vorliegen einer faktischen Lebensgemeinschaft solange nicht bejaht werden kann, wie mindestens einer der Lebensgefährten noch nicht mindestens ein Jahr von seinem Noch-Ehegatten getrennt lebt.

2. Indizien

a) Wohngemeinschaft

Es wurde bereits herausgearbeitet, dass eine Wohngemeinschaft der Lebensgefährten nicht als zwingende Voraussetzung eingestuft werden muss, um eine publizitätsähnliche Wirkung zu erreichen. Ihr kommt daher reiner Indizcharakter zu.

Beizupflichten ist somit dem XII. Zivilsenat des BGH, der nicht das (fortdauernde) Zusammenwohnen, sondern einzig die innere Einstellung der Lebensgefährten zueinander für ausschlaggebend hielt. Auch ein Großteil der Literatur hält dieses Merkmal im Anschluss an die wegweisende Entscheidung des BVerfG nur für einen Anhaltspunkt und nicht für ein konstitutives Element.

Auf diese Weise kann auch der Sonderfall des living apart together unter die Definition der faktischen Lebensgemeinschaft subsumiert werden. Diese Lebensform auszuklammern wäre lebensfremd. In Zeiten zunehmender beruflicher Mobilität wird dieser Lebensentwurf zukünftig eher noch zunehmen. Räumliches Getrenntleben steht einer engen persönlichen Bindung jedoch nicht entgegen.

Gleiches gilt für vorübergehendes – sei es freiwilliges oder erzwungenes – Getrenntleben. Würde man eine Wohngemeinschaft verlangen, wäre die faktische Lebensgemeinschaft für die Zeit des freiwilligen Getrenntlebens beendet, sie würde jedoch wieder aufleben oder zumindest neu beginnen, wenn der vorübergehend abwesende Partner wieder in die gemeinsame Wohnung zurückkehrt. Auch diese Annahme entspräche nicht der Lebensrealität. Als Beispiel eines

---

351 Destatis, Bevölkerung und Erwerbstätigkeit, Haushalte und Familien, Mikrozensus 2011, S. 77.

erzwungenen Getrenntlebens kommt insbesondere die Strafhaft in Betracht. Solange die innere Verbundenheit weiterhin besteht, darf auch die durch Haft erzwungene Abwesenheit eines Partners die faktische Lebensgemeinschaft nicht auflösen[352]. Andernfalls könnte ein externer Faktor auf die höchstpersönliche Lebensgestaltung Einfluss haben. Über die allgemeine Handlungsfreiheit aus Art. 2 Abs. 1 GG liegt es aber allein in der Hand der beiden Lebensgefährten über Beginn und Ende ihrer Beziehung, die bei Vorliegen der Voraussetzungen faktische Lebensgemeinschaft ist, zu entscheiden[353].

Sollte das Zusammenleben als zwingende Voraussetzung statuiert werden, müssten für diese drei Konstellationen Ausnahmen zugelassen werden, wollte man sie nicht aus dem Anwendungsbereich der faktischen Lebensgemeinschaft ausschließen. Darauf kann jedoch verzichtet werden, indem der Wohngemeinschaft rein indizielle Wirkung zukommt.

b) Bisherige Dauer

Vorangehend ist bereits festgestellt worden, dass man die bisherige Dauer der Beziehung bei der Bestimmung des Vorliegens einer faktischen Lebensgemeinschaft ebenfalls als Indiz heranziehen kann. Je länger eine Beziehung besteht, desto enger wird die emotionale Verbundenheit regelmäßig sein. Daraus folgt, dass das Vorliegen einer faktischen Lebensgemeinschaft mit Fortschreiten der Beziehungsdauer wahrscheinlicher wird.

c) Wirtschaftsgemeinschaft

Dieses auf den ersten Blick wenig problematisch erscheinende Merkmal bereitet bei genauerem Hinsehen durchaus ernstzunehmende Schwierigkeiten. Am Kriterium der Wirtschaftsgemeinschaft droht eine einheitliche Definition der faktischen Lebensgemeinschaft zu scheitern.

aa) Bedeutung des Kriteriums der Wirtschaftsgemeinschaft

Bevor darauf eingegangen werden kann, was unter einer Wirtschaftsgemeinschaft zu verstehen ist, ist von großer Wichtigkeit, welche Bedeutung diesem Merkmal zukommt. Ist sie wirklich nur ein Indiz oder doch konstitutive Voraussetzung für das Bestehen einer faktischen Lebensgemeinschaft? Für diese Beurteilung muss man die potentiell relevanten Anwendungsbereiche rekapitulieren.

---

352 MüKo/*Wellenhofer*, BGB, 6. Auflage, 2013, nach § 1302 Rn. 3.

353 MüKo/*Wellenhofer*, BGB, 6. Auflage, 2013, nach § 1302 Rn. 7; Hausmann/Hohloch/*Vogelgesang*, 2. Auflage, 2004, S. 210.

Es wurde bereits festgestellt, dass eine Definition der faktischen Lebensgemeinschaft an verschiedenen Stellen erforderlich ist[354]: Zunächst dort, wo das Gesetz den Begriff eheähnliche Gemeinschaft verwendet. Allerdings betrifft dies bisher nur Normen des öffentlichen Rechts, so dass diese Fälle hier – wie angekündigt[355] – außer Acht bleiben. Des Weiteren dort, wo allgemein gehaltene Formulierungen gewählt wurden, die auch die faktische Lebensgemeinschaft erfassen können. Zudem dort, wo zivilrechtliche Normen angewendet oder Rechtsprechung übertagen werden sollen und zuletzt vor allem überall dort, wo für die Zukunft gesetzgeberisches Tätigwerden gefordert wird.

Die so identifizierten Bereiche lassen sich in zwei Gruppen untergliedern: Die Konstellationen, in denen die Wirtschaftsgemeinschaft eine Voraussetzung im engeren Sinn ist und die, in denen die Wirtschaftsgemeinschaft lediglich eine Voraussetzung im weiteren Sinn ist.

(1) Wirtschaftsgemeinschaft als Voraussetzung im engeren Sinn

Die Wirtschaftsgemeinschaft ist immer dann eine Voraussetzung im engeren Sinn, wenn sie zwingend vorliegen muss, damit bestimmte Normen auf die faktische Lebensgemeinschaft angewendet werden können.

Dies ist zunächst bei den Ausgleichsansprüchen der Fall. Nur wenn es zu einer Verflechtung der wirtschaftlichen Sphären der beiden Lebensgefährten gekommen ist, sei es z.B. durch eine gemeinschaftliche Anschaffung oder die gemeinsame Aufnahme einer Verbindlichkeit, kommt überhaupt die Möglichkeit eines Ausgleichs in Betracht.

Auch bei der Anwendung des § 1969 Abs. 1 BGB ist das Vorliegen einer wirtschaftlichen Verbindung Voraussetzung im engeren Sinn. Die Norm verlangt, dass der Erblasser Unterhalt an seinen Lebensgefährten geleistet hat, so dass auch in dieser Konstellation eine wirtschaftliche Verquickung besteht. Es muss sich dabei nicht um eine auf gesetzlicher Grundlage beruhende Unterhaltsleistung handeln[356]. Durch die Zahlung des Unterhalts besteht eine dauerhafte wirtschaftliche Verbindung zwischen den Parteien, so dass eine Form von Wirtschaftsgemeinschaft vorliegt.

Ähnlich liegt es bei der in dieser Arbeit geforderten Ausweitung des Anwendungsbereichs von § 844 Abs. 2 BGB. Der wirtschaftlichen Verbindung der Lebensgefährten kommt in diesem Bereich besondere Bedeutung zu, weil, damit es

354 Vgl. dazu oben 1. HT, Kap. 4, A, II.

355 Siehe dazu oben 1. HT, Kap. 4, A, III.

356 MüKo/*Küpper*, BGB, 5. Auflage, 2010, § 1969 Rn. 2; BeckOK/*Lohmann*, BGB, Edition 27, § 1969 Rn. 5; Staudinger/*Marotzke*, Neubearbeitung 2010, § 1969 Rn. 6; OLG Düsseldorf NJW 1983, 1566.

zu einem Eingreifen der Norm kommt, zu Lebzeiten Unterhaltsleistungen erfolgt sein müssen.

In all diesen Fällen ist eine wirtschaftliche Verflechtung erforderlich. Diese Wirtschaftsgemeinschaft kann jedoch völlig unterschiedlich ausgeprägt sein. Die genauen Anforderungen werden von der Norm, deren Anwendbarkeit auf die faktische Lebensgemeinschaft jeweils in Rede steht, selbst vorgegeben. Die Wirtschaftsgemeinschaft wird durch das Gesetz zu einem konstitutiven Merkmal erhoben.

(2) Wirtschaftsgemeinschaft als Voraussetzung im weiteren Sinn

Als Voraussetzung im weiteren Sinn ist die Wirtschaftsgemeinschaft in Abgrenzung zu dem eben Gesagten immer dann einzustufen, wenn sie von einer bestimmten Norm nicht zwingend vorausgesetzt wird, sondern lediglich ausschlaggebend für das Gesamterscheinungsbild der faktischen Lebensgemeinschaft ist.

So liegt es etwa beim Merkmal verfestigte Lebensgemeinschaft i.S.v. § 1579 Nr. 2 BGB, beim Merkmal des Familienangehörigen in § 1093 Abs. 2 BGB sowie bei der analogen Anwendung von § 1357 BGB.

(3) Rückschlüsse für die Definition

Festzuhalten ist, dass das Merkmal der Wirtschaftsgemeinschaft nicht für alle, aber doch für einige der relevanten Konstellationen konstitutiv ist. Daraus könnte nun zum einen der Schluss gezogen werden, dass eine einheitliche Definition der faktischen Lebensgemeinschaft nicht möglich ist. Um dies zu vermeiden, könnte die Wirtschaftsgemeinschaft zum anderen für alle faktischen Lebensgemeinschaften zwingend gefordert werden.

Beides wäre unbefriedigend. Das Abstandnehmen von einer einheitlichen Definition, weil dies zu Rechtsunsicherheit und damit zu einer rechtlichen Schwächung der faktischen Lebensgemeinschaft führen würde. Die generelle Statuierung einer Wirtschaftsgemeinschaft als Voraussetzung, weil sie zu einer Pauschalisierung führen würde, die einige Beziehungen aus dem Anwendungsbereich ausschließen würden, nur um andere zu erfassen.

Da das Erfordernis der Wirtschaftsgemeinschaft, wo erforderlich, jeweils von der konkret anzuwendenden Norm statuiert wird, ist es jedoch nicht notwendig, sie darüber hinaus zum konstitutiven Merkmal aller faktischen Lebensgemeinschaften zu machen. Vielmehr ist diesem Merkmal eine Indizwirkung zuzuschreiben. Dieses Vorgehen entspricht auch der angekündigten Abstraktion[357].

357 Vgl. dazu bereits oben 1. HT, Kap. 4, A, III.

Durch die Beschränkung auf wenige konstitutive Aspekte kann eine flexible, für das gesamte Zivilrecht geltende Definition der faktischen Lebensgemeinschaft entwickelt werden. Die lediglich den Einzelfall bestimmenden Aspekte werden als Indiz berücksichtigt, sofern das Gesetz ihr Vorliegen nicht zwingend vorschreibt.

bb) Anforderungen an die Wirtschaftsgemeinschaft

Fordert das Gesetz daher nicht das Vorhandensein einer näher bezeichneten Ausformung von wirtschaftlicher Verbindung, kommt dem Vorliegen einer Wirtschaftsgemeinschaft somit indizielle Wirkung zu. Damit diese sich entfalten kann, muss herausgearbeitet werden, was darunter zu verstehen ist. Setzt eine Rechtsregel selbst eine Wirtschaftsgemeinschaft als zwingenden Aspekt voraus, gibt sie auch gleich deren jeweilige Anforderungen vor. Es handelt sich dabei nicht um ein spezifisches Problem der Definition der faktischen Lebensgemeinschaft. Die folgenden Ausführungen gelten daher nur, wenn das Bestehen einer Wirtschaftsgemeinschaft als Indiz für die Existenz einer faktischen Lebensgemeinschaft herangezogen werden soll.

Der BFH hat – bezogen auf die Ehe – ausgeführt, dass unter einer Wirtschaftsgemeinschaft die „gemeinsame Erledigung der die Ehegatten gemeinsam berührenden wirtschaftlichen Fragen ihres Zusammenlebens“ zu verstehen ist[358].

Was genau damit gemeint ist, bedarf der Erläuterung. Zunächst gehören als kleinster gemeinsamer Nenner auf jeden Fall das Zahlen der Miete – bzw. das Zahlen von Hausgeld[359] und/oder Kreditrate bei Eigentum – und die Erledigung der Aufgaben und Einkäufe für den täglichen Bedarf dazu. Ausschlaggebend ist zudem, dass die Partner nicht klar zwischen den Eigentumsmassen unterscheiden und davon ausgehen, einzelne Gegenstände würden ihnen gemeinsam gehören[360]. Nicht erforderlich ist, dass sie auch tatsächlich gemeinschaftliche Eigentümer sind.

An das Vorliegen einer Wirtschaftsgemeinschaft sind aber keine zu hohen Anforderungen zu stellen. So ist *Grziwotz* zuzustimmen, wenn er auf eine gemeinsame Kasse verzichtet[361]. Und *Kingreen* verlangt zu Recht keine vollständige „finanzielle Verflechtung“[362]. Erforderlich ist zudem keinesfalls, dass die finanziellen Mittel je zur Hälfte von beiden Partnern aufgebracht werden. Ökonomische Solidarität zeigt sich vielmehr deutlicher in Konstellationen, in denen einer der Partner mehr Geld in die Beziehung einbringt, wenn er mehr zur Verfügung hat.

358 BFHE 109, 363, 365.

359 Vgl. § 16 Abs. 2 WEG.

360 *Grziwotz*, 4. Auflage, 2006, § 3 Rn. 43, *Gernhuber/Coester-Waltjen*, 6. Auflage, 2010, § 41 Rn. 1.

361 Vgl. *Grziwotz*, 4. Auflage, 2006, § 3 Rn. 43.

362 *Kingreen*, S. 62, 65.

Teilweise – aber keinesfalls zwangsläufig – wird der andere Lebensgefährte in diesen Fällen den Haushalt besorgen. Auch geht es zu weit, zu fordern, dass die Lebensgefährten Dinge von einigem Wert gemeinsam anschaffen müssen[363]. Zwar werden die Lebensgefährten, sofern entsprechende Mittel bei beiden vorhanden sind, regelmäßig größere Anschaffungen, die die Beziehung betreffen, gemeinsam tätigen, dies darf aber keine zwingende Voraussetzung sein. Vielmehr muss es den Lebensgefährten überlassen werden, wie sie ihre Finanzen organisieren.

Die Partner selbst werden sich während der Beziehung in aller Regel keine großen Gedanken über die finanzielle Ausgestaltung machen[364]. Der Partner, der Geld zur Verfügung hat, wird es in die Beziehung investieren und z.B. die Miete voll oder zu einem Großteil übernehmen oder in Notsituationen des anderen Partners einspringen, bevor er eigene Bedürfnisse stillt.

Die Ausprägung dieses Merkmals kann unterschiedlich stark sein. So kann die finanzielle Verknüpfung der Partner sehr eng sein, so dass sie quasi der Gütergemeinschaft ähnelt; Voraussetzung ist dies aber keinesfalls[365].

cc) Zusammenfassung

Dem Bestehen einer Wirtschaftsgemeinschaft kommt bei der Frage nach dem Vorliegen einer faktischen Lebensgemeinschaft grundsätzlich lediglich indizielle Wirkung zu. Anders liegt es, wenn eine Norm auf die faktische Lebensgemeinschaft angewendet werden soll, die selbst das Vorliegen, näher spezifizierter, wirtschaftlicher Verflechtungen fordert. Es handelt sich dann um eine spezielle Voraussetzung der Rechtsregelung selbst und nicht um ein konstitutives Merkmal der Definition der faktischen Lebensgemeinschaft.

3. Nicht zu berücksichtigende Merkmale

a) Geschlechtsgemeinschaft

Eine Geschlechtsgemeinschaft wird nach fast einhelliger Ansicht nicht als Voraussetzung für das Vorliegen einer faktischen Lebensgemeinschaft gefordert. Dies ist auch die einzig tragbare Sichtweise. Intime Beziehungen fallen in den grundrechtlichen Schutzbereich aus Art. 2 Abs. 1 i.V.m. Art. 1 Abs. 1 GG[366]. Nach der Sphärentheorie, die das BVerfG im Rahmen des allgemeinen Persönlichkeitsrechts als besondere Ausprägung des Verhältnismäßigkeitsgrundsatzes

363 Vgl. *Trimbach/El Alami* NJ 1996, 57, 57.

364 In diese Richtung gehend auch *Winde*, S. 14.

365 Vgl. *Grziwotz*, 4. Auflage, 2006, § 3 Rn. 43.

366 Hausmann/Hohloch/*Vogelgesang*, 2. Auflage, 2004, S. 211.

vertritt, gehören sexuelle Beziehungen zur Intimsphäre[367]. Eingriffe in diesen absolut geschützten Kernbereich privater Lebensführung können nach ständiger Rechtsprechung des BVerfG auch wegen überwiegender Interessen der Allgemeinheit nicht gerechtfertigt werden; es findet keine Abwägung statt[368]. Es darf den Staat daher nicht interessieren, ob zwischen zwei Personen eine Intimbeziehung besteht. Der vereinzelt gezogene Vergleich, dass es auch in der Ehe nicht auf geschlechtliche Beziehungen ankomme, muss also gar nicht bemüht werden. Allein aus dem Grundgesetz kann hergeleitet werden, dass intime Beziehungen keine entscheidende Rolle spielen dürfen.

Die Rechtsprechung ist daher sogar gezwungen sehr zurückhaltend zu sein, wenn es darum geht, geschlechtliche Beziehungen in einem rechtlichen Kontext zu berücksichtigen.

Soweit in der Literatur vereinzelt doch Intimbeziehungen gefordert werden, erfolgt dies meist in soziologischen Abhandlungen, wo naturgemäß ein anderer Schwerpunkt als bei rechtswissenschaftlichen Betrachtungen gesetzt wird.

b) Bestehen einer Ehe bei mindestens einjähriger Trennung

Bereits im Rahmen der zwingenden Merkmale wurde erarbeitet, dass eine noch bestehende Ehe, der Annahme einer faktischen Lebensgemeinschaft solange entgegensteht, wie die Ehegatten noch nicht mindestens ein Jahr getrennt sind[369].

Ist die einjährige Trennungszeit jedoch abgelaufen, hindert eine noch bestehende Ehe eines Lebensgefährten mit einer dritten Person das Vorliegen einer faktischen Lebensgemeinschaft hingegen nicht.

4. Zusammenfassung

Der Definition der faktischen Lebensgemeinschaft sollte man sich im Wege der Abstraktion nähern. Dabei sind wenige konstitutive Voraussetzungen zu bestimmen, die in allen zivilrechtlichen Bereichen wichtig sind. Die den Einzelfall bestimmenden Merkmale sind hingegen lediglich als Indizien heranzuziehen. Daneben gibt es Aspekte, die bei dieser Beurteilung nicht berücksichtigt werden sollten. Auf diese Weise ist es möglich, eine einheitliche Definition der faktischen Lebensgemeinschaft für das gesamte Zivilrecht zu formulieren.

---

367 BVerfGE 119, 1, 29 f.; BVerfGE 109, 279, 313 f.

368 BVerfGE 119, 1, 29 f.; BVerfGE 109, 279, 313 f.; BVerfGE 89, 69, 84; BVerfGE 34, 238, 245; BVerfGE 32, 373, 379.

369 Zur Wesentlichkeit einer noch bestehenden Ehe, bei der die materiellen Scheidungsvoraussetzungen nicht vorliegen, vgl. bereits oben 1. HT, Kap. 4, A, IV, 1, e).

Zwingend erforderlich ist, dass es sich um eine Beziehung zwischen zwei Personen gleich welchen Geschlechts handelt, die auf Dauer angelegt und von einer engen persönlichen Bindung geprägt ist. Aus letzterer resultiert nicht nur eine gegenseitige Übernahme von Verantwortung, sondern zugleich auch das Verbot, gleichzeitig eine weitere Beziehung gleicher Intensität zu unterhalten. Ist zumindest einer der Lebensgefährten noch mit einer dritten Person verheiratet, ist ergänzend erforderlich, dass er bereits mindestens ein Jahr von dieser getrennt lebt.

Das Bestehen von Wohn- und Wirtschaftsgemeinschaft sowie die bisherige Dauer der Beziehung können als Indizien herangezogen werden, um die Bestimmung, ob eine faktische Lebensgemeinschaft vorliegt, zu erleichtern.

Nicht zu berücksichtigen ist, ob zwischen den Lebensgefährten eine Geschlechtsgemeinschaft besteht. Ebenso wenig kommt es auf eine anderweitige Ehe an, solange eine mindestens einjährige Trennung vom Noch-Ehegatten bejaht werden kann.

B. Terminologie

In dieser Arbeit wird durchgehend der Terminus faktische Lebensgemeinschaft verwendet, hier ist der Ort dieses Vorgehen zu begründen.

Ausführungen zu der zu verwendenden Terminologie müssen zwangsläufig mit einer Auseinandersetzung mit den Begriffen nichteheliche Lebensgemeinschaft und eheähnliche Gemeinschaft beginnen. Bereits mehrfach wurde angesprochen, dass eine einheitliche Begrifflichkeit nicht existiert. Die Ausdrücke nichteheliche Lebensgemeinschaft und eheähnliche Gemeinschaft werden oft synonym verwendet ohne sich im genauen Aussagegehalt zwingend zu decken.

I. Nichteheliche Lebensgemeinschaft

Das Adjektiv nichtehelich bringt zum Ausdruck, dass die nichteheliche Lebensgemeinschaft gerade keine Ehe ist. In Bezug auf die Rechtsfolgen ist das zutreffend, schließlich existiert kein der Ehe vergleichbares, umfassende Rechte und Pflichten statuierendes Rechtsinstitut. Schaut man sich aber die Ausgestaltung der persönlichen Nähebeziehung genauer an, bestehen zwischen Ehe und faktischer Lebensgemeinschaft durchaus Gemeinsamkeiten. So ist beiden immanent, dass eine enge persönliche Bindung besteht und sie auf Dauer ausgelegt sind.

Verwendet man den Begriff nichteheliche Lebensgemeinschaft, wird diese Beziehungsform in negativer Abgrenzung zur Ehe bestimmt. Der Schwerpunkt liegt dabei auf den Rechtsfolgen.

II. Eheähnliche Gemeinschaft

Ganz anderes verhält es sich mit der Bezeichnung eheähnliche Gemeinschaft. Das bestimmende Adjektiv eheähnlich stellt klar, dass die damit bezeichnete Beziehung vergleichbar einer Ehe ist. Am Anfang dieses Ausdrucks stand die sozialrechtliche Normierung der eheähnlichen Gemeinschaft. Ziel war, die Schlechterstellung der Ehe gegenüber Konstellationen, in denen wie in einer Ehe aus einem Topf gewirtschaftet wird, zu vermeiden. Vor diesem Hintergrund ist leicht nachvollziehbar, warum der Gesetzgeber – und im Anschluss daran auch, sofern es um diesen Bereich geht, das BVerfG und Stimmen in der Literatur – diesen Begriff wählten.

Die Aussage, dass die hier zu benennende Lebensform eheähnlich ist, trifft jedoch nur zu, soweit einige Merkmale der Beziehung, nicht aber die daran geknüpften Rechtsfolgen gemeint sind. Diese Bezeichnung bringt zumindest – und das ist durchaus zu begrüßen – zum Ausdruck, dass auch diese Beziehungsform auf der persönlichen Ebene ebenso verfestigt sein kann wie eine Ehe. Allerdings ist dieser Begriff auch geeignet bei den Betroffenen Fehlvorstellungen über ihre rechtliche Stellung hervorzurufen und ist daher wenig brauchbar.

Zudem ist es nicht möglich gleichgeschlechtliche Lebensgemeinschaften unter diesen Begriff zu fassen, da die Ehe nur zwischen Mann und Frau geschlossen werden kann. Gleiches muss für eine Beziehung gelten, die eheähnlich ist. Ein Rückgriff auf Termini, die explizit die gleichgeschlechtliche Paarbeziehung bezeichnen, wäre erforderlich.

Bei der Verwendung des Ausdrucks eheähnliche Gemeinschaft wird diese Lebensform durch einen positiven Vergleich zur Ehe beschrieben, wobei der Schwerpunkt auf der persönlichen Ausgestaltung liegt.

III. Faktische Lebensgemeinschaft

Sowohl der Begriff der nichtehelichen Lebensgemeinschaft als auch der der eheähnlichen Gemeinschaft überzeugen nicht. Beide leiten sich von der Ehe ab und erwecken dadurch eine Nähe bzw. Nichtnähe zu dieser Lebensform. Zudem werden sie häufig synonym verwendet, obwohl der eine den anderen, wenn es rein nach der Wortbedeutung geht, ausschließt. Sie betonen unterschiedliche Aspekte: der eine die Rechtsfolgen, der andere die Ausgestaltung der Nähebeziehung.

Ein wichtiger Schritt auf dem Weg zu einer stärkeren – aber keinesfalls umfassenden, sondern auf Einzelfälle beschränkten – Verrechtlichung der skizzierten Beziehung, besteht darin, sie eigenständig, und damit unabhängig von der Ehe, zu bestimmen und ihr auch einen eigenen Namen zu geben. Nur dieses Vorgehen wird der zunehmend steigenden Zahl solcher Beziehungen gerecht[370]. Desgleichen wird die Akzeptanz verstärkt, was eine teilweise Normierung von Rechten, aber auch Pflichten erleichtert. Zuletzt wird dadurch auch das Selbstverständnis der Lebensgefährten gestärkt.

Vorgeschlagen wird daher – im Anschluss an *Gernhuber/Coester-Waltjen*[371], *Löhnig*[372] und *Dethloff*[373] – die Verwendung der Begriffe faktische Lebensgemeinschaft und faktische Lebensgefährten.

Diese neutrale Formulierung hat zudem den großen Vorteil, dass nicht nur verschieden-, sondern auch gleichgeschlechtliche Verbindungen erfasst werden. Bei Begriffen, die, ob positiv oder negativ, auf der Beziehung zur Ehe beruhen, müsste für gleichgeschlechtliche Beziehungen eine andere Terminologie entwickelt werden. Ein solches Vorgehen wäre umständlich und verwirrend, zumal wenn wie hier befürwortet wird, keinen Unterschied zwischen verschieden- und gleichgeschlechtlichen Beziehungen zu machen. Die Personen sollten als faktische Lebensgefährten oder, sofern der Zusatz faktisch zur Klarstellung nicht benötigt wird, auch einfach als Lebensgefährten bezeichnet werden. Daneben kommt auch die Verwendung des Terms Partner in Betracht, dabei muss jedoch darauf geachtet werden, dass im jeweiligen Zusammenhang keine Verwechslungsgefahr mit den Lebenspartnern einer eingetragenen Lebenspartnerschaft besteht.

Der Zusatz des Adjektivs faktisch bringt zum Ausdruck, dass die Beziehung grundsätzlich etwas rein Tatsächliches ist und weder Rechtspflichten noch Rechtsansprüche auslöst. Das steht zwar in einem gewissen Widerspruch zu der Forderung, den faktischen Lebensgefährten zukünftig mehr Rechte einzuräumen. Allerdings wird keine umfassende Normierung vergleichbar der Situation der Ehe angestrebt, sondern lediglich die Schaffung eines Minimalschutzes. Die Verwendung des Wortes faktisch, das in diesem Bereich zudem bereits Eingang in die rechtswissenschaftliche Literatur gefunden hat, entspricht dem am besten.

IV. Fazit

Für Beziehungen, wie die vorliegend beschriebene, sollte der Begriff faktische Lebensgemeinschaft verwendet werden. Die Personen sollten schlicht als Lebens-

---

370 Vgl. dazu unten 2. HT, Kap. 2, B, II, 2, b), aa), (1).

371 Vgl. *Gernhuber/Coester-Waltjen*, 6. Auflage, 2010, § 41 Rn. 1, wo allerdings zwischen faktischen Lebensgemeinschaften im weiteren und engeren Sinn differenziert wird, was zur Folge hat, dass die Begriffe inhaltlich nicht exakt mit dem hier verwendeten übereinstimmen.

372 Staudinger/*Löhnig*, Neubearbeitung 2007, Anh. zu §§ 1297 ff. insb. Rn. 10.

373 *Dethloff*, 30. Auflage, 2012, § 8 Rn. 2; *dies.* in Bundestagsfraktion Bündnis 90/Die Grünen, Nichteheliche Lebensgemeinschaft – Reformbedarf und Reformüberlegungen, 2003, S. 21, 21.

gefährten oder, wenn dies zur Klarstellung erforderlich ist, als faktische Lebensgefährten bezeichnet werden. Sofern sich aus dem Zusammenhang ergibt, dass ein faktischer Lebensgefährte gemeint ist, kann auch die Bezeichnung Partner verwendet werden.

C. Zusammenfassung

Eine faktische Lebensgemeinschaft ist eine Beziehung zwischen zwei Personen gleich welchen Geschlechts, die auf Dauer angelegt und von einer engen persönlichen Bindung geprägt ist. Aus letzterer resultiert nicht nur eine gegenseitige Übernahme von Verantwortung, sondern zugleich auch das Verbot, gleichzeitig eine weitere Beziehung gleicher Intensität zu unterhalten. Ist ein Lebensgefährte noch mit einer dritten Person verheiratet, ist zudem unentbehrlich, dass die Trennung mindestens ein Jahr zurückliegt.

Als Indizien bei der Bestimmung des Vorliegens einer faktischen Lebensgemeinschaft dienen die Merkmale Wohn- und Wirtschaftsgemeinschaft sowie die bisherige Beziehungsdauer.

Keine Rolle spielen die Existenz einer Geschlechtsgemeinschaft sowie das Bestehen einer anderweitigen Ehe, sobald die Noch-Ehegatten seit mindestens einem Jahr getrennt leben.

Zweiter Hauptteil: Unterhaltsleistungen faktischer Lebensgefährten im Todesfall

Kapitel 1: Die Anwendbarkeit des § 844 Abs. 2 BGB de lege lata

A. Direkte Anwendung

Der § 844 Abs. 2 BGB setzt seinem Wortlaut nach voraus, dass zwischen Getötetem und Drittem eine gesetzliche Unterhaltsbeziehung bestand. Zwischen Partnern einer faktischen Lebensgemeinschaft besteht eine solche jedoch nicht. Dies hat zur Folge, dass ihnen auch die Geltendmachung des Anspruchs aus § 844 Abs. 2 BGB versagt ist, wenn einer der Lebensgefährten auf Grund einer deliktischen Handlung ums Leben kommt.

Den einzigen Fall einer gesetzlichen Unterhaltspflicht zwischen faktischen Lebensgefährten bildet § 1615l BGB. Danach steht dem Elternteil eines nichtehelichen Kindes gegen den anderen Elternteil ein Unterhaltsanspruch wegen Betreuung des Kindes zu. Angeknüpft wird jedoch nicht primär an den Tatbestand der faktischen Lebensgemeinschaft, sondern an die Geburt eines nichtehelichen Kindes. Zwar besteht dieser Anspruch auch dann, wenn die Eltern des Kindes eine faktische Lebensgemeinschaft führen; Voraussetzung ist dies aber nicht.

Allerdings kommt der § 844 Abs. 2 BGB auch über § 1615l BGB nur selten zur Anwendung. Der betreuende Elternteil hat zwar gegen den anderen Elternteil einen gesetzlichen Unterhaltsanspruch, dieser wird durch die Tötung des Verpflichteten aber nicht entzogen, wie § 844 Abs. 2 BGB es fordert. Denn § 1615l Abs. 3 S. 4, Abs. 4 S. 2 BGB ordnet an, dass der Anspruch mit dem Tod des Verpflichteten nicht erlischt. Er richtet sich als Nachlassverbindlichkeit i.S.v. § 1967 BGB stattdessen gegen die Erben des ursprünglich Verpflichteten[374]. Der Gesetzgeber hat sich damit dafür entschieden, das Dreiecksverhältnis aus Schädiger, Erben und Berechtigtem in dieser Konstellation zu Lasten des Erben aufzulösen[375].

Nur in besonderen Fällen kann auf § 844 Abs. 2 BGB zurückgegriffen werden[376]. Zum einen wenn die Erben aus tatsächlichen oder rechtlichen Gründen

---

374 Palandt/*Sprau*, 72. Auflage, 2013, § 844 Rn. 7.

375 Motive, Band II, S. 782; Kritisch dazu *v. Rummel*, S. 206; für ein Wahlrecht des Berechtigten Hausmann/Hohloch/*Holzhauer*, 2. Auflage, 2004, S. 446.

376 Diese Rechtslage kritisierend Bayerisches Staatsministerium der Justiz, Überlegungen zur Verbesserung der zivilrechtlichen Rechtsstellung der Angehörigen von Unfallopfern (Thesenpapier), 2012, S. 9 f., wo eine Gesetzesänderung gefordert wird.

nicht verpflichtet sind, den Unterhaltsanspruch zu erfüllen[377]. Das RG hat bereits 1910 entschieden, dass der Anspruch aus § 844 Abs. 2 BGB dann besteht, wenn die Erben dem Unterhaltsanspruch die Dürftigkeitseinrede aus § 1990 Abs. 1 BGB entgegenhalten können[378]. Das Gericht führte aus, dass es keinen Unterschied machen könne, ob der Unterhaltsanspruch durch den Tod entzogen werde oder ob ihm eine Einrede entgegenstehe. Können die Erben daher nicht oder nur teilweise herangezogen werden, haftet der Schädiger soweit der Anspruch gegen die Erben nicht realisierbar ist[379]. Zum anderen kann der deliktische Schädiger in Anspruch genommen werden, wenn der ursprünglich Verpflichtete die Unterhaltsleistungen aus seinem Erwerbseinkommen bestritten hat[380]. Zur Begründung wird angeführt, dass die Quelle des Unterhalts in diesem Fall nicht auf die Erben übergegangen ist und es daher nicht interessengerecht wäre, diese heranzuziehen und den deliktischen Schädiger zu entlasten[381]. In beiden Fällen entfällt die Privilegierung des Schädigers, so dass der Dritte von ihm die Leistung des Unterhalts über § 844 Abs. 2 BGB verlangen kann.

In diesen Fällen kann dann auch ein faktischer Lebensgefährte, der ein gemeinsames Kind betreut, den deliktisch Handelnden über § 844 Abs. 2 BGB in Anspruch nehmen. Es handelt sich jedoch um allgemeingültige Grundsätze, die nicht auf der Besonderheit faktischer Lebensgemeinschaften fußen.

Nach der derzeitigen Gesetzeslage gibt es bei Bestehen einer faktischen Lebensgemeinschaft somit nur einen sehr kleinen direkten Anwendungsbereich des § 844 Abs. 2 BGB.

---

377 Palandt/*Sprau*, 72. Auflage, 2013, § 844 Rn. 7; MüKo/*Wagner*, BGB, 5. Auflage, 2009, § 844 Rn. 35; Staudinger/*Röthel*, Neubearbeitung 2007, § 844 Rn. 86; Soergel/*Beater*, 13. Auflage, 2005, § 844 Rn. 17; *Fuchs/Pauker*, 8. Auflage, 2012, S. 197; *Frank*, FS Stoll, S. 143, 146 m.w.N.; *Huffmann*, 23. VGT, 1985, S. 90, 99.

378 RGZ 74, 375, 377, wo der Entscheidung die Klage eines „unehelichen" Sohnes zugrunde lag, dessen Vater durch eine deliktische Tötung ums Leben gekommen war. Der Beklagte hatte eine Haftung mit der Begründung abgelehnt, dass der bestehende gesetzliche Unterhaltsanspruch des Sohnes nicht entzogen sei, weil er auf die Erben übergegangen sei. Diese waren aber mittellos, insbesondere deckte der Nachlass die Nachlassverbindlichkeiten nicht.

379 MüKo/*Wagner*, BGB, 5. Auflage, 2009, § 844 Rn. 35; *Jahnke* NZV 2007, 329, 331.

380 *Schubel* AcP 198 (1998), 1, 25 f.; MüKo/*Wagner*, BGB, 5. Auflage, 2009, § 844 Rn. 35; Staudinger/*Röthel*, Neubearbeitung 2007, § 844 Rn. 86.

381 *Schubel* AcP 198 (1998), 1, 25 f. mit Verweis auf BGH NJW 1969, 2008; für den § 1615l Abs. 3 S. 4, Abs. 4 S. 2 BGB vergleichbaren § 1586b Abs. 1 S. 1 BGB Erman/*Graba*, 12. Auflage, 2008, § 1586b Rn. 6, ebenfalls verweisend auf BGH NJW 1969, 2008; Staudinger/*Röthel*, Neubearbeitung 2007, § 844 Rn. 86.

B. Analoge Anwendung

Es fragt sich daher, ob man § 844 Abs. 2 BGB im Fall der faktischen Lebensgemeinschaft analog anwenden kann.

I. Grundsätzliche Analogiefähigkeit

Teile des Schrifttums und das OLG Frankfurt halten einen Analogieschluss zu § 844 Abs. 2 BGB bereits deshalb für ausgeschlossen, weil es sich bei dieser Norm um eine Ausnahmevorschrift handele[382]. Nach dem lateinischen Grundsatz des „singularia non sunt extendenda“ seien diese nicht analogiefähig[383]. Dieser Rechtsgedanke wird jedoch auch kritisch gesehen[384]. Überzeugend begründet wird dies damit, dass Ausnahmevorschriften zwar für bestimmte Sonderfälle konzipiert und in erster Linie nur auf diese anwendbar seien; wenn aber eine vergleichbare Ausnahmesituation von der gesetzlichen Regelung nicht erfasst sei, sei ein Analogieschluss möglich[385]. Ausgeschlossen sei lediglich, die „Ausnahme zur Regel zu verkehren“[386]. Eine Analogie zu § 844 Abs. 2 BGB ist daher nicht von Vornherein unmöglich, sofern eine der geregelten Konstellationen vergleichbare Ausnahmesituation erfasst werden soll.

II. Voraussetzungen der Analogie

Voraussetzungen der Analogie sind das Vorliegen einer planwidrigen Regelungslücke[387] und eine Vergleichbarkeit des geregelten mit dem nicht geregelten Sachverhalt[388].

---

382 *Huffmann*, 23. VGT, 1985, S. 90, 98; Palandt/*Sprau*, 72. Auflage, 2013, § 844 Rn. 1; BeckOK/*Spindler*, BGB, Edition 27, § 844 Rn. 1; *Monstadt*, S. 20; OLG Frankfurt FamRZ 1984, 790.

383 *Engisch/Würtenberger*, 11. Auflage, 2010, S. 256.

384 *Canaris*, 2. Auflage, 1964, S. 181; *Larenz*, Methodenlehre der Rechtswissenschaft, 6. Auflage, 1991, S. 355 f.; *Engisch/Würtenberger*, 11. Auflage, 2010, S. 156 f.; *Bydlinski*, 2. Auflage, 1991, S. 440; Staudinger/*Honsell*, Eckpfeiler des Zivilrechts, Neubearbeitung 2012, Einleitung zum BGB Rn. 56; Staudinger/*Röthel*, Neubearbeitung 2007, § 844 Rn. 24.

385 *Engisch/Würtenberger*, 11. Auflage, 2010, S. 257, der sogar die §§ 844, 845 BGB als Beispiel nennt; *Canaris*, 2. Auflage, 1983, S. 181 f., der ebenfalls die §§ 844, 845 BGB als Beispiel anführt.

386 *Canaris*, 2. Auflage, 1983, S. 181.

387 Seinen Ursprung hat der Begriff „planwidrige Unvollständigkeit“ bei *Elze*, S. 6; *Canaris*, 2. Auflage, 1983, S. 16, 25; *Larenz*, Methodenlehre der Rechtswissenschaft, 6. Auflage, 1991, S. 373; *Bydlinski*, 2. Auflage, 1991, S. 473.

388 *Larenz*, Methodenlehre der Rechtswissenschaft, 6. Auflage, 1991, S. 381; *Bydlinski*, 2. Auflage, 1991, S. 475.

1. Regelungslücke

Eine Regelungslücke besteht, weil, wie soeben gezeigt, der § 844 Abs. 2 BGB bezüglich der faktischen Lebensgemeinschaft nur einen sehr begrenzten direkten Anwendungsbereich hat.

2. Planwidrigkeit

Für die Beurteilung der Planwidrigkeit einer Gesetzeslücke ist auf den vom Gesetzgeber zugrunde gelegten Normzweck zurückzugreifen[389]. Es stellt sich die Frage, ob der Gesetzgeber die betreffende Konstellation bewusst nicht geregelt hat, weil er nicht wollte, dass sie erfasst wird, oder ob er sie schlichtweg übersehen hat. Ist ein bestimmter Sachverhalt vom Gesetzgeber absichtlich nicht geregelt worden, ist die Lücke nicht planwidrig. Stellt sich diese Entscheidung im Nachhinein als verfehlt heraus, handelt es sich allenfalls um einen rechtpolitischen Fehler[390]. Diese Unvollständigkeit kann aber nicht im Wege eines Analogieschlusses durch den Rechtsanwender, sondern nur durch ein erneutes Tätigwerden des Gesetzgebers selbst behoben werden[391].

Zu untersuchen ist daher, welchen Zweck der Gesetzgeber bei der Schaffung des § 844 Abs. 2 BGB verfolgte. Die Norm wurde am 24.08.1896 im Reichsgesetzblatt verkündet und ist seit dem Inkrafttreten des BGB zum 01.01.1900 – von einigen kleinen sprachlichen bzw. orthographischen Glättungen abgesehen – in unveränderter Form Bestandteil dieses Gesetzes[392]. Um Aussagen zur ratio legis treffen zu können, sind daher die Materialien zur Entstehung des BGB heranzuziehen.

a) 1. Kommission (1888)

In den Entwürfen der 1. Kommission zum BGB war – damals noch in § 704 Abs. 1 – zunächst eine deliktische Generalklausel vorgesehen[393]:

389 *Elze*, S. 23; *Canaris*, 2. Auflage, 1983, S. 72; *Larenz*, Methodenlehre der Rechtswissenschaft, 6. Auflage, 1991, S. 373.

390 *Larenz*, Methodenlehre der Rechtswissenschaft, 6. Auflage, 1991, S. 374.

391 *Larenz*, Methodenlehre der Rechtswissenschaft, 6. Auflage, 1991, S. 374.

392 RGBl. I 1896 S. 195, 340; zur historischen Entwicklung der Tötungshaftung bis zur Schaffung des BGB vgl. *v. Rummel*, S. 5 ff.

393 Entwurf eines BGB für das Deutsche Reich, 1. Lesung, 1888, S. 156.

„Hat Jemand durch eine aus Vorsatz oder Fahrlässigkeit begangene widerrechtliche Handlung – Thun oder Unterlassen – einem Anderen einen Schaden zugefügt, dessen Entstehung er vorausgesehen hat oder voraussehen mußte, so ist er dem Anderen zum Ersatze des durch die Handlung verursachten Schadens verpflichtet, ohne Unterschied, ob der Umfang des Schadens vorauszusehen war oder nicht.“

Geschützt werden sollten sowohl rechtliche Interessen – darunter reine Vermögensinteressen – als auch absolute Rechte, wobei bei letzteren auf die Vorhersehbarkeit des Schadens verzichtet wurde (§ 704 Abs. 2).

Über die Generalklausel in § 704 Abs. 1 sollten somit auch mittelbare Schäden Dritter ersetzt werden, sofern diese nur widerrechtlich und für den Schädiger voraussehbar waren[394]. Widerrechtlich war ein Handeln danach bereits dann, wenn es gegen ein Gesetz verstieß, wobei es nicht auf den Schutzzweck ankommen sollte[395]. Ergänzend dazu sah der Entwurf durch Schaffung eines besonderen Deliktstatbestands, der ebenfalls auf die Voraussehbarkeit des Schadens verzichtete, eine Privilegierung der gesetzlich zum Unterhalt berechtigten Personen vor[396]. Diese Regelung war in § 723 des Entwurfs enthalten und lautete wie folgt[397]:

„Stand [...] zur Zeit der Beibringung der tödtlichen Verletzung ein Dritter zu dem Getödteten in einem Rechtsverhältnisse, durch welches gegen den Getödteten ein gesetzlicher Anspruch auf Unterhalt bereits entstanden war oder zur Entstehung gelangen konnte, so hat der Schuldige dem Dritten insoweit Schadensersatz zu leisten, als in Folge der Tödtung das Recht auf den Unterhalt erloschen ist.

[...] Der Anspruch wird nicht dadurch ausgeschlossen, [...] daß bei Begehung der unerlaubten Handlung deren Folgen für das Recht auf den Unterhalt nicht vorauszusehen waren.“

Lediglich vertraglich oder rein tatsächlich zum Unterhalt berechtigte Personen sollten – in expliziter Abweichung vom Schweizerischen Recht[398] – ausdrücklich nicht in den Genuss der Vorzüge des § 723 Abs. 1 des Entwurfs zum BGB kommen[399]. Zu deren Schutz sei die Generalklausel ausreichend[400].

Nach den Vorstellungen der 1. Kommission sollten tatsächliche Unterhaltsleistungen somit zwar keinen privilegierten Schutz erhalten; über die deliktische Generalklausel sollte ihr Entzug aber ersetzbar sein. Davon hätten auch faktische Lebensgefährten profitiert.

394 Motive, Band II, S. 768, 778, 791.

395 Motive, Band II, S. 726.

396 Motive, Band II, S. 768, 778.

397 Entwurf eines BGB für das Deutsche Reich, 1. Lesung, 1888, S. 160.

398 Dazu mehr unten 2. HT, Kap. 2, B, II, 7, a), dd).

399 Motive, Band II, S. 778 f.

400 Motive, Band II, S. 779.

b) 2. Kommission (1898)

In der Folge geriet die Generalklausel in § 704 Abs. 1 des 1. Entwurfs zum BGB in die Kritik: Sie sei zu weit. Insbesondere könne es nicht sein, dass die Rechtswidrigkeit bereits bei Verstoß gegen ein Verbotsgesetz angenommen werde, ohne dass es auf dessen Schutzzweck ankomme[401].

Auch die 2. Kommission hielt eine Einschränkung der Schadensersatzpflicht für notwendig. Es wurden mehrere Änderungsanträge diskutiert, wobei auch die Frage aufkam, ob lediglich mittelbar Geschädigte in den Anwendungsbereich des § 704 Abs. 1 aufgenommen werden sollten[402]. Dies wurde abgelehnt.

Die Generalklausel wurde gestrichen und stattdessen ein neuer § 704 Abs. 1 formuliert, der in etwa dem heutigen § 823 BGB entspricht. Geschützt wurden ab diesem Zeitpunkt nur noch absolute Rechte. Mit dem Wegfall der Generalklausel fiel daher auch die Haftung zugunsten der durch den Tod nur mittelbar Geschädigten weg. Reine Vermögensschäden wurden insgesamt nicht mehr erfasst.

Begründet wurde dieser Schritt damit, dass es zu weit gehe, jedem Geschädigten ein Recht auf Schadensersatz zu gewähren, ohne dass ausschlaggebend sei, dass das verletzte Gesetz auch zu seinem Schutz bestimmt sei[403]. Zudem schränke die Voraussetzung der Voraussehbarkeit den Schutz des unmittelbar Beschädigten in unzumutbarer Weise ein[404]. Darüber hinaus wurde auch die Unterscheidung zwischen unmittelbarem und mittelbarem Schaden kritisiert; zum einen da sie Abgrenzungsschwierigkeiten erzeuge und zum anderen weil die Erweiterung der Haftung so von „zufällige[n] Momente[n]“ abhänge[405].

§ 723 des 1. Entwurfs mit seiner Privilegierung der gesetzlich zum Unterhalt berechtigten Personen wurde jedoch grundsätzlich für gut befunden, so dass diese Norm schließlich als Ausnahmevorschrift ihren Weg ins BGB fand[406].

Für die Stellung, die der Gesetzgeber den faktisch Berechtigten zudachte, ist auch ein weiterer Änderungsantrag interessant. Ergänzend zu § 723 des 1. Entwurfs bzw. als Ausnahme zum Grundsatz der Nichtausgleichung mittelbarer Schäden wurde beantragt, einen neuen § 722a in den 2. Entwurf des BGB einzufügen, der demjenigen einen Anspruch einräumen sollte, dem der Getötete für die Dauer seines Lebens zu Leistungen, insbesondere zur Zahlung einer Rente,

---

401 *Jakubezky*, Bemerkungen zu dem Entwurfe eines BGB, 1892, S. 162 f.

402 II. Kommission, Band II, S. 571 f.

403 II. Kommission, Band II, S. 571.

404 II. Kommission, Band II, S. 571 f.

405 II. Kommission, Band II, S. 571.

406 II. Kommission, Band II, S. 621 ff.

verpflichtet war[407]. Auch dieser Antrag wurde abgelehnt. Es sei kein Grund ersichtlich, diese vertraglich berechtigten Personen besser zu stellen als andere Gläubiger des Getöteten. Die in Rede stehenden Rentenrechte seien „ihrer Natur nach unsicher", da sie die Begrenzung durch den Tod des Verpflichteten in sich trügen[408]. Durch die Tötung werde zwar das Interesse des Rentenberechtigten berührt, aber kein schützenswertes absolutes Recht verletzt[409]. Auch die Billigkeit erfordere keine Haftungserweiterung. Die Situation sei nicht vergleichbar mit der in § 723 des Entwurfs. Denn nur die „kraft Gesetzes Unterhaltsberechtigten seien durch Natur, Sitte und Gesetz auf denjenigen angewiesen, der ihr Ernährer sein solle", so dass der Gesetzgeber ihnen für den Fall der Tötung des Versorgers – als Ausnahme vom Grundsatz, dass nur absolute Rechte geschützt werden – ein mit dessen Leben verknüpftes schützenswertes Interesse zubilligt[410]. Aus der Ablehnung des Antrags kann ein Rückschluss auf die Stellung tatsächlich zum Unterhalt Berechtigter gezogen werden. Wenn schon vertraglich Berechtigten keine Sonderstellung eingeräumt werden soll, dann erst Recht nicht den lediglich faktisch Bedachten.

Sehr treffend hat daher *Wagner* das Wirken der 2. Kommission zusammengefasst:

> „Die Zweite Kommission [...] war gerade darum bemüht, die [Vervielfältigung der Aktivlegitimation bei der Verletzung oder Tötung eines Menschen zu verhindern] [...] und das Mittel zu diesem Zweck war die Diskriminierung reiner Vermögensschäden, wie sie in den [heutigen] §§ 823 Abs. 1, 826 BGB zum Ausdruck kommt[411]."

Sah die 1. Kommission in den Motiven zum BGB noch einen Schutz des Vermögens mittelbar Geschädigter vor, entfiel dieser während der Beratungen der 2. Kommission. Nach dem Willen der 2. Kommission wurden Personen, die von der getöteten Person tatsächlich Unterhalt bezogen, ganz bewusst nicht in den Schutz der deliktischen Schadensersatzansprüche miteinbezogen. Damit fiel auch die faktische Lebensgemeinschaft aus dem deliktischen Schutzbereich.

c) *Reichstagskommission (1896)*

In der Reichstagskommission wurde – erneut – der Versuch unternommen, dem gesetzlich geschuldeten Unterhalt den vertraglichen begründeten und den tatsächlich gewährten Unterhalt gleichzustellen. Der Antrag lautete, in den § 828 Abs. 2

407 II. Kommission, Band II, S. 620.
408 II. Kommission, Band II, S. 620.
409 II. Kommission, Band II, S. 620.
410 II. Kommission, Band II, S. 620.
411 MüKo/*Wagner*, BGB, 5. Auflage, 2009, § 844 Rn. 2.

BGB – der inhaltlich dem vormaligen § 723 entsprach und lediglich in einen anderen Paragrafen verschoben wurde – folgenden Text aufzunehmen:

> „Stand der Getötete zur Zeit der Verletzung zu einem Dritten in einem Verhältnisse, vermöge dessen er diesem Unterhalt gewährte oder zu gewähren verpflichtet war oder kraft Gesetzes unterhaltspflichtig werden konnte […].“

Als Begründung wurden Billigkeitserwägungen angeführt[412]. Allerdings wurde der Antrag mit „großer Majorität“ abgelehnt[413]. Zum einen sei nicht nachvollziehbar, warum vertraglich berechtigte Unterhaltsgläubiger besser stehen sollten als sonstige Gläubiger und zum anderen – und für die interessierende Konstellation weitaus interessanter – sei nicht nachzuweisen, über welchen Zeitraum die tatsächliche Unterhaltsgewährung in der Zukunft weiter erfolgt wäre[414].

Tatsächliche Unterhaltsleistungen sollten nach dem Willen des Gesetzgebers ausdrücklich nicht geschützt werden.

d) Vorbereitende Gutachten zur Schuldrechtsreform (1981)

In der Folge kehrte für lange Zeit Ruhe um den § 844 Abs. 2 BGB ein. Erst bei den Vorarbeiten zur großen Schuldrechtsreform, die schließlich 2001 umgesetzt wurde, nahm die Diskussion wieder Fahrt auf.

So schlug *von Bar* in seinem vorbereitendem Gutachten zum Deliktsrecht vor, dem § 844 Abs. 2 BGB folgende Fassung zu geben[415]:

> „Stand der Getötete zur Zeit der Verletzung zu einem Dritten in einem Verhältnisse, vermöge er diesem gegenüber kraft Gesetzes unterhaltspflichtig war oder werden konnte, oder versorgte der Getötete den Dritten dauerhaft aufgrund einer sittlichen Verpflichtung, und ist dem Dritten infolge der Tötung das Recht auf den Unterhalt oder die Versorgung entzogen, so hat der Ersatzpflichtige dem Dritten durch Entrichtung einer Geldrente insoweit Schadensersatz zu leisten, als der Getötete während der mutmaßlichen Dauer seines Lebens zur Gewährung des Unterhalts oder der Versorgung verpflichtet gewesen sein würde; […].“

Erfasst würden nicht nur gesetzliche, sondern auch sittliche Unterhaltsverpflichtungen. Auch *von Bar* führte das Schweizer Recht, welches bereits zuvor in den Gesetzesmaterialien herangezogen worden war, namentlich den Art. 45 Abs. 3 OR, als Vorbild an[416]. Mitursächlich war ein Urteil des BGH aus dem Jahr 1969, dass er als „unglücklich“ bezeichnet[417]. Der BGH hatte es abgelehnt, Stiefkindern

412 Bericht der Reichstagskommission, S. 116.
413 Bericht der Reichstagskommission, S. 116.
414 Bericht der Reichstagskommission, S. 116; vgl. zu diesem Argument gegen eine Reform unten 2. HT, Kap. 2, B, I, 2.
415 *v. Bar*, Gutachten Deliktsrecht, 1981, S. 1762.
416 *v. Bar*, Gutachten Deliktsrecht, 1981, S. 1778.
417 *v. Bar*, Gutachten Deliktsrecht, 1981, S. 1778.

wegen der Tötung ihres Stiefvaters einen Anspruch gegen den Schädiger aus § 844 Abs. 2 BGB zuzusprechen, obwohl der Stiefvater sie bis zu seinem Tod tatsächlich unterhalten und sogar ihr Studium finanziert hatte[418]. *Von Bar* hielt die vorgeschlagene „[Aufweichung]“ als Ergebnis einer Abwägung zwischen dem Bedürfnis nach Rechtssicherheit und der materialen Gerechtigkeit für vertretbar[419]. Auch faktische Lebensgefährten hätten von einer solchen Änderung profitiert.

Dieser Vorstoß war wie seine Vorgänger erfolglos: Der § 844 Abs. 2 BGB wurde im Rahmen der Schuldrechtsmodernisierung nicht angetastet. Der Gesetzgeber hat seine Position zur notwendigen Reichweite des § 844 Abs. 2 BGB daher in jüngerer Vergangenheit noch einmal bekräftigt.

e) Zwischenergebnis

Der Gesetzgeber hat seine Intention damit mehrfach und eindeutig zum Ausdruck gebracht: Weder vertragliche noch tatsächliche Unterhaltsleistungen sollen im Fall der deliktischen Tötung des Verpflichteten bzw. Leistenden gesetzlichen Schutz genießen. Die Nichtberücksichtigung dieser Leistungen (im Rahmen faktischer Lebensgemeinschaften) ist nicht planwidrig, sondern ganz im Gegenteil in hohem Maße planvoll erfolgt. Dies spiegelt sich auch im eindeutigen Wortlaut der Norm, der die Anspruchsvoraussetzungen ganz klar regelt und eine Analogie dadurch unmöglich macht, wieder.

f) Beurteilung durch Rechtsprechung und Schrifttum

Zu diesem Ergebnis kommen auch die Rechtsprechung[420] und die ganz herrschende Ansicht in der Literatur[421]. Eine Analogie zu § 844 Abs. 2 BGB wird

---

418 BGH NJW 1969, 2007.

419 *v. Bar*, Gutachten Deliktsrecht, 1981, S. 1778.

420 Ausdrücklich zur nichtehelichen Lebensgemeinschaft OLG Frankfurt FamRZ 1984, 790; bezüglich des Arbeitgebers BGHZ 7, 30 und BGH VersR 1971, 423, 424; zur Unterhaltsentziehung durch Körperverletzung BGH NJW 1986, 984, 985; bezüglich vertraglich geschuldeter Unterhaltsleistungen BGH NJW 2001, 971; lediglich auf das gesetzlich Geschuldete, nicht das tatsächlich Geleistete abstellend RG JW 1931, 1804; für eine Ausweitung des § 844 Abs. 2 BGB in zeitlicher Hinsicht aber BGHZ 32, 246 und für eine Anwendung des § 844 Abs. 2 BGB auf öffentlich-rechtliche Entschädigungsansprüche BGHZ 18, 286.

421 *Stückradt*, S. 98; *Huffmann*, 23. VGT, 1985, S. 90, 98; *Raddatz*, S. 180; *Schwenzer* JZ 1988, 781, 787; *Delank* ZfS 2007, 183, 188; *Helmut Schirmer* DAR 2007, 2, 11 f.; *Jahnke* NZV 2007, 329, 332; *Burmann/Jahnke* NZV 2012, 11, 12; *Steeg*, S. 76; *Rauscher*, 2. Auflage, 2008, Rn. 745; *Gernhuber/Coester-Waltjen*, 6. Auflage, 2010, § 43 Rn. 10-12; Staudinger/*Löhnig*, Neubearbeitung 2007, Anh. zu §§ 1297 ff. Rn. 253; Staudinger/*Röthel*, Neubearbeitung 2007, § 844 Rn. 33; *dies.* NZV 2001, 329, 330; MüKo/*Wagner*, BGB, 5. Auflage, 2009, § 844

daher abgelehnt. Das OLG Frankfurt, welches 1983 speziell über die Konstellation der faktischen Lebensgemeinschaft zu entscheiden hatte, betonte zwar, dass eine Lücke im Gesetz auch durch den Wandel der gesellschaftlichen Verhältnisse entstanden sein könnte[422]. Dies sei aber vorliegend keineswegs der Fall. Die Vorstellung vom Zusammenleben habe sich nicht derart verändert, dass mit dem Eingehen einer faktischen Lebensgemeinschaft so weitreichende Rechtsfolgen verbunden seien[423]. Dies entspräche auch der Privatrechtsordnung und dem Grundgesetz[424]. Die Ausführungen in der Literatur sind ähnlich gelagert: Neben der soeben dargelegten Intention des Gesetzgebers[425] wird aber (vor allem) der eindeutige Gesetzeswortlaut[426] herangezogen. Dieser ist jedoch lediglich das Resultat des vom Gesetzgeber verfolgten klaren Willens. Einzig *Bosch* plädierte 1967 im Anschluss an ein Urteil des BGH für eine analoge Anwendung des § 844 Abs. 2 BGB bei Verlobten, zumindest, wenn das Aufgebot bereits bestellt bzw. der Hochzeitstermin anderweitig fixiert sei[427]. Er sah keinen Unterschied zwischen dem Nasciturus und Personen, die einander zukünftig auf Grund einer Heirat unterhaltsbedürftig würden. Eine vergleichbare Situation existiere auch bei Kindern, die später eigenes Geld verdienen und ihren Eltern unterhaltspflichtig werden können. Selbst wenn man *Bosch* folgen würde – was auf Grund der soeben genannten Argumente kaum vertretbar ist –, würde diese Annahme das in dieser Arbeit interessierende Problem nicht lösen. Nach der hier vertretenen Definition – und auch der ganz herrschenden Meinung – liegt eine faktische Lebensgemeinschaft nicht nur vor, wenn die Lebensgefährten ernsthaft beabsichtigen zeitnah zu heiraten, sondern gerade auch, wenn eine Heirat (grundsätzlich) ausgeschlossen wird.

Rn. 27; Palandt/*Sprau*, 72. Auflage, 2013, § 844 Rn. 1; BeckOK/*Spindler*, BGB, Edition 27, § 844 Rn. 1; RGRKBGB/*Boujong*, 12. Auflage, 1989, § 844 Rn. 7, 24; Geigel/*Münkel*, 26. Auflage, 2011, Kap. 8 Rn. 22; *Reidel*, 50. VGT, 2012, S. 1, 10; *Staudinger*, 50. VGT, 2012, S. 11, 13 f.; gegen eine analoge Anwendung des ehelichen Unterhaltsrecht auf die nichteheliche Lebensgemeinschaft Erman/*Schiemann*, 12. Auflage, 2008, § 844 Rn. 8.

422 OLG Frankfurt FamRZ 1984, 790.

423 OLG Frankfurt FamRZ 1984, 790.

424 OLG Frankfurt FamRZ 1984, 790.

425 *Huffmann*, 23. VGT, 1985, S. 90, 98 Fn. 31; Staudinger/*Röthel*, Neubearbeitung 2007, § 844 Rn. 33; *dies.* NZV 2001, 329, 330.

426 *Schwenzer* JZ 1988, 781, 787; *Delank* ZfS 2007, 183, 188; *Jahnke* NZV 2007, 329, 332; *Gernhuber/Coester-Waltjen*, 6. Auflage, 2010, § 43 Rn. 10-12; MüKo/*Wagner*, BGB, 5. Auflage, 2009, § 844 Rn. 27; Staudinger/*Röthel*, Neubearbeitung 2007, § 844 Rn. 33; *dies.* NZV 2001, 329, 330; Staudinger/*Löhnig*, Neubearbeitung 2007, Anh. zu §§ 1297 ff. Rn. 253; wohl auch *Rauscher*, 2. Auflage, 2008, Rn. 745.

427 *Bosch* FamRZ 1967, 219; sich kritisch und detailliert damit auseinandersetzend *Monstadt*, S. 21 f.

3. Zusammenfassung

Eine analoge Anwendung des § 844 Abs. 2 BGB auf die faktische Lebensgemeinschaft scheidet daher mangels einer planwidrigen Regelungslücke aus.

C. Zusammenfassendes Fazit

Für eine direkte Anwendung des § 844 Abs. 2 BGB beim Tod eines faktischen Lebensgefährten besteht nur ein sehr beschränkter Anwendungsbereich.

Eine analoge Anwendung muss auf Grund der eindeutigen Intention des Gesetzgebers, die im Wortlaut der Norm zum Ausdruck kommt, unterbleiben.

Mangels Anwendbarkeit des § 844 Abs. 2 BGB auf den hinterbliebenen Lebensgefährten einer faktischen Lebensgemeinschaft, ist der einzige Fall, in dem diesem wegen des Todes des anderen Lebensgefährten ein deliktischer Schadensersatzanspruch zusteht, die Situation des Schockschadens. Dabei handelt es sich jedoch um einen Anspruch, der auf den Ersatz einer in eigener Person erlittenen Körperverletzung des Lebensgefährten gerichtet ist und über § 823 BGB ersetzt wird.

Kapitel 2: Die Anwendbarkeit des § 844 Abs. 2 BGB de lege ferenda

Nachdem festgestellt wurde, dass der § 844 Abs. 2 BGB weitestgehend weder direkt noch analog angewendet werden kann, wenn der tatsächlich Unterhalt leistende Partner einer faktischen Lebensgemeinschaft getötet wird, drängt sich die Frage auf, ob dieses Ergebnis Bestand haben sollte. Bei einer Verneinung, kann Abhilfe nur durch ein gesetzgeberisches Tätigwerden geschaffen werden.

Nachfolgend werden zunächst die in der Literatur vorgeschlagenen Lösungsansätze erörtert, bevor anschließend die Argumente, die für und wider eine Reform des § 844 Abs. 2 BGB streiten, dargestellt werden. Dieses auf den ersten Blick vielleicht vertauscht anmutende Vorgehen ist für ein besseres Verständnis der einzelnen Argumente erforderlich. Einige der vorgebrachten Aspekte sind nur mit dem Wissen um die unterschiedlichen Reformansätze ausreichend nachvollziehbar.

A. Vorschläge einer Neuregelung

Auffällig ist, dass viele Autoren die aktuelle Gesetzeslage zwar kritisieren und ihre Meinung auch begründen, einen Lösungsansatz aber leider nicht anbieten.

I. Einführung einer gesetzlichen Unterhaltspflicht

Falls man eine Anwendung des § 844 Abs. 2 BGB auf die faktische Lebensgemeinschaft erreichen möchte, empfiehlt *Pardey*, den § 844 Abs. 2 BGB unberührt zu lassen und stattdessen gesetzliche Unterhaltspflichten zwischen faktischen Lebensgefährten einzuführen[428]. Offen bleibt jedoch, ob er persönlich das so erreichte Ergebnis tatsächlich befürwortet.

Beachtlich ist in diesem Zusammenhang, dass selbst der Gesetzentwurf, den die *Bundestagsfraktion von Bündnis 90/Die Grünen* 1997 vorlegte und der die

428 *Pardey* ZfS 2007, 303, 306, wobei er den Ausdruck nichteheliche Lebensgemeinschaft verwendet.

Rechtsverhältnisse nichtehelicher Lebensgemeinschaften umfassend regelte, seinerseits keine umfassenden gesetzlichen Unterhaltspflichten schaffen wollte. Lediglich in Ausnahmefällen sollte aus Billigkeitsgründen nachpartnerschaftlicher Unterhalt gezahlt werden[429].

II. Versorgerschaden

Sowohl in der 1. Kommission zum BGB als auch beim vorbereitenden Gutachten zur Schuldrechtsreform kam die Sprache auf das Schweizerische Recht und den dort normierten sogenannten Versorgerschaden aus Art. 45 Abs. 3 OR. Auch in der Literatur finden sich zahlreiche Verweise auf diese Regelung. Nach dieser sind alle Personen anspruchsberechtigt, die durch eine deliktische Handlung ihren Versorger verloren haben[430].

Die Schweizerische Regelung ist damit sehr weit und geht erheblich über das deutsche Recht hinaus. Daran anknüpfend schlug *Denck* die Einführung folgender Norm, die an die Stelle des bisherigen § 844 Abs. 2 BGB treten sollte, vor[431]:

> „Hat jemand durch die Tötung einer Person seinen Ernährer verloren, so ist für diesen Schaden durch Entrichtung einer Geldrente Ersatz zu leisten."

Er befürwortet damit nicht eine bloße Erweiterung des bisherigen Wortlauts, sondern eine komplette Neufassung. Erfasst werden soll der „gegenwärtige und zukünftige Unterhaltsschaden" von gesetzlich oder vertraglich Berechtigten sowie von rein tatsächlich Bedachten[432].

III. Sittliche Verpflichtung

Obwohl auch *von Bar* auf den Versorgerschaden des Schweizerischen Rechts Bezug nimmt, möchte er nicht direkt an die Versorgereigenschaft des Getöteten anknüpfen, sondern an dessen sittliche Verpflichtung zur Leistung von Unterhalt.

§ 844 Abs. 2 BGB soll nach seinem Vorschlag folgende Fassung erhalten[433]:

---

429 Bundestagsfraktion Bündnis 90/Die Grünen, Entwurf eines Gesetzes zur Regelung der Rechtsverhältnisse nichtehelicher Lebensgemeinschaften, Bt.-Drucks. 13/7228 S. 2, 8 (§ 1302d des Entwurfs); ebenso *Schumacher* FamRZ 1994, 857, 861, 864.

430 Zu den Details der Schweizerischen Regelung unten 2. HT, Kap. 2, B, II, 7, a), dd).

431 *Denck*, S. 132 f., der allerdings das „Konkubinat" als Sonderproblem sieht, dessen Lösung er Rechtsprechung und Wissenschaft überlässt (S. 130).

432 *Denck*, S. 132.

433 *v. Bar*, Gutachten Deliktsrecht, 1981, S. 1762.

„Stand der Getötete zur Zeit der Verletzung zu einem Dritten in einem Verhältnisse, vermöge dessen er diesem gegenüber kraft Gesetzes unterhaltspflichtig war oder werden konnte, oder versorgte der Getötete den Dritten dauerhaft aufgrund einer sittlichen Verpflichtung, und ist dem Dritten infolge der Tötung das Recht auf den Unterhalt oder die Versorgung entzogen, so hat der Ersatzpflichtige dem Dritten durch Entrichtung einer Geldrente insoweit Schadensersatz zu leisten, als der Getötete während der mutmaßlichen Dauer seines Lebens zur Gewährung des Unterhalts oder der Versorgung verpflichtet gewesen würde; [...].“

Es handelt sich lediglich um eine Ergänzung des bisherigen § 844 Abs. 2 BGB. Der Wegfall gesetzlicher Unterhaltspflichten soll auch weiterhin einen eigenständigen Anwendungsfall der Norm bilden.

IV. Vertragliche Unterhaltspflichten

Ein weiterer möglicher Anknüpfungspunkt sind vertragliche Unterhaltspflichten. Genau dies hält *Raddatz* für „interessengerecht und wünschenswert“[434]. Er möchte den Wortlaut des § 844 Abs. 2 BGB daher dahingehend ändern, dass im Fall der Tötung zukünftig auch vertraglich zum Unterhalt Berechtigten ein Schadensersatzanspruch zusteht[435]. Er diskutiert diese Frage am Beispiel der faktischen Lebensgemeinschaft, erfasst mit seinem Vorschlag jedoch bewusst auch andere Konstellationen, da vertragliche Unterhaltsansprüche auf Grund der Privatautonomie zwischen beliebigen Personen vereinbart werden können[436].

Zu Beginn des Jahres 2012 legte das Bayerische Staatsministerium der Justiz zunächst ein Thesenpapier mit Überlegungen zur Verbesserung der zivilrechtlichen Rechtsstellung der Angehörigen von Unfallopfern und kurz darauf einen Diskussionsentwurf eines Gesetzes zur Verbesserung der zivilrechtlichen Rechtsstellung der Angehörigen von Unfallopfern vor. Auch darin wird eine Erweiterung des § 844 Abs. 2 BGB auf vertragliche Unterhaltsbeziehungen gefordert. Im Thesenpapier wurde zunächst folgende Neufassung der Norm vorgeschlagen[437]:

„Stand der Getötete zur Zeit der Verletzung zu einem Dritten in einem Verhältnis, vermöge dessen er diesem gegenüber unterhaltspflichtig war oder werden konnte, so hat der Ersatzpflichtige dem Dritten durch Entrichtung einer Geldrente insoweit Schadensersatz zu leisten, als der Dritte einen Unterhaltsanspruch gegen den Getöteten gerichtlich hätte durchsetzen können. [...]“

434 *Raddatz*, S. 185.
435 So auch *Steeg*, S. 76.
436 *Raddatz*, S. 184.
437 Bayerisches Staatsministerium der Justiz, Thesenpapier, S. 11.

Durch die Bezugnahme auf die gerichtliche Durchsetzbarkeit werden rein faktische Unterhaltsbeziehungen zur Vermeidung einer uferlosen Haftung ausgenommen[438].

Im späteren Diskussionsentwurf wird lediglich die Streichung der Worte „kraft Gesetzes" gefordert, woraus sich folgender Wortlaut ergeben würde[439]:

> „Stand der Getötete zur Zeit der Verletzung zu einem Dritten in einem Verhältnis, vermöge dessen er diesem gegenüber unterhaltspflichtig war oder unterhaltspflichtig werden konnte, so hat der Ersatzpflichtige dem Dritten durch Entrichtung einer Geldrente insoweit Schadensersatz zu leisten, als der Getötete während der mutmaßlichen Dauer seines Lebens zur Gewährung verpflichtet gewesen sein würde; [...]."

Die Formulierung ist zwar eine etwas andere, da auf den Passus „als der Dritte einen Unterhaltsanspruch gegen den Getöteten gerichtlich hätte durchsetzen können" verzichtet wird. Rein faktische Unterhaltsbeziehungen werden durch die Formulierung „zur Gewährung verpflichtet gewesen sein würde" aber auch von dieser Fassung nicht berücksichtigt[440].

V. Tatsächlich geleisteter Unterhalt

Am häufigsten wird gefordert, auch tatsächliche Unterhaltsleistungen unter den deliktischen Schutz des § 844 Abs. 2 BGB zustellen. Allerdings variieren die verschiedenen Vorschläge hinsichtlich der Details.

1. von Rummel

Laut *von Rummel* sollte es zum Minimalbestand gehören, dass tatsächliche Unterhaltsleistungen bei Tötung des Leistenden über § 844 Abs. 2 BGB ersetzt werden[441]. Die Orientierung am familienrechtlichen Status sollte seiner Meinung nach komplett entfallen[442]. Zudem nennt er Personengruppen, die von dieser Erweiterung profitieren sollten: Altenteiler, Pflegekinder und faktische Lebensgemeinschaften[443]. Auch er nimmt dabei Bezug auf die „vorbildliche" Regelung in der Schweiz[444].

438 Bayerisches Staatsministerium der Justiz, Thesenpapier, S. 9.
439 Bayerisches Staatsministerium der Justiz, Diskussionsentwurf, S. 3.
440 Bayerisches Staatsministerium der Justiz, Diskussionsentwurf, S. 9.
441 *v. Rummel*, S. 205.
442 *v. Rummel*, S. 205.
443 *v. Rummel*, S. 205.
444 *v. Rummel*, S. 205, Fn. 69; dazu mehr unten 2. HT, Kap. 2, B, II, 7, a), dd).

Und wie das Schweizerische Obligationenrecht geht auch *von Rummel* sehr weit. Er will es ausreichen lassen, dass das faktische Unterhaltsverhältnis erst nach der Tötung entstanden wäre[445]. Als Beispiel führt er denjenigen an, der später von seinem Bruder versorgt worden wäre[446].

Allerdings enthält sein Vorschlag auch Haftungsbeschränkungen. Ein Schadensersatzanspruch soll zum einen dann nicht bestehen, wenn der Getötete nur auf Grund seines vorausgesehenen Todes einem anderen Unterhalt geleistet hat und erreichen wollte, dass der Schädiger zur dauerhaften Fortzahlung verpflichtet wird[447]. Zum anderen soll – ebenfalls wie in der Schweiz – auch die Bedürftigkeit Voraussetzung des Anspruchs aus § 844 Abs. 2 BGB sein[448].

2. Battes

Aus dem Bericht von *Stab* zum Seminar des Deutschen Juristinnenbundes im Jahr 1988 geht hervor, dass *Battes* in seinem dort gehaltenen Vortrag großen Wert auf eine Änderung des § 844 Abs. 2 BGB legte. Ein Anspruch sollte danach immer dann bestehen, wenn der überlebende Partner „von Unterhaltsleistungen des anderen abhängig war“[449].

Leider lassen sich keine weiteren Belege für *Battes'* Ansicht finden, so dass eine detailliertere Darstellung seines Änderungsvorschlags unterbleiben muss. Zwar beschäftigt er sich in einem Festschriftenbeitrag aus dem Jahr 1986 bereits rechtvergleichend mit diesem Thema, begrüßt dort allerdings lediglich eine Ausweitung des Schutzes ohne näher auf eine etwaige Neufassung einzugehen[450]. *Battes* erörtert zuvor unter anderem das schwedische Recht, das einen Schadensersatzanspruch bereits dann bejaht, wenn der überlebende Partner finanziell vom getöteten Partner abhängig war[451]. Zwar entspricht die Formulierung, die er beim Vortrag auf dem Seminar des Deutschen Juristinnenbundes gewählt hat dieser Regelung, da er aber auch auf die Handhabung in anderen Rechtsordnungen eingeht, kann aus der einfachen Erwähnung der tatsächlichen Abhängigkeit als Anknüpfungspunkt nicht geschlossen werden, dass er selbst diese Ansicht vertritt.

Aus seinem Vortrag beim Deutschen Juristinnenbund lässt sich schließen, dass *Battes* primär auf die Person des Empfängers und nicht auf die des Leistenden abstellt. Dadurch wird jedoch nur die andere Seite derselben Medaille be-

445 *v. Rummel*, S. 205.
446 *v. Rummel*, S. 205.
447 *v. Rummel*, S. 206.
448 *v. Rummel*, S. 206.
449 *Stab* ZRP 1988, 335, 335.
450 *Battes*, FS Pleyer, 1986, S. 467, 472.
451 *Battes*, FS Pleyer, 1986, S. 467, 471; zum schwedischen Recht unten 2. HT, Kap. 2, B, II, 7, a), cc).

leuchtet. Im Ergebnis ist auch *Battes'* Forderung nichts anderes, als die Forderung den Schutz tatsächlicher Unterhaltsleistungen in das Gesetz aufzunehmen.

3. Röthel

Röthel präferierte zunächst eine der gesetzlichen Unterhaltsbeziehung „ähnliche Unterhaltsgemeinschaft" als Tatbestandsmerkmal eines geänderten § 844 Abs. 2 BGB[452].

Auch sie bezog die Entscheidung des Schweizerischen Rechts an die Versorgereigenschaft anzuknüpfen in ihre Überlegung ein, entschied sich aber für einen anderen Weg. Es sei vorzugswürdiger die Anknüpfung an der gesetzlichen Unterhaltspflicht im Wortlaut der Norm zu erhalten, da so ein Vergleichsmaßstab für den auf Grund vergleichbarer Unterhaltsgemeinschaft geleisteten Unterhalt zur Verfügung stehe[453].

Mittlerweile zieht *Röthel* es vor, die „faktische Unterhaltsgemeinschaft" als Merkmal in den § 844 Abs. 2 BGB zu implementieren[454], womit ebenfalls der Schutz tatsächlicher Leistungen bezweckt ist.

4. Dethloff

Dethloff hat sich für eine Normierung der faktischen Lebensgemeinschaft als eigenes Rechtsinstitut im Rahmen des Familienrechts ausgesprochen[455]. Sie geht damit über die Forderungen anderer Autoren hinaus. Für besondere Konstellationen befürwortet sie in diesem Zusammenhang die Einführung gesetzlicher Unterhaltspflichten, allerdings nur für die Zeit nach dem Ende der Beziehung[456]. Für die Zeit während des Bestehens der faktischen Lebensgemeinschaft hält sie solche Pflichten hingegen für entbehrlich[457]. Der Schutz des § 844 Abs. 2 BGB würde dadurch nur in Einzelfällen auf faktische Lebensgefährten erstreckt.

Daher möchte auch *Dethloff* den deliktischen § 844 Abs. 2 BGB um die Ersatzfähigkeit tatsächlicher Unterhaltsleistungen zwischen faktischen Lebensgefährten

---

452 *Röthel* NZV 2001, 329, 335.

453 *Röthel* NZV 2001, 329, 335, Fn. 85.

454 Staudinger/*Röthel*, Neubearbeitung 2007, § 844 Rn. 34.

455 Scherpe/Yassari/*Dethloff*, S. 137, 162; *dies.* in Bundestagsfraktion Bündnis 90/Die Grünen, Nichteheliche Lebensgemeinschaft – Reformbedarf und Reformüberlegungen, S. 21, 24.; wenngleich in ihrem (aktuelleren) Familienrechtslehrbuch davon keine Rede ist.

456 Scherpe/Yassari/*Dethloff*, S. 137, 155 ff.; *dies.* in Bundestagsfraktion Bündnis 90/Die Grünen, Nichteheliche Lebensgemeinschaft – Reformbedarf und Reformüberlegungen, S. 21, 24.

457 Scherpe/Yassari/*Dethloff*, S. 137, 155 ff; *dies.* in Bundestagsfraktion Bündnis 90/Die Grünen, Nichteheliche Lebensgemeinschaft – Reformbedarf und Reformüberlegungen, S. 21, 24.

ergänzen[458]. Besonders hervorzuheben ist, dass die von ihr geforderte Gesetzesänderung ausdrücklich auch Unterhalt in Form von Familienarbeit erfassen soll[459]. Sie betont zudem, dass zwar gerade Beziehungen mit Kindern die in einer Ehe vorhandene Dauerhaftigkeit in vergleichbarer Weise aufweisen[460], beschränkt ihre Forderung nach einer Erweiterung des Anwendungsbereichs aber dennoch nicht ausdrücklich auf diese Arten faktischer Lebensgemeinschaften[461].

2003 hat sie bei einer Anhörung im Bundestag eine Art Formulierungsvorschlag gegeben[462]:

> „Der Schädiger muss dem überlebenden Partner den Schaden ersetzen, den dieser durch den Wegfall des tatsächlich geleisteten Unterhalts seines Partners erlitten hat."

5. Martiny

Auch *Martiny* möchte an tatsächliche Unterhaltsleistungen anknüpfen. Er ist jedoch der Ansicht, dass es sich bei der Reichweite des § 844 Abs. 2 BGB um eine allgemeine Frage handelt, die für Lebensgemeinschaften unterschiedlicher Art gleich geregelt werden sollte[463]. Erfasst würde von einer so gestalteten Reform jede Lebensgemeinschaft, in der ein Partner dem anderen tatsächlich Unterhalt leistet[464]. In der Folge nennt er nur die faktische Lebensgemeinschaft als Anwendungsbeispiel, so dass unklar bleibt, ob er mit dem Begriff der unterschiedlichen Lebensgemeinschaften lediglich unterschiedliche Ausprägungen dieser Gemeinschaft meint, oder ob darüber hinaus auch andere, wie etwa Geschwister oder Stiefkonstellationen, profitieren sollen. Klar ist jedoch, dass die Anknüpfung an tatsächliche Leistungen neben die bisherige Anknüpfung an gesetzliche Unterhaltspflichten treten soll[465].

6. Zusammenfassung

Die Anknüpfung an tatsächliche Unterhaltsleistungen ist in der Literatur am weitesten verbreitet. Nicht immer wird jedoch ein konkreter Änderungsvorschlag

458 *Dethloff*, 30. Auflage, 2012, § 8 Rn. 36; *dies.* in Scherpe/Yassari, S. 137, 158.

459 *Dethloff*, 30. Auflage, 2012, § 8 Rn. 36; *dies.* in Bundestagsfraktion Bündnis 90/Die Grünen, Nichteheliche Lebensgemeinschaft – Reformbedarf und Reformüberlegungen, S. 21, 24.

460 Scherpe/Yassari/*Dethloff*, S. 137, 158.

461 *Dethloff*, 30. Auflage, 2012, § 8 Rn. 36; *dies.* in Bundestagsfraktion Bündnis 90/Die Grünen, Nichteheliche Lebensgemeinschaft – Reformbedarf und Reformüberlegungen, S. 21, 24.

462 *Dethloff* in Bundestagsfraktion Bündnis 90/Die Grünen, Nichteheliche Lebensgemeinschaft – Reformbedarf und Reformüberlegungen, S. 21, 24.

463 Scherpe/Yassari/*Martiny*, S. 79, 99.

464 Scherpe/Yassari/*Martiny*, S. 79, 99.

465 Scherpe/Yassari/*Martiny*, S. 79, 99.

unterbreitet[466]. Auch im Zivilgesetzbuch der DDR vom 19.06.1975 fand sich in § 339 Abs. 3 eine Regelung zum Schutz des Empfängers tatsächlicher Unterhaltsleistungen, wenngleich der dort gewährte Anspruch zeitlich begrenzt war. Die entsprechende Norm lautete:

> „Hat der Verstorbene ohne gesetzliche Pflicht anderen Bürgern Unterhalt gewährt, hat der zum Schadenersatz Verpflichtete, für eine Übergangszeit von höchstens 2 Jahren eine Unterstützung zu zahlen, soweit die betroffenen Bürger in dieser Zeit ihren Unterhält aus eigenen Einkünften und sonstigen Mitteln nicht bestreiten können."

Zwar wird das Recht der DDR außer von *von Rummel* – und auch dort nur in einer Fußnote – nirgendwo erwähnt[467], dennoch ist auch eine Übergangslösung eine Möglichkeit, das Problem zu lösen[468].

VI. Vertragliche und tatsächliche Unterhaltsleistungen

Staudinger präferiert eine Ausweitung des § 844 Abs. 2 BGB auf vertragliche und tatsächliche Unterhaltsleistungen[469]. Die Anknüpfung an vertragliche Unterhaltsvereinbarungen allein trage den Lebensrealitäten, insbesondere im Rahmen faktischer Lebensgemeinschaften, nicht ausreichend Rechnung[470]. Zu beachten sei zudem, dass aus tatsächlichen Unterhaltsleistungen nach einiger Zeit eine konkludente Unterhaltsvereinbarung entstehen könne[471].

Auch *Steeg* möchte, neben den gesetzlichen Unterhaltspflichten, die vertraglichen und vor allem auch die faktischen Unterhaltsleistungen dem Schutzbereich des § 844 Abs. 2 BGB unterstellen und so – neben anderen Konstellationen – auch die faktische Lebensgemeinschaft erfassen[472].

466 So z.B. *Huffmann*, 23. VGT, 1985, S. 90, 99.
467 *v. Rummel*, S. 205, Fn. 69.
468 Vgl. dazu unten 2. HT, Kap. 3, C, I, II, 6, c).
469 *Staudinger*, 50. VGT, 2012, S. 11, 17.
470 *Staudinger*, 50. VGT, 2012, S. 11, 17.
471 *Staudinger*, 50. VGT, 2012, S. 11, 17.
472 *Steeg*, S. 76.

VII. Familien(ähnliche) Beziehung

1. Schwenzer

Schon verhältnismäßig früh brachte *Schwenzer* 1988 die Idee auf, den Schutz des § 844 Abs. 2 BGB auf faktische Familienbeziehungen auszudehnen[473]. Sie verfolgte damit auch das Ziel, die Rechtsstellung der Partner einer faktischen Lebensgemeinschaft zu verbessern. Diese Forderung ist Ausfluss ihres grundsätzlichen Anliegens, dass sich das Recht vermehrt von den Statusbeziehungen lösen und sich stattdessen an den Realbeziehungen ausrichten sollte[474]. Von der Ausweitung des § 844 Abs. 2 BGB sollten daher neben faktischen Partnern auch Stief- und Pflegekinder profitieren[475].

Auch wenn der Anknüpfungspunkt die faktische Familienbeziehung sein soll, beruft *Schwenzer* sich auf die Vergleichbarkeit von gesetzlicher und sittlicher Verpflichtung zur Leistung von Unterhalt[476]. Sie bezieht sich dabei unter anderem auf eine Entscheidung des BGH, in der dieser festgestellt hat, dass die Leistung von Unterhalt in einer faktischen Lebensgemeinschaft in einer sittlichen Pflicht begründet sein könne[477]. Es findet damit keine klare Abgrenzung zwischen einer rein faktischen Unterhaltsleistung und einer solchen, die auf einer sittlichen Verpflichtung beruht, statt.

Festzuhalten ist aber, dass *Schwenzer* nicht so sehr die Einordnung der Leistung selbst, sondern die Beziehung, in der diese erbracht wird, in den Vordergrund stellt.

2. Delank

Auch *Delank* möchte eine mehr familienrechtsbezogene Lösung. In § 844 Abs. 2 S. 2 BGB – gemeint ist wohl vielmehr der Satz 1 – sollen die Worte „kraft Gesetzes“ gestrichen und in Satz 2 am Satzende die Formulierung „oder wenn der Getötete den Dritten in einer familienähnlichen Unterhaltsgemeinschaft versorgt hat“ eingefügt werden[478]. Übernimmt man diese Änderungen ergibt sich folgende Fassung des § 844 Abs. 2 BGB:

---

473 *Schwenzer*, S. 221; *dies.* JZ 1988, 781, 787.

474 *Schwenzer* JZ 1988, 781, 787.

475 *Schwenzer*, S. 221; *dies.* JZ 1988, 781, 787.

476 *Schwenzer*, S. 221; *dies.* JZ 1988, 781, 787.

477 *Schwenzer*, S. 221 mit Berufung auf BGH NJW 1983, 674, dazu auch unten 2. HT, Kap. 3, A, I, 2, c).

478 *Delank* ZfS 2007, 183, 188.

> „Stand der Getötete zur Zeit der Verletzung zu einem Dritten in einem Verhältnis, vermöge dessen er diesem gegenüber unterhaltspflichtig war oder unterhaltspflichtig werden konnte, und ist dem Dritten infolge der Tötung das Recht auf den Unterhalt entzogen, so hat der Ersatzpflichtige dem Dritten durch Entrichtung einer Geldrente insoweit Schadensersatz zu leisten, als der Getötete während der mutmaßlichen Dauer seines Lebens zur Gewährung des Unterhalts verpflichtet gewesen sein würde; […]. Die Ersatzpflicht tritt auch dann ein, wenn der Dritte zur Zeit der Verletzung gezeugt, aber noch nicht geboren war oder wenn der Getötete den Dritten in einer familienähnlichen Unterhaltsgemeinschaft versorgt hat.“

Er hält es aber auch für möglich, dass der Begriff der Familie i.S.d. BGB so definiert wird, dass auch faktische Familiengemeinschaften darunter zu fassen sind[479]. Dieses Vorgehen würde seiner Meinung nach neue Möglichkeiten für eine Formulierung des § 844 Abs. 2 S. 1 BGB eröffnen.

VIII. Gesamtreform der §§ 844, 845 BGB

Im Familienrechtslehrbuch von *Gernhuber/Coester-Waltjen* wird eine Gesamtreform der §§ 844, 845 BGB gefordert, bei der auch die Problematik um die faktische Lebensgemeinschaft mitaufgelöst werden sollte[480]. Die Rede ist davon, in „bestimmten Fällen“ einen Schadensersatzanspruch zu gewähren[481]. Notwendig geworden sei eine umfassende Neuregelung auf Grund der Beschränkung gesetzlicher Unterhaltspflichten durch den Gesetzgeber[482]. Wie genau der reformierte § 844 Abs. 2 BGB aussehen sollte, bleibt jedoch offen. *Coester-Waltjen* hatte aber bereits 1988 gefragt, ob für § 844 Abs. 2 BGB nicht auch vertragliche Pflichten oder tatsächliche langfristige Übernahme von Verantwortung ausreichen sollten[483]. Dies könnten Indizien für die heute präferierte Neuregelung sein.

IX. Zusammenfassung

Die vorgebrachten Lösungsvorschläge können – grob gesagt – in drei Kategorien untergliedert werden: Einerseits rein familien- bzw. deliktsrechtliche Lösungen, kombinierte Ansätze andererseits.

Die familienrechtliche Lösung sieht vor, die faktische Lebensgemeinschaft als eigenes Rechtsinstitut im Familienrecht zu normieren. Im Rahmen dessen

479 *Delank* ZfS 2007, 183, 188.

480 *Gernhuber/Coester-Waltjen*, 6. Auflage, 2010, § 43 Rn. 10-12.

481 *Gernhuber/Coester-Waltjen*, 6. Auflage, 2010, § 43 Rn. 10-12.

482 *Gernhuber/Coester-Waltjen*, 6. Auflage, 2010, § 43 Rn. 10-12; zur grundsätzlichen Infragestellung des § 844 Abs. 2 BGB siehe unten 2. HT, Kap. 2, B, I, 7.

483 *Coester-Waltjen* NJW 1988, 2085, 2087.

könnten dann – der Ehe vergleichbare – Unterhaltspflichten für die Zeit während des Bestehens und/oder nach Beendigung der Beziehung eingeführt werden, was eine Anwendung des gegenwärtigen § 844 Abs. 2 BGB zur Folge hätte. Die Norm könnte in ihrer heutigen Form erhalten bleiben.

Andererseits könnte das Familienrecht unangetastet bleiben und stattdessen *nur* der § 844 Abs. 2 BGB selbst reformiert werden. Der Wortlaut müsste so erweitert werden, dass auch die Lebensgefährten einer faktischen Lebensgemeinschaft anspruchsberechtigt wären. Es müsste weiter gefragt werden, auf welche Weise dieses Ziel bestmöglich erreicht werden könnte. Diese Methode löst das Problem auf deliktsrechtliche Weise.

Und zuletzt scheint auch eine Mischform aus familien- und deliktsrechtlicher Lösung möglich, quasi als kombinierter Ansatz, wie ihn *Schwenzer* und *Delank* vorschlagen. Die Problematik würde im Deliktsrecht aufgelöst, dabei aber speziell familiäre Aspekte aufgegriffen.

B. Für und Wider einer Reform des § 844 Abs. 2 BGB

In der Diskussion um die Erweiterung des Schutzes aus § 844 Abs. 2 BGB auf die faktische Lebensgemeinschaft werden eine Vielzahl von Argumenten unterschiedlichster Art vorgebracht. Als Kernkonflikte haben sich zum einen der Widerstreit von Rechtssicherheit und Einzelfallgerechtigkeit[484] und zum anderen das Verhältnis von faktischer Lebensgemeinschaft und Ehe herauskristallisiert. Aber auch die Entwicklung der gesellschaftlichen Verhältnisse spielt eine bedeutende Rolle.

Um zu einem tragfähigen Ergebnis zu gelangen, ist es unerlässlich, die Argumente sorgfältig zu strukturieren. Häufig sind die Argumentationsstränge jedoch derart miteinander verwoben, dass eine klare Abgrenzung zwischen einzelnen Aspekten kaum möglich ist. Wo dies für das Verständnis erforderlich ist, wird auf die bereits dargestellten Lösungsansätze eingegangen.

Zunächst werden die Argumente, die gegen eine Reform vorgetragen werden erörtert und im Anschluss daran die Gründe, die für eine Reform des § 844 Abs. 2 BGB sprechen.

484 Vgl. *Kötz/Wagner*, 11. Auflage, 2010, Rn. 723; *Burmann/Jahnke* NZV 2012, 11, 17; *Reidel*, 50. VGT, 2012, S. 1, 2; *Staudinger*, 50. VGT, 2012, S. 11, 15.

I. Argumente gegen eine Reform des § 844 Abs. 2 BGB

1. Die mangelnde Vorhersehbarkeit

a) Argumentation

Als ein wesentliches Element bei einer Ausweitung des § 844 Abs. 2 BGB auf die faktische Lebensgemeinschaft wurde die Rechtssicherheit aufgezeigt. Ein Argument, dass dieser ganz wesentlich dienen soll, betrifft die Vorhersehbarkeit der Haftung durch den Schädiger. Der § 844 Abs. 2 BGB umschreibe die Ersatzberechtigung in seiner jetzigen Fassung so genau, dass Zweifel bezüglich des Bestehens einer Haftung nicht aufträten[485]. Bei einer Erweiterung sei die Haftung jedoch nicht mehr in ausreichendem Maße vorhersehbar, insbesondere da die Bestimmung des Vorliegens einer faktischen Lebensgemeinschaft im Einzelfall große Probleme bereite[486]. Die Einzelfallgerechtigkeit müsse (auch) deswegen hinter die Rechtssicherheit zurücktreten[487].

b) Stellungnahme

Es wurde bereits eine im gesamten Zivilrecht verwendbare Definition der faktischen Lebensgemeinschaft herausgearbeitet[488]. Das Vorliegen einer solchen Gemeinschaft ist daher in ausreichendem Maße bestimmbar. Auch das BVerfG geht von einer hinreichend scharfen Abgrenzung zu anderen Lebensformen aus[489]. Zwar betrifft diese Feststellung das öffentliche Recht, wenn jedoch eine Definition mit hinreichend konkreten Merkmalen existiert, kann für das Zivilrecht nichts anderes gelten.

Hinzu kommt ein weiterer Gedanke. Der Schädiger weiß im Zeitpunkt der schädigenden Handlung in aller Regel nicht, wen er tötet. Es hängt vom Zufall ab, ob das Opfer einer anderen Person auf Grund einer gesetzlichen Pflicht Unterhalt leistete, ob es dies ohne entsprechende Pflicht tat oder ob keinerlei Unterhaltszahlungen erfolgten. Der deliktisch Handelnde wird sich vor der deliktischen Handlung kaum Gedanken über die Person des Geschädigten und schon gar nicht über dessen Personenstand und daraus resultierende Unterhaltsverpflichtungen machen. Diesem Argument kommt gegenüber der Möglichkeit einer zufriedenstellenden Abgrenzung der faktischen Lebensgemeinschaft von

485 *Kötz/Wagner*, 11. Auflage, 2010, Rn. 723.
486 *Hans Jürgen Becker* VersR 1985, 201, 204; *Reidel*, 50. VGT, 2012, S. 1, 3.
487 *Kötz/Wagner*, 11. Auflage, 2010, Rn. 723.
488 Siehe bereits oben 1. HT, Kap. 4, A, IV.
489 BVerfGE 87, 234, 264.

anderen Näheverbindungen die größere Bedeutung zu. Auf letztere kommt es in diesem Zusammenhang gar nicht mehr an, da das Argument der mangelnden Vorhersehbarkeit bereits dadurch widerlegt werden kann, dass es auf die Vorhersehbarkeit des Personenstands bzw. der persönlichen Verhältnisse der verletzten Person bei der Begründung deliktischer Haftung nicht ankommen kann. Diese kann nur dort entscheidend sein, wo planvoll und mit Absicht gehandelt wird. Das kann auch bei der deliktischen Haftung der Fall sein, zwingende Voraussetzung ist es aber nicht.

Im Interesse der Rechtssicherheit ist bei der Neufassung des § 844 Abs. 2 BGB zwar darauf zu achten, dass die Norm klar und einfach verständlich bleibt, eine unzumutbare Aufweichung derselben resultiert aus der Aufnahme der faktischen Lebensgemeinschaft in den Schutzbereich des § 844 Abs. 2 BGB für den Schädiger jedoch nicht.

c) Fazit

Das Argument, dass die Haftung für den Schädiger bei einer Erweiterung des § 844 Abs. 2 BGB auf die Partner einer faktischen Lebensgemeinschaft nicht in ausreichendem Maße vorhersehbar sei, kann damit entkräftet werden.

2. Das Problem der Beweisbarkeit

a) Argumentation

Ein Einwand, der sich seit seiner ersten Erwähnung in der 2. Kommission zum BGB beharrlich hält[490], betrifft die vermeintlichen Beweisprobleme, die eine Ausweitung des Anwendungsbereichs des § 844 Abs. 2 BGB verursachen würde. Er richtet sich nicht nur gegen die Aufnahme der faktischen Lebensgemeinschaft, sondern gegen jede Erweiterung auf tatsächliche Unterhaltsleistungen.

Kernaussage ist, dass die tatsächlichen Unterstützungsleistungen mangels gesetzlicher Pflicht vom Leistenden jederzeit und ohne Angabe von Gründen eingestellt werden könnten. Die Dauer der nach § 844 Abs. 2 BGB geschuldeten Rente könne daher nur sehr schwer bestimmt werden. Es könne nicht mit hinreichender Wahrscheinlichkeit gesagt werden, wie lange der Getötete die faktischen Leistungen noch erbracht hätte [491]. Allein aus dem Umstand, dass diese vor dem

490 Zur 2. Kommission bereits oben 2. HT, Kap. 1, B, II, 2, b).

491 Bericht der Reichstagskommission, S. 116; *Stückradt*, S. 98 f., der andernfalls die Gefahr einer „unberechenbaren Billigkeitsjustiz" sieht; *Fenn*, S. 546; *Lieb*, Gutachten A zum 57. DJT, 1988, A 90; *Weimar*, FS Keller, 1989, S. 337, 341; *Schumacher* FamRZ 1994, 857, 862, Fn. 34;

Tod erfolgten, könne nicht geschlossen werden, dass dies auch weiterhin der Fall gewesen wäre[492].

Diese Annahme gelte insbesondere bei der faktischen Lebensgemeinschaft, weil diese – anders als die Ehe – keine lebenslange Bindung bedeute[493].

Darüber hinaus werden zwei weitere Probleme aufgezeigt. Zum einen bereite auch der Nachweis der Höhe der vom Schädiger zu leistenden Schadensersatzrente Schwierigkeiten, weil der Getötete den Umfang seiner Leistungen in der Zukunft nach Belieben hätte ändern können[494]. Zum anderen müsse im Prozess dargelegt werden, dass vor der Tötung überhaupt tatsächliche Leistungen erfolgten und dass es sich dabei um Unterhalt handelte. Auch dies sei mit großen Beweisproblemen und Manipulationsgefahr verbunden[495].

Dieses Argument ist Ausdruck des Bestrebens nach einer effizienten Rechtsanwendung, die nicht gewährleistet ist, wenn unüberwindbare Beweisschwierigkeiten bestehen. Letztlich ist dieser Einwand daher ebenfalls dem Bedürfnis nach einem möglichst hohen Maß an Rechtssicherheit geschuldet.

b) Stellungnahme

aa) Relevanz des Arguments

Dieses Argument richtet sich gegen eine Reform, die den Schutz tatsächlicher Unterhaltsleistungen zur Folge hätte. Einer Anknüpfung an vertragliche Leistungen des Getöteten steht er ebenso wenig entgegen wie der Einführung gesetzlicher Unterhaltspflichten zwischen faktischen Lebensgefährten.

Bei der Einführung gesetzlicher Unterhaltspflichten müsste das Gesetz auch Vorgaben zu Höhe und Dauer der Unterhaltspflicht machen, an Hand derer die nach § 844 Abs. 2 BGB geschuldete Rente bestimmt werden könnte. Würde der Schutzbereich des § 844 Abs. 2 BGB auf vertragliche Unterhaltsleistungen erweitert, wäre die die Unterhaltspflicht statuierende Parteivereinbarung maßgeblich für Umfang und Dauer des zu leistenden Unterhalts. Beweisprobleme bestünden in beiden Fällen nicht.

MüKo/*Wagner*, BGB, 5. Auflage, 2009, § 844 Rn. 28; Prütting/Wegen/Weinreich/*Medicus*, 8. Auflage, 2013, § 844 Rn. 7.

492 *Weimar*, FS Keller, 1989, S. 337, 341.

493 *Lieb*, Gutachten A zum 57. DJT, 1988, A 90; auf das jederzeit mögliche Ende der nichtehelichen Lebensgemeinschaft nimmt auch MüKo/*Wagner*, BGB, 5. Auflage, 2009, § 844 Rn. 28 Bezug.

494 *Schumacher* FamRZ 1994, 857, 862, Fn. 34.

495 MüKo/*Wagner*, BGB, 5. Auflage, 2009, § 844 Rn. 28.

bb) Handhabung beim bisherigen § 844 Abs. 2 BGB

Diesem Argument lässt sich zuerst entgegnen, dass bei der Bestimmung des Rentenumfangs und der Rentendauer bereits bei der gegenwärtigen Fassung der Norm eine Prognoseentscheidung vorzunehmen ist, die auch zukünftige Entwicklungen miteinbeziehen muss. Denn das Maß und die Dauer der geschuldeten Schadensersatzrenten richten sich zwar nach dem gesetzlich geschuldeten Unterhalt[496], dieser hängt aber von diversen tatsächlichen Begebenheiten ab: Bedürftigkeit, Leistungsfähigkeit, vermutliche Lebensdauer von Unterhaltsschuldner und -gläubiger[497]. Trotz der Anknüpfung an eine gesetzliche Unterhaltspflicht muss der Richter daher schon jetzt die künftige Entwicklung abschätzen und eine Prognoseentscheidung treffen[498]. *Medicus* spricht deswegen davon, dass der § 844 Abs. 2 BGB „eine der am schwierigsten anzuwendenden Vorschriften des BGB ist, zumal sich hier Schadensersatz- und Unterhaltsrecht vermengen"[499].

Abhilfe schafft § 287 S. 1 ZPO[500], der verhindern soll, dass das Bestehen materiellrechtlicher Ansprüche an ihrer prozessualen Durchsetzbarkeit scheitert[501]. Die Norm greift immer dann ein, wenn unter den Parteien streitig ist, ob ein Schaden entstanden ist und wie hoch dieser ist. Der Richter entscheidet in diesen Fällen unter Würdigung aller Umstände nach seiner freien Überzeugung. § 287 S. 1 ZPO ermöglicht ihm, sich mit einem geringeren Grad an Wahrscheinlichkeit zufrieden zu geben[502]. Die dadurch entstehende Rechtsunsicherheit wird nicht als so gravierend eingeschätzt, dass der bisherige § 844 Abs. 2 BGB deswegen abgeschafft oder zumindest reformiert werden müsste[503].

Bei der Anknüpfung an tatsächliche Unterhaltsleistungen wäre die Situation aber nicht viel komplizierter[504]. Der Richter könnte sich bei der Bestimmung des Umfangs des Schadensersatzanspruchs an dem bisher geleisteten tatsächlichen

---

496 BGH NJW 2006, 2327, 2329 m.w.RsprN.; Palandt/*Sprau*, 72. Auflage, 2013, § 844 Rn. 8 ff.; MüKo/*Wagner*, BGB, 5. Auflage, 2009, § 844 Rn. 36.

497 *Denck*, S. 131; *Wichelhaus*, S. 260; *v. Rummel*, S. 205; *de Witt/Huffmann*, 2. Auflage, 1986, Rn. 200; Scherpe/Yassari/*Dethloff*, S. 137, 158; MüKo/*Wagner*, BGB, 5. Auflage, 2009, § 844 Rn. 37.

498 Siehe etwa BGH NJW 2006, 2327, 2328.

499 Prütting/Wegen/Weinreich/*Medicus*, 8. Auflage, 2013, § 844 Rn. 1.

500 *Denck*, S. 131; *Wichelhaus*, S. 260; *Raddatz*, S. 185; *Huffmann*, 23. VGT, 1985, S. 90, 101; *de Witt/Huffmann*, 2. Auflage, 1986, Rn. 200; Scherpe/Yassari/*Dethloff*, S. 137, 158.

501 MüKo/*Prütting*, ZPO, 4. Auflage, 2013, § 287 Rn. 1.

502 MüKo/*Prütting*, ZPO, 4. Auflage, 2013, § 287 Rn. 17; Musielak/*Foerste*, 10. Auflage, 2013, § 287 Rn. 6.

503 Auch der BGH hält eine Bestimmung des Anspruchsinhalts für unproblematisch BGH NJW 2006, 2327, 2328.

504 *v. Rummel*, S. 204.

Unterhalt orientieren[505], da die bisherige Handhabung durchaus Rückschlüsse auf die künftige Entwicklung erlaubt[506]. Auch statistische Werte, z.B. bezüglich der zu erwartenden hypothetischen Lebensdauer des Getöteten, könnten als Hilfe bei der Festsetzung des Anspruchs herangezogen werden[507].

Darüber hinaus kann das Argument dadurch entkräftet werden, dass der Anspruchssteller Bestehen, Umfang und voraussichtliche Dauer der nichtgesetzlichen Unterhaltsbeziehung beweisen müsste[508]. Das gilt auch für die Tatsache, dass in der Vergangenheit bereits Leistungen vom Getöteten erbracht wurden und dass es sich dabei um Unterhalt gehandelt hat. Gelingt es dem Anspruchsinhaber nicht, die geforderten Tatsachen zu beweisen, und hilft darüber auch § 287 S. 1 ZPO nicht hinweg, wirkt sich dies zu seinen Lasten aus. Sollte es im Einzelfall daher doch zu unüberwindlichen Beweisproblemen kommen, würde dies nicht den Schädiger belasten, sondern denjenigen, der grundsätzlich von einer Reform des § 844 Abs. 2 BGB profitieren würde.

cc) Handhabung bei der Bestimmung von anderen Schadensersatzrenten

Auch bei der Bestimmung von anderen Schadensersatzrenten können erhebliche Probleme bei der konkreten Anspruchsbestimmung auftreten. Mancherorts sind komplizierte Prognoseentscheidungen erforderlich, die das Bestehen des Anspruchs jedoch nicht verhindern. So insbesondere bei der Bestimmung des konkreten Verdienstausfallschadens eines Kindes, das als Folge einer deliktischen Schädigung dauerhaft erwerbsunfähig ist[509]. Zudem wird auch bei der Bestimmung des Haushaltsführungsschadens auf die tatsächlichen Begebenheiten abgestellt[510]. Die Praxis zeigt, dass die Gerichte in der Lage sind, Prognoseentscheidungen zu treffen und dass tatsächliche Umstände Bemessungsgrundlage sein können.

dd) Dauerhaftigkeit der faktischen Lebensgemeinschaft

Wenn vorgebracht wird, dass die faktische Lebensgemeinschaft anders als die Ehe keine lebenslange Bindung bedeute und die Anspruchsbemessung daher

505 *Denck*, S. 131; *Raddatz*, S. 185.

506 *Denck*, S. 131, der von „Schlüsse[n] auf das Morgen aus dem Gestern" spricht.

507 *Huffmann*, 23. VGT, 1985, S. 90, 101; Staudinger/*Röthel*, Neubearbeitung 2007, § 844 Rn. 34.

508 Staudinger/*Röthel*, Neubearbeitung 2007, § 844 Rn. 34.

509 *Kötz/Wagner*, 11. Auflage, 2010, Rn. 695; zur Anspruchsbemessung BeckOK/*Spindler*, BGB, Edition 27, § 843 Rn. 12.

510 BGH NJW 1974, 1651; OLG Oldenburg NJW-RR 1989, 1429; *Denck* NJW 1974, 2280; *Wichelhaus*, S. 260 f.; Palandt/*Sprau*, 72. Auflage, 2013, § 843 Rn. 8, 11; BeckOK/*Spindler*, BGB, Edition 27, § 843 Rn. 18.

besonders unsicher sei, ist dem zweierlei entgegenzusetzen. Zunächst kann auf Grund der hohen Scheidungsrate nicht (mehr) davon gesprochen werden, dass die Ehe zwingend für den Rest des Lebens eingegangen werde[511]. Wenn mehr als jede dritte Ehe geschieden wird[512], kann die Aussage in § 1353 Abs. 1 S. 1 BGB, dass die Ehe auf Lebenszeit geschlossen werde, nur als Versprechen angesehen werden, nicht aber als in Stein gemeißelte Tatsache. Selbst das BVerfG spricht davon, dass die Ehe lediglich auf Dauer ausgerichtet sei[513]. Das ist die faktische Lebensgemeinschaft jedoch auch. Die hypothetische Dauer der faktischen Lebensgemeinschaft kann zudem aus den Umständen und gegebenenfalls statistischen Werten ermittelt werden[514].

ee) Anforderungen an die zukünftig ersatzfähige Unterhaltsleistung

Das Argument der unüberwindbaren Beweisprobleme kann zudem dadurch entkräftet werden, dass gewisse – noch näher zu konkretisierende – Anforderungen an die zukünftig ersatzfähige Unterhaltsleistung gestellt werden[515]. Liegen diese nicht vor bzw. kann ihr Vorliegen nicht bewiesen werden, würde ihr Wegfall nicht zu einem Eingreifen des § 844 Abs. 2 BGB führen.

ff) Handhabung in anderen Rechtsordnungen

Das Argument der Beweisprobleme kann auch mit Blick ins europäische Ausland entkräftet werden. Andere Rechtsordnungen gehen bei der Ersatzfähigkeit von Unterhaltsleistungen mitunter deutlich weiter als das deutsche Recht[516], ohne dass es zu unüberwindbaren Hindernissen bei der Bestimmung des Anspruchsumfangs und der Anspruchsdauer kommt[517].

---

511 *Staudinger*, 50. VGT, 2012, S. 11, 16.

512 Destatis, Eheschließungen und Ehescheidungen, abrufbar unter https://www.destatis.de/DE/ZahlenFakten/GesellschaftStaat/Bevoelkerung/Eheschliessungen/Tabellen/EheschliessungenScheidungen.html.

513 BVerfGE 53, 224, 245.

514 *de Witt/Huffmann*, 2. Auflage, 1986, Rn. 200.

515 Vgl. zu den genauen Anforderungen unten 2. HT, Kap. 3, C.

516 Siehe dazu im Detail 2. HT, Kap. 2, B, II, 7.

517 *Denck*, S. 130 f. mit Verweis auf Frankreich und die Schweiz; *Wichelhaus*, S. 260 f. mit Verweis auf die USA, wo sogar eine Jury und kein Berufsrichter entscheidet; zur Bestimmung des Versorgerschadens nach Schweizerischem Recht siehe Basler Kommentar/*Schneyder*, 4. Auflage, 2007, Art. 45 OR Rn. 9 ff. und Handkommentar zum Schweizer Privatrecht/*Müller*, Art. 45 OR Rn. 11 ff.

gg) Trennung zwischen Bestehen eines Anspruchs und seiner Beweisbarkeit

Zuletzt sollte auch im deutschen Deliktsrecht nach dem Grundsatz verfahren werden, der im amerikanischen Deliktsrecht mit „a difficult of proof should not bar a substantive right“ beschrieben wird[518]. Wenngleich dies nicht dazu führen darf, dass Ansprüche geschaffen werden, die rein tatsächlich nicht händelbar sind. Das ist aber nicht bereits dann der Fall, wenn der Umfang eines Anspruchs von komplexen Umständen und deren Beweis abhängt. Nur wenn es unmöglich ist, den Inhalt eines Anspruchs zu bestimmen, muss er abgeschafft oder reformiert werden.

c) Fazit

Die Bestimmung des konkreten Anspruchsinhalts wäre nach einer Reform des § 844 Abs. 2 BGB mit gewissen Schwierigkeiten verbunden. Diese wiegen aber nicht so schwer, als dass eine Erweiterung auf die faktische Lebensgemeinschaft deswegen unterbleiben müsste. Es ist vielmehr davon auszugehen, dass die Gerichte in der Lage wären, mit den Beweisproblemen umzugehen.

3. Das Verhältnis der faktischen Lebensgemeinschaft zur Ehe

Neben der Rechtssicherheit wurde das Verhältnis der faktischen Lebensgemeinschaft zur Ehe als ein zentraler Gesichtspunkt des Streits um den Schutzbereich des § 844 Abs. 2 BGB ausgemacht.

a) Argumentation

Oft wird die besondere Stellung, die Art. 6 Abs. 1 GG der Ehe einräumt, als Argument gegen die Schaffung von Rechten für Partner einer faktischen Lebensgemeinschaft herangezogen[519]. Es wird vorgebracht, eine Normierung der faktischen Lebensgemeinschaft schaffe eine „Ehe 2. Klasse“ und habe daher zu unterbleiben[520]. Die Gleichbehandlung von Ehe und faktischer Lebensgemeinschaft im Sozialrecht[521] und die damit verbundene Schlechterstellung faktischer Lebensgefährten sei zudem wegen des grundrechtlichen Schutzes der Ehe hinzunehmen[522]. Sie erfordere nicht, dass den faktischen Lebensgefährten andernorts Rechte eingeräumt werden, die Ehegatten bereits zustehen.

518 *Wichelhaus*, S. 261.

519 *Schumacher* FamRZ 1994, 857, 863; *Jahnke* NZV 2007, 329, 332; *Lieb*, Gutachten A zum 57. DJT, 1988, A 90.

520 *Jahnke* NZV 2007, 329, 332.

521 Siehe dazu 1. HT, Kap. 1, A.

522 *Schumacher* FamRZ 1994, 857, 863.

b) *Stellungnahme*

In der Tat stellt Art. 6 Abs. 1 GG die Ehe unter besonderen staatlichen Schutz. Er hat damit nicht nur Bedeutung für die Ehe selbst, sondern auch Einfluss auf die Normierung der Rechtsverhältnisse anderer Paarbeziehungen[523]. Er bestimmt das rechtliche Dürfen des Gesetzgebers in diesem Bereich. Mit der Erweiterung des Schutzes des § 844 Abs. 2 BGB würde faktischen Lebensgemeinschaften punktuell eine für sie vorteilhafte Rechtsstellung eingeräumt, die bisher nur in gerader Linie Verwandten und eben Ehegatten zusteht. Dem könnte der grundrechtliche Schutz der Ehe entgegenstehen.

aa) Aussagegehalt des Art. 6 Abs. 1 GG

Art. 6 Abs. 1 GG ist nicht nur ein klassisches Abwehrrecht. Neben dieser Funktion kommen ihm zwei weitere zu: Art. 6 Abs. 1 GG ist zugleich eine Institutsgarantie und eine wertentscheidende Grundsatznorm[524].

Im Folgenden werden die einzelnen Funktionen erläutert, um zu ermitteln, ob und inwiefern sie bei der vorgeschlagenen Änderung des § 844 Abs. 2 BGB vom Gesetzgeber beachtet werden müssten.

(1) Abwehrrecht

Zunächst vermittelt Art. 6 Abs. 1 GG dem Einzelnen ein Abwehrrecht gegen staatliche Eingriffe[525]. Das BVerfG hat in mehreren grundlegenden Entscheidungen verdeutlicht, welche Freiheiten Art. 6 Abs. 1 GG enthält[526]:

- Eheschließungsfreiheit[527]
- Ehegestaltungsfreiheit[528]

---

523 Vgl. *Burgi*, Der Staat 39 (2000), 487, 493; *Krings* ZPR 2000, 409, 411; *ders.* FPR 2001, 7, 9; *v. Campenhausen* VVDStRL 45 (1987), 7, 18 f.; *Zippelius* DÖV 1986, 805, 808; *Rauscher*, 2. Auflage, 2008, Rn. 37.

524 BVerfGE 6, 55; BVerfGE 31, 58, 67; BVerfGE 62, 323, 329; BVerfGE 76, 1, 41; Maunz/Düring/*Badura*, 62. EL, 2011, Art. 6 Rn. 67 ff.; v. Münch/Kunig/*Coester-Waltjen*, 5. Auflage, 2000, Art. 6 Rn. 12 ff.; *Gernhuber/Coester-Waltjen*, 6. Auflage, 2010, § 5 Rn. 1 ff.; *Rauscher*, 2. Auflage, 2008, Rn. 34; Hausmann/Hohloch/*Vogelgesang*, 2. Auflage, 2004, S. 212; a.A. *Merten*, FS Leisner, 1999, S. 615, 616, 619, der vier Funktionen sieht.

525 *Rauscher*, 2. Auflage, 2008, Rn. 36; v. Münch/Kunig/*Coester-Waltjen*, 5. Auflage, 2000, Art. 6 Rn. 19; Maunz/Dürig/*Badura*, 62. EL, 2011, Art. 6 Rn. 73.

526 Vgl. dazu auch v. Münch/Kunig/*Coester-Waltjen*, 5. Auflage, 2000, Art. 6 Rn. 20.

527 BVerfGE 31, 58, 67.

528 BVerfGE 68, 256, 268.

- Eheauflösungsfreiheit[529]
- Wiederverheiratungsfreiheit[530]

Ein Anspruch auf Nichtnormierung der faktischen Lebensgemeinschaft wird nicht verbürgt[531]. Der Staat greift mit dem Schutz der faktischen Lebensgemeinschaft nicht in die bestehenden Rechtspositionen der Ehegatten ein[532]. Unabhängig davon, wie die Erweiterung des § 844 Abs. 2 BGB konkret ausgestaltet wäre, steht außer Frage, dass dem hinterbliebenen Ehegatten sein dadurch verbürgter Schutz nicht genommen oder beschnitten werden soll. Eine Kollision mit Art. 6 Abs. 1 GG in seiner Ausprägung als klassisches Abwehrrecht besteht daher nicht, so dass sie ohne Relevanz für die hier interessierende Fragestellung ist.

(2) Institutsgarantie

In seiner Funktion als Institutsgarantie gewährleistet Art. 6 Abs. 1 GG die Existenz der Ehe[533]. Gemeint ist damit nicht die einzelne Ehe, sondern das Rechtsinstitut als solches in seiner Ausgestaltung als bürgerliche Ehe[534]. Die Institutsgarantie bewirkt, dass alle Versuche die Ehe auszuhöhlen oder ganz abzuschaffen gegen die Verfassung verstoßen und daher zu unterlassen sind[535]. Dies bedeutet aber keineswegs, dass das materielle Eherecht nicht geändert werden könnte. Zur Reichweite der Institutsgarantie hat das BVerfG ausgeführt:

> „[...] die Institutsgarantie des Art. 6 GG [ist] nicht nur dann betroffen, wenn die den Kern des Ehe[...]-rechts bildenden Vorschriften namentlich des bürgerlichen Rechts wesentlich umgestaltet oder aufgehoben werden. Sie kann vielmehr auch dann verletzt sein, wenn bestimmende Merkmale des Bildes [der] Ehe [...], das der Verfassung zugrunde liegt, mittelbar beeinträchtigt werden."[536]

Dem Gesetzgeber kommt bei der Ausgestaltung und Änderung des Ehe- und Scheidungsrechts daher ein erheblicher Gestaltungsspielraum zu[537]. Lediglich die Grundelemente dürfen nicht angetastet werden.

529 BVerfGE 53, 224.

530 BVerfGE 31, 58, 83.

531 *Burgi*, Der Staat 39 (2000), 487, 495.

532 So auch Landwehr/*Ingo v. Münch*, S. 137, 143; für die eingetragene Lebenspartnerschaft *Scholz/Uhle* NJW 2001, 393, 396; *Freytag* DÖV 2002, 445, 446 f.

533 So v. Münch/Kunig/*Coester-Waltjen*, 5. Auflage, 2000, Art. 6 Rn. 12; in der Folge wird nur auf den Schutz der Ehe abgestellt.

534 Maunz/Düring/*Badura*, 62. EL, 2011, Art. 6 Rn. 69; *Gernhuber/Coester-Waltjen*, 6. Auflage, 2010, § 5 Rn. 2 f.; *Merten*, FS Leisner, 1999, S. 615, 618; Hausmann/Hohloch/*Vogelgesang*, 2. Auflage, 2004, S. 212.

535 *Merten*, FS Leisner, 1999, S. 615, 618.

536 BVerfGE 76, 1, 49; BVerfGE 80, 81, 92.

537 v. Münch/Kunig/*Coester-Waltjen*, 5. Auflage, 2000, Art. 6 Rn. 13; Maunz/Düring/*Badura*, 62. EL, 2011, Art. 6 Rn. 72.

Durch eine singuläre Reform des § 844 Abs. 2 BGB und auch durch die Einführung gesetzlicher Unterhaltspflichten zwischen faktischen Lebensgefährten würden das Ehe- und Scheidungsrecht nicht berührt werden[538]. Eine Verletzung von Art. 6 Abs. 1 GG in seiner Ausprägung als Institutsgarantie scheidet daher ebenfalls aus.

(3) Wertentscheidende Grundsatznorm

Zuletzt ist Art. 6 Abs. 1 GG auch eine wertentscheidende Grundsatznorm. Was unter diesem wichtig und bedeutungsvoll klingenden Begriff zu verstehen ist, bedarf der näheren Erläuterung.

Gemeint ist, dass Art. 6 Abs. 1 GG eine verbindliche Wertentscheidung für den gesamten Bereich des die Ehe betreffenden privaten und öffentlichen Rechts trifft[539]. Hergeleitet wird dieses Element aus dem weitem Wortlaut und der Entstehungsgeschichte[540].

Bereits 1957 hat das BVerfG ausführlich zum Aussagegehalt des Art. 6 Abs. 1 GG als Grundsatznorm Stellung genommen:

> „Aus dieser Funktion [...] als einer wertentscheidenden Grundsatznorm ergeben sich die rechtlichen Grenzen für die Freiheit des gesetzgeberischen Ermessens. Wie jede Verfassungsnorm ist Art. 6 Abs. 1 GG nur insoweit den Gesetzgeber aktuell bindendes Recht, als seine Fassung bestimmt genug ist, eine Norm niederen Ranges daran zu messen. Hier ergibt sich das Maß der Bestimmtheit aus dem Begriff des „Schützens"; er bedeutet seinem Wortsinn nach die Förderung des Schutzgutes, die Abwehr von Störungen oder Schädigungen und vor allem den Verzicht des Staates auf eigene störende Eingriffe. Der in Art. 6 Abs. 1 GG statuierte besondere Schutz der staatlichen Ordnung für Ehe und Familie umschließt hiernach zweierlei: positiv die Aufgabe für den Staat, Ehe und Familie nicht nur vor Beeinträchtigungen durch andere Kräfte zu bewahren, sondern auch durch geeignete Maßnahmen zu fördern, negativ das Verbot für den Staat selbst, die Ehe zu schädigen oder sonst zu beeinträchtigen."[541]

Primärer Adressat dieser Verfassungsaussage ist damit der Gesetzgeber[542]. Auch deshalb wird dieser der drei Ausprägungen des Art. 6 Abs. 1 GG die größte praktische Bedeutung zugemessen[543].

Es wurde bereits ausgeführt, dass eine Ausweitung nur über eine Gesetzesänderung erfolgen kann, da eine analoge Anwendung ausscheidet[544]. Bei der Beur-

---

538 Zu der Frage einer indirekten Aushöhlung vgl. sogleich 2. HT, Kap. 2, B, I, 3, b), aa), (3), (d).

539 St. Rspr. BVerfGE 6, 55, 72; BVerfGE 62, 323, 329; BVerfGE 76, 1, 41.

540 BVerfGE 6, 55, 72 f.; Art. 6 Abs. 1 GG ist im Wesentlichen Art. 119 Abs. 1 und 2 WRV nachgebildet.

541 BVerfGE 6, 55, 76.

542 *Scholz/Uhle* NJW 2001, 393, 397.

543 *Gernhuber/Coester-Waltjen*, 6. Auflage, 2010, § 5 Rn. 24.

544 Siehe dazu bereits oben 2. HT, Kap. 1, B.

teilung der Vereinbarkeit des Reformvorhabens mit Art. 6 Abs. 1 GG kommt diesem Aspekt daher entscheidendes Gewicht zu.

Aus der Aussage des BVerfG ergeben sich mehrere Ge- und Verbote, die mit unterschiedlichen modifizierenden Zusätzen versehen sind.

(a) Förderungsgebot

Das Förderungsgebot enthält den Auftrag an den Staat, die Ehe zu fördern. Dazu gehört es, sie wirtschaftlich zu entlasten, wenngleich es nicht das Ziel ist, die Ehe von allen finanziellen Belastungen, wie etwa Unterhaltspflichten, freizustellen[545].

Durch die Ersatzfähigkeit des entzogenen Unterhalts über § 844 Abs. 2 BGB fördert der Staat den überlebenden Ehegatten zwar nicht unmittelbar selbst. Er lässt ihm aber eine mittelbare Förderung zu Teil werden, indem der Schädiger zum Ersatz verpflichtet wird. Diese Förderung soll der Ehe durch die angeregte Reform nicht entzogen werden. Durch die Aufnahme der faktischen Lebensgemeinschaft in den Schutzbereich des jetzigen § 844 Abs. 2 BGB wird das Gebot, die Ehe zu fördern daher nicht verletzt.

(b) Schutzgebot

Art. 6 Abs. 1 GG zwingt den Staat dazu, die Ehe vor Eingriffen – insbesondere privater – Dritter zu schützen[546]. Als Beispiel können tarifvertragliche Regelungen benannt werden, die Ehegatten schlechter behandeln als Alleinstehende.

Vorliegend geht es um die Frage gesetzgeberischen – und damit originär staatlichen – Tätigwerdens und nicht um das Handeln Dritter, so dass auch diese Ausprägung nicht berührt ist.

(c) Benachteiligungsverbot

Aus der Funktion des Art. 6 Abs. 1 GG als wertentscheidende Grundsatznorm folgt zudem ein Verbot, die Ehe gegenüber anderen Lebensgemeinschaften zu benachteiligen[547]. Dieser Aspekt wird unterschiedlich benannt: Diskriminierungsverbot[548], Schädigungsverbot[549], Beeinträchtigungsverbot[550] oder einfach

---

545 BVerfGE 40, 121, 132; *Gernhuber/Coester-Waltjen*, 6. Auflage, 2010, § 5 Rn. 22.

546 BeckOK/*Uhle*, GG, Edition 18, Art. 6 Rn. 33.

547 BVerfGE 105, 313, 348.

548 Maunz/Dürig/*Badura*, 64. EL, 2012, Art. 6 Rn. 68; *Freytag* DÖV 2002, 445, 448; *Burgi*, Der Staat 39 (2000), 487, 497.

549 *Rauscher*, 2. Auflage, 2008, Rn. 35.

550 BeckOK/*Uhle*, GG, Edition 18, Art. 6 Rn. 34, neben der Verwendung des Begriffs Benachteiligungsverbot.

Benachteiligungsverbot[551]. Oft ist nicht klar, in welchem Verhältnis die Begriffe zueinander stehen, ob es also Ober- und Unterbegriffe gibt. Vorliegend interessiert jedoch der inhaltliche Aussagegehalt wesentlich mehr als die Bezeichnung. Die terminologischen Fragen werden daher nicht vertieft.

Inhaltlich besagt dieses Verbot, dass das gesetzgeberische Ermessen dergestalt eingeschränkt ist, dass Ehegatten gegenüber Nichtverheirateten nicht schlechter gestellt werden dürfen[552]. Es sei denn, diese Benachteiligung knüpft an ehespezifische Umstände an. Als Beispiele hierfür können die gesetzlichen ehebedingten Unterhaltspflichten und das Pflichtteilsrecht genannt werden[553]. Nicht enthalten ist jedoch ein Gebot andere Lebensgemeinschaften zu benachteiligen[554].

Allerdings werden Ehegatten durch die hier präferierte Neuregelung des § 844 Abs. 2 BGB nicht benachteiligt. Sie werden bereits vom heutigen § 844 Abs. 2 BGB geschützt und sollen diese Rechtsstellung durch eine Reform nicht verlieren. Stattdessen soll der Schutz auf die Partner einer faktischen Lebensgemeinschaft erweitert werden, wovon das Benachteiligungsverbot nicht betroffen ist.

(d) Abstandsgebot

Einige Autoren lesen in den Art. 6 Abs. 1 GG zudem ein Abstandsgebot hinein[555]. Dieses wird zum Teil auch als Schutzabstandsgebot[556] oder Abbildungsverbot[557] bezeichnet. Die unterschiedliche Terminologie ändert nichts an der einheitlichen Aussage. Aus dem besonderen Schutz, den das Grundgesetz der Ehe zu Teil werden lässt, wird eine exklusive Rechtsstellung der Ehe hergeleitet[558]. Daraus folge, dass der Gesetzgeber bei der Normierung anderer Lebensgemeinschaften hinter der Regelungstiefe der Ehe zurückbleiben müsse[559]. *Burgi* zieht aus Art. 6 Abs. 1 GG hingegen – von der Bezeichnung gegensätzlich anmutend – ein Ab-

---

551 BeckOK/*Uhle*, GG, Edition 18, Art. 6 Rn. 34; *Gernhuber/Coester-Waltjen*, 6. Auflage, 2010, § 5 Rn. 18.

552 *Gernhuber/Coester-Waltjen*, 6. Auflage, 2010, § 5 Rn. 18.

553 *Gernhuber/Coester-Waltjen*, 6. Auflage, 2010, § 5 Rn. 18.

554 BVerfGE 105, 313, 348 mit abweichender Meinung *Haas* FamRZ 2002, 1176.

555 Mit dieser Bezeichnung BeckOK/*Uhle*, GG, Edition 18, Art. 6 Rn. 36; *Scholz/Uhle* NJW 2001, 393, 398; ohne Bezeichnung *Zippelius* DÖV 1986, 805, 808 f.; a.A.: *Robbers* JZ 2001, 779, 783 der lediglich ein Differenzierungsgebot annimmt; mit ausführlicher Begründung an Hand der Auslegungsmethoden *Freytag* DÖV 2002, 445, 448 ff.

556 *Krings* ZRP 2000, 409, 412; *ders.* FPR 2001, 7, 10.

557 *Pauly* NJW 1997, 1955, 1956, der zudem von einem Öffnungs- und Bezeichnungsverbot spricht.

558 *Pauly* NJW 1997, 1955, 1956; *Krings* ZRP 1997, 409, 412; *ders.* FPR 2001, 7, 10; BeckOK/*Uhle*, GG, Edition 18, Art. 6 Rn. 36; *Scholz/Uhle* NJW 2001, 393, 397 f.

559 BeckOK/*Uhle*, GG, Edition 18, Art. 6 Rn. 36; *Krings* FPR 2001, 7, 10; vgl. *v. Campenhausen* VVDStRL 45 (1987), 7, 21; wohl auch *Steiner*, FS Schwab, 2005, 433, 438 f.

bildungsgebot[560]. Er möchte damit betonen, dass ein Unterschied zwischen Ehe und anderen Lebensgemeinschaften nicht erst vom Gesetzgeber hergestellt werden müsse, sondern dieser vielmehr die bereits von der Verfassung getroffene Wertentscheidung respektieren und daher abbilden müsse[561]. Inhaltlich kommt das dem Abstandsgebot sehr nahe.

Das Abstandsgebot gelangte rund um die Einführung des LPartG zu Bedeutung[562]. Es betrifft jedoch nicht allein das Verhältnis der Ehe zu gleichgeschlechtlichen Partnerschaften, sondern generell das Verhältnis der Ehe zu anderen Paarbeziehungen. Relevanz kann es daher auch für die Normierung der faktischen Lebensgemeinschaft haben, so dass es einer Gleichstellung von faktischer Lebensgemeinschaft und Ehe im Rahmen von § 844 Abs. 2 BGB möglicherweise entgegensteht.

Selbst die Befürworter des Abstandsgebots und damit einer großen Reichweite des Eheschutzes aus Art. 6 Abs. 1 GG gehen jedoch nicht so weit, zu vertreten, eine Regelung der Rechtsstellung faktischer Lebensgemeinschaften sei verfassungsrechtlich vollständig verboten. Mit der ganz herrschenden Meinung[563], die sich gegen ein Abstandsgebot ausspricht, wird auch von dessen Befürwortern daher angenommen, dass die Normierung einzelner Rechtsfragen mit Art. 6 Abs. 1 GG vereinbar ist[564].

Das BVerfG hat dem Abstandsgebot in seiner Entscheidung zum „Gesetz zur Beendigung der Diskriminierung gleichgeschlechtlicher Gemeinschaften: Lebenspartnerschaften (LPartDisBG)“ eine klare Absage erteilt. Eine Auswertung des Wortlauts und der Entstehungsgeschichte des Art. 6 Abs. 1 GG lasse die Annahme eines Abstandsgebots nicht zu[565]. Angenommen wurde vom BVerfG jedoch ein Konkurrenzverbot. Dieses sei verletzt, wenn der Gesetzgeber ein neues Rechtsinstitut schaffe, dass in Konkurrenz zur Ehe trete, weil es mit weni-

---

560 *Burgi*, Der Staat 39 (2000), 487, 502.

561 *Burgi*, Der Staat 39 (2000), 487, 502.

562 Dies hat zur Folge, dass ein Großteil der Literatur sich auf das Verhältnis der Ehe zu formalisierten gleichgeschlechtlichen Partnerschaften bezieht.

563 *Eva-Marie v. Münch* ZRP 1988, 327, 327; Hausmann/Hohloch/*Vogelgesang*, 2. Auflage, 2004, S. 219 ff.; *Delank* ZfS 2007, 183, 184; *Wellenhofer* FF 2008, 350, 350; *Rauscher*, 2. Auflage, 2008, Rn. 37; v. Münch/Kunig/*Coester-Waltjen*, 5. Auflage, 2000, Art. 6 Rn. 7; *Lieb*, Gutachten A zum 57.DJT, 1988, A 27.

564 *Krings* ZRP 2000, 409, 412 f.; *ders*. FPR 2001, 7, 10; *Pauly* NJW 1997, 1955, 1956; BeckOK/*Uhle*, GG, Edition 18, Art. 6 Rn. 36b; *Burgi*, Der Staat 39 (2000), 487, 504, 506; *v. Campenhausen* VVDStRL 45 (1987), 7, 20; *Scholz/Uhle* NJW 2001, 393, 398; *Zippelius* DÖV 1986, 805, 809.

565 BVerfGE 105, 313, 350; wenngleich *Gernhuber/Coester-Waltjen*, 6. Auflage, 2010, § 5 Rn. 23 den Streit um das Abstandsgebot auch bezogen auf gleichgeschlechtliche Partnerschaften noch nicht als beendet ansehen.

ger Pflichten, aber gleichen Rechten ausgestattet ist[566]. Dies verbiete dem Gesetzgeber aber nicht, die Rechtsverhältnisse verschiedengeschlechtlicher Paare und anderer Einstandsgemeinschaften zu normieren[567]. Besonderer Schutz bedeute nicht, dass anderen Lebensformen jegliche Anerkennung durch die Rechtsordnung zu versagen sei. Voraussetzung sei jedoch immer, dass eine Austauschbarkeit mit der Ehe vermieden werde[568]. In diesem grundlegenden Urteil wurden somit nicht nur die Grenzen gesetzgeberischen Ermessens bezogen auf gleichgeschlechtliche formalisierte Partnerschaften abgesteckt, sondern zudem die Regelungsmöglichkeiten betreffend faktischer Lebensgemeinschaften zwischen Partnern verschiedenen oder gleichen Geschlechts konturiert. In der Anerkennung der eingetragenen Lebenspartnerschaft liegt zugleich die Bestätigung, dass neben der Ehe weitere „rechtlich verbindliche Lebensformen" existieren[569].

bb) Rückschlüsse für eine Reform des § 844 Abs. 2 BGB

Eine Erweiterung des Schutzes des § 844 Abs. 2 BGB auf die faktische Lebensgemeinschaft ist mit Art. 6 Abs. 1 GG vereinbar[570]. Allerdings müssen dessen Vorgaben beachtet werden. Ausgeschlossen ist daher, die faktische Lebensgemeinschaft als umfassendes Rechtsinstitut auszugestalten, dem insgesamt eine bessere Rechtsstellung zukommt, als die Ehe sie innehat. Ein Rechtsinstitut, das eine (partielle) Gleichstellung zur Folge hätte, ist jedoch nach herrschender Ansicht möglich. Wollte man auch den Befürwortern eines Abstandsgebots gerecht werden, dürften nur einzelne Aspekte der Rechtsverhältnisse faktischer Lebensgefährten normiert werden. Zwar verdichten sich einzelne Teilnormierungen und Rechtsprechung zunehmend zu einem eigenständigen und umfassenden Rechtsinstitut der faktischen Lebensgemeinschaft[571]. Solange dieses jedoch in seiner Regelungsdichte hinter der Ehe zurückbleibt, ist Art. 6 Abs. 1 GG nicht verletzt.

Auch wenn der grundrechtliche Schutz der Ehe einer Ausdehnung des § 844 Abs. 2 BGB auf die faktische Lebensgemeinschaft nicht entgegensteht, müssten bei einer Novellierung doch die Unterschiede zwischen Ehe und faktischer Lebensgemeinschaft berücksichtigt werden. Da letztere – auch im Interesse der Lebensgefährten selbst – nicht in gleichem Maß verrechtlicht ist wie die Ehe, bietet sie von einem rechtlichen Standpunkt aus gesehen weniger Sicherheit[572].

---

566 BVerfGE 105, 313, 350 f.

567 BVerfGE 105, 313, 350 f.

568 BVerfGE 105, 313, 350 f.

569 Scherpe/Yassari/*Martiny*, S. 79, 96.

570 So auch *Staudinger*, 50. VGT, 2012, S. 11, 18.

571 So auch Benda/Maihofer/Vogel/*Eva-Marie v. Münch*, 2. Auflage, 1994, S. 299.

572 BVerfGE 117, 316, 327 f., allerdings beziehen sich die Ausführungen auf Art. 3 Abs. 1 GG.

Dies muss sich auch in einem neugefassten § 844 Abs. 2 BGB wiederspiegeln. Keinesfalls kann der durch diese Norm gewährte Schutz der faktischen Lebensgefährten über den von Ehegatten hinausgehen. Um dies sicherzustellen, müssten die Maßstäbe für eine Ersatzfähigkeit tatsächlicher Unterhaltleistungen faktischer Lebensgefährten restriktiv angesetzt werden[573].

c) Fazit

Der wichtige Art. 6 Abs. 1 GG steht einer Ausweitung des § 844 Abs. 2 BGB auf die Partner einer faktischen Lebensgemeinschaft nicht entgegen.

4. Die bewusste Entscheidung gegen Ehe und Rechtspflichten

a) Argumentation

Gegen eine Reform, die den faktischen Lebensgefährten Rechte einräumt, wird eingewandt, dass die Entscheidung der faktischen Lebensgefährten, nicht zu heiraten, auch eine Entscheidung gegen Rechtsverbindlichkeit sei. Diese müsse der Gesetzgeber respektieren. Würden an das Bestehen einer faktischen Lebensgemeinschaft für die Lebensgefährten gegenseitige Rechtspflichten geknüpft, sei ihre allgemeine Handlungsfreiheit aus Art. 2 Abs. 1 GG verletzt[574]. Daraus wird mitunter geschlossen, dass die faktischen Lebensgefährten den rechtsfreien Raum gewählt hätten und nun an dieser Entscheidung festgehalten werden müssten[575]: Wer sich einmal gegen Rechtsverbindlichkeit entschieden habe, könne nicht später – z.B. nach der Trennung – versuchen, unter den Schutzmantel der Rechtsordnung zu schlüpfen. Denn der Vorteil des einen bedeute den Nachteil des anderen Partners oder eines Dritten. Wer den Schutz der Rechtsordnung für sich in Anspruch nehmen wolle, könne und solle heiraten[576]. Im Fall der deliktischen Tötung griffe dann auch § 844 Abs. 2 BGB ein.

b) Stellungnahme

Der ganz überwiegende Teil der Literatur stimmt damit zwar insoweit überein, dass die allgemeine Handlungsfreiheit der Lebensgefährten aus Art. 2 Abs. 1 GG berührt ist, weil diese auf Grund ihres weiten Schutzbereichs auch die Entschei-

573 Vgl. unten 2. HT, Kap. 3, C.

574 Dies immer wieder betonend *Uwe Diederichsen* FamRZ 1988, 889, 895 ff.

575 *Stückradt*, S. 3.

576 *Jahnke* NZV 2007, 329, 332; *Lieb*, Gutachten A zum 57. DJT, 1988, A 90.

dung gegen Ehe und Rechtsverbindlichkeit in einer Beziehung erfasst[577]. Daraus werden jedoch andere Schlüsse gezogen. Art. 2 Abs. 1 GG und die darüber abgesicherte Entscheidung gegen Ehe und Rechtsverbindlichkeit müssten zwar respektiert werden[578]. Daraus resultiere aber nicht, dass eine Normierung der Rechtsverhältnisse vollständig zu unterbleiben habe und die Lebensgefährten im rechtsfreien Raum leben wollten[579]. Insbesondere entschieden die Lebensgefährten sich nicht gegen tatsächliche Unterhaltsleistungen des Partners oder gegen eine Ersatzfähigkeit solcher Leistungen im Fall der deliktischen Tötung des Leistenden[580]. Eine Gesetzesänderung müsse jedoch die Interessen der Lebensgefährten wiederspiegeln[581]. Die Rechtsbindungen dürften daher keinesfalls so eng sein wie in einer Ehe[582].

Es ist daher der Frage nachzugehen, ob der Gesetzgeber mit der Einbeziehung der faktischen Lebensgemeinschaft in den Schutzbereich des § 844 Abs. 2 BGB gegen die allgemeine Handlungsfreiheit der Lebensgefährten verstoßen würde. Allgemeiner formuliert ist zu erörtern, ob und inwieweit der Gesetzgeber die Rechtsverhältnisse der faktischen Lebensgemeinschaft überhaupt regeln darf.

Bei der Beantwortung ist zwischen den verschiedenen Lösungsansätzen[583] zu differenzieren.

aa) Familienrechtlicher Ansatz

Dieser Ansatz verfolgt die umfassende Normierung von Unterhaltspflichten zwischen den Lebensgefährten. Der Gleichlauf von Familien- und Deliktsrecht

577 BVerfGE 56, 363, 384; Hausmann/Hohloch/*Vogelgesang*, 2. Auflage, 2004, S. 216, wo zusätzlich das allgemeine Persönlichkeitsrecht herangezogen wird.

578 Bericht der Gemeinsamen Verfassungskommission, Bt.-Drucks. 12/6000, S. 57; *Finger* JZ 1981, 497, 507; *Pawlowski* JZ 1998, 1032, 1037 f.; v. Mangoldt/Klein/*Robbers*, 4. Auflage, 1999, Art. 6 Rn. 44.

579 Landwehr/*Ingo v. Münch*, S. 137, 151; Benda/Maihofer/Vogel/*Zeidler*, 1. Auflage, 1983, S. 579; *Eva-Marie v. Münch* ZRP 1988, 327, 328 die sich insbesondere auf die Vielzahl der gerichtlichen Entscheidungen beruft, die eindeutig gegen einen Verzicht auf Rechtsschutz sprächen; *dies.* in Benda/Maihofer/Vogel, 2. Auflage, 1994, S. 299; *v. Renesse* ZRP 1996, 212, 212; *Pawlowski* JZ 1998, 1032, 1037; *Stintzing*, S. 128; *Wellenhofer* AnwBl 2008, 559, 561; *dies.* FF 2008, 350, 350; *Staudinger*, 50. VGT, 2012, S. 11, 15.

580 *Staudinger*, 50. VGT, 2012, S. 11, 15; *Angela Diederichsen* NJW 2013, 641, 647 f.

581 Vgl. *Schewe-Gerigk/Beck* in Bundestagsfraktion Bündnis 90/Die Grünen, Nichteheliche Lebensgemeinschaft – Reformbedarf und Reformüberlegungen, S. 3, 5; Landwehr/*Ingo v. Münch*, S. 137, 151.

582 Scherpe/Yassari/*Martiny*, S. 79, 97; *Finger* JZ 1981, 497, 498; *Krings* FPR 2001, 7, 11 der allerdings auf das allgemeine Persönlichkeitsrecht abstellt und einen sehr engen Gestaltungsspielraum für den Gesetzgeber sieht.

583 Vgl. dazu bereits 2. HT, Kap. 2, A.

bestünde weiterhin fort und § 844 Abs. 2 BGB könnte in seiner heutigen Form erhalten bleiben. Unterhaltspflichten während des Bestehens und nach Beendigung der Beziehung stellen allerdings eine erhebliche rechtliche Verpflichtung dar. Von der Entscheidung der faktischen Lebensgefährten gegen umfassende Rechtsverbindlichkeit würde kaum noch etwas übrig bleiben[584]. Während des Bestehens der Beziehung wird zudem in aller Regel kein Bedürfnis nach gesetzlichen Unterhaltsansprüchen bestehen. Die Partner werden sich über ihren Lebensentwurf und dessen Finanzierung einvernehmlich verständigen[585]. Eine Bindung im Innenverhältnis ist gerade nicht gewünscht. Zwar würde der eine Partner von dieser Rechtslage profitieren, in die allgemeine Handlungsfreiheit des anderen würde aber über Gebühr eingegriffen. Eine Normierung gesetzlicher Unterhaltspflichten wird daher kaum gefordert.

Anders sieht es für die Zeit nach der Trennung aus. Eine Vielzahl von Autoren[586] und auch die frühere Bundestagsfraktion von *Bündnis 90/Die Grünen*[587] hält bzw. hielt die Einführung einer Unterhaltspflicht nach Beendigung der faktischen Lebensgemeinschaft für notwendig. Zur Begründung werden Gerechtigkeitserwägungen angeführt[588]. Ein Unterhaltsanspruch solle daher lediglich bei gemeinschaftsbedingter Bedürftigkeit bestehen, wie etwa in dem Fall, dass einer der Lebensgefährten absprachegemäß nicht gearbeitet hat, um gemeinsame Kinder zu versorgen. Auswirkungen hätte dieses Vorgehen auch auf § 844 Abs. 2 BGB, der die faktischen Lebensgefährten bei Vorliegen der Voraussetzungen des gesetzlichen Unterhaltsanspruchs nach Beendigung ihrer Beziehung schützen würde.

Der familienrechtliche Lösungsansatz ist somit lediglich für die Zeit nach der Trennung mit Art. 2 Abs. 1 GG vereinbar und bietet nur eine Teillösung des hier interessierenden Problems. Darüber hinausgehende gesetzliche Unterhaltspflichten dürften nicht eingeführt werden.

bb) Deliktsrechtlicher Ansatz

Folgt man dem deliktsrechtlichen Ansatz ist § 844 Abs. 2 BGB zu modifizieren. Dieses Vorgehen legt nicht dem einen Lebensgefährten auf Kosten des anderen

---

584 Vgl. *Staudinger*, 50. VGT, 2012, S. 11, 17.

585 Vgl. Göppinger/Wax/*Hoffmann*, 9. Auflage, 2008, Rn. 1258.

586 *Pawlowski* JZ 1998, 1032, 1037 f.; *Lieb*, Gutachten A zum 57. DJT, 1988, A 83 f., 111; *Stintzing*, S. 239 ff.; *Dethloff*, Familienrecht, 30. Auflage, 2012, § 8 Rn. 35; a.A. *Finger* JZ 1981, 497, der zwar ebenfalls erst für die Zeit nach Beendigung der Beziehung ein Eingreifen des Gesetzgebers fordert, bei einer Aufzählung des Regelungsbedarfs Unterhaltspflichten aber nicht nennt.

587 Vgl. § 1302d BGB-E in Bt.-Drucks. 13/7228 S. 2, 8.

588 Bt.-Drucks. 13/7228 S. 8.

Rechtspflichten auf, sondern einer dritten Person. Deren Verpflichtung würde zu einer Verbesserung der Rechtsstellung faktischer Lebensgefährten führen, ohne ihnen selbst Rechtspflichten aufzuerlegen. Die singuläre Reform der deliktsrechtlichen Schadensersatznorm hat daher eine andere grundrechtliche Relevanz als der familienrechtliche Lösungsansatz. Art. 2 Abs. 1 GG würde – in Bezug auf die Lebensgefährten selbst[589] – nicht verletzt.

cc) Kombinierter Ansatz

Gleiches gilt für den kombinierten Ansatz. Nach dem Vorschlag von *Delank* wird eine familienähnliche Unterhaltsgemeinschaft nur dann angenommen, wenn eine tatsächliche Versorgung erfolgt. Auch hier haben es die Lebensgefährten daher selbst in der Hand, ob sie ihren Partner unterstützen. Entscheiden sie sich dafür, wäre der Partner auch nach dem Tod über den neuen § 844 Abs. 2 BGB abgesichert.

Schwenzer möchte die Schadensersatzpflicht von dem Bestehen einer faktischen Familienbeziehung abhängig machen. Eine solche begründet zu Lebzeiten keinerlei Unterhaltspflichten, sondern entfaltet erst mit dem Tod des unterstützenden Partners rechtliche Relevanz.

dd) Rückschlüsse für eine Reform des § 844 Abs. 2 BGB

Die Entscheidung der Lebensgefährten, nicht zu heiraten, ist zu respektieren. Sie ist aber nicht gleichzusetzen mit der Entscheidung für den rechtsfreien Raum und damit gegen jede Art von Rechtsverbindlichkeit. Insbesondere bedeutet sie keine ausdrückliche Abwahl des Schutzes aus § 844 Abs. 2 BGB. Oft wird die Tatsache, dass zwei Menschen nicht heiraten keine bewusste Entscheidung gegen die Ehe sein. Die faktische Lebensgemeinschaft ist häufig ein Durchgangsstadium auf dem Weg zur späteren Ehe[590]. Und selbst wenn eine Heirat bewusst abgelehnt wird, bedeutet das nicht, dass auf jedweden Rechtsschutz verzichtet wird[591].

Dies wird ganz deutlich an der großen Zahl von Prozessen, in denen nach Beendigung der faktischen Lebensgemeinschaft um die Vermögensauseinandersetzung gestritten wird[592]. Diese zeigen, dass ein Bedürfnis nach staatlichem Eingreifen besteht, um den wirtschaftlich schwächeren Part zu schützen.

---

589 Zum grundrechtlichen Schutz des Schädigers aus Art. 2 Abs. 1 GG siehe unten 2. HT, Kap. 2, B, I, 5.

590 Vgl. bereits oben 1. HT, Kap. 3, A.

591 Vgl. *v. Renesse* ZRP 1996, 212, 212.

592 Vgl. z.B. die Fundstellen bei der Darstellung der Behandlung der faktischen Lebensgemeinschaft in der Rechtsprechung, oben 1. HT, Kap. 2, D, II.

Und der Einwand, die Lebensgefährten könnten heiraten, wenn sie im Fall der deliktischen Tötung ihres Partners rechtlichen Schutz für sich in Anspruch nehmen möchten, greift überdies zu kurz. Zum einen, weil das Eingehen der Ehe nicht nur für diese Konstellation Auswirkungen hätte, sondern darüber hinaus eine Fülle weiterer Rechte und Pflichten begründet. Die Ehe gibt es nur als Gesamtpaket. Der Entschluss, nicht zu heiraten darf aber keine Entscheidung zwischen *Alles* oder *Nichts* sein. Auch den faktischen Lebensgefährten muss in einigen Fällen gesetzlicher Schutz zugestanden werden. Zum anderen würde der Gesetzgeber bei einem Untätigbleiben auf der faktischen Kraft des Normativen beharren, indem den faktischen Lebensgefährten nur die Wahl gelassen wird, zu heiraten oder auf (deliktischen) Schutz vollkommen zu verzichten. Das kann nicht das Ziel einer modernen Gesetzgebung sein.

Beachtet werden müsste bei einer Reform jedoch, dass die faktische Lebensgemeinschaft rechtlich grundsätzlich nur eingeschränkte Sicherheit bietet. Es wurde bereits herausgearbeitet, dass der Schutz aus § 844 Abs. 2 BGB deswegen nicht über den der Ehe hinausgehen darf[593]. An das Eingreifen der erweiterten Haftung sind daher gewisse, noch näher zu erörternde Anforderungen zu stellen[594].

c) *Fazit*

Die (momentane) Entscheidung der Lebensgefährten für die faktische Lebensgemeinschaft steht einer Ausweitung des Schutzbereichs des § 844 Abs. 2 BGB nicht entgegen. Art. 2 Abs. 1 GG würde dadurch nicht verletzt. Dies gilt allerdings nur dann, wenn die Partner während ihrer Beziehung nicht mit gegenseitigen Unterhaltspflichten belastet werden.

5. Der grundrechtliche Schutz des Schädigers

a) *Argumentation*

Gegen eine Ausweitung des Anwendungsbereichs des § 844 Abs. 2 BGB kann man einwenden, dass der Schädiger zu sehr belastet und dadurch in seinen Grundrechten verletzt würde[595]. Naheliegender Weise ist an eine Beeinträchtigung seiner allgemeinen Handlungsfreiheit aus Art. 2 Abs. 1 GG zu denken. Ganz vereinzelt wird auch – ohne nähere Ausführungen – angenommen, durch eine (erweiterte)

---

593 Dazu bereits 2. HT, Kap. 2, B, I, 3, b).

594 Vgl. unten 2. HT, Kap. 3, C.

595 Dieses Spannungsfeld aufzeigend *Reidel*, 50. VGT, 2012, S. 1, 1; vgl. dazu am Beispiel des Mietrechts *Uwe Diederichsen* FamRZ 1988, 889, 893.

deliktische Haftung sei der Schädiger in seiner von Art. 14 Abs. 1 S. 1 GG verbürgten Eigentumsfreiheit verletzt[596].

b) Stellungnahme

Im Folgenden ist zu untersuchen, ob eine ausgeweitete Haftung eine ungerechtfertigte Grundrechtsverletzung des Schädigers nach sich ziehen würde.

aa) Der Schutz der Bewegungsfreiheit

(1) Die Reichweite des Schutzes

Wie bereits erwähnt, schützt Art. 2 Abs. 1 GG die allgemeine Handlungsfreiheit und damit jedes menschliche Handeln[597]. Darunter fällt auch, sich frei bewegen zu können, ohne einer Haftung ausgesetzt zu werden[598]. *Reidel* hebt besonders hervor, dass die „individuelle motorisierte Mobilität" allgemein anerkannt sei und deshalb zur allgemeinen Handlungsfreiheit des Einzelnen gehöre[599]. Und gerade im Straßenverkehr komme es zu deliktsrechtlich relevanten Tötungen.

Aus dem grundrechtlichen Schutz resultiert das Erfordernis der besonderen Begründung deliktischer Einstandspflichten[600]. Der deutsche Gesetzgeber ist dem nachgekommen und hat diesen in mehrfacher Hinsicht Grenzen gesetzt[601]. So entschied er sich für einzelne Haftungstatbestände und gegen eine deliktische Generalklausel. Er führte das Verschuldensprinzip ein, das nur in Ausnahmefällen durchbrochen wird. Er lehnte es ab, das Vermögen unter deliktischen Schutz zu stellen. Und er verzichtete weitestgehend auf einen Schutz mittelbar Geschädigter.

Durch eine Erweiterung des Anwendungsbereichs des § 844 Abs. 2 BGB würde die bereits bestehende Haftung des Schädigers ausgeweitet. Haftet er aktuell nur bei der deliktischen Tötung von Ehegatten, eingetragenen Lebenspartnern und Verwandten in gerader Linie, würde er zukünftig auch bei Tötung eines faktischen Lebensgefährten haften. Dies brächte nicht nur eine Ausweitung des deliktischen Vermögensschutzes, sondern vor allem auch eine Erweiterung des Schutzes mittelbar Geschädigter mit sich[602].

---

596 *Larenz/Canaris*, Lehrbuch des Schuldrechts, Band II/2, BT, 13. Auflage, 1994, S. 350.

597 Siehe dazu bereits oben 2. HT, Kap. 2, B, I, 4.

598 *Picker* AcP 183 (1983), 369, 471; *Larenz/Canaris*, Lehrbuch des Schuldrechts, Band II/2, BT, 13. Auflage, 1994, S. 350; *Medicus* Jura 1996, 561, 561; BeckOK/*Spindler*, BGB, Edition 27, § 823 Rn. 0.2.

599 *Reidel*, 50. VGT, 2012, S. 1, 3.

600 *Deutsch* AcP 202 (2002), 889, 892; BeckOK/*Spindler*, BGB, Edition 27, § 823 Rn. 0.2.

601 Siehe dazu bereits oben 2. HT, Kap. 1, B, II, 2, b).

602 Vgl. *Reidel*, 50. VGT, 2012, S. 1, 2.

Der hinterbliebene Lebensgefährte würde auf Kosten des Schädigers privilegiert. *Picker* bringt es auf den Punkt, wenn er ausführt, dass „der Schutz des einen [erkauft wird] auf Kosten der Betätigungsfreiheit des anderen“[603].

(2) Rechtfertigung

Ist der Eingriff nicht gerechtfertigt, hat eine Erweiterung des § 844 Abs. 2 BGB zu unterbleiben. Die allgemeine Handlungsfreiheit unterliegt der Schrankentrias des Art. 2 Abs. 1 GG. Bedeutung kommt jedoch allein der verfassungsmäßigen Ordnung zu, da sowohl das Sittengesetz als auch die Rechte anderer mittlerweile verrechtlicht sind und ganz in der verfassungsmäßigen Ordnung aufgehen[604]. In der *Elfes*-Entscheidung hat das BVerfG ausgeführt, dass darunter alle formell und materiell verfassungsgemäßen Gesetze zu verstehen sind[605]. Grundlage der Rechtfertigung wäre unabhängig vom Lösungsansatz der § 844 Abs. 2 BGB. Entweder in seiner heutigen Fassung, weil gesetzliche Unterhaltspflichten für die Zeit nach der Trennung zwischen den Partnern einer faktischen Lebensgemeinschaft normiert werden, oder in geänderter Form, wenn der deliktsrechtliche oder der kombinierte Ansatz gewählt wird.

Die Norm müsste verfassungsgemäß sein. Relevanz kommt dabei insbesondere dem Verhältnismäßigkeitsgrundsatz zu. Der hinter § 844 Abs. 2 BGB stehende Zweck ist die finanzielle Absicherung des Unterhaltsberechtigten bei Tod des Unterhaltsleistenden. Mit der in Rede stehenden Reform soll der wirtschaftlich schwächere Partner einer faktischen Lebensgemeinschaft in diesen Schutzbereich aufgenommen werden. Wurde dieser von seinem Lebensgefährten unterstützt, hat er diesbezüglich ein Vertrauen entwickelt. Der bisherigen Ausgestaltung der Beziehung würde Rechnung getragen werden, indem der Hinterbliebene wirtschaftlich abgesichert wird.

Die Normierung nachpartnerschaftlicher Unterhaltspflichten und eine Beibehaltung des jetzigen § 844 Abs. 2 BGB könnte der schonendste Weg für den Haftenden sein. Seine Haftung würde zwar ausgeweitet, jedoch nicht so stark wie bei einer Neufassung der Norm, da es – wie der Name schon sagt – nur um die Zeit nach der Trennung ginge. Dieser Weg ist jedoch nicht ebenso effektiv. Der unterstützte Partner ist nicht allein nach Beendigung der Beziehung schutzbedürftig. Im Gegenteil ist die Bereitschaft zu (freiwilligen) Unterstützungsleistungen während Bestehens der Beziehung naturgemäß größer als nach ihrem Scheitern. Auch das Vertrauen auf den Fortbestand der Leistungen ist in diesem Zeitraum höher und

603 *Picker* AcP 183 (1983), 369, 471.

604 BeckOK/*Lang*, GG, Edition 18, Art. 2 Rn. 24.

605 St. Rspr. BVerfGE 6, 32, 37 f.

daher schutzwürdiger. Eine Reform, die diesen Umstand außer Acht lässt, ist nicht ebenso wirkungsvoll. Die Normierung von Unterhaltspflichten für die Zeit nach der Beziehung ist damit zwar ein milderes, aber kein gleich geeignetes Mittel und muss daher unterbleiben.

Dies führt dazu, dass der familienrechtliche Ansatz insgesamt ausscheidet und nur ein deliktischer oder kombinierter Ansatz die Problemstellung auflösen kann.

Die Ausweitung der Haftung des Schädigers ist zudem angemessen, sofern es lediglich darum geht, dem Überlebenden seine finanzielle Lebensgrundlage zu erhalten. Ziel einer Novellierung dürfte nicht sein, dem hinterbliebenen Lebensgefährten eine bessere Stellung als vor der Tötung seines Partners einzuräumen. Dies muss bei der Erweiterung des § 844 Abs. 2 BGB zwingend berücksichtigt werden. Auf diesem Weg kann der Grundrechtseingriff für den Schädiger so gering wie möglich gehalten werden. Die Neufassung müsste einen Kompromiss zwischen seinen Interessen und den Interessen hinterbliebener faktischer Lebensgefährten schaffen. Auch hierfür ist es erforderlich, die Anforderungen an die Unterstützungsleistung nicht zu niedrig anzusetzen[606]. Der Anwendungsbereich des § 844 Abs. 2 BGB würde zwar erweitert, jedoch in eng umrissener Weise.

Hinzu kommt, dass der Schädiger selbst die Haftung durch eine rechtswidrige und schuldhafte deliktische Handlung verursacht hat. Der Gesetzgeber hat sich mit der Schaffung des § 844 Abs. 2 BGB dafür entschieden, dass der Verlust von Unterhalt durch den Tod des Leistenden unter bestimmten Voraussetzungen ersatzfähig ist und sich dies mit den Grundrechten des Schädigers vereinbaren lässt. Zwar würde diese Haftung nun ausgeweitet, jedoch nur um den geänderten sozialen Begebenheiten Rechnung zu tragen. Der Ausnahmecharakter würde zudem durch die Statuierung enger Voraussetzungen gewahrt, so dass die zugrunde liegende gesetzgeberische Entscheidung in größtmöglichen Maß geachtet würde.

Insgesamt wiegt der Eingriff in die Bewegungsfreiheit des Schädigers nicht so schwer, als dass er nicht gerechtfertigt ist.

(3) Zusammenfassung

Zusammenfassend sprechen die besseren Argumente für eine Rechtfertigung des Eingriffs und damit für die Möglichkeit einer Ausweitung des § 844 Abs. 2 BGB. Der familienrechtliche Ansatz scheidet jedoch vollständig aus. Zu beachten ist auch, dass die Anforderungen an die Unterstützungshandlung im Rahmen des zu

606 Dazu bereits oben 2. HT, Kap. 2, B, I, 3, b) und 2. HT, Kap. 2, B, I, 4, b), dd); zu den Details unten 2. HT, Kap. 3, C.

wählenden deliktischen oder kombinierten Ansatzes nicht zu niedrig angesetzt werden.

bb) Der Schutz des Vermögens

Möglicherweise verhindert aber der grundrechtliche Vermögensschutz eine Ausweitung des § 844 Abs. 2 BGB.

(1) Der Schutz aus Art. 14 Abs. 1 S. 1 GG

Durch eine erweiterte deliktische Haftung würde dem Dritten in verstärktem Maß eine Geldleistungspflicht auferlegt. Es würde jedoch nicht in eine einzelne Eigentumsposition eingegriffen, sondern vielmehr das Vermögen im Ganzen berührt, weil die Pflicht auf die Leistung von Geld gerichtet ist und es damit dem Betroffenen überlässt, selbst darüber zu entschieden, mit welchem Teil seines Vermögens er die Leistungspflicht erfüllt. Ein Eingriff in Art. 14 Abs. 1 S. 1 GG kommt daher nur dann in Betracht, wenn er neben dem Eigentum auch das Vermögen schützt, was allerdings umstritten ist.

Der Streit um die Reichweite des Eigentumsschutzes aus Art. 14 Abs. 1 S. 1 GG entzündet sich an der Auferlegung staatlicher Steuer- und Abgabenpflichten[607]. Nach ganz überwiegender Ansicht vermittelt er jedoch keinen allgemeinen Vermögensschutz, sondern lediglich den Schutz einzelner vermögenswerter Rechtspositionen[608]. Dies ist in der Literatur freilich nicht unbestritten geblieben[609] und insbesondere ein Urteil des 2. Senats des BVerfG legt es nahe, dass Art. 14 Abs. 1 S. 1 GG allgemein das Eigentum schütze[610]. Dem ist aber nicht zu folgen. Die besseren Argumente streiten für die herrschende Ansicht, die auch der 1. Senat des BVerfG vertritt. Danach wird die wirtschaftliche Betätigungsfreiheit und damit das Vermögen vom Auffanggrundrecht der allgemeinen Handlungsfreiheit

607 Vgl. dazu Maunz/Dürig/*Papier*, 62. EL, 2011, Art. 14 Rn. 165 ff.; *Wäßle*, S. 19 ff. m.w.N.; *Erdmann* DVBl 1986, 659 ff.

608 St. Rspr. seit BVerfGE 4, 7, 17; Maunz/Dürig/*Papier*, 62. EL, 2011, Art. 14 Rn. 160; *ders.* DVBl 1980, 787, 790; Jarass/Pieroth/*Jarass*, 12. Auflage, 2012, Art. 14 Rn. 7; Schmidt-Bleibtreu/Hofmann/Hopfauf/*Hofmann*, 12. Auflage, 2011, Art. 14 Rn. 11; Sachs/*Wendt*, 6. Auflage, 2011, Art. 14 Rn. 38; Dreier/*Wieland*, 2. Auflage, 2004, Art. 14 Rn. 53; v. Münch/Kunig/*Bryde*, 6. Auflage, 2012, Art. 14 Rn. 23; v. Mangoldt/Klein/Starck/*Depenheuer*, 6. Auflage, 2010, Art. 14 Rn. 164; *Wäßle*, S. 175; *Bull* NJW 1996, 281, 283; *Berg* JuS 2005, 961, 964; *Fehling/Faust/Rönnau* JuS 2006, 18, 19.

609 *Leisner* NJW 1995, 2591, 2594; BeckOK/*Axer*, GG, Edition 18, Art. 14 Rn. 55.

610 BVerfGE 93, 121, 136; beachte aber dazu bereits das abweichende Votum von *Böckenförde* NJW 1995, 2620, 2621.

mitumfasst[611]. Eine ergänzende Anwendung von Art. 14 Abs. 1 S. 1 GG würde „die Eigentumsgarantie partiell zum Analogen der allgemeinen Handlungsfreiheit auf vermögensrechtlichem Gebiet, zu einem dem Art. 2 Abs. 1 korrespondierenden allgemeinen Gesetzmäßigkeitsgrundrecht zum Schutz vor jedweden rechts- und verfassungswidrigen Belastungen vermögenswerter Art umgestalten"[612]. Detaillierte Ausführungen finden sich auch bei *Wäßle*, der dieses Ergebnis mit Hilfe begrifflicher[613], systematischer[614], historischer[615], internationaler[616] und teleologischer[617] Auslegung herleitet.

Die Neufassung des § 844 Abs. 2 BGB würde jedoch keine öffentlich-rechtliche, sondern eine erweiterte zivilrechtliche Geldleistungspflicht statuieren. Es fragt sich, ob diese beiden Konstellationen insoweit vergleichbar sind, dass die soeben getroffenen Ausführungen übertragbar sind. Die Frage ist zu bejahen. Es wäre widersprüchlich und nicht nachvollziehbar, für einige Bereiche einen allgemeinen Vermögensschutz aus Art. 14 Abs. 1 S. 1 GG abzuleiten für andere aber nicht. Zudem drohte andernfalls die Gefahr, dass die Konturen dieses Grundrechts und sein Verhältnis zum Auffanggrundrecht aus Art. 2 Abs. 1 GG verwässert würden.

Der Schutzbereich der grundrechtlich verbürgten Eigentumsgarantie ist daher von einer Ausweitung der Haftung aus § 844 Abs. 2 BGB nicht tangiert.

(2) Der Schutz aus Art. 2 Abs. 1 GG

Allerdings folgt aus dem soeben Gesagten, dass Art. 2 Abs. 1 GG, wenn zwar nicht in der Ausprägung der Bewegungsfreiheit, so doch in Form der wirtschaftlichen Handlungsfreiheit verletzt sein könnte.

Im Bereich der Grundrechtsrelevanz von Steuer- und sonstigen Abgabenpflichten wird – als Fortsetzung des Streits um die Reichweite des Art. 14 Abs. 1 S. 1 GG – der Schutz des Vermögens aus Art. 2 Abs. 1 GG erörtert. Dieser wird beeinträchtigt, wenn dem Grundrechtsträger eine Geldleistungspflicht auferlegt wird, da ihm dadurch „ein Stück wirtschaftlicher Freiheit und Mächtigkeit zur wirtschaftlichen Einflussnahme genommen [wird]"[618]. Nicht nur bei der Belastung mit Steuern und Abgaben wird dem Betroffenen eine Pflicht zur Leistung von

---

611 Maunz/Dürig/*Papier*, 62. EL, 2011, Art. 14 Rn. 161; *ders.* DVBl 1980, 787, 790.
612 Maunz/Dürig/*Papier*, 62. EL, 2011, Art. 14 Rn. 161; *ders.* DVBl 1980, 787, 790.
613 *Wäßle*, S. 75 ff.
614 *Wäßle*, S. 107 ff.
615 *Wäßle*, S. 145 ff.
616 *Wäßle*, S. 159 ff.
617 *Wäßle*, S. 167 ff.
618 Maunz/Dürig/*di Fabio*, 62. EL, 2011, Art. 2 Rn. 93 m.w.N.

Geld auferlegt, sondern auch im Bereich des Deliktsrechts und damit durch (eine Ausweitung des) § 844 Abs. 2 BGB. Die Auferlegung deliktischer Haftung hat dezimierende Auswirkungen auf das Vermögen, wodurch die wirtschaftliche Kraft des Dritten verringert wird.

Allerdings liegt die Situation bei einer erweiterten deliktischen Haftung anders als bei öffentlich-rechtlichen Geldleistungspflichten. Bei letzteren hat der Grundrechtsträger keinerlei Anlass zur Auferlegung dieser Pflichten gegeben. Sie dienen allein der staatlichen Mittelbeschaffung. Mit einer deliktischen Haftungspflicht wird demgegenüber nur belegt, wer einen Schaden durch sein Verhalten selbst verursacht hat. Die Verpflichtung zur Leistung von Schadensersatz ist damit bloße Folge des kausalen, rechtswidrigen und schuldhaften Handelns des deliktischen Schädigers. Dies ändert zwar nichts daran, dass ein staatlicher Eingriff in das Vermögen vorliegt, auf Rechtfertigungsebene ist dieser Umstand aber verstärkt zu berücksichtigen, namentlich im Rahmen der Verhältnismäßigkeit. Hinzu kommen die Rechtfertigungsaspekte, die bereits im Rahmen der Verletzung der allgemeinen Bewegungsfreiheit erörtert wurden. Der Eingriff in die wirtschaftliche Handlungsfreiheit des schädigenden Dritten ist somit ebenfalls gerechtfertigt.

(3) Zusammenfassung

Zwar ist von einer Ausweitung der Haftung des § 844 Abs. 2 BGB der von Art. 2 Abs. 1 GG vermittelte Schutz des Vermögens berührt. Dieser Eingriff ist jedoch gerechtfertigt.

c) Fazit

Art. 14 Abs. 1 S. 1 GG ist von einer erweiterten deliktischen Haftung nicht tangiert. Anderes gilt jedoch für Art. 2 Abs. 1 GG, der sowohl in seiner Ausprägung als Bewegungsfreiheit als auch in Form des Vermögensschutzes verletzt wird. Beide Eingriffe können jedoch gerechtfertigt werden. Dies gilt insbesondere dann, wenn die Anforderungen an die ersatzfähige Unterstützungshandlung nicht zu niedrig angesetzt werden.

6. Der Ausnahmecharakter des § 844 Abs. 2 BGB

a) Argumentation

Gegen eine Ausweitung des § 844 Abs. 2 BGB könnte man ferner einwenden, dass es sich bei dieser Norm um eine Ausnahmevorschrift handelt. Eine Ausweitung des dadurch verbürgten Schutzes auf den hinterbliebenen Partner einer faktischen Lebensgemeinschaft könnte die dem Deliktsrecht zugrundeliegende

Systematik aushöhlen. Und zwar: indem der Anwendungsbereich der Ausnahmevorschrift so weit ausgeweitet wird, dass von einer solchen nicht mehr gesprochen werden kann. Dieses Argument wurde bereits bei der Frage nach einer analogen Anwendung des § 844 Abs. 2 BGB erörtert, ist jedoch auch bei einer etwaigen Änderung der Norm durch den Gesetzgeber relevant.

b) Stellungnahme

Bei einer Reform des § 844 Abs. 2 BGB müssten die dem Deliktsrecht zugrundeliegenden Wertungen beachtet und weitestgehend erhalten werden. Allerdings bedeutet nicht jede Ausweitung des Anwendungsbereichs eine Verkehrung einer Ausnahme- zu einer Regelvorschrift. Der Ausnahmecharakter kann gewahrt werden, indem die Erweiterung von eingrenzenden Voraussetzungen abhängig gemacht wird. Die Haftung würde so zwar erweitert, aber nur in einem eng gesteckten Rahmen. Zudem wurde bereits aufgezeigt, dass Ausnahmevorschriften sogar in einem begrenzen Maße analogiefähig sind[619], erst Recht muss dann eine maßvolle Ausweitung durch den Gesetzgeber möglich sein.

c) Fazit

Der Ausnahmecharakter des § 844 Abs. 2 BGB steht einer erweiternden Reform daher nicht entgegen.

7. Die grundsätzliche Infragestellung des § 844 Abs. 2 BGB

a) Argumentation

Aus dem Einwand, dass der § 844 Abs. 2 BGB bei kinderlosen Ehen schon in seiner aktuellen Fassung seine „soziale Unentbehrlichkeit" verloren habe und eine analoge Anwendung auf die faktische Lebensgemeinschaft – ob mit oder ohne Kinder – daher schwer zu rechtfertigen sei[620], könnte gefolgert werden, dass eine entsprechende Erweiterung durch den Gesetzgeber erst Recht unterbleiben müsse.

Die ablehnende Haltung wird damit begründet, dass die Haftung aus § 844 Abs. 2 BGB nur dort unentbehrlich sei, wo Kinder durch eine deliktische Tötung ihren Versorger verloren hätten[621]. Die Rechtfertigung der Haftung bei kinderlosen Ehegatten wird dagegen als sehr dünn empfunden, da eine Ehe nicht mehr zwingend

619 Vgl. dazu oben 2. HT, Kap. 1, B, I.
620 Hausmann/Hohloch/*Holzhauer*, 2. Auflage, 2004, S. 445.
621 Hausmann/Hohloch/*Holzhauer*, 2. Auflage, 2004, S. 445.

ein Leben lang andauere[622]. Eine prognostische Berechnung des Schadensersatzanspruchs auf den Zeitpunkt des hypothetischen Todes des ursprünglich Verpflichteten sei daher nur mit den nachehelichen Unterhaltsansprüchen zu rechtfertigen[623]. Diese aber fehlten bei faktischen Lebensgefährten, so dass eine Haftung nicht überzeugend begründet werden könne.

b) Stellungnahme

Auch bei einer grundsätzlichen Infragestellung des aktuellen § 844 Abs. 2 BGB wäre eine Reform notwendig, weil die Rechtfertigung der Haftung bei Nur-Ehegatten bei einem Weiterdenken dieser Ansicht durch die erhebliche Einschränkung nachehelicher Unterhaltspflichten durch die letzte Unterhaltsrechtsreform noch problematischer geworden ist. Allerdings hätte ein entsprechendes gesetzgeberisches Tätigwerden keine Ausweitung der Haftung zur Folge, sondern ganz im Gegenteil eine Beschränkung. Auch den aktuell von der Norm begünstigten Ehegatten würde der Anspruch zukünftig entzogen werden, zumindest dann, wenn die Ehe kinderlos ist.

Man muss aber fragen, ob eine Infragestellung des § 844 Abs. 2 BGB in der soeben erläuterten Form den Kern des Problems trifft.

Zunächst ist fraglich, ob es bei § 844 Abs. 2 BGB jemals allein bzw. ganz überwiegend um die Versorgung von Kindern gehen sollte. Zwar mag es zur Zeit der Schaffung des BGB die Regel gewesen sein, dass aus einer Ehe Kinder hervorgingen. Über die Erfassung von Ehepartnern wurden daher indirekt meist auch Kinder geschützt und zwar zusätzlich zu eigenen Schadensersatzansprüchen aus § 844 Abs. 2 BGB. Diese Verengung des Schutzzwecks ergibt sich aber nicht aus den Gesetzesmaterialien. Zudem hätte die Norm in diesem Fall anders formuliert werden können und auch sollen. Als Tatbestandsvoraussetzungen in Betracht gekommen wären z.B. folgende Eigenschaften: „Kind des Getöteten" und „Elternteil eines Kindes des Getöteten". Zweck war es *auch* Kinder zu schützen, aber gleichberechtigt neben anderen gesetzlichen Unterhaltsberechtigten. Und das sind eben nicht nur Kinder, sondern auch (kinderlose) Ehegatten und unter Umständen auch Eltern, denen ein Unterhaltsanspruch gegen ihre Kinder zusteht.

Darüber hinaus überzeugt die Forderung nach einer einschränkenden Umgestaltung selbst dann nicht, wenn man der Argumentation folgt und annimmt, dass das primäre Ziel des § 844 Abs. 2 BGB darin lag – und immer noch liegt –, Kinder zu schützen. Ganz im Gegenteil müssten wegen Art. 6 Abs. 5 GG auch nichteheliche

---

622 Auch das BVerfG geht davon aus und meint dass die dauerhafte Verbindung einander nur versprochen werde, BVerfGE 53, 224, 245.

623 Hausmann/Hohloch/*Holzhauer*, 2. Auflage, 2004, S. 445.

Kinder in größerem Umfang als bisher von § 844 Abs. 2 BGB profitieren. Das wiederum würde bedeuten, dass auch ihr überlebender Elternteil anspruchsberechtigt sein müsste, weil an ihn gerichtete Leistungen indirekt seinen Kindern zu Gute kämen. Eine Erweiterung der Haftung auf faktische Lebensgefährten mit Kindern wäre die Konsequenz.

Aus der Feststellung, dass eine prognostische Berechnung des Anspruchs auf den hypothetischen späteren Tod des Unterhaltsverpflichteten wegen der hohen Scheidungsrate schwer aufrechtzuerhalten sei, zu schließen, dass eine Haftungseinschränkung erforderlich sei, überzeugt ebenfalls nicht. Es handelt sich dabei nicht um ein Problem der Anspruchsbegründung, sondern um einen Aspekt der Anspruchsbemessung. In einem Prozess müsste ermittelt werden, wie die Ehe sich bei einem Weiterleben hypothetisch entwickelt hätte. Entsprechend dieser Feststellung müsste die Dauer der Haftung festgesetzt werden. Dabei auftretende Schwierigkeiten dürfen nicht zwangsläufig dazu führen, den Anspruch insgesamt in Frage zu stellen[624]. Nur wenn ausgeschlossen ist, die Dauer des Anspruchs zu bestimmen, sollte er abgeschafft oder reformiert werden.

Im Ergebnis ist es richtig, die Regelung des § 844 Abs. 2 BGB zu überdenken. Die sozialen Gegebenheiten müssen in stärkerem Maße vom Kreis der ersatzberechtigten Personen wiedergespiegelt werden. Nichts anderes bezweckt auch diese Arbeit, die hinterfragt, ob die (alleinige) Anknüpfung an gesetzliche Unterhaltspflichten noch zeitgemäß ist. Es ist jedoch nicht der richtige Weg, zukünftig eine Haftung nur noch dann zu gewähren, wenn Kinder betroffen sind. Stattdessen sollte die Norm sich mehr an den tatsächlich gelebten Beziehungen ausrichten. Nähebedingte Solidarbeziehungen existieren nicht bloß im Rahmen gesetzlich geregelter Statusverhältnissen, sondern häufig auch außerhalb dieser[625]. Durch ein Erfassen rein tatsächlicher Umstände würde den gesellschaftlichen Verhältnissen besser entsprochen als bei der starren Anknüpfung an gesetzliche Unterhaltspflichten.

c) Fazit

Die grundsätzliche Infragestellung des § 844 Abs. 2 BGB hat nach hier vertretener Auffassung nicht zur Folge, dass der Schutzumfang eingeschränkt werden muss. Im Gegenteil ist eine Ausweitung erforderlich, damit § 844 Abs. 2 BGB wieder zeitgemäß ist.

---

624 Dazu auch oben 2. HT, Kap. 2, B, I, 2.

625 Vgl. dazu sogleich ausführlich 2. HT, Kap. 2, B, II, 1, b) und 2. HT, Kap. 2, B, II, 2, b), bb).

8. Das Verhältnis des Anspruchs aus § 844 Abs. 2 BGB zum Familienrecht

a) *Argumentation*

Es wird angeführt, dass das deliktsrechtliche Haftungsrecht nicht mit den wertungsmäßigen Vorgaben des Familienrechts brechen dürfe. Wenn letzteres Unterhaltsansprüche – und daraus resultierend die Haftung aus § 844 Abs. 2 BGB – grundsätzlich von Ehe oder Verwandtschaft abhängig mache, könne das Deliktsrecht sich über diese Entscheidung nicht hinwegsetzen[626]. Die familienrechtlichen Grundentscheidungen seien zu respektieren. Durch eine Erweiterung des § 844 Abs. 2 BGB würde das Deliktsrecht sich jedoch von diesen lösen. Darüber hinaus sei es Aufgabe des Familienrechts und nicht des Deliktsrechts, die grundlegende Frage nach der künftigen Rechtsstellung faktischer Lebensgemeinschaften zu beantworten[627].

Dieser Einwand richtet sich sowohl gegen deliktsrechtliche als auch kombinierte Lösungsansätze. Einzig eine familienrechtliche Herangehensweise würde den bisher bestehenden Gleichlauf aufrechterhalten; diese wurde allerdings bereits abgelehnt[628].

b) *Stellungnahme*

Familien- und Deliktsrecht verfolgen unterschiedliche Regelungszwecke, so dass die bisher bestehende Akzessorietät gelockert werden kann[629]: Das Familienrecht betrifft das Innenverhältnis der Familienmitglieder und die damit unmittelbar zusammenhängenden Berührungspunkte mit Dritten, wie z.B. die Schlüsselgewalt aus § 1357 BGB. Das Deliktsrecht dagegen regelt originär das Verhältnis zu Dritten und bedient sich bei der Bestimmung der Anspruchsvoraussetzungen der Einfachheit halber teilweise des Familienrechts, so neben § 844 Abs. 2 BGB etwa auch bei § 832 BGB, der an die Aufsichtspflicht aus § 1631 Abs. 1 BGB anknüpft.

Ein Gleichlauf zwischen Familien- und Deliktsrecht ist nur dort erforderlich, wo Haftungsansprüche unmittelbar das familiäre Innenverhältnis betreffen[630]. Darüber hinaus muss und darf sich das Schadensrecht nicht an Entscheidungen des Familienrechts klammern, stattdessen ist es verpflichtet, seinerseits effektive

626 *Reidel*, 50. VGT, 2012, S. 1, 3; *Lieb*, Gutachten A zum 57. DJT, 1988, A 89 f.
627 *Reidel*, 50. VGT, 2012, S. 1, 5.
628 Vgl. dazu bereits oben 2. HT, Kap. 2, B, I, 4 und 2. HT, Kap. 2, B, I, 5.
629 *Schwenzer* JZ 1981, 781, 787; *Röthel* NZV 2001, 329, 335; *Huber* NZV 2007, 1, 3.
630 *Röthel* NZV 2001, 329, 335; *Staudinger*, 50. VGT, 2012, S. 11, 15.

und ausgewogene Regelungen zu gewährleisten[631]. Dazu gehört, dass es sich an den sozialen Tatsachen orientiert. Entscheidend sollte daher einzig und allein sein, ob durch die deliktische Tötung eine – gesetzliche oder tatsächliche – Unterhaltsbeziehung berührt wird und ein finanzieller Engpass entsteht[632].

Faktische Lebensgefährten würden so deliktischen Schutz genießen, ohne dass ihnen familienrechtliche Bedeutung zukommt. Dieses Ergebnis könnte zunächst merkwürdig anmuten. Allerdings ist dieses Resultat richtig. Nur auf diese Weise kann man der spezifischen Interessenlage faktischer Lebensgemeinschaften gerecht werden. Wenn der Gesetzgeber diese Gemeinschaften zukünftig vermehrt mit Rechten und auch Pflichten ausstattet, sollte dies nach und nach in den Bereichen erfolgen, in denen es dringlich ist. Die so geschaffenen Einzelregelungen können sich gegebenenfalls später zu einem eigenständigen Rechtsinstitut verdichten und dann im Familienrecht zusammengefasst werden. Bis dahin ist es aber noch ein weiter Weg, auf dem der Gesetzgeber den tatsächlichen Verhältnissen folgen und mitnichten den faktischen Lebensgefährten ein Regelungsgeflecht vorsetzen sollte, in das diese sich fügen müssten. Es ist daher (momentan) nicht Aufgabe des Familienrechts, die vereinzelten regelungsbedürftigen Aspekte faktischer Lebensgemeinschaften zu normieren, sondern die der jeweils betroffenen Rechtsgebiete. Und das ist im vorliegenden Fall das Deliktsrecht. Zumal das Familienrecht die Problematik der Reichweite des § 844 Abs. 2 BGB nicht lösen könnte, selbst wenn man versuchte, die Lösung dort zu suchen. Es könnte lediglich gesetzliche Unterhaltspflichten zwischen den faktischen Lebensgefährten normieren. Dass diese Lösung auf Grund grundrechtlicher Wertungen nicht in Betracht kommt, wurde jedoch bereits herausgearbeitet. Es ist daher völlig richtig, wenn *Staudinger* einwirft, dass derjenige, der die Ausweitung des § 844 Abs. 2 BGB über das Familienrecht erreicht sehen möchte, „die notwendige Novellierung […] auf den Sankt Nimmerleinstag verschieb[t]“[633].

c) Fazit

Das Verhältnis des Anspruchs aus § 844 Abs. 2 BGB zu familienrechtlichen Grundentscheidungen steht einer Reform nicht entgegen. Auch der Einwand, dass das Familienrecht die Rechtsstellung faktischer Lebensgemeinschaften regeln müsse und der deliktsrechtliche § 844 Abs. 2 BGB daher nicht singulär erweitert werden dürfe, überzeugt nicht.

631 *v. Rummel*, S. 205.
632 *Röthel* NZV 2001, 329, 335.
633 *Staudinger*, 50. VGT, 2012, S. 11, 17.

9. Das Verhältnis des Anspruchs aus § 844 Abs. 2 BGB zur Hinterbliebenenversorgung

Im Zusammenhang mit der Hinterbliebenenversorgung werden zwei Argumente gegen eine Ausweitung des § 844 Abs. 2 BGB auf die faktische Lebensgemeinschaft vorgebracht.

Das erste berührt die Frage, ob der Anspruch aus § 844 Abs. 2 BGB und die Hinterbliebenenversorgung überhaupt isoliert voneinander geändert werden können. Das zweite Argument betrifft die rechtspolitischen Auswirkungen einer singulären Reform des § 844 Abs. 2 BGB auf die Hinterbliebenenversorgung.

a) Hintergrundinformationen

Vor einer Erörterung der Argumente soll – zumindest kurz – dargelegt werden, was unter dem Begriff der Hinterbliebenenversorgung zu verstehen ist, wer anspruchsberechtigt ist und wie die rechtliche Stellung hinterbliebener faktischer Lebensgefährten derzeit ausgestaltet ist.

aa) Begriff

Erläuterungsbedürftig ist zuerst, was mit dem Begriff der Hinterbliebenenversorgung gemeint ist.

Streng genommen müsste zwischen der Hinterbliebenenrente einerseits und der Hinterbliebenenversorgung andererseits differenziert werden[634]. Unter die Hinterbliebenenrente fallen die Ansprüche der Hinterbliebenen aus der gesetzlichen Sozialversicherung, d.h. aus gesetzlicher Renten- und Unfallversicherung[635]. Der Begriff Hinterbliebenenversorgung bezeichnet im engeren Sinne nur die Ansprüche der Hinterbliebenen eines Beamten[636]. Diese Unterscheidung wird in familien- und schadensrechtlichen Aufsätzen jedoch häufig nicht stringent eingehalten.

In der vorliegenden Arbeit wird der Begriff der Hinterbliebenenversorgung der sprachlichen Einfachheit halber als Oberbegriff für die Absicherung der Hinterbliebenen eines Angestellten bzw. Arbeiters aus der gesetzlichen Renten- und Unfallversicherung sowie der Absicherung der Hinterbliebenen eines Bundesbeamten[637] verwendet, sofern keine explizite Trennung vorgenommen wird.

---

634 Ansprüche aus vertraglicher oder betrieblicher Hinterbliebenenversorgung werden aus Gründen der Übersichtlichkeit nicht berücksichtigt.

635 Vgl. *Creifelds*, 20. Auflage, 2011, Suchwort: Hinterbliebenenrenten, S. 604; Alpmann/Brockhaus, 2. Auflage, 2005, Suchwort: Hinterbliebenenrente, S. 701.

636 Vgl. *Creifelds*, 20. Auflage, 2011, Suchwort: Beamtenversorgung, S. 150 f.; Alpmann/Brockhaus, 2. Auflage, 2005, Suchwort: Hinterbliebenenversorgung, S. 701.

637 Um ein hinreichendes Maß an Übersichtlichkeit zu gewährleisten, sind die Ausführungen auf die Versorgung der Bundesbeamten nach dem BeamtVG beschränkt.

bb) Anspruchsberechtigte Personen

Anspruchsberechtigt sind Personen, die als Hinterbliebene gelten. Das sind der überlebende Ehegatte[638] und Kinder[639] des Verstorbenen. Unter den Begriff Kinder fallen im Rahmen der gesetzlichen Renten- und Unfallversicherung neben rechtlichen auch Stief- und Pflegekinder, die in den Haushalt des Verstorbenen aufgenommen worden waren, sowie Enkel und Geschwister, die entweder in den Haushalt des Versicherten aufgenommen worden waren oder von ihm überwiegend unterhalten wurden[640].

cc) Faktische Lebensgemeinschaft und Hinterbliebenenversorgung

Die Versorgungsansprüche des hinterbliebenen Partners setzen als Tatbestandsmerkmal die Witwen- bzw. Witwereigenschaft voraus[641]. In der Vergangenheit wurden vereinzelt Stimmen laut, die auch den überlebenden Partner einer faktischen Lebensgemeinschaft in den Genuss der Hinterbliebenenversorgung kommen lassen wollten[642]. Das BVerfG hat jedoch in jüngerer Vergangenheit klargestellt, dass unter den Begriff Witwe bzw. Witwer nur hinterbliebene Ehegatten zu subsumieren sind und dass diese Auslegung mit dem Grundgesetz vereinbar ist[643]. Überlebende Partner einer faktischen Lebensgemeinschaft haben nach derzeitiger Rechtslage daher keine Ansprüche auf Leistungen aus der Hinterbliebenenversorgung.

Hervorgehoben sei, dass daran auch nicht gerüttelt werden soll. Ziel dieser Arbeit ist weder eine analoge Anwendung der Regelungen der Hinterbliebenenversorgung auf faktische Lebensgefährten noch eine entsprechenden Ausweitung durch den Gesetzgeber. Eine erweiterte Fassung des öffentlich-rechtlichen Leistungsrechts würde insbesondere dazu führen, dass dem Leistungserbringer eine größere Verpflichtung auferlegt würde als den Partnern der faktischen Lebensgemeinschaft selbst, die einander nicht per Gesetz zum Unterhalt verpflichtet sind. Die daraus resultierende finanzielle Belastung der Sozialversicherten und des Dienstherrn ginge zu weit[644]. Es ist ein anderer Maßstab anzulegen als bei der deliktischen Haftung, wo der Schädiger die kausale Ursache für seine Ersatzpflicht selbst gesetzt hat[645].

---

638 § 46 Abs. 1, 2 SGB VI bzw. § 65 Abs. 1 SGB VII bzw. §§ 19 Abs. 1, 28 BeamtVG.

639 § 48 Abs. 1, 2 SGB VI bzw. § 67 Abs. 1 SGB VII bzw. § 23 BeamtVG.

640 § 48 Abs. 3 SGB VI bzw. § 67 Abs. 2 SGB VII.

641 Vgl. § 46 SGB VI, §§ 63 ff. SGB VII, §§ 19 Abs. 1, 28 BeamtVG.

642 Zumindest im Ansatz kritisch *Plagemann* ZVersWiss 1988, 187, 200; die Frage diskutierend und ablehnend *Ruland* NJW 1995, 3234 f.

643 BVerfG NJW 2011, 1663, 1663 betreffend § 46 I SGB VI, zuvor bereits BVerfGE 112, 50.

644 *Eyrich* ZRP 1990, 139, 141.

645 Dazu auch noch sogleich 2. HT, Kap. 2, B, II, 9, b), bb), (2), (c).

b) Forderung nach einer einheitlichen Ausgestaltung

aa) Argumentation

Gegen die Erstreckung des Schutzes auf den hinterbliebenen faktischen Lebensgefährten wird das Verhältnis des Anspruchs aus § 844 Abs. 2 BGB zu den Ansprüchen aus der Hinterbliebenenversorgung herangezogen. Vor allem *Jahnke* wies mehrfach auf diesen Aspekt hin.

2007 wendete er ein, dass eine singuläre Reform des § 844 Abs. 2 BGB nicht möglich sei[646]. Eine Änderung könne nur im „Gleichklang mit dem anderweitigen Versorgungssystem [...] erfolgen"[647]. Etwas zurückhaltender formulierte *Jahnke* zu Beginn des Jahres 2012 gemeinsam mit *Burmann*. Das Versorgungsrecht sei in die Reformüberlegungen des Deliktsrechts zumindest miteinzubeziehen[648]. Gegebenenfalls seien auch dort Neuregelungen erforderlich[649]. Begründet wird dies mit der „Verzahnung der Rechtsgebiete", bei einer singulären Reform bestehe die „Gefahr [eines] Dominoeffektes"[650]. Die Rechtsbereiche hingen zusammen und eine Änderung in einem Bereich könne (ungewollte) Folgen in einem anderen, insbesondere der Hinterbliebenenversorgung, nach sich ziehen[651].

Auch der 23. VGT gab bereits 1985 zu bedenken, dass die Folgen, die eine Änderung des § 844 Abs. 2 BGB für andere Gebiete des Rechts mit sich brächte, nicht abgesehen werden könnten[652].

bb) Stellungnahme

Zu klären ist, ob der § 844 Abs. 2 BGB singulär erweitert werden kann, ohne auch die Hinterbliebenenversorgung entsprechend anzupassen. Anders gesprochen: Muss zwischen der zivilrechtlichen deliktischen Haftung und der öffentlich-rechtlichen Hinterbliebenenversorgung ein Gleichlauf bestehen?

Nicht ganz klar ist, was *Jahnke/Burmann* damit meinen, dass eine Neufassung des § 844 Abs. 2 BGB (ungewollte) Auswirkungen auf andere Bereiche und insbesondere die Hinterbliebenenversorgung haben könnte. Da eine singuläre Reform des Unterhaltsschadensrechts keine direkten Auswirkungen auf das anderweitige Versorgungsrecht hätte, kann nur gemeint sein, dass eine entsprechende Reform auch die Neufassung der Regelungen der Hinterbliebenenversorgung notwendig mache, weil zwingend ein Gleichlauf bestehen müsse.

646 *Jahnke* NZV 2007, 329, 332.
647 *Jahnke* NZV 2007, 329, 332.
648 *Burmann/Jahnke* NZV 2012, 11, 16 f.
649 *Burmann/Jahnke* NZV 2012, 11, 16 f.
650 *Burmann/Jahnke* NZV 2012, 11, 16.
651 *Burmann/Jahnke* NZV 2012, 11, 17.
652 Empfehlung 2 zum AK II des 23. VGT.

Die Forderung nach einer zukünftigen parallelen Ausgestaltung kann jedoch nur aufrechterhalten werden, wenn eine solche nach aktueller Rechtslage bereits besteht.

(1) Gemeinsamkeiten

Es ist nicht von der Hand zu weisen, dass der Anspruch aus § 844 Abs. 2 BGB Ähnlichkeit mit den Ansprüchen aus der Hinterbliebenenversorgung aufweist. Beide sichern nahe Angehörige nach dem Tod einer anderen Person finanziell ab. Diese Sicherung erfolgt grundsätzlich in Form einer monatlichen Rente.

Zudem werden sowohl der Anspruch aus § 844 Abs. 2 BGB als auch die Ansprüche aus der Hinterbliebenenversorgung in der Regel nur dann gewährt, wenn zwischen dem Begünstigten und dem Verstorbenen eine gesetzliche Unterhaltsbeziehung bestand. Bei § 844 Abs. 2 BGB hat der Gesetzgeber dies zur ausdrücklichen Voraussetzung gemacht, bei der Hinterbliebenenversorgung ist es der zugrunde liegende Zweck[653]. Es wird daher davon gesprochen, dass die Hinterbliebenenversorgung das „Gegenstück zur gesetzlichen Unterhaltspflicht" sei[654].

Diese parallele Anknüpfung an die gesetzliche Unterhaltsbeziehung ist (wohl) auch der Punkt, an dem die Forderung nach einer zukünftigen einheitlichen Regelung ansetzt. Wenn nach bestehender Rechtslage die gesetzliche Unterhaltspflicht der maßgebliche Aspekt ist, würde der Gleichlauf durch die Erstreckung des § 844 Abs. 2 BGB auf die faktische Lebensgemeinschaft gestört, weil deren Partner einander nicht zum Unterhalt verpflichtet sind.

(2) Unterschiede

(a) Rechtsgebiet

Erster Unterschied ist die Zuordnung zu einem Rechtsgebiet. Der Anspruch auf Ersatz des Unterhaltsschadens ist ein deliktischer und damit zivilrechtlicher Schadensersatzanspruch. Die Ansprüche aus der Hinterbliebenenversorgung hingegen gehören zum öffentlich-rechtlichen Leistungsrecht.

(b) Begünstigter Personenkreis

Dass schon aktuell die Anknüpfung nur teilweise dieselbe ist, zeigt sich, wenn man den jeweils begünstigten Personenkreis eingehender miteinander vergleicht.

---

653 *Hohnerlein* FPR 2001, 49, 49; *Schumacher* FamRZ 1994, 857, 861.

654 Bundestagsfraktion Bündnis 90/Die Grünen, Bt.-Drucks. 13/7228 S. 6.

Der § 844 Abs. 2 BGB setzt zwingend eine gesetzliche Unterhaltsbeziehung zwischen Getötetem und Begünstigtem voraus. Existiert eine solche nicht, besteht auch kein Anspruch auf Ersatz des Unterhaltsschadens.

In der Hinterbliebenenversorgung ist die gesetzliche Unterhaltsbeziehung zwar ebenfalls der zentrale Aspekt, sie liegt den erfassten Konstellationen jedoch nicht durchgehend zugrunde. So können bei der gesetzlichen Renten- und Unfallversicherung auch Stief- und Pflegekinder, Enkel sowie Geschwister in den Genuss einer Waisenrente kommen, obwohl diesen Personen kein gesetzlicher Unterhaltsanspruch gegen den Verstorbenen zustand.

Die beamtenrechtliche Hinterbliebenenversorgung hingegen gewährt das Waisengeld ausschließlich den (rechtlichen) Kindern des Verstorbenen[655]. Einzig das Sterbegeld kann unter bestimmten Umständen und zudem lediglich nachrangig auch Geschwistern oder Stiefkindern gewährt werden[656].

Hier zeigt sich, dass zwar die Anspruchsberechtigung in § 844 Abs. 2 BGB und in der Beamtenversorgung einheitlich ausgestaltet ist, dass in der gesetzlichen Renten- und Unfallversicherung jedoch ergänzend ein größerer Personenkreis geschützt wird.

Der Gesetzgeber hält somit zwar auch in der Hinterbliebenenversorgung an der Maßgeblichkeit gesetzlicher Unterhaltspflichten fest, allerdings nicht so stringent wie im Deliktsrecht. Ein Gleichlauf besteht daher in Bezug auf den begünstigten Personenkreis schon jetzt nicht in vollem Umfang.

(c) Verpflichteter

Eine weitere entscheidende Ungleichheit tritt zu Tage, wenn man die Schuldner der Ansprüche näher betrachtet. Derjenige, der nach § 844 Abs. 2 BGB verpflichtet ist, hat seine deliktische Haftung durch eine kausale, rechtwidrige und schuldhafte Handlung selbst verursacht.

Im Bereich der Hinterbliebenenversorgung ist das anders. Bei der gesetzlichen Renten- und Unfallversicherung leistet der Verstorbene während seiner Erwerbstätigkeit Versicherungsleistungen. Im Falle seines Todes werden die Hinterbliebenenrenten von der Solidargemeinschaft der Versicherten erbracht. Bei der Hinterbliebenenversorgung der Beamten kommt der Bund für die entsprechenden Rentenzahlungen auf.

Dieser Unterschied beim Verpflichteten spricht dafür, dass der deliktische Anspruch aus § 844 Abs. 2 BGB eher erweitert werden kann, da der danach Verpflichtete eine kausale Ursache für die Haftung gesetzt hat. Wohingegen bei

655 § 23 BeamtVG; Plog/Wiedow/*Groepper/Tegethoff*, BBG, Band 2 (BeamtVG), 320. EL, § 23 Rn. 7.

656 § 18 Abs. 2 BeamtVG.

einer Erweiterung der Hinterbliebenenversorgung eine Solidargemeinschaft von Versicherten bzw. der Steuerzahler einzustehen hätte und vermehrt belastet würde.

(d) Inhalt der Rente

Eine weitere Abweichung der genannten Rechtsinstitute betrifft den Inhalt der jeweils gewährten Rentenansprüche.

Über § 844 Abs. 2 BGB steht dem Hinterbliebenen gegen den Schädiger ein Anspruch in Form von Rentenzahlungen zu, der sich in Höhe und Dauer nach dem richtet, was nach der gesetzlichen Unterhaltspflicht des Verstorbenen geschuldet war bzw. zukünftig noch geschuldet worden wäre[657].

Bei der gesetzlichen Rentenversicherung sind für die Höhe der Rentenansprüche die Beiträge des Versicherten entscheidend, die sich nach dem versicherten Arbeitsentgelt bzw. Einkommen richten[658]. In der gesetzlichen Unfallversicherung ist der Jahresarbeitsverdienst des verstorbenen Versicherten entscheidend[659].

Die Höhe des Witwen- bzw. Waisengeldes der Hinterbliebenen von Beamten ist abhängig von der Höhe des Ruhegelds (Pension), die der Verstorbene erhalten hat oder später erhalten hätte[660].

(3) Rückschlüsse für eine Reform des § 844 Abs. 2 BGB

Als Ergebnis lässt sich festhalten, dass der Anspruch aus § 844 Abs. 2 BGB bezüglich Zweck und Anknüpfungspunkt (große) Ähnlichkeit mit den Ansprüchen aus der Hinterbliebenenversorgung aufweist. Es bestehen jedoch auch gravierende Unterschiede. Von besonderer Bedeutung sind insbesondere der weiter gefasste Kreis der anspruchsberechtigten Personen bei der gesetzlichen Renten- und Unfallversicherung sowie die unterschiedlichen Schuldner der Ansprüche.

Der Gleichlauf des Anspruchs aus § 844 Abs. 2 BGB mit den Ansprüchen aus der Hinterbliebenenversorgung ist nicht so stark ausgeprägt, dass eine singuläre Reform des § 844 Abs. 2 BGB deswegen zwingend ausgeschlossen ist. Zumal vorliegend eine Erweiterung der ersatzberechtigten Personen diskutiert wird; ein Bereich also in dem bereits nach bestehender Rechtslage kein vollständiger Gleichlauf besteht.

---

657 Dies aufzeigend schon oben 2. HT, Kap. 2, B, I, 2, b), bb).

658 § 63 SGB VI.

659 § 65 Abs. 2 und § 68 Abs. 1 SBG VII.

660 § 21 und § 24 BeamtVG.

cc) Ergebnis

Das Verhältnis zu den Ansprüchen aus der Hinterbliebenenversorgung spricht daher nicht gegen eine Neufassung des § 844 Abs. 2 BGB.

c) Einwand unerwünschter rechtspolitischer Auswirkungen

aa) Argumentation

Hier knüpft direkt das zweite, die Hinterbliebenenversorgung betreffende Argument an. *Holzhauer* führt aus, dass eine isolierte Erweiterung des § 844 Abs. 2 BGB auf die faktische Lebensgemeinschaft rechtspolitisch einer analogen Ausdehnung der Hinterbliebenenversorgung auf diese Art von Lebensgemeinschaften gleichkäme[661]. Da dies allerdings einhellig abgelehnt werde, müsse zwangsläufig auch eine Änderung der entsprechenden Norm des Deliktrechts unterbleiben.

Begründet wird dies damit, dass der deliktische Anspruch aus § 844 Abs. 2 BGB in der Regel nicht dem Hinterbliebenen selbst zu Gute komme, sondern stattdessen dem Sozialversicherer oder Versorgungsträger des Getöteten, der Versorgungsleistungen an die Hinterbliebenen erbringt[662]. Über die cessio legis in § 116 Abs. 1 S. 1 SGB X bzw. § 76 BBG gehe der deliktische Anspruch aus § 844 Abs. 2 BGB auf den Sozialversicherungsträger bzw. den Dienstherrn über[663] und verschaffe ihm so Ausgleich für seine Versicherungs- bzw. Versorgungsleistungen[664]. Der Geschädigte selbst könne den deliktischen Anspruch nicht geltend machen.

Eingewandt wird nun, dass der Anspruch aus § 844 Abs. 2 BGB dem hinterbliebenen Lebensgefährten einer faktischen Lebensgemeinschaft im Fall einer Reform unmittelbar zu Gute käme[665]. Er erhalte keine Versorgungsleistungen, so dass auch kein gesetzlicher Forderungsübergang stattfinde[666]. Über den Umweg § 844 Abs. 2 BGB würde dasselbe Ergebnis erreicht wie über eine Erweiterung der Hinterbliebenenversorgung.

Zwar möchte *Holzhauer* mit diesem Einwand eine analoge Erstreckung des § 844 Abs. 2 BGB auf die faktische Lebensgemeinschaft verhindern, das Argument lässt sich jedoch auch gegen eine gesetzgeberische Ausweitung fruchtbar machen, weil die Auswirkungen dieselben sind, unabhängig davon auf welchem Weg der deliktische Schutz der faktischen Lebensgemeinschaft erreicht wird.

---

661 Hausmann/Hohloch/*Holzhauer*, 2. Auflage, 2004, S. 445.

662 Hausmann/Hohloch/*Holzhauer*, 2. Auflage, 2004, S. 445.

663 Für die gesetzliche Rentenversicherung Kassler Kommentar/*Kater*, SGB X, 72. EL, 2012, § 116 Rn. 3; für die beamtenrechtliche Versorgung Battis/*Battis*, BBG, 4. Auflage, 2009, § 76 Rn. 1.

664 Hausmann/Hohloch/*Holzhauer*, 2. Auflage, 2004, S. 445.

665 Hausmann/Hohloch/*Holzhauer*, 2. Auflage, 2004, S. 445.

666 Hausmann/Hohloch/*Holzhauer*, 2. Auflage, 2004, S. 445.

bb) Stellungnahme

Damit aus diesem Vorbringen Rückschlüsse für eine Novellierung des § 844 Abs. 2 BGB gezogen werden können, muss zunächst aufgezeigt werden, wem der Anspruch nach derzeitiger Rechtslage zu Gute kommt und wer nach einer Reform profitieren würde.

(1) Die aktuelle Situation

Bei der deliktischen Tötung eines gesetzlichen Unterhaltsschuldners entsteht ein Drei-Personen-Verhältnis. Der Geschädigte – gemeint ist der nach § 844 Abs. 2 BGB Anspruchsberechtigte und nicht der Getötete – hat gegen den Schädiger einen Anspruch aus § 844 Abs. 2 BGB. Er erhält jedoch mit der Folge Versorgungsleistungen, dass sein deliktsrechtlicher Anspruch im Wege der Legalzession gemäß § 116 Abs. 1 S. 1 SGB X bzw. § 76 BBG auf den Sozialversicherer bzw. Dienstherrn übergeht. Der Geschädigte selbst kann ihn ab diesem Zeitpunkt nicht mehr geltend machen. Der Sozialversicherer bzw. Dienstherr wiederum nimmt für seine Leistungen Regress beim deliktischen Schädiger. Die Anspruchsgrundlage hierfür ist § 844 Abs. 2 BGB i.V.m. § 116 Abs. 1 S. 1 SBG X bzw. § 76 BBG.

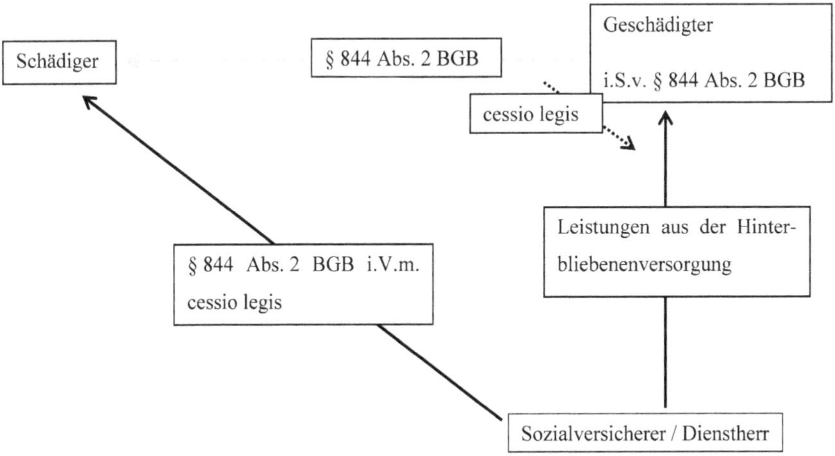

Vom Anspruch aus § 844 Abs. 2 BGB profitiert daher der Erbringer der Leistungen aus der Hinterbliebenenversorgung, da die Norm es ihm ermöglicht, beim Schädiger Regress zu nehmen.

(2) Die zukünftige Situation

Würde die Haftung des § 844 Abs. 2 BGB auf die faktische Lebensgemeinschaft erweitert, wäre auch die Abwicklungskonstruktion eine andere. Mangels Ansprüchen aus der Hinterbliebenenversorgung und daraus resultierend fehlender cessio legis, würde der Schadensausgleich allein im Zwei-Personen-Verhältnis zwischen Schädiger und Geschädigtem erfolgen.

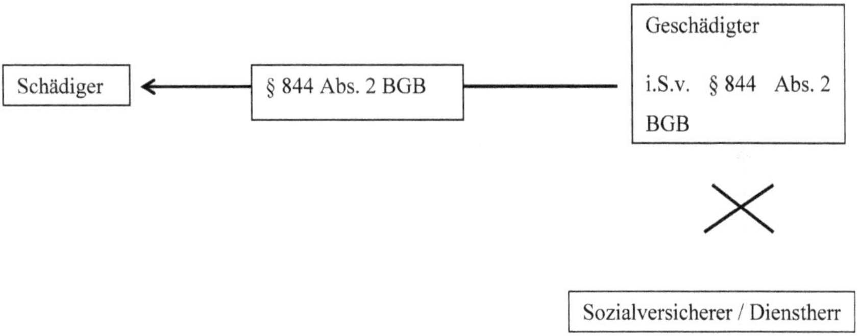

Der Geschädigte ist es daher auch, der von einer Erweiterung des § 844 Abs. 2 BGB unmittelbar profitieren würde, er könnte seinen Schaden vom Schädiger ersetzt verlangen.

(3) Rückschlüsse für eine Reform des § 844 Abs. 2 BGB

(a) Ausgangspunkt

Richtig ist, dass eine Erweiterung des § 844 Abs. 2 BGB auf den hinterbliebenen Lebensgefährten einer faktischen Lebensgemeinschaft diesem unmittelbar zu Gute käme. Er könnte den deliktischen Anspruch gegen den Schädiger – anders als die übrigen nach § 844 Abs. 2 BGB berechtigten Personen – selbst geltend machen.

Im Ergebnis stünde der überlebende Partner einer faktischen Lebensgemeinschaft nach einer isolierten Reform des § 844 Abs. 2 BGB somit genauso wie die bisher bereits von der Norm begünstigten Personen, obwohl diese ihre Leistungen aus der Hinterbliebenenversorgung ersetzt erhalten. Der Einwand, dass eine Erweiterung des § 844 Abs. 2 BGB auf die Lebensgefährten einer faktischen Lebensgemeinschaft die gleiche Wirkung hätte wie die Ausweitung der Hinterbliebenenversorgung auf diesen Personenkreis, ist daher nicht so einfach von der Hand zu weisen.

(b) Vorrang einer gerechten deliktischen Regelung

Man muss aber hinterfragen, ob die tatsächliche Überlagerung der deliktischen Schadensersatzansprüche von den Leistungen der sozialen Sicherungssysteme allein maßgebend für den Umfang der deliktischen Haftung sein kann.

Entscheidend ist letztlich, welchem Aspekt man mehr Bedeutung beimisst: Einer gerechten deliktischen Regelung oder (vermeintlichen) rechtspolitischen Auswirkungen einer Reform des Deliktsrechts. Die Entscheidung muss zu Gunsten der gerechten deliktischen Regelung ausfallen.

Wenn man annähme, dass für die deliktische Haftung die Grundentscheidungen der Hinterbliebenenversorgung maßgebend wären, würde dies im Konkreten dazu führen, dass eine Erweiterung des § 844 Abs. 2 BGB auf die faktische Lebensgemeinschaft unterbleiben müsste, da diese auch an der Hinterbliebenenversorgung nicht teilnimmt. Die Konsequenz wäre, dass der Schädiger einzig auf Grund befürchteter rechtspolitischer Auswirkungen begünstigt würde. Er müsste auch zukünftig nicht für den Verlust von Unterhaltsleistungen im Rahmen einer faktischen Lebensgemeinschaft haften, wenn er durch ein deliktsrechtlich relevantes Verhalten einen der Lebensgefährten tötet. Dass dies zu einem Wertungswiderspruch führt, wurde bereits aufgezeigt.

Allgemein würde es bedeuten, dass das Deliktsrecht nicht geändert werden könnte, sofern es dadurch von der Hinterbliebenenversorgung abweicht. Dass dieses Ergebnis nicht überzeugt, wurde ebenfalls bereits dargelegt[667].

Es ist zwar richtig, dass die deliktische Haftung in der Praxis weitgehend hinter die sozialen Sicherungssysteme zurücktritt[668]. Daraus darf aber nicht folgen, dass die praktische Abwicklung eines Schadensfalls den Umfang der deliktischen Haftung vorgibt. Es handelt sich um zwei streng zu trennende Aspekte. Zum einen das *Ob* der deliktischen Haftung, zum anderen das *Wie* der Regulierung, wenn mit den deliktischen Ansprüchen solche aus der Hinterbliebenenversorgung zusammentreffen.

Der Einwand von *Holzhauer* lässt sich zudem auch dadurch ein Stück weit entkräften, dass er ihn gegen eine analoge Anwendung des § 844 Abs. 2 BGB vorgebracht hat. Die Auswirkungen sind zwar die gleichen, unabhängig vom Weg der Ausweitung. Es hat aber anderes Gewicht, wenn der Gesetzgeber den § 844 Abs. 2 BGB ausweitet. Dessen ausdrücklicher Wille ist zu respektieren. Hat er mittelbare (rechtspolitische) Auswirkungen auf andere Bereiche, ist das hinzunehmen.

---

667 Siehe dazu soeben 2. HT, Kap. 2, B, I, 9, b), bb).

668 Staudinger/*Vieweg*, Neubearbeitung 2007, § 843 Rn. 3.

Im Ergebnis muss daher der § 844 Abs. 2 BGB unabhängig von den indirekten Auswirkungen auf die Hinterbliebenenversorgung geändert werden können. Nur so kann das Ziel erreicht werden, eine gerechte deliktische Regelung zu schaffen.

(c) Keine Besserstellung des faktischen Lebensgefährten

Der faktische Lebensgefährte stünde durch die Erweiterung des § 844 Abs. 2 BGB zudem nicht besser als die bisher schon von seinem Schutzbereich erfassten Personen. Die der Hinterbliebenenversorgung zugrunde liegenden Wertungen zum Schadensausgleich im Todesfall würden nicht durchbrochen werden.

Bei der Abwicklung in der Drei-Personen-Konstellation sind zwei Aspekte von zentraler Bedeutung. Zum einen, dass der Geschädigte neben den Versorgungsleistungen nicht zusätzlich den Schadensersatzanspruch gegen den Schädiger geltend machen kann[669], da er andernfalls seinen Schaden zwei Mal ersetzt bekäme. Der Anspruch aus § 844 Abs. 2 BGB geht daher auf den Versorgungsträger über. Zum anderen darf die Tatsache, dass der Geschädigte Leistungen aus der Hinterbliebenenversorgung bekommt aber auch nicht dazu führen, dass sich der Schädiger darauf berufen kann, dem Geschädigten sei kein Schaden entstanden[670]. Denn der Schädiger soll für den von ihm verursachten Schaden selbst aufkommen.

Diese Ziele würden auch bei einer Erweiterung des § 844 Abs. 2 BGB auf die faktische Lebensgemeinschaft erreicht. Auch danach trüge der Schädiger das Haftungsrisiko und der Geschädigte erhielte einmal Ausgleich für seinen Schaden. Es wäre jedoch kein Dritter in die Regulierung einbezogen.

Der hinterbliebene faktische Lebensgefährte trüge das Insolvenzrisiko des Schädigers und droht gegebenenfalls leer auszugehen. Dieses Risiko ist theoretisch weitaus höher als die Insolvenz eines Sozialversicherungsträgers oder des Dienstherrn eines Beamten, d.h. des Bundes[671]. In der Praxis wird sich dieser Unterschied aber nicht gravierend auswirken, da im Fall einer Insolvenz des Schädigers auf jeden Fall dessen Haftpflichtversicherer direkt in Anspruch genommen werden kann[672]. Zwar besteht in Deutschland entgegen des Namens keine Pflicht, eine Privathaftpflichtversicherung abzuschließenden, für viele

669 Staudinger/*Röthel*, Neubearbeitung 2007, § 844 Rn. 243; BeckOK/*Pohl*, SozR, Edition 30, § 116 SGB X Rn. 4; *Kötz/Wagner*, 11. Auflage, 2010, Rn. 763.

670 Staudinger/*Röthel*, Neubearbeitung 2007, § 844 Rn. 243; BeckOK/*Pohl*, SozR, Edition 30, § 116 SGB X Rn. 4.

671 Der Bund ist wegen § 12 Abs. Nr. 1 InsO überhaupt nicht insolvenzfähig; Sozialversicherungsträger hingegen schon: MüKo/*Ott/Vuia*, InsO, 3. Auflage, 2013, § 12 Rn. 17; Uhlenbruck/*Hirte*, 13. Auflage, 2010, § 12 Rn. 10; Dienstherr kann auch ein Bundesland sein, Landesbeamten wurden aus der Betrachtung jedoch ausgeklammert, Fn. 637.

672 Vgl. § 115 VVG.

besonders risikobehaftete Tätigkeiten, wie insbesondere das Halten eines Kfz, ist dies aber der Fall, so dass meist ein Versicherungsschutz bestehen wird.

cc) Ergebnis

Der Einwand, dass eine Erweiterung des § 844 Abs. 2 BGB auf die faktische Lebensgemeinschaft indirekte rechtpolitische Auswirkungen auf die Hinterbliebenenversorgung hätte, die abzulehnen seien, steht einer entsprechenden Reform daher nicht entgegen. Zwar könnte der hinterbliebene Lebensgefährte den Anspruch aus § 844 Abs. 2 BGB unmittelbar selbst geltend machen. Dies steht aber nicht in einem untragbaren Widerspruch zu Entscheidungen der Hinterbliebenenversorgung, an der der Lebensgefährte nicht teilhat und auch zukünftig nicht teilhaben soll.

d) Fazit

Der Anspruch aus § 844 Abs. 2 BGB steht in einem engem Zusammenhang mit der Hinterbliebenenversorgung. Dies kann zu Wechselwirkungen führen. Aber weder der Einwand, dass allenfalls eine einheitliche Reform von Hinterbliebenenversorgung und deliktischem Anspruch möglich sei, noch das Argument, dass eine singuläre Reform des § 844 Abs. 2 BGB untragbare rechtspolitische Auswirkungen auf die Hinterbliebenenversorgung hätte, stehen einer Reform des § 844 Abs. 2 BGB entgegen.

10. Die Historie

a) Argumentation

Gegen eine Reform des § 844 Abs. 2 BGB könnte des Weiteren der Wille des historischen Gesetzgebers herangezogen werden. Wenn dieser zum Ausdruck gebracht hat, dass er tatsächlichen Umständen kein Gewicht beimessen möchte, spricht das gegen eine entsprechende Novellierung der Norm.

aa) § 844 Abs. 2 BGB

Die Auswertung der Materialien zum BGB hat gezeigt, dass der Gesetzgeber tatsächliche Unterhaltsleistungen – trotz mehrerer Vorstöße in diese Richtung – bewusst nicht in den Schutzbereich des § 844 Abs. 2 BGB mit aufgenommen hat[673]. Die Gesetzeshistorie zu § 844 Abs. 2 BGB spricht daher gegen eine Ausweitung der danach geschuldeten deliktischen Haftung.

673 Siehe dazu bereits oben 2. HT, Kap. 1, B, II, 2.

bb) Sonstige Aussagen

Allerdings hat der Gesetzgeber bei den Vorarbeiten zum BGB an anderer Stelle zu erkennen gegeben, dass er nicht – wie bei § 844 Abs. 2 BGB geschehen – stringent auf familienrechtliche Statusverhältnisse abstellen möchte. Die betreffende Stelle findet sich in den Motiven zum Entwurf des heutigen § 1093 Abs. 2 BGB. Diese Norm regelt welche Personen der Inhaber eines dinglichen Wohnungsrechts dauerhaft in die Wohnung aufnehmen darf. Zum berechtigten Personenkreis gehört vor allem die Familie. Diese soll nach dem Willen des historischen Gesetzgebers im „Sinne des gewöhnlichen Lebens“ bestimmt werden[674]. Soweit das Zusammenleben als „das Normale“ erscheint, bestehe eine Familie, unabhängig davon, ob die Personen durch gesetzliche Unterhaltspflichten verbunden sind[675].

Der Gesetzgeber bringt damit zum Ausdruck, dass die Existenz gesetzlicher Unterhaltspflichten nicht konstitutiv für das Vorliegen von Familie ist, sondern diese unabhängig von Statusverhältnissen bestehen kann. Entscheidend können stattdessen allgemeine, tatsächliche Anschauungen sein. Die Bezugnahme auf „das Normale“ beweist Weitblick. Sie drückt aus, dass der Begriff wandelbar sein und sich den tatsächlich vorherrschenden Begebenheiten anpassen sollte.

Es wäre für den Gesetzgeber daher nichts grundsätzlich neues, wenn er auch im Rahmen eines neugefassten § 844 Abs. 2 BGB mehr auf faktische Umstände abstellen würde. Allerdings müssen zwei Aspekte beachtet werden. Zum einen betreffen die gesetzgeberischen Aussagen den Begriff der Familie, der in § 844 Abs. 2 BGB nicht verwendet wurde. Vielmehr wurde mit der Entscheidung, die Haftung vom Bestehen gesetzlicher Unterhaltspflichten abhängig zu machen, ein starrer und eindeutiger Anknüpfungspunkt gewählt. Zum anderen finden sich zu § 844 Abs. 2 BGB ausdrückliche, abweichende Stellungnahmen.

Die Motive zum heutigen § 1093 Abs. 2 BGB sind daher für die vorliegend interessierende Konstellation nicht ebenso aussagekräftig wie die Motive zum heutigen § 844 Abs. 2 BGB.

b) Stellungnahme

Trotz des teilweisen Abweichens von den familienrechtlichen Statusverhältnissen, sprechen die historischen Gesetzgebungsmaterialien gegen eine Reform des § 844 Abs. 2 BGB.

Jedoch stellt sich die Frage nach der Aussagekraft dieser Feststellung. In den über 100 Jahren, die seit dem Inkrafttreten des BGB vergangen sind, haben sich

674 Motive, Band III, S. 571.
675 Motive, Band III, S. 571.

die gesellschaftlichen Verhältnisse erheblich verändert. Neben der Ehe existieren zunehmend andere Lebensformen, in denen auch ohne gesetzliche Verpflichtung wechselseitige Verantwortung übernommen wird, die in tatsächlichen Unterhaltsleistungen münden kann[676]. Insbesondere die Zahl faktischer Lebensgemeinschaften steigt[677]. Bei der Reformbedürftigkeit des § 844 Abs. 2 BGB können daher nicht allein die (veralteten) Begründungen zum BGB ausschlaggebend sein. Zumal bei einer starren Orientierung an der historischen Gesetzesbegründung nahezu jede Gesetzesänderung unmöglich wäre. Es muss allerdings berücksichtigt werden, dass der Gesetzgeber seiner Ansicht zuletzt im Rahmen der großen Schuldrechtsmodernisierung Ausdruck verliehen und seinen Standpunkt dabei erneut bekräftigt hat.

c) Fazit

Eine Reform des § 844 Abs. 2 BGB würde sich in Widerspruch zu den (historischen) Gesetzesbegründungen setzen. Dieser Widerspruch wiegt aber nicht so schwer, dass der § 844 Abs. 2 BGB allein deswegen unangetastet bleiben müsste.

11. Die Möglichkeit der Eigenvorsorge

a) Argumentation

In seinem Referat zum 50. VGT im Januar 2012 brachte *Reidel* einen weiteren Aspekt ins Spiel, der gegen eine Erweiterung des aktuellen § 844 Abs. 2 BGB sprechen könnte. Er meint, dass faktisch Unterhalt leistende Personen für den Fall ihres Todes vertragliche Vorsorge für die ihnen nahestehenden Personen treffen könnten, wenn sie deren Absicherung wollten, etwa indem sie Risikolebensversicherungen abschlössen[678]. Dieser Weg sei sozial-ökonomisch besser geeignet, da er am entscheidenden Punkt ansetze: den wirtschaftlichen Folgen des Todes[679]. Dies sei gegenüber einer Anknüpfung am schädigenden Ereignis vorzugswürdiger, da die Zahl deliktischer Tötungen verhältnismäßig klein sei[680].

---

676 Dazu später unten 2. HT, Kap. 2, B, II, 3.

677 Vgl. dazu sogleich 2. HT, Kap. 2, B, II, 2, b), aa), (1).

678 *Reidel*, 50. VGT, 2012, S. 1, 4.

679 *Reidel*, 50. VGT, 2012, S. 1, 4.

680 *Reidel*, 50. VGT, 2012, S. 1, 4.

b) Stellungnahme

Die Lebensgefährten zu vertraglicher Eigenvorsorge anzuhalten, ist ein guter Ansatz. Er erkennt, dass im Rahmen faktischer Lebensgemeinschaften ein Bedürfnis nach (weiterer) Absicherung im Todesfall besteht. Dennoch überzeugt dieser Einwand nicht.

Zu erwähnen sind zunächst Praktikabilitätserwägungen. Meist wird es bereits an vertraglichen (Unterhalts-) Vereinbarungen zwischen den Lebensgefährten fehlen[681]. Diese sehen während der Beziehung häufig kein Bedürfnis nach gegenseitiger finanzieller und rechtlicher Absicherung. Sie sind zu diesem Zeitpunkt auf freiwilliger Basis bereit, Unterstützungsleistungen zu erbringen und werden sich häufig keine Gedanken über Trennung oder gar einen plötzlichen Tod machen. Es ist daher äußerst zweifelhaft, dass Vorsorgevereinbarungen zwischen einem oder beiden Lebensgefährten und einem Versicherungsträger existieren. Ist dies aber nicht sicher gestellt, ist die Lösung über eigenständige Vorsorge nicht ebenso effektiv wie die Erweiterung des gesetzlichen Deliktsschutzes[682].

Die Aussage, dass eine Gesetzesänderung auf Grund der absolut gesehen geringen Zahl von Unfalltoten nicht erforderlich sei, ist zudem fast zynisch. Es ist zu einfach, sich auf die bloßen Zahlen zurückzuziehen. Dies mag zwar sozialökonomisch sein, berücksichtigt die Auswirkungen für den Einzelnen jedoch nicht in ausreichendem Maß[683]. Ein solches Vorgehen ist wenig sozial und daher auch wenig geeignet.

Des Weiteren ist kein Grund ersichtlich, warum der deliktische Schädiger davon profitieren sollte, dass der von ihm Getötete zufällig vertragliche Vorsorgemaßnahmen ergriffen hat, um seinen Lebensgefährten im Todesfall abzusichern. Um dies zu erreichen, werden Leistungen aus privaten Versicherungen des Getöteten in aller Regel nicht auf den Schadensersatzanspruch aus § 844 Abs. 2 BGB angerechnet[684]. Den hinterbliebenen faktischen Lebensgefährten nun allein auf entsprechende Leistungen zu verweisen und den Schädiger dadurch zu entlasten, wäre widersprüchlich.

Der Einwand der möglichen Eigenvorsorge berücksichtigt zuletzt auch in zu hohem Maße die Interessen der Versicherungswirtschaft[685]. Diesen sollte jedoch

---

681 *Dethloff*, 30. Auflage, 2012, § 8 Rn. 5; *v. Proff zu Irnich* RNotZ 2008, 313, 321; *Busche* JZ 1998, 387, 395; *Stab* ZRP 1988, 355, 356; *Finger* JZ 1981, 497, 510; in diese Richtung gehend auch *Staudinger*, 50. VGT, 2012, S. 11, 17 und Beschluss I.4 des 57. DJT, NJW 1988, 2998, 2998.

682 Vgl. *Staudinger*, 50. VGT, 2012, S. 11, 15.

683 Siehe dazu sogleich 2. HT, Kap. 2, B, II, 1.

684 MüKo/*Wagner*, BGB, 5. Auflage, 2009, § 844 Rn. 77; Staudinger/*Röthel*, Neubearbeitung 2007, § 844 Rn. 224.

685 *Staudinger*, 50. VGT, 2012, S. 11, 15.

weniger Gewicht als den Interessen des hinterbliebenen faktischen Lebensgefährten beigemessen werden.

c) Fazit

Das Argument der möglichen Eigenvorsorge überzeugt nicht und steht einer Reform des § 844 Abs. 2 BGB somit nicht entgegen.

12. Zusammenfassendes Fazit

Die Darstellung der Argumente, die gegen eine Novellierung des § 844 Abs. 2 BGB angeführt werden, hat gezeigt, dass einige der aufgeführten Lösungsansätze bereits an dieser Stelle ausscheiden müssen. Das gilt für die Einführung eines eigenständigen (familienrechtlichen) Rechtsinstituts, das Rechte und Pflichten der faktischen Lebensgemeinschaft umfassend regelt, ebenso wie für die Statuierung gesetzlicher Unterhaltspflichten während des Bestehens und nach Beendigung einer solchen Beziehung.

Die Auseinandersetzung mit den vorgebrachten Aspekten zeigt, dass keiner so schwer wiegt, dass eine Erweiterung des § 844 Abs. 2 BGB allein seinetwegen unterbleiben muss. Einzige Ausnahme bildet die Entstehungsgeschichte. Dieser allein ist aber keine zu große Bedeutung (mehr) beizumessen, so dass sie die Forderungen nach einer Reform nicht abwehrt.

Diese Schlussfolgerung gilt auch für die als Kernprobleme ausgemachten Aspekte Eheschutz und Rechtssicherheit. Zwar ist der besondere Schutz der Ehe aus Art. 6 Abs. 1 GG tangiert, wenn die faktische Lebensgemeinschaft in den Schutzbereich des § 844 Abs. 2 BGB aufgenommen würde. Dies stellt aber solange keine ungerechtfertigte Verletzung dieses Grundrechts dar, wie sie insgesamt nicht mit mehr Rechten aber weniger Pflichten als die Ehe ausgestattet wird. Und die Argumente, die Ausdruck des Verlangens nach Rechtssicherheit sind, das der mangelnden Vorhersehbarkeit und das der Beweisprobleme, konnten entkräftet werden.

Unerlässlich ist jedoch, dass die Anforderungen an die tatsächliche Unterstützungshandlung nicht zu niedrig angesetzt und optimaler Weise auch im Gesetzestext verankert werden. Dafür sprechen der Grundrechtsschutz des Schädigers aus Art. 2 Abs. 1 GG, der Ausnahmecharakter des § 844 Abs. 2 BGB sowie die andernfalls bestehenden Beweisprobleme.

Auch wenn kein Argument für sich genommen stark genug ist, die Reformbestrebungen niederzuschlagen, darf nicht unberücksichtigt bleiben, dass einer Gesamtschau der Argumente doch eine gewisse Aussagekraft zukommt, die gegen eine Reform des § 844 Abs. 2 BGB spricht. Auch diese führt jedoch nicht dazu, dass von einer Novellierung der Norm zwingend abgesehen werden müsste.

II. Argumente für eine Reform des § 844 Abs. 2 BGB

Die Argumente, die von den Gegnern einer § 844 Abs. 2 BGB-Neufassung vorgebracht werden, konnten so weit entkräftet werden, dass sie einer Reform – weder einzeln betrachtet noch in einer Gesamtschau – nicht unüberwindlich entgegenstehen. Das allein reicht aber nicht aus, um die Norm zu ändern. Vielmehr müssen gewichtige Gründe gerade für eine Erweiterung des Anwendungsbereichs sprechen.

1. Die Vergleichbarkeit der Situationen

a) Argumentation

Das zentrale Argument für eine Erweiterung des von § 844 Abs. 2 BGB vermittelten Schutzes auf die faktische Lebensgemeinschaft ist die Vergleichbarkeit der Situationen. So wird angeführt, dass es eine vergleichbare Härte bedeute, wenn ein faktischer Lebensgefährte seinen Partner, der ihn zu Lebzeiten finanziell unterstützt hat, durch eine deliktische Handlung verliere, wie wenn ein Ehepartner seinen gesetzlich zum Unterhalt verpflichteten Ehegatten verliere[686]. Es mache keinen Unterschied, auf welcher Grundlage Unterhalt geleistet werde, maßgeblich sei allein, *dass* Unterhalt geleistet werde und sein Wegfall Auswirkungen auf den Empfänger habe[687].

b) Stellungnahme

Dem kann man zwar zunächst entgegnen, dass der faktische Lebensgefährte nicht im gleichen Umfang auf den Fortbestand der Unterhaltsleistungen vertrauen durfte, weil er anders als der Ehegatte gerade keinen gesetzlichen Anspruch darauf hat[688]. Der deliktisch Handelnde zerstöre daher nur Erwartungen und Hoffnungen, deren Verletzung aber keinen deliktischen Schadensersatzanspruch auslösen könne[689].

---

686 *Staudinger*, 50. VGT, 2012, S. 11, 15; *Dethloff*, 30. Auflage, 2012, § 8 Rn. 36; *dies.* in Scherpe/Yassari, S. 137, 158; Staudinger/*Röthel*, Neubearbeitung 2007, § 844 Rn. 34; MüKo/*Wacke*, BGB, 4. Auflage, 2000, nach § 1302 Rn. 30; *Raddatz*, S. 184; *Huffmann*, 23. VGT, 1985, S. 90, 103; *Wichelhaus*, S. 32 für die Stiefkindkonstellation; *Denck*, S. 127; so sogar *Jahnke* NVZ 2001, 329, 330, der eine Ausweitung des § 844 Abs. 2 BGB jedoch ablehnt.

687 *Raddatz*, S. 184.

688 Vgl. *Lieb*, Gutachten A zum 57. DJT, 1988, A 90.

689 *Lieb*, Gutachten A zum 57. DJT, 1988, A 90; zum Schweizerischen Art. 45 Abs. 3 OR *Weimar*, FS Keller, 1989, S. 337, 340.

Ein schützenswertes Vertrauen kann man jedoch nicht nur dort entwickeln, wo eine Leistung nach dem Gesetz oder einem Vertrag geschuldet wird, sondern auch dort, wo sie rein tatsächlich erbracht wurde. Das Vertrauen auf den Fortbestand einer bisher erfolgten freiwilligen, rein tatsächlichen Leistung ist gegenüber bloßen Erwartungen und Hoffnungen ein Mehr und kann daher deliktischen Schutz verdienen.

Zudem macht es finanziell für den überlebenden Partner in der Tat keinen Unterschied, auf welcher Grundlage er von seinem Lebensgefährten Unterhalt bezogen hat, entscheidend ist für ihn allein, dass er ihn bisher erhalten hat und dass dieser mit dem Tod nun wegfällt. Dies sei an drei Beispielen verdeutlicht:

Beispiel 1: A1 und B1 sind seit Jahren faktische Lebensgefährten. Als sie sich kennenlernten gingen beide einer vollzeitigen Erwerbstätigkeit nach. Nach einigen Jahren wird B1 erwerbsunfähig und bezieht seitdem eine Erwerbsunfähigkeitsrente, die allerdings weitaus geringer als das früherer Arbeitseinkommen ist. Um dies auszugleichen, bezahlt A1 die Beiträge für eine private Krankenversicherung von B1 und kommt zudem für die gemeinsamen Urlaube auf. Diese Leistungen bleiben ab dem Moment aus, in dem A1 bei einem von X in deliktsrechtlich relevanter Weise verursachten Skiunfall zu Tode kommt.

Beispiel 2: A2 und B2 führen seit 10 Jahren eine faktische Lebensgemeinschaft und haben die beiden gemeinsamen Kinder S (vier Jahre) und T (sechs Jahre). Vor der Geburt der T waren beide Elternteile berufstätig, nach der Geburt blieb B2 zu Hause, weil A2 das weitaus höhere Einkommen erzielte. Diese Aufgabenteilung wurde auch nach der Geburt des S beibehalten. Sowohl A2 als auch B2 wollten, dass ein Elternteil nicht arbeitet, um die Kinder zu betreuen und den Haushalt zu erledigen. A2 finanzierte nicht nur alle familienbedingten Ausgaben, darunter die Miete für die Familienwohnung, sondern kam durch vierteljährlich ausgeführte Überweisungen auch für die persönlichen Bedürfnisse von B2 auf. Die vier Mal im Jahr vorgenommenen größeren Geldzahlungen sollten B2 mehr finanziellen Gestaltungsspielraum einräumen.

Beispiel 3: A3 und B3 führen eine faktische Lebensgemeinschaft, sie haben keine Kinder. A3 arbeitet Vollzeit, B3 hingegen absprachegemäß nur in einem Minijob, um noch genug Zeit für Haus, Garten und die Verwaltung von Immobilien von A3 zu haben. Der gemeinsame Lebensunterhalt wird von A3 bestritten. B3 kann auf das Konto von A3 zugreifen und jeden Monat über einen festgelegten Betrag frei verfügen.

In den drei Fallkonstellationen ist A B jeweils nicht per Gesetz zum Unterhalt verpflichtet, da keine Ehe besteht. Dennoch hat A bis zu seinem Tod Leistungen an B erbracht, die sich wie Unterhalt auswirken und die nach der derzeitigen gesetzlichen Lage ersatzlos wegfallen. Besonders für B2 und B3 kann das erhebliche Auswirkungen haben, da die komplette (B2) bzw. die ganz überwiegende (B3) finanzielle Lebensgrundlage entfällt. Dies ist im ersten Beispiel zwar nicht der Fall, weil B1 eine Erwerbsunfähigkeitsrente bezieht, dennoch hat der Tod von A1 auch Auswirkungen auf die finanzielle Situation von B1[690].

690 Zur Frage, unter welchen Voraussetzungen genau der hinterbliebene faktische Lebensgefährte zukünftig anspruchsberechtigt sein sollte, vgl. 2. HT, Kap. 3, C.

Die Effekte unterscheiden sich nicht von denen bei Ehegatten, doch greift dort wegen des Bestehens gesetzlicher Unterhaltspflichten – insbesondere wegen § 1360 BGB – § 844 Abs. 2 BGB ein und der bisher vom Ehegatten geleistete Unterhalt wird nun vom Schädiger geschuldet.

Das Argument, dass die Auswirkungen für den hinterbliebenen Partner vergleichbar sind, unabhängig davon, ob der Getötete auf gesetzlicher oder auf freiwilliger Grundlage Unterhalt geleistet hat, trifft somit zu. Es rückt die jeweils im Einzelfall betroffenen Personen und die Auswirkungen auf ihre finanzielle Lebenssituation in den Mittelpunkt. Dahinter steht das Streben nach mehr Einzelfallgerechtigkeit, die bereits als ein Kernaspekt benannt wurde[691]. Die Befürworter einer Novellierung des § 844 Abs. 2 BGB messen dieser höheres Gewicht zu als ihr der Gesetzgeber momentan zugesteht. In Kauf genommen wird dafür ein geringeres Maß an Rechtssicherheit.

Reidel wendet in diesem Zusammenhang aber ergänzend ein, dass eine Erweiterung des anspruchsberechtigten Personenkreises über die gesetzlichen Unterhaltsgläubiger hinaus zu einer Verrechtlichung des allgemeinen Lebensrisikos führen würde[692]. Es drohe eine „uferlose Haftung außerhalb absolut geschützter Rechte“[693]. Dies gelte umso mehr, als unklar sei, wo die Grenze der ausgeweiteten Haftung zu ziehen sei[694].

Es trifft zwar zu, dass durch die Erweiterung der deliktischen Haftung aus § 844 Abs. 2 BGB ein Risiko, das bisher gesetzlich nicht abgesichert ist, verrechtlicht würde. Dies würde hingegen nur in engen Grenzen und zu Gunsten der soeben beschriebenen Einzelfallgerechtigkeit erfolgen und ist somit hinnehmbar. Die befürchtete Gefahr einer konturenlosen Weite kann durch die Statuierung von Tatbestandsmerkmalen, die den Umfang der ausgeweiteten Haftung klar umreißen und ihr Grenzen setzen, gebannt werden.

Zu beachten ist jedoch, dass die gegenwärtige Ungleichbehandlung von Ehegatten und faktischen Lebensgefährten keinen Verstoß gegen den allgemeinen Gleichheitssatz aus Art. 3 Abs. 1 GG begründet. Man könnte zwar daran denken, dass grundsätzlich gleiche Sachverhalte – die Unterstützung in einer Paarbeziehung – ungleich behandelt werden, indem die Leistungen einmal – bei der Ehe – im Fall der deliktischen Tötung ersatzfähig sind und einmal – bei der faktischen Lebensgemeinschaft – nicht. Allerdings unterscheidet sich die rechtliche Ausgangslage, weil den Leistungen in der Ehe gesetzliche Unterhaltspflichten zugrunde liegen, solche bei der faktischen Lebensgemeinschaft aber fehlen. Eine Gleich-

691 Siehe bereits 2. HT, Kap. 2, B.

692 *Reidel*, 50. VGT, 2012, S. 1, 3.

693 *Reidel*, 50. VGT, 2012, S. 1, 3.

694 *Reidel*, 50. VGT, 2012, S. 1, 3.

behandlung beider Paarbeziehungen beim Tod eines Partners ist daher grundrechtlich nicht zwingend geboten. Das BVerfG hat in diesem Zusammenhang ausgeführt, dass eine wirtschaftliche Besserstellung der Ehe bei ihrer Auflösung durch Tod gegenüber rechtlich weniger verfestigten Paarbeziehungen gerechtfertigt ist[695]. Das heißt aber nicht, dass eine Ausweitung des § 844 Abs. 2 BGB nicht erfolgen darf.

c) Fazit

Der Umstand, dass der faktische Lebensgefährte durch die Tötung seines Partners vergleichbar einem Ehegatten seine wirtschaftliche Lebensgrundlage ganz oder zum Teil einbüßt, ohne aber bisher wie ein Ehegatte ersatzberechtigt zu sein, spricht dafür, ihn in den Schutzbereich des § 844 Abs. 2 BGB aufzunehmen. Dieses Ergebnis wird von Art. 3 Abs. 1 GG jedoch nicht erzwungen.

2. Die Entwicklung der tatsächlichen Verhältnisse

a) Argumentation

Es wird angeführt, dass die Zahl faktischer Lebensgemeinschaften in den vergangenen Jahren erheblich angestiegen sei und dass aus der gewachsenen sozialen eine gewachsene rechtliche Relevanz resultiere[696]: Leben zunehmend mehr Personen in faktischen Lebensgemeinschaften, stellen sich auch mehr Menschen dieselben rechtlichen Probleme. Dies könnte in einigen Bereichen zu einem so großen Bedürfnis nach einer abstrakt-generellen Auflösung führen, dass der Gesetzgeber tätig werden muss.

Gerade für den Bereich des hier interessierenden Unterhalts wird argumentiert, dass die Bedeutung tatsächlicher Unterhaltsgemeinschaften zugenommen habe und sie inzwischen gewachsene soziale Realität seien[697]. Stirbt der tatsächliche Unterstützer durch eine deliktische Handlung zerbricht die tatsächliche Unterhaltsbeziehung, ohne dass der Unterstützte jedoch Ersatz verlangen könnte. Der hiervon betroffene Personenkreis wächst proportional zur Zunahme faktischer Unterhaltsgemeinschaften. Resultat könnte ein gestiegenes Regelungsbedürfnis dieser Konstellation sein, als dessen Folge der § 844 Abs. 2 BGB zu novellieren wäre.

---

695 BVerfGE 124, 199, 225; BVerfG NJW 2011, 1663, 1663.

696 *Staudinger*, 50. VGT, 2012, S. 11, 16; für eine Reform mit Blick auf die gesellschaftlichen Verhältnisse auch *Angela Diederichsen* NJW 2013, 641, 642, 647.

697 Staudinger/*Röthel*, Neubearbeitung 2007, § 844 Rn. 34.

b) Stellungnahme

Damit die Veränderung der tatsächlichen Verhältnisse für eine Reform des § 844 Abs. 2 BGB herangezogen werden kann, müsste zweierlei gegeben sein: Nicht nur die Zahl der faktischen Lebensgemeinschaften insgesamt, sondern auch die auf dieser Grundlage erbrachten tatsächlichen Unterhaltsleistungen müssten in den letzten Jahren signifikant gestiegen sein. Nur bei kumulativem Vorliegen kann das Bedürfnis nach einer gesetzgeberischen Lösung der diskutierten Konfliktsituation in einem Maß angewachsen sein, das eine Erweiterung des § 844 Abs. 2 BGB erfordert.

aa) Rechtstatsachen

Der Beurteilung dieses Arguments sind einige Rechtstatsachen voranzustellen.

(1) Die Zahl faktischer Lebensgemeinschaften

Im Jahr 2011 gab es in Deutschland laut den Mikrozensus-Ergebnissen 2.773.000 faktische Lebensgemeinschaften. Diese Zahl setzt sich aus 2.732.000[698] verschieden- und 41.000[699] gleichgeschlechtlichen Beziehungen zusammen. Gegenüber dem Vorjahr ist das ein Plus von 5,6%. 1996 waren es erst 1.839.000 faktische Lebensgemeinschaften, davon 1.801.000[700] verschieden- und 38.000[701] gleichgeschlechtliche. Gegenüber dem Jahr 1996 ergibt sich daher ein Anstieg faktischer Lebensgemeinschaften von ca. 50%.

(2) Unterstützungsleistungen innerhalb faktischer Lebensgemeinschaften

Es fragt sich nun aber, ob der Anstieg dieser Beziehungsform auch zu einer beachtenswerten Zunahme faktischer Unterhaltsgemeinschaften geführt hat. Nur wenn dieser Schluss gezogen werden kann, ist auch das Bedürfnis, den § 844 Abs. 2 BGB zu erweitern groß genug, um eine entsprechende Reform zu begründen.

---

698 Destatis, Bevölkerung und Erwerbstätigkeit, Haushalte und Familien, Mikrozensus 2011, S. 77.

699 Destatis, Bevölkerung und Erwerbstätigkeit, Haushalte und Familien, Mikrozensus 2011, S. 74, 77.

700 Destatis, Bevölkerung und Erwerbstätigkeit, Haushalte und Familien, Mikrozensus 2011, S. 99, 100.

701 Destatis, Bevölkerung und Erwerbstätigkeit, Haushalte und Familien, Mikrozensus 2011, S. 99, 100; diese Zahl scheint im Vergleich zu den aktuellen sehr hoch, allerdings muss beachtet werden, dass seit 2001 die Möglichkeit der, hier unberücksichtigten, gleichgeschlechtlichen eingetragenen Lebenspartnerschaft besteht. 2011 bestanden 27.000 solcher Lebenspartnerschaften.

(a) Verschiedengeschlechtliche faktische Lebensgemeinschaften

Betrachtet man nur die Zahlen verschiedengeschlechtlicher faktischer Lebensgemeinschaften ergibt sich folgendes Bild:

Bei 73.000 oder 2,7% der männlichen Lebensgefährten setzte sich der überwiegende Lebensunterhalt in 2011 aus Einkünften von Angehörigen zusammen[702]. Bei den Frauen lagen die Zahlen höher: 190.000 der faktischen Lebensgefährtinnen bestritten ihren überwiegenden Lebensunterhalt aus Einkünften von Angehörigen, das entspricht einer Quote von 7%[703].

Insgesamt lag die Zahl derjenigen, die auf diese Weise ihren Lebensunterhalt bestritten, damit bei 263.000.

Ein Blick auf die Vorjahreszahlen ergibt folgendes: Die Zahl der männlichen Lebensgefährten, die überwiegend von Leistungen Angehöriger lebten stieg im Vergleich zum Jahr 2010 um 9,7%. Bei den Frauen lag der Zuwachs innerhalb des Vergleichszeitraums immerhin bei 2,7%.

Beachtet werden muss dabei freilich zweierlei. Zum einen, dass unter dem Begriff der Angehörigen in diesem Zusammenhang nicht nur der jeweils andere Lebensgefährte, sondern z.B. auch Eltern zu verstehen sind[704]. Es werden somit nicht nur Leistungen innerhalb der Beziehung erfasst. Deren tatsächliche Zahl ist daher geringer. Zum anderen, dass in der Statistik nur die Leistungen Angehöriger auftauchen, die den überwiegenden Teil des Einkommens ausmachten. Nicht erfasst sind also Unterstützungsleistungen, die das Einkommen aus einer anderen Quelle lediglich ergänzten.

(b) Gleichgeschlechtliche faktische Lebensgemeinschaften

Sehr viel komplizierter wird es, wenn man die Quoten derer, die ihren Lebensunterhalt überwiegend mit Einkünften von Angehörigen bestreiten, bei gleichgeschlechtlichen faktischen Lebensgemeinschaften analysieren möchte. Vom Statistischen Bundesamt wird keine Statistik herausgegeben, die lediglich diese Beziehungsform erfasst. Bereits die Ermittlung ihrer Anzahl war nur möglich, indem von der Zahl der Lebensgemeinschaften – nach dem Verständnis des Statistischen Bundesamtes – insgesamt, die nichtehelichen und die eingetragenen abgezogen wurden. Zwar kann man die Zahl der von Angehörigen unterstützten gleichgeschlechtlichen Lebensgefährten ermitteln, innerhalb derer aber nicht zwischen eingetragenen und faktischen Lebensgemeinschaften differenzieren.

---

702 Destatis, Bevölkerung und Erwerbstätigkeit, Haushalte und Familien, Mikrozensus 2011, S. 78.
703 Destatis, Bevölkerung und Erwerbstätigkeit, Haushalte und Familien, Mikrozensus 2011, S. 78.
704 Destatis, Bevölkerung und Erwerbstätigkeit, Haushalte und Familien, Mikrozensus 2011, S. 14.

Festhalten lässt sich daher nur, dass im Jahr 2011 insgesamt 6.000 gleichgeschlechtliche Lebensgefährten ihren überwiegenden Lebensunterhalt aus Einkünften Angehöriger bestritten. Nochmals sei aber betont, dass es sich dabei sowohl um faktische als auch um eingetragene Lebenspartner handelt und letztere einander per Gesetz zum Unterhalt verpflichtet sind. Im Vergleichsjahr 2010 betrug diese Zahl noch 5.000, was einer Steigerung von 20% entspricht.

Auch hier gilt jedoch zusätzlich erneut, dass es sich bei den Unterstützungsleistungen nicht allein um solche des jeweiligen Lebensgefährten handelt, sondern auch um solche anderer Angehöriger und dass nur die Leistungen erfasst werden, die den überwiegenden Teil des Lebensunterhalts ausmachten.

bb) Rückschlüsse für eine Reform des § 844 Abs. 2 BGB

(1) Signifikante Zunahme faktischer Lebensgemeinschaften

Es darf nicht außer Acht gelassen werden, dass es faktische Lebensgemeinschaften schon immer gab[705]. In den letzten 15 Jahren ist ihre Zahl jedoch erheblich angestiegen. Faktische Lebensgemeinschaften gibt es in allen gesellschaftlichen Schichten[706], sie sind ein fester Bestandteil der modernen Gesellschaft.

Die Legislative hat die daraus resultierende rechtliche Bedeutung durchaus erkannt. Bereits im Rahmen der Definition wurden die Stellen herausgearbeitet, an denen auf diesen Lebensentwurf vom Gesetzgeber – sei es mit positiven oder negativen Folgen – reagiert wurde[707].

Ein bedeutsamer Zuwachs faktischer Lebensgemeinschaften ist daher zu bejahen.

(2) Auswirkungen auf § 844 Abs. 2 BGB

Zu beantworten ist nun noch die Frage, welche Auswirkungen die soeben aufgezeigte Entwicklung auf § 844 Abs. 2 BGB hat.

(a) Bewertung des Zahlenmaterials

Als rechtstatsächliches Material stehen nur die Mikrozensus-Ergebnisse zur Verfügung. Es wurde bereits aufgezeigt, dass diese für die interessierende Kon-

---

705 Zur historischen Entwicklung vgl. Landwehr/*Hans-Jürgen Becker*, S. 13 ff.; *Kingreen*, S. 23 ff.; weitere Nachweise finden sich bei *Gernhuber/Coester-Waltjen*, 6. Auflage, 2010, § 41 Rn. 1, Fn. 1.

706 Vgl. Destatis, Bevölkerung und Erwerbstätigkeit, Haushalte und Familien, Mikrozensus 2011, S. 75 ff.

707 Siehe oben 1. HT, Kap. 1.

stellation nur bedingt aussagekräftig sind, gleichwohl wird versucht, daraus zumindest einige Rückschlüsse zu ziehen.

Zunächst zeigt die Auswertung der Statistik, dass die Zahl von Lebensgefährten, die den Großteil ihres Lebensunterhalts mit Einkünften bestreiten, die sie von Angehörigen erhalten, steigt. Obwohl darunter nicht nur der jeweilige Lebensgefährte zu fassen ist, lässt sich mit hoher Wahrscheinlichkeit vermuten, dass auch die Leistungen faktischer Lebensgefährten zugenommen haben. Es ist kein Grund ersichtlich, weswegen allein Eltern oder andere Verwandte vermehrt Unterstützungsleistungen erbracht haben sollten, so dass der Anstieg nicht allein darüber begründet werden kann.

Ergänzend lässt sich annehmen, dass die Unterstützungsleistungen faktischer Lebensgefährten einen nicht unerheblichen Teil der ermittelten Zahlen ausmachen. Begründet werden kann dies damit, dass die Lebensgefährten ganz überwiegend – über 87% der verschiedengeschlechtlichen Lebensgefährten und 90% der gleichgeschlechtlichen faktischen wie eingetragenen Lebenspartner – über 25 Jahre alt sind, so dass regelmäßig keine gesetzlichen Unterhaltsansprüche gegen die Eltern mehr bestehen werden. Zwar können auch diese ihre Kinder auf rein tatsächlicher Grundlage unterstützen, dass die Zahl dieser Fälle aber sehr hoch ist, erscheint unwahrscheinlich. Mit zunehmendem Alter erfolgt eine Loslösung von den Eltern und der Aufbau eigenständiger Familienstrukturen, innerhalb derer Verantwortung, auch finanzieller Art, füreinander übernommen wird.

Zudem kann aus dem Bericht des Statistischen Bundesamtes gefolgert werden, dass die Zahl der von Angehörigen unterstützten Lebensgefährten in Wirklichkeit höher liegt, weil die Lebensgemeinschaften, in denen diese Art der Leistung nur einen nicht überwiegenden Teil der Einkünfte ausmacht, nicht erfasst werden.

(b) Schlussfolgerungen

Es stellt sich nun die Frage, ob aus dem vorliegenden Zahlenmaterial auf eine Reformbedürftigkeit des § 844 Abs. 2 BGB geschlossen werden kann.

263.000 verschiedengeschlechtliche und 5.000 (faktische wie eingetragene) gleichgeschlechtliche Lebensgefährten wurden in 2011 von Angehörigen in einem Maß finanziell unterstützt, dass diese Leistungen ihre überwiegende Lebensgrundlage darstellten. Selbst wenn man alle erörterten Unwägbarkeiten außer Acht lässt, bedeutet dies, dass weniger als 5% der Lebensgefährten von ihrem Partner unterstützt wurden. Und selbst wenn man ergänzend – und hypothetisch – annimmt, dass nochmal doppelt so viele Lebensgefährten in geringerem Umfang von ihren Partnern unterstützt werden, kommt man nur auf eine Quote von knapp unter 15%.

Dass knapp 15% der faktischen Lebensgefährten Unterstützungsleistungen erhalten, bedeutet aber, dass solche in gut 28% der faktischen Lebensgemeinschaften erbracht werden. Das ist mehr als jede Vierte dieser Lebensgemeinschaften.

Stirbt der unterstützende Lebensgefährte, fallen die bisher erbrachten Leistungen ersatzlos weg. Dies gilt unabhängig von der Ursache des Todes und damit auch im Fall der deliktischen Tötung, da § 844 Abs. 2 BGB nicht eingreift.

Zwar wird es nur in einem Bruchteil der Beziehungen, in denen Unterstützungsleistungen erbracht werden, zu einer deliktsrechtlich relevanten Tötung kommen, da die Zahlen dieser insgesamt relativ gering sind. Dies lässt sich mit einem Blick in die Statistik der tödlichen Unfälle im Straßenverkehr belegen. § 844 Abs. 2 BGB ist zwar nicht auf diese beschränkt, dennoch machen sie einen Großteil des Anwendungsbereichs aus. 2010 lag die Zahl der Verkehrstoten auf dem tiefsten Stand seit 60 Jahren[708]. Es kamen jedoch immer noch 3.648 Menschen ums Leben. 2011 stieg dieser Wert. 4.009 Personen starben auf deutschen Straßen[709]. Man kann davon ausgehen, dass § 844 Abs. 2 BGB nicht jedes Mal zur Anwendung kam, oft wird es jedoch der Fall gewesen sein.

Der Anwendungsbereich des neuen § 844 Abs. 2 BGB wäre bei tatsächlichen Unterhaltsleistungen faktischer Lebensgefährten damit letztlich sehr gering. Nichts anderes gilt allerdings bei dem bisher schon geschützten Personenkreis. Denn die Zahl deliktischer Tötungen ist für die bisher erfassten Fallgruppen dieselbe. Dennoch hat der historische Gesetzgeber eine vom Recht aufzufangende Schutzbedürftigkeit gesehen. Diese kann nur aus der Zahl der potentiell betroffenen gesetzlichen Unterhaltsgläubiger resultieren. Da mittlerweile in einem Viertel der faktischen Lebensgemeinschaften Unterstützungsleistungen erfolgen, ist die Zahl der potentiell betroffenen Lebensgefährten inzwischen jedoch ebenfalls hoch.

Das reicht aus, um eine Erweiterung des § 844 Abs. 2 BGB zu rechtfertigen. Betroffen sind nicht nur einige wenige Beziehungen, die man vielleicht noch auf den Abschluss von Partnerschaftsverträgen verweisen könnte, sondern eine so große Zahl, dass eine generell-abstrakte Auflösung durch den Gesetzgeber notwendig ist.

Es ist die Aufgabe des Rechts, sich den geänderten Verhältnissen anzupassen und drängende, verallgemeinerungsfähige Probleme aufzulösen und nicht umgekehrt Aufgabe der Gesellschaft sich in das bestehende Recht einzuordnen, obwohl es nicht mehr zeitgemäß ist.

---

708 Destatis, Verkehrsunfälle, http://www.destatis.de/jetspeed/portal/cms/Sites/destatis/Internet/DE/Content/Statistiken/Verkehr/Verkehrsunfaelle/Aktuell,templateId=renderPrint.psml.

709 Zahlenmaterial entnommen Destatis, Anzahl der Verkehrstoten in Deutschland von 1991 bis 2012, abrufbar unter de.statosta.com/statistik/daten/studie/185/umfrage/todesfaelle-im-strassen verkehr/.

Vor diesem Hintergrund ist schwer nachvollziehbar, dass die Legislative das Recht zwar mancherorts an die gewandelten gesellschaftlichen Verhältnisse anpasst, sich bei § 844 Abs. 2 BGB aber davor verschließt[710]. Dies gilt umso mehr als in der weiteren Arbeit herausgearbeitet wird, dass tatsächliche Unterhaltsleistungen faktischer Lebensgefährten vom Gesetzgeber gefördert werden sollten[711].

cc) Zusammenfassung

Der Anstieg faktischer Lebensgemeinschaften hat eine signifikante Zunahme tatsächlicher Unterhaltsgemeinschaften nach sich gezogen, die wiederum zu einem so großen Regelungsbedürfnis in Bezug auf den § 844 Abs. 2 BGB geführt hat, dass der Gesetzgeber es auflösen sollte.

c) Fazit

Die Entwicklung der tatsächlichen Verhältnisse streitet für eine Ausweitung des § 844 Abs. 2 BGB.

3. Die Honorierung von Verantwortungsübernahme

a) Argumentation

Für eine Ausweitung des § 844 Abs. 2 BGB auf den hinterbliebenen faktischen Lebensgefährten kann auch angeführt werden, dass die Partner dadurch, dass sie einander auf freiwilliger Basis Unterhalt gewähren, ihre starke gegenseitige Solidarität zum Ausdruck bringen. Diese (gegebenenfalls wechselseitige) Übernahme von Verantwortung könnte als ein zu förderndes Verhalten angesehen werden, das durch die Anwendbarkeit des § 844 Abs. 2 BGB honoriert würde.

b) Stellungnahme

Für eine funktionierende Gesellschaft ist es wichtig, dass Personen bereit sind, Verantwortung emotionaler, ideeller sowie auch finanzieller Natur füreinander zu übernehmen. Dieses Argument hat daher Gewicht. Finanzielle Unterstützung kann es Menschen ermöglichen, ohne staatliche Hilfe auszukommen, wenn sie selbst nicht in der Lage sind, für ihren Lebensunterhalt aufzukommen. Je stärker, sowohl in qualitativer als auch in quantitativer Hinsicht, Menschen einander unterstützen, desto mehr kann der Staat sich zurückziehen. Das entspricht dem

---

710 So auch *Staudinger*, 50. VGT, 2012, S. 11, 16; *ders.* in Schulze, 7. Auflage, 2012, § 844 Rn. 7.

711 Siehe dazu sogleich 2. HT, Kap. 2, B, II, 3.

Subsidiaritätsprinzip und ist auch unter gesamtwirtschaftlichen Gesichtspunkten wünschenswert. Letztere sind besonders, aber keinesfalls nur, aus staatlicher Sicht relevant.

Durch die Anerkennung tatsächlicher Unterhaltsleistungen im Rahmen faktischer Lebensgemeinschaften würde der Staat zugleich ein Verhalten fördern, das er an anderer Stelle selbst, unabhängig vom tatsächlichen Vorliegen, vermutet und so zu seinen Gunsten nutzt[712]. Denn im Sozialrecht werden faktische Lebensgefährten bei der, der Gewährung staatlicher Hilfeleistungen vorangehenden, Bedürftigkeitsprüfung gemeinsam betrachtet. Damit wird unterstellt, dass wegen der besonderen Nähebeziehung tatsächliche Unterstützungsleistungen erbracht werden, unabhängig davon, ob solche auch in der Realität erfolgen. Solche Leistungen zu fördern wäre nur konsequent, eine entsprechende Ausweitung des § 844 Abs. 2 BGB würde dies unterstützen.

c) Fazit

Es ist wichtig, dass innerhalb faktischer Lebensgemeinschaften (finanzielle) Verantwortung füreinander übernommen wird. Dieses Verhalten sollte vom Staat honoriert und gefördert werden. Ein guter Weg dies zu tun, ist den § 844 Abs. 2 BGB auf den Schutz tatsächlicher Unterhaltsleistungen faktischer Lebensgefährten auszuweiten.

4. Der Wertungswiderspruch zur Situation bei Verletzung eines faktischen Lebensgefährten

a) Argumentation

Oft wird als Argument für eine Ausweitung des Anwendungsbereichs des § 844 Abs. 2 BGB vorgebracht, dass nach bestehender Rechtslage ein Wertungswiderspruch zwischen der Situation bei Verletzung und bei Tötung eines faktischen Lebensgefährten bestehe. Dieser liege darin, dass der deliktische Schädiger bei Tötung eines tatsächlich Unterhalt leistenden Lebensgefährten rechtlich besser stehe als bei dessen Verletzung[713]. Diese unterschiedliche Behandlung sei nicht sachgerecht.

Konkret wird ausgeführt, dass bei bloßer Verletzung einer tatsächlich Unterhalt leistenden Person, der Schaden der faktischen Unterhaltsgemeinschaft indi-

712 Dazu bereits ausführlich oben 1. HT, Kap. 1, A und noch unten 2. HT, Kap. 2, B, II, 6.

713 Zuerst wohl bei *Denck*, S. 127 ff.; *Frank*, S. 235 f.; *Huffmann*, 23. VGT, 1985, S. 90, 100, 102; *Schwenzer*, S. 221, Fn. 81; *Delank* ZfS 2007, 183, 188; *Wichelhaus*, S. 259 sieht bei der Stiefkindkonstellation in der Angleichung der Situation von Verletzung und Tötung einen Vorteil.

rekt ersatzfähig sei. Zwar könne er nicht von den nur mittelbar Geschädigten geltend gemacht werden, der unmittelbar Geschädigte selbst könne ihn aber über §§ 842, 843 BGB mitliquidieren[714]. Da der Geschädigte den Schaden der tatsächlich Unterhaltenen im Todesfall nicht mehr ersetzt verlangen kann, müsse dieses Recht nun den mittelbar Geschädigten zustehen. Diese „Verschiebung der Aktivlegitimation" stelle eine „bloße Schadensverlagerung" dar[715]. Das Versorgungsinteresse der faktischen Unterhaltsgemeinschaft sei dasselbe wie bei einer Verletzung – und draus resultierender Erwerbsunfähigkeit oder -verminderung – des tatsächlich Leistenden[716]. Der Tod des Geschädigten dürfe daher nicht maßgebend für die Verteilung des Haftungsrisikos sein[717].

b) Stellungnahme

Hiergegen wird eingewandt, dass das Gesetz keinen Gleichklang des Schadensersatzumfangs bei Verletzung und Tötung fordere[718]. *Pardey* benutzt dieses Gegenargument allerdings nicht in der Diskussion um die Erweiterung des § 844 Abs. 2 BGB, sondern (quasi in umgekehrter Weise) bei der – hier gleich noch zu erörternden – Frage, ob die Hausarbeitstätigkeit eines faktischen Lebensgefährten über §§ 842, 843 BGB ersatzfähig ist. Er bejaht sie und führt in der Begründung aus, dass so zwar ein Widerspruch zur Situation bei Tötung bestehe, wo die Hausarbeit des faktischen Lebensgefährten mangels gesetzlicher Unterhaltspflicht nicht ersetzt werde. Da das Gesetz diesen Gleichlauf aber nicht vorgebe, sei dies kein Argument gegen die Ersatzfähigkeit von Hausarbeit eines faktischen Lebensgefährten im Verletzungsfall.

Bevor auf die Frage eingegangen werden kann, ob zwischen Verletzungs- und Tötungssituation momentan ein nicht hinzunehmender Wertungswiderspruch besteht, sind zunächst die Rechtsfolgen bei Verletzung einer tatsächlich Unterhalt leistenden Person näher zu betrachten.

714 *Huffmann*, 23. VGT, 1985, S. 90, 102; *Frank*, S. 236.

715 *Denck*, S. 127; *de Witt/Huffmann*, 2. Auflage, 1986, Rn. 198 mit identischer Formulierung und Verweis auf *Denck*.

716 *Huffmann*, 23. VGT, 1985, S. 90, 102.

717 *Huffmann*, 23. VGT, 1985, S. 90, 102.

718 *Pardey* ZfS 2007, 303, 306.

aa) Rechtsfolgen bei Verletzung einer tatsächlich Unterhalt leistenden Person

(1) Vorüberlegungen

Klarzustellen ist zuerst, dass die herangezogenen §§ 842, 843 BGB nicht die Anspruchsgrundlage für den zu leistenden Schadensersatz bei Verletzung einer Person sind. Steht dem Verletzten ein deliktischer Schadensersatzanspruch, z.B. aus § 823 Abs. 1 BGB, zu, treffen §§ 842, 843 BGB Aussagen zu Umfang und Art des Ersatzes[719]. Es ist zu unterscheiden, zwischen Ob und Wie des Anspruchs[720], letzteres wird gegebenenfalls von den §§ 842, 843 BGB geregelt.

§ 842 BGB ordnet an, dass auch Nachteile für Erwerb und Fortkommen des Verletzten ersatzfähig sind. Bereits aus § 249 BGB folgt jedoch der „Grundsatz des vollen Schadensausgleichs“[721], worunter die gesamten in Gegenwart und Zukunft auftretenden Einbußen, und damit auch der Verdienstausfall, zu fassen sind. Neben den §§ 249 ff. BGB hat der § 842 BGB bezüglich des Erwerbs daher lediglich eine Klarstellungsfunktion[722].

§ 843 BGB betrifft die Form der Schadensersatzleistung bei Dauerschäden[723]. Bei Verletzungen von Körper und Gesundheit ist dem Geschädigten solange Schadensersatz in Form einer Geldrente zu leisten wie seine Erwerbsfähigkeit aufgehoben oder vermindert ist oder eine Vermehrung der Bedürfnisse besteht.

Vorliegend ist von Bedeutung, ob tatsächliche Unterhaltsleistungen im Fall der Verletzung des Leistenden ersatzfähig sind. Nur wenn bei Verletzung eines faktischen Lebensgefährten dessen tatsächliche Unterhaltsleistungen an seinen Lebensgefährten ersatzfähig sind, kann es zu einem Wertungswiderspruch im Vergleich zur rechtlichen Situation bei seiner Tötung kommen. Und nur diese Annahme wiederum könnte als Argument für eine Erweiterung des § 844 Abs. 2 BGB herangezogen werden.

---

719 Kritisch zur Stellung der Normen im Deliktsrecht anstatt im allgemeinen Schadensrecht MüKo/*Wagner*, BGB, 5. Auflage, 2007, § 843 Rn. 2 ff.

720 Siehe *Medicus/Lorenz*, 20. Auflage, 2012, Rn. 622 f.

721 BGHZ 98, 212, 219 f.; *Fuchs/Pauker*, 8. Auflage, 2012, S. 91 f.

722 MüKo/*Oetker*, BGB, 5. Auflage, 2007, § 252 Rn. 1; MüKo/*Wagner*, BGB, 5. Auflage, 2009, § 843 Rn. 2; *Fuchs/Pauker*, 8. Auflage, 2012, S. 92; *Westermann/Bydlinski/Weber*, 7. Auflage, 2010, Rn. 14/16 wo deutlich wird, dass § 842 BGB bezüglich des Fortkommens über § 252 BGB hinausgeht.

723 MüKo/*Oetker*, BGB, 5. Auflage, 2007, § 252 Rn. 2; BeckOK/*Schubert*, BGB, Edition 27, § 252 Rn. 2.

(2) Ersatzfähige Schäden

Zunächst ordnet § 249 Abs. 1 BGB an, dass der Schädiger den Zustand herstellen muss, der ohne die schädigende Handlung bestünde. Der Geschädigte kann also Ersatz der Heilungskosten[724] und des verletzungsbedingten Mehrbedarfs verlangen, zudem Ersatz des Erwerbsschadens und, unter den zusätzlichen Voraussetzungen des § 253 BGB, auch Ersatz immaterieller Schäden, d.h. Schmerzensgeld[725].

Tatsächliche Unterhaltsleistungen können allenfalls über den Begriff des Erwerbsschadens ersatzfähig sein[726]. Dieser umfasst nach §§ 249 Abs. 1, 251 Abs. 1 BGB alle Schäden, die dem Verletzten dadurch entstehen, dass er seine Arbeitskraft auf Grund der deliktischen Handlung nicht mehr einsetzen kann[727]. Dazu zählt gemäß §§ 252, 842 BGB auch der entgangene Gewinn für Arbeitsleistungen[728]. Unter dem Begriff des entgangenen Gewinns sind dabei „[alle Vermögensvorteile] zu verstehen, die dem Geschädigten im Zeitpunkt des schädigenden Ereignisses zwar noch nicht zugeflossen sind, die ihm ohne dieses Ereignis aber angefallen wären“[729].

Sehr stark vereinfacht heißt dies, dass der Schädiger dem Verletzten Schadensersatz in Höhe seines bisherigen Lohns zu leisten hat[730]. Nur so wird dem Postulat des § 249 Abs. 1 BGB entsprochen, dass der Geschädigte so zu stellen ist, wie er ohne das schädigende Ereignis stünde.

Was bedeutet das nun konkret für die Ersatzfähigkeit tatsächlicher Unterhaltsleistungen? Bei der Beantwortung dieser Frage, ist zwischen Bar- und Naturalunterhalt zu differenzieren.

---

724 Zwar gilt auch hier grundsätzlich der Grundsatz der Naturalrestitution nach § 249 Abs. 1 BGB, der Verletzte wird die Heilung aber in aller Regel nicht dem Schädiger überlassen. Gemäß § 249 Abs. 2 BGB kann er Ersatz der entstandenen Heilungskosten verlangen, *Medicus/Lorenz*, 20. Auflage, 2012, Rn. 684; *Kötz/Wagner*, 11. Auflage, 2010, Rn. 684; vgl. auch die Beispiele bei *Westermann/Bydlinski/Weber*, 7. Auflage, 2010, Rn. 14/8.

725 *Medicus/Lorenz*, 20. Auflage, 2012, Rn. 683; *Kötz/Wagner*, 11. Auflage, 2010, Rn. 686.

726 Insbesondere da der verletzungsbedingte Mehrbedarf nur den eigenen Bedarf des Verletzten meint, *Kötz/Wagner*, 11. Auflage, 2010, Rn. 687; *Küppersbusch*, 10. Auflage, 2010, Rn. 262 mit Verweis auf BGH NZV 2004, 195.

727 *Küppersbusch*, 10. Auflage, 2010, Rn. 262; *Kötz/Wagner*, 11. Auflage, 2010, Rn. 692.

728 *Kötz/Wagner*, 11. Auflage, 2010, Rn. 692.

729 MüKo/*Oetker*, BGB, 5. Auflage, 2007, § 252 Rn. 4; BGH NJW-RR 1989, 980, 981.

730 Ausführlich zu Ersatzfähigkeit und Höhe des Erwerbsschadens *Medicus/Lorenz*, 20. Auflage, 2012, Rn. 688 ff., wo detailliert zwischen einzelnen Personengruppen unterschieden wird; vgl. dazu auch *Küppersbusch*, 10. Auflage, 2010, Rn. 40 ff., zur Frage, ob der Berechnung der Brutto- oder Nettolohn zugrunde liegt Rn. 95 ff.

(a) Tatsächlicher Unterhalt in Form von Barunterhalt

Wird eine erwerbstätige Person durch eine deliktische Handlung verletzt, erhält sie in der Folge vom Schädiger ihren Verdienstausfall ersetzt und steht finanziell nach der Verletzung so wie vor der Verletzung. Es steht dem Geschädigten völlig frei zu entscheiden, wie er mit dem erhaltenen Geld verfährt[731]. Er ist daher in gleichem Maße wie vor der Verletzung in der Lage, die bisher unterhaltenen Personen weiterhin zu unterstützen.

Tatsächliche Barunterhaltsleistungen werden bei Verletzung der leistenden Person somit indirekt vom Schadensersatzanspruch mit abgedeckt. Dies wird vom Gesetz nicht ausdrücklich angeordnet. Es handelt sich daher nicht um eine Besonderheit tatsächlicher Unterstützungsleistungen. Stattdessen ist es eine Nebenfolge des schadensrechtlichen Grundsatzes, dass der Geschädigte durch die Verletzung keine Nachteile erleiden, sondern so gestellt werden soll, wie er ohne schädigendes Ereignis stünde. Dies gilt für alle Personen, unabhängig vom Familienstand, und daher auch für faktische Lebensgefährten.

(b) Tatsächlicher Unterhalt in Form von Naturalunterhalt

Schwieriger gestaltet sich die Beantwortung der Frage, ob tatsächlicher Unterhalt in Form von Naturalunterhalt bei der Verletzung des diesen leistenden faktischen Lebensgefährten ersatzfähig ist. Naturalunterhalt, d.h. die Führung des Haushalts und die Betreuung von Kindern, wird regelmäßig derjenige leisten, der selber nicht oder nur teilweise erwerbstätig ist[732].

Das zugrunde liegende Problem besteht darin, dass der haushaltsführenden Person selbst kein finanzieller Schaden entsteht, wenn sie ihre Haushaltsführungstätigkeit auf Grund einer Verletzung nicht mehr ausführen kann. Sie erhält für ihre Arbeit keinen Lohn, der auf Grund der Verletzung wegfallen könnte. Ihre bisherigen Aufgaben werden entweder von anderen Haushaltsmitgliedern mitübernommen, von einer angestellten Ersatzkraft ausgeführt oder bleiben schlicht unerledigt[733].

Bei Ehegatten ist mittlerweile unbestritten, dass der haushaltsführende Ehegatte bei einer Verletzung einen eigenen Erwerbsschaden geltend machen kann[734]. Die Erbringung des Naturalunterhalts dient der Erfüllung seiner Pflicht zum Familienunterhalt aus § 1360 S. 1 BGB wie § 1360 S. 2 BGB ausdrücklich anordnet. Die

---

731 Vgl. *Wichelhaus*, S. 28 für die Stiefkindkonstellation.

732 Vgl. dazu auch die Rolle von B in den Beispielen 1 bis 3 unter 2. HT, Kap. 2, B, II, 1, b).

733 *Medicus/Lorenz*, 20. Auflage, 2012, Rn. 694.

734 St. Rspr. seit BGHZ 38, 55; *Kötz/Wagner*, 11. Auflage, 2010, Rn. 697; *Medicus/Lorenz*, 20. Auflage, 2012, Rn. 694; *Küppersbusch*, 10. Auflage, 2010, Rn. 180; Staudinger/*Schiemann*, Neubearbeitung 2005, § 252 Rn. 53; BeckOK/*Schubert*, BGB, Edition 27, § 249 Rn. 41.

haushaltsführende Person verwertet ihre Arbeitskraft, um ihre Unterhaltspflicht zu erfüllen[735]. Kann sie dieser Pflicht auf Grund einer Verletzung nicht mehr nachkommen, entsteht ihr in eigener Person ein Schaden[736]. Allerdings bereitet die Berechnung der konkreten Schadenshöhe Schwierigkeiten[737]. Verkürzt lässt sich sagen, dass sich die Schadenshöhe nach den Kosten einer Ersatzkraft bestimmt, sofern diese tatsächlich eingestellt wurde[738]. Ist dies nicht der Fall, sind die hypothetischen Kosten einer Haushaltshilfe heranzuziehen[739].

Ob auch die Haushaltstätigkeit eines faktischen Lebensgefährten über §§ 842, 843 BGB ersatzfähig ist, ist hingegen noch immer umstritten. Die mittlerweile wohl als herrschende Meinung zu bezeichnende Ansicht[740] spricht sich aber für eine Ersatzfähigkeit aus. Viele Stimmen lehnen dies jedoch auch weiterhin ab[741]. Erstaunlich ist, mit welcher Selbstverständlichkeit die einzelnen Autoren ihre Ansicht als die führende darstellen[742]. Bei der Einschätzung des Streitstandes ist daher besondere Vorsicht geboten.

Die Gegner eines ersatzfähigen Erwerbsschadens des haushaltsführenden faktischen Lebensgefährten argumentieren damit, dass die rechtliche Situation eine andere als bei Ehegatten sei, weil die Haushaltsführung nicht auf Grund einer gesetzlichen Unterhaltsverpflichtung erbracht werde[743]. Teilweise wird allerdings

735 BGHZ 38, 55, 59 f.

736 BGHZ 38, 55, 59 f.

737 Detailliert dazu *Küppersbusch*, 10. Auflage, 2010, Rn. 180 ff.

738 MüKo/*Wagner*, BGB, 5. Auflage, 2009, § 843 Rn. 51; *Kötz/Wagner*, 11. Auflage, 2010, Rn. 697.

739 *Kötz/Wagner*, 11. Auflage, 2010, Rn. 697; Staudinger/*Schiemann*, Neubearbeitung 2005, § 252 Rn. 53; MüKo/*Wagner*, BGB, 5. Auflage, 2009, § 843 Rn. 51.

740 *Kötz/Wagner*, 11. Auflage, 2010, Rn. 697; Staudinger/*Schiemann*, Neubearbeitung 2005, § 252 Rn. 53; *ders.* in Erman, 13. Auflage, 2011, § 843 Rn. 6; Staudinger/*Vieweg*, Neubearbeitung 2007, § 842 Rn. 133; MüKo/*Wagner*, BGB, 5. Auflage, 2009, § 843 Rn. 53; Wussow/*Dressler*, 15. Auflage, 2002, Kap. 35 Rn. 16; *Gernhuber/Coester-Waltjen*, 6. Auflage, 2010, § 43 Rn. 10-12; Hausmann/Hohloch/*Holzhauer*, 2. Auflage, 2004, S. 444; *Pardey* ZfS 2007, 303, 306; *Huber* NZV 2007, 1, 7; *Löhnig* FamRZ 2005, 2030, 2031; *Röthel* NZV 2001, 329, 333 f.; *Lieb*, Gutachten A zum 57. DJT, 1988, A 90; *Hans-Jürgen Becker* VersR 1985, 201, 205; *Claus Becker* MDR 1977, 705, 709; LG Zweibrücken, NJW 1993, 3207, 3207.

741 *Küppersbusch*, 10. Auflage, 2010, Rn. 183; BeckOK/*Schubert*, BGB, Edition 27, § 249 Rn. 41; Palandt/*Grüneberg*, 72. Auflage, 2013, § 249 Rn. 66; Palandt/*Sprau*, 72. Auflage, 2013, § 843 Rn. 8 mit Verweis auf die „ganz überwiegende Rechtsprechung"; OLG Nürnberg NZV 2006, 209, 210; KG Berlin NJW-RR 2010, 1687, 1687; OLG Düsseldorf NJW-RR 2006, 1535, 1536.

742 Staudinger/*Schiemann*, Neubearbeitung 2005, § 252 Rn. 53 meint, dass die dort vertretene Meinung „kaum noch [bestritten]" sei; nach Hausmann/Hohloch/*Holzhauer*, 2. Auflage, 2004, S. 444 gelten die für „einen Ehegatten angeführten Gründe ohne weiteres auch für einen nichtehelich Zusammenlebenden"; *Jahnke* NZV 2007, 329, 334 hingegen spricht davon, dass in Rechtsprechung und Literatur eine Ersatzfähigkeit „weitgehend abgelehnt" wird; *Küppersbusch*, 10. Auflage, 2010, Rn. 183 äußerst, dass die „wohl h.M." die Ersatzfähigkeit verneint.

743 *Küppersbusch*, 10. Auflage, 2010, Rn.183; KG Berlin NJW-RR 2010, 1687, 1687; OLG Düsseldorf NJW-RR 2006, 1535, 1536.

vertreten, dass eine Ausnahme dann gelten solle, wenn zwischen den faktischen Lebensgefährten eine vertragliche Unterhaltsvereinbarung bestehe[744].

Die Befürworter begründen ihre Ansicht überwiegend damit, dass der entscheidende Aspekt die „wirtschaftlich sinnvolle" Verwertung der Arbeitskraft und damit die „Vereitelung einer konkreten Entgeltaussicht" sei, da § 842 BGB seinem Wortlaut nach keine Erfüllung einer gesetzlichen Unterhaltspflicht voraussetzen würde[745]. Auch bei Ehegatten habe der BGH die wirtschaftliche Verwertungsmöglichkeit der Arbeitskraft betont[746]. Dass tatsächliche Unterhaltsleistungen an einen faktischen Lebensgefährten einen Vermögenswert haben, zeige sich zudem unter anderem daran, dass sie auf den nachehelichen Unterhalt angerechnet werden, wenn der geschiedene Ehegatte eine faktische Lebensgemeinschaft aufnimmt[747].

Im Ergebnis überzeugt die zuletzt genannte Ansicht. Wenn das Gesetz teilweise – wie bei § 844 Abs. 2 BGB – explizit an das Bestehen gesetzlicher Unterhaltspflichten anknüpft, dies andernorts aber unterlässt – wie bei § 842 BGB –, muss man diese Entscheidung respektieren. Ebenso wird dies anders herum akzeptiert und eine Anwendung des § 844 Abs. 2 BGB auf tatsächliche Unterhaltsleistungen faktischer Lebensgefährten de lege lata abgelehnt wird[748]. Bei § 842 BGB ist daher nicht die Erfüllung gesetzlicher Unterhaltspflichten die entscheidende Komponente für eine Ersatzfähigkeit, sondern der Einsatz von Arbeitskraft. Es ist zudem zutreffend, dass der BGH den Aspekt der „wirtschaftlichen Beeinträchtigung" in den Vordergrund gestellt hat[749]. Darüber hinaus ist es nicht plausibel, dass einige der Gegner der Ersatzfähigkeit dann eine Ausnahme zulassen möchten, wenn faktische Lebensgefährten vertragliche Unterhaltspflichten vereinbart haben. Zum einen werden solche Vereinbarungen selten vorliegen, so dass diese Ansicht realitätsfern ist. Zum anderen würde sich die Abgrenzung schwierig gestalten, da entsprechende Vereinbarungen auch konkludent erfolgen können. Zufallsergebnisse wären die Folge. Konsequenter ist es daher, an die tatsächlichen Gegebenheiten unabhängig von rechtlichen Pflichten anzuknüpfen.

Eine Ersatzfähigkeit von Haushaltsleistungen über §§ 842, 843 BGB ist daher auch bei faktischen Lebensgefährten zu bejahen.

---

744 BeckOK/*Schubert*, BGB, Edition 27, § 249 Rn. 41; *Jahnke* NZV 2007, 329, 337; OLG Düsseldorf NJW-RR 2006, 1535, 1536; AG Säckingen FamRZ 1997, 293, 294.

745 *Röthel* NZV 2001, 329, 333; Staudinger/*Vieweg*, Neubearbeitung 2007, § 842 Rn. 133; MüKo/*Wagner*, BGB, 5. Auflage, 2009, § 843 Rn. 53; *Hans-Jürgen Becker* VersR 1985, 201, 205; der Begriff „wirtschaftlich sinnvolle Verwertung" stammt aus BGHZ 59, 172, 174.

746 *Röthel* NZV 2001, 329, 333.

747 *Röthel* NZV 2001, 329, 333; zur Anrechnung bereits oben 1. HT, Kap. 2, D, I.

748 Siehe dazu bereits oben 2. HT, Kap. 1.

749 BGHZ 38, 55, 59 f.

(3) Zusammenfassung

Sowohl die tatsächliche Leistung von Bar- als auch die von Naturalunterhalt ist bei der Verletzung eines faktischen Lebensgefährten ersatzfähig. Dies ist keine Besonderheit der faktischen Lebensgemeinschaft, sondern Folge der Anwendung der schadensrechtlichen Grundsätze. Der Schaden wird jeweils vom Geschädigten selbst geltend gemacht. Der tatsächlich unterstützten Person steht kein eigener Schadensersatzanspruch zu.

bb) Rückschlüsse für eine Reform des § 844 Abs. 2 BGB

Es ist nun zu beurteilen, ob in der unterschiedlichen Behandlung tatsächlicher Unterhaltsleistungen im Verletzungs- und Tötungsfall ein zu korrigierender Wertungswiderspruch liegt.

Fest steht zunächst, dass das Gesetz einen Gleichlauf nicht fordert. Andernfalls hätte der § 844 Abs. 2 BGB weiter oder der § 842 BGB enger gefasst werden müssen. Zudem geht die Ersatzfähigkeit tatsächlicher Leistungen im Verletzungsfall nicht auf eine bewusste Entscheidung des Gesetzgebers zurück, sondern ist eine bloße Nebenfolge der allgemeinen schadensrechtlichen Grundsätze. Von diesem Standpunkt aus ist die unterschiedliche Behandlung daher nicht zu beanstanden. Aber dass das Gesetz einen Gleichlauf nicht verlangt, bedeutet nicht, dass die bestehende Rechtslage zu befriedigenden Ergebnissen führt[750]. Die bloße Berufung auf die gesetzliche Ausgangslage greift zu kurz[751].

Für einen zu korrigierenden Wertungswiderspruch spricht zunächst, dass das Interesse des faktischen Lebensgefährten bei Verletzung und Tötung seinen Lebensgefährten dasselbe ist: Ihm ist daran gelegen, den bisher erhaltenen Unterhalt auch weiterhin zu beziehen. Er hat darauf vertraut, dass sein Partner ihn zu Lebzeiten weiter unterstützt hätte. Für den Fall der Verletzung seines Lebensgefährten ist er indirekt mitabgesichert. Im (schlimmeren) Fall des Todes, steht er hingegen völlig schutzlos da, obwohl er ebenso schutzbedürftig ist. Daran ändert auch der Umstand nichts, dass die Ersatzfähigkeit bei bloßer Verletzung vom Gesetzgeber nicht intendiert war. Ausschlaggebend ist, dass die tatsächlichen Leistungen ersetzt werden, wenn die geschädigte Person überlebt, dass dies aber derzeit nicht der Fall ist, wenn sie stirbt.

Darüber hinaus darf der Tod eines Menschen aus zwei Gründen nicht darüber entscheiden, ob der Schädiger deliktisch haftet. Erstens wiegt die Verletzung einer Person von der Wertung her weniger schwer als deren Tötung[752]. Dies muss

750 Vgl. *Denck*, S. 127; *Wichelhaus*, S. 32; *Huffmann*, 23. VGT, 1985, S. 90, 102.

751 So aber *Burmann/Jahnke* NZV 2012, 11, 12.

752 So sinngemäß auch *Wagner* JZ 2004, 319, 325.

sich auch im Haftungsrecht niederschlagen. Und zweitens hängt es oft allein vom Zufall abhängt, ob es *nur* zu einer schweren Verletzung oder zu einer Tötung kommt. Diesen Umstand als maßgeblich für die Ersatzfähigkeit tatsächlicher Unterhaltsleistungen faktischer Lebensgefährten zu erklären, überzeugt nicht.

Selbst der BGH hat eine Ungleichbehandlung bei Verletzung und Tod schon bemängelt[753]. Dies kann aber nicht als überzeugendes Argument für eine Reform herangezogen werden, weil der zugrunde liegende Fall Ersatzansprüche gesetzlich zum Unterhalt Berechtigter betraf. Es stellte sich lediglich die Frage, ob § 844 Abs. 2 BGB dann analog anzuwenden ist, wenn der Tod auf einem hoheitlichen Handeln beruht. Der BGH bejahte diese Frage, weil bei bloßer Verletzung ein Staatshaftungsanspruch bestanden hätte. Er führte jedoch ausdrücklich aus, dass der Grundsatz, wonach bei Tötung dort Schadensersatz geleistet werden müsse, wo das auch bei Verletzung der Fall ist, nicht auf alle Konstellationen übertragen werden könne[754].

Dennoch muss sich der indirekte Schutz des tatsächlich unterhaltenen Lebensgefährten bei Verletzung seines Partners aus den genannten Gründen konsequenterweise bei dessen Tötung fortsetzen. Da der Unterstützer als Anspruchsberechtigter naturgemäß wegfällt, muss der Anspruch in der Person des Unterstützten selbst bestehen. Zwar ist der Schutz im Verletzungsfall lediglich ein indirekter statt ein vom Gesetz beabsichtigter, dennoch ist der Ersatzfähigkeit eine Wertung zu entnehmen, die nicht einfach übergangen werden kann.

c) Fazit

Im Ergebnis ist festzuhalten, dass zwischen der Situation der Verletzung eines tatsächlich Unterhalt leistenden faktischen Lebensgefährten und seiner Tötung ein zu korrigierender Wertungswiderspruch besteht. Diese Korrektur muss zu Lasten des Schädigers erfolgen.

5. Der Wertungswiderspruch zur Situation bei Tötung eines Ehegatten

a) Argumentation

Für eine Reform des § 844 Abs. 2 BGB spreche auch, dass kein Grund ersichtlich sei, weshalb der deliktische Schädiger, der einen faktischen Lebensgefährten tötet, haftungsrechtlich besser stehen sollte als der Schädiger, der einen Ehegatten tötet[755].

---

753 BGHZ 18, 286, 289 f.

754 BGHZ 18, 286, 289 f.

755 Allgemein dazu *Schwenzer*, S. 221; *dies.* JZ 1988, 781, 787; *Delank* ZfS 2007, 183, 188; *Raddatz*, S. 184; *Denck*, S. 127.

Der gegenwärtige § 844 Abs. 2 BGB führe bei Fehlen gesetzlich zum Unterhalt berechtigter Hinterbliebener zu einer deliktischen „Tötung zum Nulltarif“[756]. Bei Bestehen einer faktischen Lebensgemeinschaft wird dieses Ergebnis als nicht angemessen empfunden[757].

b) Stellungnahme

Dagegen könnte vorgebracht werden, dass einem Dritten nicht mehr Pflichten auferlegt werden können als den Lebensgefährten selbst[758]. Da diese einander im Innenverhältnis nicht zum Unterhalt verpflichtet seien, könne auch der deliktische Schädiger im Außenverhältnis nicht herangezogen werden. Die freiwillige Unterstützung würde sich andernfalls durch die deliktische Tötung des Leistenden in eine gesetzliche Schadensersatz*pflicht* umwandeln. Der tatsächlich Begünstigte stünde im Fall der Tötung rechtlich besser als zu Lebzeiten seines Lebensgefährten, weil er nun einen Anspruch auf die zuvor lediglich tatsächlich erbrachten Leistungen hätte[759].

Allerdings wird mit einer deliktischen Haftungspflicht nur belegt, wer diese durch sein Handeln selbst verursacht hat. Die Verpflichtung zur Leistung von Schadensersatz ist damit bloße Folge der eigenen kausalen, rechtswidrigen und schuldhaften Handlung des deliktischen Schädigers. Die Haftung des Schädigers sollte aber nicht von dem zufälligen Umstand abhängen, ob durch sein Verhalten ein Ehegatte oder ein faktischer Lebensgefährte zu Schaden gekommen ist. Es ist daher in der Tat nicht nachvollziehbar, dass der Schädiger besser stehen sollte, wenn er einen faktischen Lebensgefährten anstatt einen Ehegatten auf Grund einer deliktischen Handlung tötet. Zudem würde durch eine Haftungserweiterung zwar die rechtliche Stellung des faktischen Lebensgefährten verbessert, seine tatsächliche finanzielle Situation bliebe aber unverändert[760]. Die rechtliche Verbesserung ist als bloße Nebenfolge der Ausweitung des § 844 Abs. 2 BGB hinzunehmen, da es sachgerechter ist, den Schädiger den Schaden tragen zu lassen anstatt diesen dem überlebenden Lebensgefährten aufzuerlegen[761]. Zudem wurde bereits aufgezeigt, dass zwischen Familien- und Deliktsrecht kein Gleichlauf be-

756 *Wagner* JZ 2004, 319, 325 der einer Reform dennoch kritisch gegenübersteht.

757 Diesen Schluss ziehend *Staudinger*, 50. VGT, 2012, S. 11, 16.

758 *Schumacher* FamRZ 1994, 857, 862; so am Beispiel des Mietrechts auch *Uwe Diederichsen* FamRZ 1988, 889, 893; *Wichelhaus*, S. 262 gibt zu bedenken, dass sich die tatsächliche Lage des Hinterbliebenen durch eine erweiterte Haftung nicht ändert, er daher gar nicht besser gestellt wird.

759 Dieses Argument aufzeigend aber nicht selbst vertretend *Wichelhaus*, S. 260.

760 *Wichelhaus*, S. 262.

761 *Wichelhaus*, S. 262.

stehen muss[762], die Rechtspflichten im Außenverhältnis können somit über die im Innenverhältnis hinausgehen.

Hinzu kommt, dass auch nach einer Novellierung nicht alle deliktischen Tötungen schadensersatzrechtlich relevant wären. Der Kreis der ersatzberechtigten Personen sollte nur in engen Grenzen erweitert werden[763]. Allerdings würden wesentlich mehr Fälle, in denen man eine „Tötung zum Nulltarif" als besonders schlimm empfindet, erfasst, weil die der Ehe vergleichbare Situation der Tötung eines Unterhalt leistenden faktischen Lebensgefährten[764] deliktsrechtlich nicht folgenlos bliebe.

c) Fazit

Solange der hinterbliebene faktische Lebensgefährte nicht von § 844 Abs. 2 BGB profitiert, besteht ein inakzeptabler Wertungswiderspruch zur Situation bei der Tötung eines Ehegatten. Die Haftung des Schädigers hängt von dem zufälligen Familienstand des Opfers ab. Dieses Argument streitet damit für eine Reform der Norm.

6. Die Behandlung tatsächlicher Unterhaltsleistungen durch den Gesetzgeber

Auch die Behandlung, die der Gesetzgeber tatsächlichen Unterhaltsleistungen an anderer Stelle zuteilwerden lässt, erlaubt Rückschlüsse auf die Reformbedürftigkeit des § 844 Abs. 2 BGB.

a) Argumentation

Von Bedeutung sind hier zwei Aspekte. Auf der einen Seite kann die Tatsache, dass der Gesetzgeber den tatsächlichen Unterhaltsleistungen teilweise Bedeutung beimisst, dies aber an anderer Stelle unterlässt und sich beide Handhabungen zu Lasten dieser Art von Unterhaltsleistungen auswirken, bei einer Gesamtbetrachtung zu ungerechten Ergebnissen führen. Dem könnte die von Art. 3 Abs. 1 GG geforderte Systemgerechtigkeit entgegenstehen[765]. Dieser Aspekt würde für eine Ausweitung des § 844 Abs. 2 BGB auf tatsächliche Unterhaltsleistungen sprechen.

---

762 Siehe schon oben 2. HT, Kap. 2, B, I, 8, b).

763 Zum hier vorgeschlagenen zukünftig von § 844 Abs. 2 BGB erfassten Personenkreis siehe unten 2. HT, Kap. 3, B.

764 Vgl. dazu bereits oben 2. HT, Kap. 2, B, II, 1.

765 *Kingreen*, S. 270.

Auf der anderen Seite schützt der Gesetzgeber mancherorts bereits die Gewährung tatsächlichen Unterhalts. Daraus folgt, dass die Ausweitung des Schutzbereichs des § 844 Abs. 2 BGB auf tatsächliche Unterhaltsleistungen nichts völlig neues wäre. Dieser Gesichtspunkt könnte einen Anhaltspunkte für die Art der vorzunehmenden Reform geben.

Bevor man Schlussfolgerungen für eine Neugestaltung des § 844 Abs. 2 BGB ziehen kann, sind zunächst die Normen zu betrachten, in denen tatsächliche Unterhaltsleistungen, sei es in negativer oder positiver Weise, berücksichtigt werden.

aa) Normen mit negativen Auswirkungen auf tatsächliche Unterhaltsleistungen

(1) Berücksichtigung tatsächlicher Unterhaltsleistungen im Sozialrecht

Es wurde bereits aufgezeigt, dass der Gesetzgeber im Bereich der Grundsicherung für Arbeitssuchende davon ausgeht, dass faktische Lebensgefährten eine Bedarfsgemeinschaft bilden[766]. Gemäß § 9 Abs. 2 S. 1 SGB II sind bei der Bedürftigkeitsprüfung auch Einkommen und Vermögen der anderen Personen der Bedarfsgemeinschaft und damit auch des faktischen Lebensgefährten zu berücksichtigen. Gleiches gilt wegen § 20 SGB XII bei der Sozialhilfe. Daraus folgt, dass der Gesetzgeber davon ausgeht, dass im Rahmen faktischer Lebensgemeinschaften der eine Partner den anderen tatsächlich unterstützt, zumindest wenn einer der Lebensgefährten nicht erwerbstätig ist[767]. Nicht ausschlaggebend ist, ob diese Leistungen auch tatsächlich erfolgen, sie werden für die Bedürftigkeitsprüfung in jedem Fall fingiert.

Um eine Schlechterstellung der Ehe zu vermeiden, wird zu Lasten der faktischen Lebensgefährten angenommen, dass diese einander tatsächliche finanzielle Unterstützung gewähren. Tatsächliche Leistungen werden den gesetzlichen Unterhaltsleistungen in diesem Bereich daher gleichgestellt.

(2) Berücksichtigung tatsächlicher Unterhaltsleistungen im Unterhaltsrecht

Auch im Rahmen von § 1579 BGB werden tatsächliche Unterhaltsleistungen berücksichtigt. Nach dem bereits ausführlich erwähnten[768] § 1579 Nr. 2 BGB ist der nacheheliche Unterhalt auch dann zu versagen, herabzusetzen oder zeitlich zu begrenzen, wenn der unterhaltsberechtigte geschiedene Ehegatte mit seinem neuen Lebensgefährten in einer Unterhaltsgemeinschaft lebt[769]. Da der geschie-

---

766 Siehe dazu bereits oben 1. HT, Kap. 1, A.

767 Vgl. *Kingreen*, S. 265 zu § 137 Abs. 2a AFG.

768 Vgl. dazu oben 1. HT, Kap. 2, D, I.

769 BGH NJW-RR 1994, 1154, 1154 f.; MüKo/*Maurer*, BGB, 6. Auflage, 2013, § 1579 Rn. 14; Johannsen/Henrich/*Büttner*, 5. Auflage, 2010, § 1579 Rn. 11.

dene Ehegatte mit seinem neuen Partner jedoch nicht verheiratet ist, bestehen zwischen ihnen keine gesetzlichen Unterhaltsansprüche. Es kann sich daher nur um tatsächliche Unterhaltsleistungen handeln. Auch hier wird an die tatsächlichen Unterhaltsleistungen, die erneut wie gesetzliche Unterhaltsleistungen behandelt werden, eine negative rechtliche Folge geknüpft.

(3) Nichtberücksichtigung tatsächlicher Unterhaltsleistungen im Zwangsvollstreckungsrecht

Eine Norm, die tatsächliche Unterhaltsleistungen im Gegensatz zu solchen, die auf gesetzlicher Grundlage beruhen, anders behandelt und dadurch nachteilige Wirkungen hat, ist § 850c Abs. 1 S. 2 ZPO. Zweck dieser Regelung ist es, dem Vollstreckungsschuldner und seinen Angehörigen das Existenzminimum zu sichern[770]. § 850c Abs. 1 S. 2 ZPO ordnet daher an, dass sich der pfändungsfreie Betrag des Arbeitseinkommens in nicht unerheblichem Umfang erhöht, wenn der Schuldner gesetzliche Unterhaltspflichten zu erfüllen hat.

Rein tatsächlich erbrachte Unterhaltsleistungen werden nicht erfasst[771]. Dies gilt auch für Leistungen im Rahmen einer faktischen Lebensgemeinschaft[772]. Diese erhöhen das pfändungsfreie Einkommen des Leistenden daher nicht. Profiteur ist der vollstreckende Gläubiger, dem eine größere Vermögensmasse für die Vollstreckung zur Verfügung steht. Leidtragende sind die faktischen Lebensgefährten, da sie weniger Geld zum Bestreiten ihres Lebensunterhalts zur Verfügung haben. Gleiches gilt für alle anderen Konstellationen, in denen eine Person einer zweiten tatsächliche Unterhaltsleistungen zuteilwerden lässt.

Gesetzliche Unterhaltsschuldner werden damit gegenüber rein tatsächlich Unterhalt leistenden Personen privilegiert.

bb) Normen mit positiven Auswirkungen auf tatsächliche Unterhaltsleistungen

(1) Berücksichtigung tatsächlicher Unterhaltsleistungen im Deliktsrecht

Bereits in anderem Zusammenhang wurde herausgearbeitet, dass im Fall der Verletzung einer Person tatsächliche Unterhaltsleistungen mittelbar ersatzfähig sind. Über §§ 832, 843 BGB kann der (nur) verletzte faktische Lebensgefährte – und jede

---

770 Bt.-Drucks. 8/693 S. 45; Musielak/*Udo Becker*, 10. Auflage, 2013, § 850c Rn. 1.

771 MüKo/*Smid*, ZPO, 4. Auflage, 2012, § 850c Rn. 10; Musielak/*Udo Becker*, 10. Auflage, 2013, § 850c Rn. 4; BGH NJW 1969, 2007 für Stiefkinder.

772 Musielak/*Udo Becker*, 10. Auflage, 2013, § 850c Rn. 4; Zöller/*Stöber*, 29. Auflage, 2012, § 850c Rn. 5; LG Osnabrück RPfleger 1999, 34; LG Schweinfurt FamRZ 1984, 45 f.

andere tatsächlich Unterhalt leistende Person – den faktisch gewährten Unterhalt im Rahmen seines eigenen Schadensersatzanspruchs mitliquidieren[773].

Zumindest indirekt werden die tatsächlichen Unterhaltsleistungen damit sogar im Deliktsrecht bereits jetzt geschützt.

(2) Berücksichtigung tatsächlicher Unterhaltsleistungen im Erbrecht

Im Erbrecht werden Empfänger tatsächlicher Unterhaltsleistungen über § 1969 Abs. 1 BGB abgesichert. Die Norm räumt den Personen, die Familienangehörige des Erblassers waren, zu seinem Hausstand gehörten und von ihm Unterhalts bezogen, (unter anderem) einen Anspruch auf Weitergewährung des Unterhalts gegen die Erben ein. Auf diesem Weg soll den Personen, die dem Erblasser nahestanden und von ihm finanziell abhängig waren, die Möglichkeit gegeben werden, sich auf die neue Lebenssituation einzustellen[774]. Auch der überlebende faktische Lebensgefährte zählt in diesem Zusammenhang zu den Angehörigen[775]. Entscheidend ist, dass § 1969 Abs. 1 BGB nicht voraussetzt, dass die Unterhaltsgewährung auf gesetzlicher Grundlage erfolgte, vielmehr sind auch rein tatsächliche Unterhaltsleistungen vom Schutzbereich erfasst[776]. Der Anspruch ist jedoch auf die ersten 30 Tage nach dem Tod des Erblassers beschränkt.

Die tatsächliche Unterhaltsleistung wandelt sich beim Tod des Leistenden in einen zeitlich sehr begrenzten gesetzlichen Anspruch gegen die Erben.

(3) Berücksichtigung tatsächlicher Unterhaltsleistungen im Sozialversicherungsrecht

(a) Witwen- bzw. Witwerrente

Im Sozialversicherungsrecht ist die tatsächliche Gewährung von Unterhalt ein Anknüpfungspunkt des Anspruchs auf Witwen- bzw. Witwerrente des früheren Ehegatten aus der gesetzlichen Renten- und Unfallversicherung des geschiedenen Ehegatten.

§ 243 Abs. 1 Nr. 3, Abs. 2 Nr. 3 SGB VI und § 66 Abs. 1 S. 1 SGB VII stellen – neben dem auf gesetzlicher Grundlage gewährten Unterhalt – auf die tatsächliche Leistung von Unterhalt durch den Versicherten im letzten Jahr vor seinem Tod

773 Vgl. dazu bereits oben 2. HT, Kap. 2, B, II, 4.

774 Staudinger/*Marotzke*, Neubearbeitung 2010, § 1969 Rn. 1; BeckOK/*Lohmann*, BGB, Edition 27, § 1969 Rn. 1.

775 OLG Düsseldorf NJW 1983, 1566, 1567.

776 MüKo/*Küpper*, BGB, 5. Auflage, 2010, § 1969 Rn. 2; Staudinger/*Marotzke*, Neubearbeitung 2010, § 1969 Rn. 6; BeckOK/*Lohmann*, BGB, Edition 27, § 1969 Rn. 5; OLG Düsseldorf NJW 1983, 1566, 1567.

ab[777]. Hat eine Person also von ihrem geschiedenen Ehegatten vor dessen Tod tatsächlichen Unterhalt erhalten, ist sie – bei Vorliegen der weiteren Voraussetzungen – witwenrentenberechtigt.

Der Anspruch auf Witwen- bzw. Witwerrente aus der gesetzlichen Rentenversicherung gilt dem Wortlaut des § 243 Abs. 1, 2 SGB VI nach jedoch nur für frühere Ehegatten deren Ehe vor dem 01.07.1977 geschieden wurde[778]. Bei allen späteren Scheidungen tritt der Versorgungsausgleich an die Stelle dieses Anspruchs[779]. Um den Unterhalt früherer Ehepartner auch nach dem Tod des Versicherten abzusichern[780], misst das Gesetz tatsächlichen Unterhaltsleistungen in diesem Bereich daher rechtliche Bedeutung bei. Die Relevanz dieser Regelung ist freilich gering, da nur noch wenige Ehen davon betroffen sind.

(b) Waisenrente

Interessanter ist es da schon, dass sich vergleichbares auch bezüglich der Waisenrente aus gesetzlicher Renten- und Unfallversicherung finden lässt. Über § 48 Abs. 3 Nr. 2 SGB VI und § 67 Abs. 2 Nr. 2 SGB VII werden Enkel und Geschwister des Versicherten als dessen Kinder angesehen, sofern sie von diesem überwiegend unterhalten wurden. Das ist dann der Fall, wenn der nun verstorbene Versicherte mehr als die Hälfte des Unterhalts seiner Enkel oder Geschwister aufgebracht hat[781]. Liegen diese Voraussetzungen vor, steht auch diesen Personen ein Anspruch auf Waisenrente zu.

Da eine gesetzliche Pflicht des Versicherten, seine Enkel bzw. Geschwister zu unterhalten, regelmäßig nicht besteht, misst das Gesetz auch hier der rein tatsächlichen Unterhaltsgewährung rechtliche Bedeutung zu. Man könnte zwar versuchen, zu entgegen, dass die Situation hier anders liegt als bei tatsächlichen Leistungen faktischer Lebensgefährten, weil das erforderliche Verwandtschaftsverhältnis objektiv an Hand von Unterlagen feststellbar ist, dies aber bei der faktischen Lebensgemeinschaft nicht der Fall ist. Dem wurde jedoch bereits entge-

---

777 BeckOK/*Kreikebohm*, SozR, Edition 30, § 243 SGB VI Rn. 6; Kasseler Kommentar/*Gürtner*, 72. EL, 2012, § 243 SGB VI Rn. 6; Kreikebohm/*Holtstraeter,* Sozialrecht, 2. Auflage, 2011, § 66 SGB VII Rn. 4; BeckOK/*Marschner*, SozR, Edition 30, § 66 SGB VII Rn. 3.

778 Die Norm hat daher keinerlei Bedeutung für frühere eingetragene Lebenspartner.

779 BeckOK/*Kreikebohm*, SozR, Edition 30, § 243 SGB VI Rn. 4.

780 Bt.-Drucks. 11/2437 S. 57; Kreikebohm/*Löns*, SGB VI, 3. Auflage, 2008, § 243 Rn. 2; Kreikebohm/*Holtstraeter*, Sozialrecht, 2. Auflage, 2001, § 66 SGB VII Rn. 1.

781 BeckOK/*Kreikebohm*, SozR, Edition 30, § 48 SGB VI Rn. 19; BeckOK/*Marschner*, SozR, Edition 30, § 67 SGB VII Rn. 12; Kreikebohm/*Holtstraeter*, Sozialrecht, 2. Auflage, 2011, § 67 SGB VII Rn. 14; von einem nicht unerheblichen Teil des Unterhalts sprechend Kreikebohm/*Löns*, SGB VI, 3. Auflage, 2008, § 48 Rn. 10; Kasseler Kommentar/*Gürtner*, 72. EL, 2012, § 48 SGB VI Rn. 21.

gengestellt, dass eine für das gesamte Zivilrecht geltende, einfach anzuwendende Definition der faktischen Lebensgemeinschaft entwickelt wurde[782]. Und die zu Lebzeiten erfolgten tatsächlichen Leistungen sowie deren Fortführung müssen auch hier bewiesen werden, ohne dass darin – anders als bei tatsächlichen Leistungen faktischer Lebensgefährten[783] – Probleme gesehen werden.

b) Stellungnahme

Wenn das Gesetz tatsächliche Unterhaltsleistungen faktischer Lebensgefährten erfasst, geschieht dies ganz überwiegend zu ihrem Nachteil. So im Sozial- und Unterhaltsrecht. Im Zwangsvollstreckungsrecht werden tatsächliche Unterhaltsleistungen nicht erfasst, was sich ebenfalls nachteilig auf die faktischen Lebensgefährten auswirkt.

Dagegen kann zwar eingewendet werden, dass die Rechtsordnung an anderer Stelle auch rechtliche Vorteile an den Erhalt tatsächlicher Unterhaltsleistungen knüpft. Diese Regelungen wirken sich aber kaum zu Gunsten faktischer Lebensgemeinschaften aus. Über §§ 842, 843 BGB werden zwar auch Unterhaltsgewährungen im Rahmen dieser Lebensform geschützt. Dies aber nur indirekt, da nicht der Empfänger der Leistung anspruchsberechtigt ist, sondern allein der Leistende selbst. Und im Erbrecht wird über § 1969 Abs. 1 BGB ebenfalls der hinterbliebene faktische Lebensgefährte geschützt, dies aber nur für einen sehr begrenzten Zeitraum. Mit der Rechtsstellung, die gesetzlich zum Unterhalt berechtigten Personen über § 844 Abs. 2 BGB eingeräumt wird, ist die Rechtsstellung des nach § 1969 Abs. 1 BGB berechtigten faktischen Lebensgefährten daher keinesfalls vergleichbar. Im Sozialversicherungsrecht profitieren lediglich eine kleine Zahl frühere Ehegatten[784] und Enkel bzw. Geschwister des Verstorbenen.

Es ist ungerecht, (unterstellte) tatsächliche Unterhaltsleistungen faktischer Lebensgefährten nur negativ zu berücksichtigen, ohne sie an anderer Stelle als Anknüpfungspunkt positiver Rechtsfolgen anzuerkennen[785].

Anschaulich hat dies *Kingreen* für das Verhältnis der Berücksichtigung in Sozial- und Zwangsvollstreckungsrecht herausgearbeitet. Er meinte, dass „[d]ie nichteheliche Lebensgemeinschaft […] durch diese nicht aufeinander abgestimmten Vorschriften quasi von zwei Seiten in die Zange genommen [wird]“[786]. Die vom

782 Siehe dazu bereits oben 2. HT, Kap. 2, B, I, 1.

783 Siehe dazu bereits oben 2. HT, Kap. 2, B, I, 2.

784 Wobei insbesondere der § 243 Abs. 1 Nr. 3 SGB VI wegen seiner Begrenzung auf Ehen, die vor dem 01.07.1977 geschieden wurden, nur noch einen sehr kleinen Anwendungsbereich haben wird.

785 In diese Richtung gehend auch *Staudinger*, 50. VGT, 2012, S. 11, 16.

786 *Kingreen*, S. 265 f.

Gesetzgeber bezweckte Gleichbehandlung von Ehe und faktischer Lebensgemeinschaft sei in Wahrheit eine Benachteiligung der faktischen Gemeinschaft[787].

Dem ist uneingeschränkt zuzustimmen[788]. Denn gerade die Berücksichtigung von Einkommen und Vermögen des faktischen Lebensgefährten im Sozialrecht hat erhebliche Auswirkungen auf die faktischen Lebensgemeinschaften. Derjenige, der staatliche Sozialleistungen erhalten möchte, muss sich so stellen lassen, als erhalte er von seinem Lebensgefährten faktische Unterhaltsleistungen. Und zwar unabhängig davon, ob er sie auch tatsächlich bekommt. Wenn aber genau das der Fall ist und der unterstützende Lebensgefährte auf Grund einer deliktischen Handlung stirbt, geht der überlebende Partner leer aus. Dieser Widerspruch spricht eindeutig für eine Erweiterung des § 844 Abs. 2 BGB auf tatsächliche Unterhaltsleistungen. Gegen diese Schlussfolgerung kann auch nicht vorgebracht werden, dass Regelungen aus zwei ganz unterschiedlichen Rechtsgebieten betroffen sind. Bei allen Unterschieden einzelner Rechtsbereiche, muss die Rechtsordnung im Ganzen stimmig und gerecht sein.

Wenn der Staat möchte, dass die faktischen Lebensgefährten sich gegenseitig unterstützen – und sein (finanzielles) Interesse daran ist durchaus nachvollziehbar –, dann kann er die tatsächliche Leistung von Unterhalt in dieser Paarkonstellation nicht nur negativ berücksichtigen, sondern muss sie auch im positiven anerkennen und schützen. Ein solches Vorgehen würde die Bereitschaft zur Leistung tatsächlichen Unterhalts stärken und für mehr gegenseitige Solidarität sorgen[789].

c) Fazit

Die aufgezeigte gesetzliche Behandlung tatsächlicher Unterhaltsleistungen im Rahmen faktischer Lebensgefährten zeigt, dass an diese zukünftig auch positive Rechtsfolgen geknüpft werden sollten. Den § 844 Abs. 2 BGB auf die faktische Lebensgemeinschaft auszuweiten, wird diesem Bedürfnis gerecht. Dass der Gesetzgeber selbst an manchen Stellen Rechtswirkungen an tatsächliche Unterhaltsleistungen knüpft, kann zudem als Indiz dafür gewertet werden, diesen Umstand auch zum Anknüpfungspunkt des neugefassten § 844 Abs. 2 BGB zu machen[790].

---

787 *Kingreen*, S. 265 f.

788 A.A. *Schumacher* FamRZ 1994, 857, 863.

789 Vgl. dazu bereits oben 2. HT, Kap. 2, B, II, 3.

790 Dazu sogleich mehr 2. HT, Kap. 3, A, I.

7. Europäische Aspekte

In den Bayerischen Überlegungen zur Verbesserung der zivilrechtlichen Rechtsstellung der Angehörigen von Unfallopfern wird kritisiert, dass der deutsche § 844 Abs. 2 BGB im Vergleich zu anderen europäischen Rechtsordnungen einen „Fremdkörper" darstelle[791]. An dieser Stelle soll daher – zumindest im Überblick – auf die Rechtslage in anderen europäischen Staaten eingegangen werden. Es erfolgt dabei jedoch kein umfassender internationaler Rechtsvergleich. Stattdessen werden einzelne für die vorliegende Problematik besonders interessante Rechtsordnungen herausgegriffen und vorgestellt. Auch die einschlägigen europäischen Prinzipien werden in diesem Zusammenhang erörtert.

a) Europäische Rechtsordnungen

aa) Frankreich

Ein ganz anderer Weg als in Deutschland wurde in Frankreich eingeschlagen. Hier entschied man sich bei der Schaffung des Code Civil 1804 für eine deliktische Generalklausel. Diese findet sich in Art. 1382 CC:

> „Tout fait quelconque de l'homme, qui cause à autrui un dommage, oblige celui par la faute duquel il est arrivé à le réparer."

Und in einer englischen Übersetzung:

> „Every action of man whatsoever which occasions injury to another, binds him through whose fault it happened to reparation thereof."

Ein Anspruch nach Art. 1382 CC setzt drei Dinge voraus: Verschulden, Kausalität und Schaden[792]. Auf die Rechtswidrigkeit der haftungsauslösenden Handlung wird als Voraussetzung verzichtet[793]. Die französische Handhabung unterscheidet sich damit grundlegend von der Konzeption des deutschen Deliktsrechts, wo bereits das Gesetz die Voraussetzungen für die Haftungsbegründung vorgibt. In Frankreich hingegen ist diese Entscheidung vom Gesetzgeber auf die Rechtsprechung verlagert worden[794]. Daraus resultiert eine größere Flexibilität und eine Entwicklungsmöglichkeit, die den gewandelten Verhältnissen Rechnung tragen kann.

Der hinterbliebene Partner einer faktischen Lebensgemeinschaft kann daher bei Tod seines Lebensgefährten vom Schädiger die Fortzahlung der bisher vom

791 Bayerisches Staatsministerium der Justiz, Diskussionsentwurf, S. 8; *Frank*, FS Stoll, 2001, S. 143, 147 spricht immerhin von einer Ausnahme.

792 *v. Bar*, Gemeineuropäisches Deliktsrecht I, 1996, S. 18.

793 *Ferrari* ZEuP 1997, 1122, 1126.

794 *v. Bar*, Gemeineuropäisches Deliktsrecht I, 1996, S. 18.

Getöteten erbrachten rein tatsächlichen Unterhaltsleistungen verlangen[795]. Dies gilt auch für gleichgeschlechtliche Beziehungen[796].

bb) Österreich

Österreich gewährt – wie Deutschland – nur den gesetzlich zum Unterhalt berechtigten Personen im Fall des Todes des ursprünglich Verpflichteten einen deliktischen Schadensersatzanspruch. Das rührt daher, dass auch das österreichische Recht von dem Grundsatz geprägt ist, dass nur unmittelbar Geschädigten ein deliktischer Schadensersatzanspruch zusteht[797]. Anderes gilt lediglich, wenn dies ausdrücklich statuiert ist, wie etwa in § 1327 ABGB, der wie folgt lautet:

> „Erfolgt aus einer körperlichen Verletzung der Tod, so müssen nicht nur alle Kosten, sondern auch den Hinterbliebenen, für deren Unterhalt der Getötete nach dem Gesetze zu sorgen hatte, das, was ihnen dadurch entgangen ist, ersetzt werden."

Nicht geschützt werden daher diejenigen, denen auf rein vertraglicher Grundlage ein Unterhaltsanspruch zustand und diejenigen, die rein tatsächlich von einer anderen Person unterhalten wurden, darunter auch der faktische Lebensgefährte[798].

Nach *Frank* dürfte Österreich „eine der wenigen, wenn nicht die einzige Rechtsordnung sein, die wie Deutschland den Deliktsanspruch davon abhängig macht, daß der Getötete [zum] Unterhalt der Hinterbliebenen" gesetzlich verpflichtet war[799].

cc) Schweden

In Schweden wurden die Voraussetzungen für den Unterhaltschadensersatz 1975 geändert[800]. Bis dahin war dieser vom Bestehen einer gesetzlichen Unterhaltspflicht abhängig[801]. Seit der Reform enthält das Skadeståndslag (1972:207) in Kap. 5 § 2 II folgende Regelung:

> "Ersättning för förlust av underhåll tillkommer efterlevande som enligt lag hade rätt till underhåll av den avlidne eller som på annat sätt var beroende av honom för sin försörjning, om underhåll utgick vid tiden för dödsfallet eller om det kan antas att underhåll skulle ha kommit att utgå inom en nära framtid därefter. [...]"

795 *Frank*, FS Stoll, 2001, S. 143, 150 mit Verweis auf Chambre mixte vom 27.2.1970, J.C.P. 1970.II.16305.

796 *Frank*, FS Stoll, 2001, S. 143, 150 mit Verweis auf Belfort vom 25.7.1995, J.C.P. 1996.II.22724.

797 *Koch/Koziol* in Koch/Koziol, 2003, Länderbericht Österreich, Rn. 73.

798 *Koch/Koziol* in Koch/Koziol, 2003, Länderbericht Österreich, Rn. 76; Rummel/*Reischauer*, 3. Auflage, 2002, § 1327 Rn. 16.

799 *Frank*, FS Stoll, 2001, S. 143, 147.

800 Vgl. *Agell* in Eekelaar/Katz, 1980, S. 245, 249.

801 Kap. 5 § 3 in der ursprünglichen Fassung bis 1975.

Und in einer deutscher Fassung:

> „Ersatz für den Verlust von Unterhalt steht einem Hinterbliebenen zu, der einen gesetzlichen Anspruch auf Unterhalt von dem Verstorbenen hatte oder auf andere Weise von diesem für seine Versorgung abhängig war, wenn der Unterhalt zur Zeit des Todesfalles geleistet wurde oder wenn angenommen werden kann, dass Unterhalt innerhalb einer nahen Zukunft danach geleistet worden wäre. [...]“[802]

Anknüpfungspunkt ist mittlerweile – neben der weiterhin enthaltenen gesetzlichen Unterhaltspflicht – die rein tatsächliche finanzielle Abhängigkeit des Hinterbliebenen vom Getöteten[803]. Ziel der Gesetzesänderung war der Schutz faktischer Lebensgefährten, allerdings werden auf Grund der weiten Gesetzesfassung auch andere Konstellationen, wie etwa Geschwister oder das Verhältnis von Großeltern und Enkeln, erfasst[804]. In Schweden wird zudem nicht zwischen verschieden- und gleichgeschlechtlichen faktischen Lebensgemeinschaften differenziert[805], so dass beide von der Norm profitieren.

dd) Schweiz

Auf die Schweizerische Regelung wird beim Streit um eine Ausweitung des § 844 Abs. 2 BGB so häufig Bezug genommen, dass eine Darstellung über eine potentielle Neufassung der Norm nicht vollständig wäre, ohne näher auf Art. 45 Abs. 3 OR einzugehen.

(1) Systematik des Schweizerischen Deliktsrechts

Formal hat das Schweizerische Deliktsrecht eine andere Grundsatzentscheidung getroffen als das deutsche. Mit Art. 41 Abs. 1 OR enthält es eine deliktische Generalklausel. Allerdings hat die Rechtsprechung über das Merkmal der Widerrechtlichkeit eine Kasuistik herausgebildet, die vergleichbar der im deutschen Recht normierten Einzeltatbestände ist, so dass von dem Charakter der Generalklausel kaum etwas übrig geblieben ist[806]. In Art. 42-44 OR finden sich Regelungen zur Beweislast und zur Festsetzung des Schadens, zur Bestimmung des Ersatzes und zu Herabsetzungsgründen. Die Art. 45-49 OR enthalten daran anschließend spezielle Aussagen über den Anspruchsumfang.

---

802 Private Übersetzung.

803 Dazu *Battes*, FS Pleyer, 1986, S. 467, 471; *Hering* SVR 2007, 257, 258.

804 Vgl. *Agell* in Eekelaar/Katz, 1980, S. 245, 250; v. Bar/*Witte*, Deliktsrecht in Europa, 1993, Landesbericht Schweden, S. 79.

805 Scherpe/Yassari/*Ryrstedt*, S. 415, 420.

806 *Schwenzer*, Schweizerisches Obligationenrecht, Allgemeiner Teil, 4. Auflage, 2006, Rn. 50.02; *Weimar*, FS Keller, 1989, S. 337, 340.

(2) Art. 45 Abs. 3 OR

Die im Streit um den Anwendungsbereich des § 844 Abs. 2 BGB immer wieder herangezogene Regelung findet sich in Art. 45 OR, der wie folgt lautet:

> „(1) Im Falle der Tötung eines Menschen sind die entstandenen Kosten, insbesondere diejenigen der Bestattung, zu ersetzen.
>
> (2) Ist der Tod nicht sofort eingetreten, so muss namentlich auch für die Kosten der versuchten Heilung und für die Nachteile der Arbeitsunfähigkeit Ersatz geleistet werden.
>
> (3) Haben andere Personen durch die Tötung ihren Versorger verloren, so ist auch für diesen Schaden Ersatz zu leisten.“

Der Absatz 1 entspricht dabei dem deutschen § 844 Abs. 1 BGB. Der Regelungsbereich des Absatzes 2 betrifft Schadensersatzansprüche, die in der Person des Getöteten vor dem Tod zunächst als Folge einer Körperverletzung entstanden sind und mit dem Eintritt des Todes auf seine Erben übergehen[807]. In Deutschland existiert keine entsprechende Regelung. Über den Anspruch des zunächst Verletzten aus § 823 Abs. 1 BGB und die Universalsukzession aus § 1922 BGB wird jedoch dasselbe Ergebnis erzielt. Auch im Schweizerischen Recht kommt diesem Absatz neben Art. 46 Abs. 1 OR, der den Ersatz bei Körperverletzungen normiert, keine eigenständige Bedeutung zu[808].

Entscheidend ist damit der dritte Absatz. Dieser sieht im Todesfall einen Ersatz des sogenannten Versorgerschadens vor. Diese Bezeichnung wird kritisch gesehen, da der Schaden nicht beim Versorger, sondern vielmehr beim Versorgten eintritt[809]. Vorgezogen wird daher vielerorts die Verwendung des Begriffs Versorgungsschaden[810].

Art. 45 Abs. 3 OR fordert das Vorliegen spezieller Voraussetzungen, die neben den allgemeinen Haftungsvoraussetzungen – Kausalität, Widerrechtlichkeit, Schaden und Verschulden[811] – vorliegen müssen: Die Versorgereigenschaft des Getöteten und die Bedürftigkeit des Versorgten.

Als Versorger ist dabei jede Person zu verstehen, die eine andere zu Lebzeiten tatsächlich unterstützt hat, vorausgesetzt die Leistungen waren bedeutend und

807 *Schwenzer*, Schweizerisches Obligationenrecht, Allgemeiner Teil, 4. Auflage, 2006, Rn. 18.29.

808 Handkommentar zum Schweizer Privatrecht/*Müller*, 2007, Art. 45 Rn. 5; *Schwenzer*, Schweizerisches Obligationenrecht, Allgemeiner Teil, 4. Auflage, 2006, Rn. 18.30; Berner Kommentar/*Brehm*, 2. Auflage, 1998, Art. 45 Rn. 25.

809 Berner Kommentar/*Brehm*, 2. Auflage, 1998, Vorbemerkung zu Art. 45 Rn. 27; Gauch/Schmid/*Landolt*, 3. Auflage, 2007, Art. 45 Rn. 40.

810 So auch bei Gauch/Schmid/*Landolt*, 3. Auflage, 2007, Art. 45 Rn. 40; bei Berner Kommentar/*Brehm*, 2. Auflage, 1998, Vorbemerkung zu Art. 45 Rn. 27 werden auch die Begriffe Versorgerverlust und Unterstützungsverlust vorgeschlagen.

811 *Schwenzer*, Schweizerisches Obligationenrecht, Allgemeiner Teil, 4. Auflage, 2006, Rn. 50.01.

erfolgten regelmäßig und freiwillig[812]. Zudem muss eine Prognose ergeben, dass die Leistungen mit großer Wahrscheinlichkeit auch zukünftig erbracht worden wären[813]. Angeknüpft wird dem Wortlaut nach allein an faktische Leistungen, darunter werden jedoch auch Unterhaltsleistungen auf Grund gesetzlicher Verpflichtung gefasst[814].

Versorger ist nicht nur, wer monetäre Unterhaltsleistungen erbrachte, sondern auch derjenige der „indirekt Unterstützungsbeiträge" geleistet hat[815]. Darunter sind z.B. die Mitarbeit im Haushalt oder Betrieb des Partners oder das alleinige Führen des Haushalts zu subsumieren[816]. Erforderlich ist jedoch, dass die Leistung geldwert ist[817]. Nicht geschützt werden rein emotionale Leistungen, wie etwa Besuche[818].

Versorgter kann grundsätzlich jede beliebige Person sein, da es auf bestimmte persönliche Eigenschaften auf seiner Seite nicht ankommt[819].

Art. 45 Abs. 3 OR geht so weit auch dann ein Versorgungsverhältnis anzunehmen, wenn es sich auf zukünftige Leistungen beschränkt[820]. Dies setzt jedoch ebenfalls voraus, dass die Leistungen in der Zukunft mit großer Wahrscheinlichkeit erbracht worden wären[821]. Es wird von einem hypothetischen Versorgungsverhältnis gesprochen.

Bezüglich der Frage, in welchen Konstellationen ein Versorgungsverhältnis vorliegen kann, hat sich in der Rechtsprechung eine Kasuistik herauskristalli-

---

812 Basler Kommentar/*Schneyder*, 4. Auflage, 2007, Art. 45 Rn. 8; Berner Kommentar/*Brehm*, 2. Auflage, 1998, Art. 45 Rn. 44 ff.; kritisch zur Annahme des faktischen Versorgerbegriffs in der Schweiz *Weimar*, FS Keller, 1989, S. 337, 339 ff.

813 BGE 114 II 144, 146; Handkommentar zum Schweizer Privatrecht/*Müller*, 2007, Art. 45 OR Rn. 9 f.

814 BGE 114 II 144, 146; Handkommentar zum Schweizer Privatrecht/*Müller*, 2007, Art. 45 OR Rn. 9; Basler Kommentar/*Schneyder*, 4. Auflage, 2007. Art. 45 Rn. 8.

815 BGE 82 II 36, 39; Basler Kommentar/*Schneyder*, 4. Auflage, 2007, Art. 45 Rn. 8a; Handkommentar zum Schweizer Privatrecht/*Müller*, 2007, Art. 45 OR Rn. 10; Gauch/Schmid/*Landolt*, 3. Auflage, 2007, Art. 45 Rn. 156.

816 Basler Kommentar/*Schneyder*, 4. Auflage, 2007, Art. 45 Rn. 8a; *Schwenzer*, Schweizerisches Obligationenrecht, Allgemeiner Teil, 4. Auflage, 2006, Rn. 18.33.

817 Handkommentar zum Schweizer Privatrecht/*Müller*, 2007, Art. 45 OR Rn. 10; Gauch/Schmid/*Landolt*, 3. Auflage, 2007, Art. 45 Rn. 40; Berner Kommentar/*Brehm*, 2. Auflage, 1998, Art. 45 Rn. 46.

818 Handkommentar zum Schweizer Privatrecht/*Müller*, 2007, Art. 45 OR Rn. 10; Berner Kommentar/*Brehm*, 2. Auflage, 1998, Art. 45 Rn. 47.

819 Berner Kommentar/*Brehm*, 2. Auflage, 1998, Art. 45 Rn. 50a.

820 Basler Kommentar/*Schneyder*, 4. Auflage, 2007, Art. 45 Rn. 8; Handkommentar zum Schweizer Privatrecht/*Müller*, 2007, Art. 45 OR Rn. 9; Gauch/Schmid/*Landolt*, 3. Auflage, 2007, Art. 45 Rn. 72.

821 BGE 114 II 144, 146.

siert[822]. Ein solches wurde bisher bejaht zwischen Ehegatten, Verlobten, sofern eine spätere Hochzeit sehr wahrscheinlich ist[823], Eltern und Kindern, Stiefeltern und -kindern, Verwandten, Nichtverwandten, Verschwägerten, und eben auch zwischen sogenannten Konkubinatspartnern, wenn die Verbindung eheähnlich und dauerhaft ist[824]. Ob darunter auch gleichgeschlechtliche Beziehungen subsumiert werden können, ist noch nicht höchstrichterlich geklärt. Wegen dem Erfordernis der Eheähnlichkeit liegt es nahe, dies zu verneinen. Allerdings wird darauf hingewiesen, dass eine Nichtberücksichtigung gleichgeschlechtlicher Konkubinate gegen Art. 8 der Schweizerischen Bundesverfassung verstoße und deshalb nicht haltbar sei[825].

Erforderlich ist neben der tatsächlichen Leistung, dass der Empfänger bedürftig ist bzw. – bei einem hypothetischen Versorgungsverhältnis – bedürftig geworden wäre[826]. Bedürftigkeit setzt voraus, dass der Begünstigte ohne die weggefallenen Leistungen seine bisherige Lebensweise nicht aufrechterhalten kann[827]. Folglich ist die Bedürftigkeit dann zu verneinen, wenn der Versorgte das ihm Zugewendete lediglich benutzt hat, um sein Vermögen zu vermehren[828].

ee) England

Im englischen Fatal Accidents Act findet man seit 1982 eine sehr detaillierte und sehr weite Auflistung der im Todesfall ersatzberechtigten Personen. Art. 1 lautet wie folgt:

> „Right of action for wrongful act causing death.
>
> (1) If death is caused by any wrongful act, neglect or default which is such as would (if death had not ensued) have entitled the person injured to maintain an action and recover damages in respect thereof, the person who would have been liable if death had not ensued shall be liable to an action for damages, notwithstanding the death of the person injured.
>
> (2) […]

822 Vgl. dazu Gauch/Schmid/*Landolt,* 3. Auflage, 2007, Art. 45 Rn. 76 ff.; *Schwenzer*, Schweizerisches Obligationenrecht, Allgemeiner Teil, 4. Auflage, 2006, Rn. 18.32.

823 BGE 66 II 206, 219.

824 BGE 114 II, 144, 147f, wobei das Konkubinat in etwa mit der nichtehelichen Lebensgemeinschaft gleichzusetzen ist; dazu insgesamt Handkommentar zum Schweizer Privatrecht/*Müller*, 2007, Art. 45 OR Rn. 9.

825 Gauch/Schmid/*Landolt*, 3. Auflage, 2007, Art. 45 Rn. 84.

826 Basler Kommentar/*Schneyder*, 4. Auflage, 2007, Art. 45 Rn. 9, Handkommentar zum Schweizer Privatrecht/*Müller*, 2007, Art. 45 OR Rn. 10; Gauch/Schmid/*Landolt*, 3. Auflage, 2007, Art. 45 Rn. 72 ff.

827 BGE 113 II, 323, 334; 108 II 434, 437: 72 II 165, 167f.; 65 II 250, 256; 59 II, 461, 463.

828 Berner Kommentar/*Brehm*, 2. Auflage, 1998, Art. 45 Rn. 50.

(3) In this Act "dependant" means –
   (a) the wife or husband or former wife or husband of the deceased;
   (b) any person who –
      (i) was living with the deceased in the same household immediately before the date of the death; and
      (ii) had been living with the deceased in the same household for at least two years before that date; and
      (iii) was living during the whole of that period as the husband or wife of the deceased;
   (c) any parent or other ascendant of the deceased;
   (d) any person who was treated by the deceased as his parent;
   (e) any child or other descendant of the deceased;
   (f) any person (not being a child of the deceased) who, in the case of any marriage to which the deceased was at any time a party, was treated by the deceased as a child of the family in relation to that marriage;
   (g) any person who is, or is the issue of, a brother, sister, uncle or aunt of the deceased.
   [...]"

Im Todesfall steht danach aktuellen und ehemaligen Ehegatten (Abs. 3 lit. a), Eltern und anderen Verwandten in aufsteigender Linie (Abs. 3 lit. c), Personen, die wie Eltern behandelt wurden (Abs. 3 lit. d), Kindern und anderen Verwandten in absteigender Linie (Abs. 3 lit. e), Stiefkindern (Abs. 3 lit. f) sowie Geschwistern, Tanten und Onkel sowie deren Verwandten (Abs. 3 lit. g) ein Anspruch auf Schadensersatz gegen den Schädiger zu.

Nach Absatz 3 lit. b) gelten auch Personen, die mit dem Getöteten vor dem Schadensereignis mindestens zwei Jahre wie Ehegatten in einem Haushalt gewohnt haben, als „dependant" und damit als ersatzberechtigt. Im Jahr 2004 wurde der Fatal Accident Act durch den Civil Partnership Act ergänzt. Seitdem fallen unter Absatz 3 lit. b) auch gleichgeschlechtliche Beziehungen.

Faktische Lebensgefährten – verschieden- oder gleichgeschlechtlich – sind daher unter der Voraussetzung des mindestens zweijährigen Zusammenlebens im Fall der deliktischen Tötung ihres Partners schadensersatzberechtigt.

ff) Niederlande

Auch die Niederlande vollzogen eine Gesetzesänderung. Allerdings erst zum 01.01.1992 und damit lange nach Schweden und auch noch einige Zeit nach England, an dessen Regelung sie sich aber orientierten[829]. Davor reichte auch in den Niederlanden nur der Wegfall gesetzlicher Unterhaltsansprüche, um einen Schadensersatzanspruch der hinterbliebenen Angehörigen zu begründen. Seit der Reform zieht Art. 6:108 Abs. 1 BW den Kreis der ersatzberechtigten Personen wesentlich weiter:

---

829 Vgl. *Frank*, FS Stoll, 2001, S. 143, 147.

„Indien iemand ten gevolge van een gebeurtenis waarvoor een ander jegens hem aansprakelijk is overlijdt, is die ander verplicht tot vergoeding van schade door het derven van levensonderhoud:

a) aan de niet van tafel en bed gescheiden echtgenoot, de geregistreerde partner en de minderjarige kinderen van de overledene, tot ten minste het bedrag van het hun krachtens de wet verschuldigde levensonderhoud;
b) aan andere bloed- of aanverwanten van de overledene, mits deze reeds ten tijde van het overlijden geheel of ten dele in hun levensonderhoud voorzag of daartoe krachtens rechterlijke uitspraak verplicht was;
c) aan degenen die reeds vóór de gebeurtenis waarop de aansprakelijkheid berust, met de overledene in gezinsverband samenwoonden en in wier levensonderhoud hij geheel of voor een groot deel voorzag, voor zover aannemelijk is dat een en ander zonder het overlijden zou zijn voortgezet en zij redelijkerwijze niet voldoende in hun levensonderhoud kunnen voorzien;
d) aan degene die met de overledene in gezinsverband samenwoonde en in wiens levensonderhoud de overledene bijdroeg door het doen van de gemeenschappelijke huishouding, voor zover hij schade lijdt doordat na het overlijden op andere wijze in de gang van deze huishouding moet worden voorzien."

Und in englischer Sprache:

"If a person dies as a result of an event for which another person is liable to him, that other person must compensate the loss from deprivation of support:

a) to the spouse where the spouses were not separated from bed and board, the registered partner and the minor children of the deceased, at least up to the amount of maintenance to which they are entitled by law;
b) to other relatives by blood or marriage of the deceased, provides that, at the time of his death, the deceased wholly or partly maintained them or was obliged to do so by court order;
c) to the persons who, before the event giving rise to liability, lived with the deceased as his family and were wholly or largely maintained by the deceased, to the extent that it can be assumed that the situation would have continued had the death not occurred, and that these persons cannot reasonably provide adequately for their own maintenance;
d) to the person who lived together with the deceased as family and to whose maintenance the deceased contributed by attending to the common household, to the extent that such person suffers loss because, after the death, other arrangements must be made to provide for the household."

Die detaillierte Aufzählung zeigt, dass der Kreis der Anspruchsberechtigten zwar weit(er) gefasst, aber dennoch klar umrissen sein sollte. Geschützt werden zunächst Ehegatten, eingetragene Lebenspartner und minderjährige Kinder (lit. a), sodann Blutsverwandte, also z.B. Geschwister, und solche Personen, die auf Grund einer Ehe mit dem Getöteten verwandt waren, z.B. Stiefkinder, (lit. b).

Hier interessieren vor allem die Buchstaben c) und d), da diese sich auf faktische Lebensgefährten beziehen. Nach Art. 6:108 Abs. 1 lit. c) BW hat der hinterbliebene faktische Lebensgefährte einen Anspruch gegen den Schädiger, wenn er mit dem Getöteten im Familienverband zusammenlebte und dieser zur Zeit der

Tötung den Unterhalt vollständig oder weit überwiegend aufbrachte. Erforderlich ist zudem, dass der Unterhalt voraussichtlich auch in Zukunft weiter erbracht worden wäre und der Hinterbliebene bedürftig ist. Art. 6:108 Abs. 1 lit. d) BW stellt klar, dass nicht nur finanzielle Unterstützung, sondern auch Haushaltstätigkeiten des Verstorbenen zu einem Ersatzanspruch seines Lebensgefährten führen können. Es handelt sich damit um eine Ergänzung zu lit. c)[830].

Art. 6:108 Abs. 1 lit. c) und d) erfasst sowohl verschieden- als auch gleichgeschlechtliche Paare, weil in den Niederlanden diesbezüglich ebenfalls keine Unterschiede gemacht werden[831].

gg) Zusammenfassung

Die Handhabung in anderen europäischen Ländern zeigt, dass im Wesentlichen drei verschiedene Regelungstechniken gewählt wurden.

Die erste ist die Wahl einer deliktischen Generalklausel. So wurde etwa in Frankreich verfahren, wo sich in Bezug auf die Ersatzfähigkeit tatsächlicher Unterstützungsleistungen eine großzügige Handhabung der Gerichte etabliert hat. Auch in Spanien sind die tatsächlichen Unterhaltsleistungen eines faktischen Lebensgefährten über die dort existierende deliktische Generalklausel ersatzfähig[832].

Die zweite Möglichkeit ist die Schaffung einer speziellen deliktischen Schadensersatznorm, die an das Bestehen gesetzlicher, durch das Familienrecht bestimmter Unterhaltspflichten anknüpft. Soweit ersichtlich gibt es eine solche Norm, neben Deutschland, nur (noch) in Österreich.

Die dritte in Betracht kommende Regelungstechnik ist eine großzügiger formulierte deliktische Spezialnorm. So verfuhr eine Vielzahl von Ländern. Als Beispiele sind neben Schweden, der Schweiz, England und den Niederlanden, die exemplarisch herausgegriffen wurden, auch Dänemark, Slowenien und Belgien zu nennen[833]. In allen diesen Ländern steht dem hinterbliebenen faktischen Lebensgefährten bei Tötung seines Partners ein deliktischer Schadensersatzanspruch zu. Hervorzuheben ist jedoch, dass dieses Ergebnis auf unterschiedliche Weisen erreicht wird. Schweden hat die tatsächliche Abhängigkeit als gleichwertige Anspruchsvoraussetzung neben das Bestehen gesetzlicher Unterhaltspflichten gestellt. Die Regelungen in der Schweiz, England und den Niederlanden verzichten

---

830 Scherpe/Yassari/*Boele-Woelki/Schrama*, S. 307, 349.

831 Scherpe/Yassari/*Boele-Woelki/Schrama*, S. 307, 313 und explizit 349 Fn. 127.

832 Scherpe/Yassari/*Gonzalez-Beilfuss*, S. 375, 391.

833 Vgl. Scherpe/Yassari/*Scherpe*, S. 571, 598 f.; siehe auch die einzelnen Länderberichte: Scherpe/Yassari/*Lund-Andersen*, Dänemark, S. 455, 465; Scherpe/Yassari/*Rijavec/Kraljic*, Slowenien, S. 375, 391; Scherpe/Yassari/*Pintens*, Belgien, S. 277, 294.

vollständig auf eine Erwähnung gesetzlicher Unterhaltspflichten. Die Schweiz hat dabei eine ganz allgemeine Norm gewählt, England und die Niederlande hingegen sehr detaillierte.

b) *Europäische Prinzipien*

In jüngerer Vergangenheit wurden verschiedene europäische Prinzipien erarbeitet, die Regelungen zum Deliktsrecht enthalten und damit die vorliegend interessierende Fragestellung betreffen. Es handelt sich dabei zum einem um die Principles of European Tort Law (PETL) der *European Group on Tort Law* und zum anderen um den konkurrierenden[834] Draft Common Frame of References (DCFR) der *Study Group of a European Civil Code* und der *Research Group on EC Private Law (Acquis Group)*. Die Principles of European Family Law der *Commission on European Family Law* enthalten keine Regelung, die sich mit der Frage der Reichweite des Deliktsschutz von Unterhaltsbeziehungen beschäftigt.

Weder die PETL noch der DCFR sind rechtsverbindliche Gesetze. Es handelt sich vielmehr um Vorschläge zur Rechtsvereinheitlichung und somit um Diskussionsgrundlagen[835]. Beide Entwürfe möchten sich daher auch als wissenschaftliche Ausarbeitung und nicht etwa als politische Arbeit verstanden wissen[836].

aa) PETL

Die 2005 veröffentlichten PETL enthalten in Art. 10:202 Abs. 2 eine Regelung zur Ersatzfähigkeit mittelbarer Schäden:

> "In the case of death, persons such as family members whom the deceased maintained or would have maintained if death had not occurred are treated as having suffered recoverable damage to the extent of loss of that support."

Entscheidend ist danach zweierlei. Zum einen die Gewährung von Unterhalt und zum anderen die Person des Unterhaltenen[837]. Dieser muss in einem familienähnlichen Verhältnis zum Getöteten gestanden haben. Das in der Kommentierung

834 Vgl. *Jansen/Zimmermann* NJW 2009, 3401, 3403; *Eidenmüller/Faust/Grigoleit/Jansen/Wagner/Zimmermann* JZ 2008, 529, 540, Fn. 99.

835 Vgl. *Schulte-Nölke* NJW 2009, 2161, 2161; *Christian Pfeiffer*, Die Entwürfe für ein neues österreichisches Schadensersatzrecht, 2011, S. 1; nach *Eidenmüller/Faust/Grigoleit/Jansen/ Wagner/Zimmermann* JZ 2008, 529, 530 wird der DCFR jedoch „mit der klaren Perspektive vorgelegt, die Blaupause für einen zukünftigen politischen CFR zu werden".

836 Für den DCFR: *v. Bar/Clive/Schulte-Nölke*, DCFR, 2009, Introduction Ziff. 4; *Schulte-Nölke* NJW 2009, 2161, 2161 ff.; *v. Bar/Schulte-Nölke* ZRP 2005, 165, 166 f.; für die PETL: *Spier* in European Group on Tort Law, PETL, Text and Commentary, 2005, General Introduction Rn. 32.

837 *Magnus* in European Group on Tort Law, PETL, Text and Commentary, 2005, Art. 10:202 Rn. 5, 13.

enthaltene Beispiel bezieht sich explizit auf Partner einer faktischen Lebensgemeinschaft[838]. Die Regelung beschränkt sich aber nicht auf diese Konstellation. Erfasst werden auch andere Nähebeziehungen in deren Rahmen tatsächlich Unterhalt geleistet wird. Zu denken ist etwa an Stiefkinder und -eltern, aber auch Geschwister sowie Großeltern und Enkelkinder.

bb) DCFR

2009 wurde der DCFR herausgegeben. Er enthält in Chapter VI Art. 2:202 Abs. 2 lit. c) folgende Regelung zur Ersatzfähigkeit des Unterhaltsschadens:

> "Where a person has been fatally injured loss of maintenance is legally relevant damage to a natural person whom the deceased maintained or, had death not occurred, would have maintained under statutory provisions or to whom the deceased provided care and financial support."

Im DCFR wurden zwei alternative Anknüpfungsmöglichkeiten geschaffen. Zum einen die gesetzliche Unterhaltsbeziehung, zum anderen aber auch "care and financial support". Der Fokus liegt damit auf der Unterhaltsleistung, sei sie gesetzlicher oder tatsächlicher Natur, und nicht auf dem Empfänger des Unterhalts, auf den nicht näher eingegangen wird. Dadurch unterscheidet sich die Regelung des DCFR von der entsprechenden in den PETL. Durch das gleichwertige Nebeneinander von gesetzlichen und faktischen Unterhaltsgemeinschaften ist die Regelung sehr weit.

Dafür hat der DCFR Kritik erfahren[839]. In den Erläuterungen zum DCFR selbst wird dazu allerdings ausgeführt, dass es nicht vorrangig darum gehe, die Freiheit des Einzelnen zu schützen, sondern diese stattdessen durch die Auferlegung von Verpflichtungen zu beschränken, um Sicherheit und Gerechtigkeit zu gewährleisten[840]. Der Widerstreit von Rechtssicherheit und Einzelfallgerechtigkeit wurde damit ausdrücklich zu Gunsten letzterer entschieden.

c) Stellungnahme

Dieser Abriss zeigt, dass die Thematik des Schadensersatzanspruchs der tatsächlich unterhaltenen Personen bei deliktischer Tötung ihres Unterstützers in den einzelnen Ländern mitunter auf völlig unterschiedliche Weisen geregelt wird. Daraus folgt aber nicht, dass dies auch zwingend zu verschiedenen Ergebnissen führt.

Der hinterbliebene Partner einer faktischen Lebensgemeinschaft hat – mit Ausnahme von Österreich – in vielen europäischen Ländern und auch nach den

---

838 *Magnus* in European Group on Tort Law, PETL, Text and Commentary, 2005, Art. 10:202 Rn. 13.

839 *Eidenmüller/Faust/Grigoleit/Jansen/Wagner/Zimmermann* JZ 2008, 529, 540.

840 *v. Bar/Clive/Schulte-Nölke*, DCFR, 2009, Principles Ziff. 12.

erörterten europäischen Prinzipien einen Anspruch gegen den Schädiger, der auf Ersatz der bisher vom Getöteten erbrachten tatsächlichen Unterhaltsleistungen gerichtet ist. Den tatsächlichen gesellschaftlichen Begebenheiten wird dadurch in angemessener Weise Rechnung getragen. Vor dem Hintergrund der modernen Normen anderer europäischer Länder scheint die deutsche Regelung veraltet.

Und in der Tat stellt der deutsche § 844 Abs. 2 BGB – gemeinsam mit dem österreichischen § 1327 ABGB – eine Ausnahme dar. Von einem „Fremdkörper" zu sprechen, wie es das Bayerische Staatsministerium zuletzt tat, geht allerdings zu weit, da sowohl Schweden als auch den Niederlanden eine Anknüpfung an die gesetzliche Unterhaltspflicht nicht fremd ist, wenngleich sie diese bereits vor einiger Zeit verworfen bzw. nicht als einzigen Anknüpfungspunkt belassen haben.

d) Fazit

Der europäische Vergleich spricht für die Ausweitung des § 844 Abs. 2 BGB. Zudem legt er eine Anknüpfung an tatsächliche und nicht etwa vertragliche Unterhaltsleistungen nahe, wobei die genaue Ausgestaltung noch zu erörtern ist[841].

8. Zusammenfassendes Fazit

In der Einleitung dieses Abschnitts wurde klargestellt, dass es nicht reicht, die Argumente, die gegen eine Reform angeführt werden, zu widerlegen. Vielmehr müssen gewichtige Gründe gerade für eine Änderung des § 844 Abs. 2 BGB sprechen, damit dessen Ausweitung gerechtfertigt ist.

Die für eine Reform angeführten Gründe überzeugen. Einige von ihnen sind an dieser Stelle nochmal besonders hervorzuheben:

Die Vergleichbarkeit der Situationen und damit zusammenhängend die Einzelfallgerechtigkeit, die Zunahme faktischer Lebensgemeinschaften und der damit einhergehende Anstieg tatsächlicher Unterhaltsgemeinschaften, die Behandlung tatsächlicher Unterhaltsleistungen an anderer Stelle, insbesondere in Kombination mit der zu fördernden Verantwortungsübernahme, und zuletzt auch der europäische Rechtsvergleich.

Es macht keinen Unterschied, ob zwei Personen durch einen Trauschein verbunden sind oder nicht. Wenn die eine die andere unterstützt und dann auf Grund einer deliktischen Handlung stirbt, verliert der hinterbliebene Partner einen Teil seiner Lebensgrundlage. Die daraus resultierende Schutzbedürftigkeit wird bei Ehegatten mit der Anwendung des § 844 Abs. 2 BGB aufgefangen. Faktischen Lebensgefährten diesen Schutz zu versagen, dient zwar in einem hohen Maß der

---

841 Vgl. dazu unten 2. HT, Kap. 3, A, I, 2, e) und 3.

Rechtssicherheit, da die anspruchsberechtigten Personen gegenwärtig an Hand der geforderten gesetzlichen Unterhaltsansprüche leicht zu bestimmen sind, nicht aber in ausreichendem Umfang der Einzelfallgerechtigkeit. Eine Erweiterung des Schutzbereichs auf faktische Lebensgefährten würde beide Grundsätze in einen ausgewogeneren Ausgleich bringen.

Die Zunahme der faktischen Lebensgemeinschaft hat zudem zur Folge, dass auch tatsächliche Unterhaltsgemeinschaften in bedeutsamem Ausmaß zunehmen. Dies wiederum führt zu einem gesteigerten Bedürfnis, die Behandlung tatsächlicher Unterstützungsleistungen im Todesfall gesetzlich zu regeln. Die Lösung ist, den § 844 Abs. 2 BGB zu erweitern.

Auch der Blick ins europäische Ausland und die bereits erarbeiteten europäischen Prinzipien sprechen für eine Ausweitung des Schutzes aus § 844 Abs. 2 BGB auf die faktische Lebensgemeinschaft. Mit seiner starren Anknüpfung an gesetzliche Unterhaltspflichten steht Deutschland mit Österreich allein da, wohingegen Rechtsänderungen in anderen Ländern zeigen, dass die Tendenz zu einer Ersatzfähigkeit von Unterhaltsleistungen faktischer Lebensgefährten geht. Ein Erfassen der faktischen Lebensgemeinschaft würde daher auch dem Bestreben nach einer stärkeren europäischen Rechtsvereinheitlichung entgegenkommen, weil ein einheitlicherer Standard geschaffen würde.

C. Ergebnis

In einer Gesamtschau haben die Befürworter einer Reform des § 844 Abs. 2 BGB die besseren Argumente auf ihrer Seite. Eine Novellierung würde Rechtssicherheit und Einzelfallgerechtigkeit in einen gerechteren Ausgleich bringen und den gesellschaftlichen Verhältnissen in einem weitaus größeren Maß entsprechen als die bisherige Rechtslage. Da dem auch nicht der Eheschutz aus Art. 6 Abs. 1 GG entgegensteht, haben die Gegner einer Reform keine durchschlagenden Argumente vorzuweisen.

Vielmehr streiten – wie soeben aufgezeigt – die überzeugenderen Gründe für eine Ausweitung des Schutzes aus § 844 Abs. 2 BGB auf den hinterbliebenen faktischen Lebensgefährten.

Der Gesetzgeber sollte dem gerecht werden und die Norm entsprechend reformieren.

Letztendlich ist die Antwort auf die Frage, ob der § 844 Abs. 2 BGB zukünftig auch faktische Lebensgefährten schützen sollte, aber vor allem eines, nämlich rechtspolitisch.

Es steht eine Grundsatzentscheidung an. Der Gesetzgeber muss sich entscheiden, ob er der faktischen Lebensgemeinschaft mehr Rechte zuerkennt oder ob er dies ablehnt, vor allem weil er der Ansicht ist, die Ehe schützen zu müssen. Es geht somit generell um den Stellenwert, der faktischen Lebensgemeinschaften im deutschen Recht zukünftig eingeräumt werden soll.

Konkret auf § 844 Abs. 2 BGB bezogen bedeutet dies, dass der Gesetzgeber wählen muss, wem er mehr Gewicht beimisst, der Rechtssicherheit oder der Einzelfallgerechtigkeit. Aufgezeigt wurde, dass es sich dabei jedoch nicht um eine Entweder-Oder-Entscheidung handelt. Es ist möglich beiden Aspekten in ausreichendem Maß Rechnung zu tragen, gegenüber der gegenwärtigen Situation würde es lediglich zu einer Verschiebung der Gewichtung kommen.

Stärkt der Gesetzgeber die Position faktischer Lebensgefährten, die von ihrem Partner zu Lebzeiten unterstützt wurden, reagiert er auf die geänderten gesellschaftlichen Verhältnisse und misst der Einzelfallgerechtigkeit für diese Konstellation mehr Gewicht zu als bisher. Nicht die Lebensgefährten müssten sich in das bestehende Recht einfügen und entweder heiraten oder hinnehmen, keine Ansprüche geltend machen zu können, sondern das Recht würde sich der gelebten Realität anpassen und Unterstützungsleistungen dort, wo sie zu Lebzeiten erfolgten, auch nach dem Tod honorieren. Die normative Kraft des Faktischen würde sich gegenüber der faktischen Kraft des Normativen durchsetzen und in der Normierung eines neuen bzw. erweiterten Anspruchs münden.

Kapitel 3: Ein Vorschlag für eine Reform des § 844 BGB

Herausgearbeitet wurde, dass der § 844 Abs. 2 BGB reformiert werden sollte. Neben den per Gesetz zum Unterhalt berechtigten Personen sollten zukünftig auch faktische Lebensgefährten, die zu Lebzeiten ihres Partners von diesem unterstützt wurden, geschützt werden.

Im Folgenden soll daher ein Vorschlag für eine Novellierung der Norm entwickelt werden. Besondere Bedeutung kommt dabei zunächst der Frage nach dem zu wählenden Anknüpfungspunkt zu. Wie dargelegt wurde, kommen verschiedene Wege für eine Erweiterung in Betracht[842]. Zudem bedarf auch der Umstand, dass die Erweiterung auf die faktische Lebensgemeinschaft beschränkt ist und dadurch andere Nähekonstellationen ausschließt, einer ausführlichen Begründung. Darüber hinaus soll erörtert werden, welche inhaltlichen Anforderungen an eine Neufassung der Norm zu stellen sind. Im Anschluss daran ist darauf einzugehen, welche unmittelbaren Auswirkungen eine Reform des § 844 Abs. 2 BGB auf andere Bereiche hätte. Am Ende der Ausführungen soll ein vollständiger Formulierungsvorschlag für einen neuen § 844 BGB stehen. Dieser kann dem Gesetzgeber als Anhaltspunkt für eine Reaktion auf die Empfehlung des 50. VGT, die ihn dazu aufgefordert hat, zu überdenken, ob der § 844 Abs. 2 BGB auf vertragliche und/oder tatsächliche Unterhaltsleistungen erweitert werden sollte, dienen[843].

A. Die Vorgehensweise

I. Die Wahl des Lösungsansatzes

Zunächst ist zu erarbeiten, welchen Weg der Gesetzgeber optimaler Weise für eine Änderung des § 844 Abs. 2 BGB wählen sollte.

842 Vgl. dazu bereits oben 2. HT, Kap. 2, A.

843 Siehe dazu oben Einleitung.

1. Der familienrechtliche Ansatz

Der familienrechtliche Ansatz sah die Einführung gesetzlicher Unterhaltspflichten zwischen den faktischen Lebensgefährten vor. Diese Alternative wurde wegen entgegenstehender Grundrechte bereits abgelehnt[844].

Dies hat zur Folge, dass die faktischen Lebensgefährten nicht mit gegenseitigen Unterhaltspflichten belegt werden, sondern durch eine Novellierung allein der deliktische Schädiger belastet wird. Dagegen kann man zwar anführen, dass nicht eine deliktsrechtliche Bindung Dritter im Außenverhältnis gefordert werden kann, ohne eine unterhaltsrechtliche Verpflichtung im Innenverhältnis zu akzeptieren. Ebenfalls dargelegt wurde jedoch, dass zwischen Innen- und Außenverhältnis nicht zwingend ein Gleichlauf bestehen muss[845]. Das Deliktsrecht kann auf Grund des unterschiedlichen Schutzzwecks über die familienrechtliche Regelung hinausgehen.

Darüber hinaus wäre die Einführung gesetzlicher Unterhaltspflichten zwischen faktischen Lebensgefährten auch nicht sachgerecht. Der Gesetzgeber sollte kein Rechtsinstitut der faktischen Lebensgemeinschaft einführen und dieses dann auch noch im Familienrecht ansiedeln. Die faktische Lebensgemeinschaft ist bezogen auf die mit ihr verbundenen Rechte und Pflichten keine der Ehe vergleichbare Beziehungsform und soll dies auch zukünftig nicht werden. Vielmehr sollte der bereits eingeschlagene Weg weitergegangen werden und nur einzelne, besonders drängende Rechtsfragen dieser Lebensform gesetzlich aufgelöst werden. Dazu gehört die Erweiterung des § 844 Abs. 2 BGB.

2. Die deliktsrechtlichen Ansätze

Erfolgsversprechender scheint es, der in der Literatur am weitesten verbreiteten Ansicht zu folgen und die Lösung im Deliktsrecht zu suchen.

a) Gesamtreform des Deliktsrechts

Eine Gesamtreform der §§ 844, 845 BGB scheint möglich und durchaus reizvoll. Neben dem nicht mehr zeitgemäßen § 844 Abs. 2 BGB könnte auf diesem Weg auch der § 845 BGB geändert werden. Letzterer hat nur noch einen sehr begrenzten Anwendungsbereich, weil einzig Kinder ihren Eltern über § 1619 BGB zur Leistung von Diensten verpflichtet sind. Und auch in diesem Zusammenhang scheint der verwendete Wortlaut nicht mehr zeitgemäß. Ein Vorschlag für eine Gesamtreform setzt jedoch eine umfangreiche Auseinandersetzung auch mit

844 Siehe dazu bereits oben 2. HT, Kap. 2, B, I, 4, b), aa) und 2. HT, Kap. 2, B, I, 5, b), aa), (2).

845 Siehe dazu oben 2. HT, Kap. 2, B, I, 8, b).

§ 845 BGB voraus, die nicht Gegenstand dieser Arbeit ist. Sie beschränkt sich daher darauf, einen Vorschlag für einen neuen § 844 BGB zu entwickeln.

Betont sei jedoch, dass auch eine Gesamtreform der §§ 844, 845 BGB keinesfalls die Abschaffung des § 844 Abs. 2 BGB, sondern vielmehr dessen Ausweitung zur Folge haben sollte[846].

b) Anknüpfung an den Versorgerschaden

Der vielfach herangezogene Art. 45 Abs. 3 OR der Schweiz, der den Ersatz des Schadens anordnet, den Personen durch die Tötung ihres Versorgers erleiden, hat zunächst den Vorteil, dass keine Unterscheidung zwischen gesetzlichen, tatsächlichen und vertraglichen Unterhaltspflichten erfolgen müsste. Jede dieser Konstellationen könnte durch die singuläre Anknüpfung an die Versorgereigenschaft abgedeckt werden. Der neuformulierte § 844 Abs. 2 BGB wäre so auf den ersten Blick klar und verständlich.

Dann müsste jedoch zunächst geklärt werden, wer Versorger ist. Dies könnte zum einen durch eine Legaldefinition erfolgen. Eine solche müsste weit gefasst sein und sich (auch) auf die tatsächliche Leistung von Unterhalt erstrecken. Zum anderen könnte es jedoch – wie in der Schweiz auch – der Rechtsprechung überlassen werden, eine entsprechende Kasuistik herauszubilden. Ein solches Vorgehen ist dem deutschen Deliktsrecht jedoch fremd[847]. Nach der deutschen Anschauung obliegt es dem Gesetzgeber und nicht der Rechtsprechung, über die Voraussetzungen deliktischer Haftung zu entscheiden.

Die Anknüpfung an die Versorgereigenschaft ginge darüber hinaus zu weit. Es würden nicht nur die Partner faktischer Lebensgemeinschaften profitieren, sondern alle Personen, die von einer anderen Person auf rein tatsächliche Weise versorgt wurden. Das können z.B. Geschwister, Stiefkinder bzw. -eltern, Verwandte und einfache Freunde sein[848]. Hinzu kämen alle Personen, denen vertragliche Unterhaltsansprüche zustehen. Der Ausnahmecharakter, der § 844 Abs. 2 BGB seit seiner Schaffung prägt, würde so nicht nur aufgeweicht, sondern vollständig ausgehöhlt. Das Prinzip, dass mittelbare Schäden nach deutschem Recht grundsätzlich nicht ersatzfähig sind, wird zwar durch jede Ausweitung des Wortlauts des § 844 Abs. 2 BGB eingeschränkt. Das darf aber nicht zu weit gehen. Stattdessen muss ein Mittelmaß gefunden werden. Das Gleichgewicht zwischen klar gefassten Anspruchsvoraussetzungen, die erforderlich für das nötige Maß an Rechtssicherheit sind, und Einzelfallgerechtigkeit ist nicht gewahrt, wenn die

846 Vgl. dazu bereits oben 2. HT, Kap. 2, B, I, 7.

847 Vgl. dazu bereits oben 2. HT, Kap. 2, B, I, 10.

848 Zum Ausschluss anderer familiärer Nähebeziehungen siehe sogleich 2. HT, Kap. 3, B.

Ersatzpflicht des § 844 Abs. 2 BGB zu großzügig ausgedehnt wird. Die Nadel würde zu sehr in Richtung Einzelfallgerechtigkeit ausschlagen. Dieser Aspekt spricht nicht nur gegen die Anknüpfung an die Tötung des Versorgers, sondern auch – worauf gleich zurückzukommen sein wird – gegen eine reine Anknüpfung an vertragliche oder tatsächliche Unterhaltsleistungen[849].

Auf Grund der Systematik des deutschen Deliktsrechts ist eine dem Art. 45 Abs. 3 des Schweizerischen OR vergleichbare Reglung abzulehnen.

c) Anknüpfung an sittliche Unterhaltspflichten

Der Begriff der sittlichen Unterhaltsverpflichtung scheint zu antiquiert, als dass er seinen Weg in einen neugefassten § 844 BGB finden könnte. Dennoch muss auch diese Möglichkeit näher betrachtet werden. Von entscheidender Bedeutung ist, wann zwei Personen einander auf Grund einer sittlichen Verpflichtung Unterhalt schulden. Zunächst lässt sich allgemein sagen, dass dies immer dann der Fall ist, wenn die Leistung den guten Sitten entspricht bzw. die Nichtleistung gegen die guten Sitten verstoßen würde.

Für die näheren Details bietet es sich zunächst an, zu versuchen, auf die zu § 138 Abs. 1 BGB entwickelten Grundsätze zurückzugreifen. Nach der ständigen Rechtsprechung des BGH ist ein Rechtsgeschäft sittenwidrig, wenn es gegen das Anstandsgefühl aller billig und gerecht Denkenden verstößt[850]. Allerdings ist vorliegend kein Rechtsgeschäft, sondern ein tatsächlicher Vorgang – die Leistung von tatsächlichem Unterhalt – zu beurteilen. Zudem ist die sogenannte Anstandsformel ihrerseits erneut weit und unpräzise. Anhaltspunkte für das Vorliegen einer sittlichen Verpflichtung zur Leitung von Unterhalt sind über § 138 Abs. 1 BGB daher schwerlich zu gewinnen.

Relevanz erlangt die sittliche Unterhaltspflicht jedoch explizit bei § 40 Abs. 1 Nr. 4 BBesG. Danach sind Beamte, die eine andere Personen in ihre Wohnung aufgenommen haben und ihr Unterhalt gewähren, weil sie sittlich dazu verpflichtet sind, in Stufe eins des Familienzuschlags einzuordnen. Für diese öffentlich-rechtliche Norm, die die sittliche Unterhaltspflicht als Tatbestandsmerkmal enthält, wird ausgeführt, dass eine solche eine persönliche Beziehung erfordere, die nach der „allgemeinen Verkehrsauffassung eine Pflicht zum Helfen-Müssen“ nach sich zieht[851]. Dies sei nur dann der Fall, wenn im Ausbleiben der Leistung ein sittliches Fehlverhalten gesehen werden könne[852]. Bei der faktischen Lebensgemeinschaft

849 Vgl. sogleich unten 2. HT, Kap. 3, A, I, 2, d), ee) und 2. HT, Kap. 3, A, I, 2, e), ff).

850 BGHZ 10, 228, 232; BGHZ 69, 295, 297; BGH NJW 1991, 913, 914.

851 Plog/Wiedow/*Schmidt*, BBG, Band 3 (BBesG), 320. EL, § 40 Rn. 55.

852 Plog/Wiedow/*Schmidt*, BBG, Band 3 (BBesG), 320. EL, § 40 Rn. 55.

sei das gerade nicht der Fall, da ihr die jederzeitige Beendigungsmöglichkeit immanent sei[853].

Der BGH hat hingegen 1982 ausgeführt, dass sich aus einer „langjährigen nichtehelichen Lebensgemeinschaft [...] auch eine moralische Pflicht ergeben kann, für den Unterhalt des Partners zu sorgen und dessen wirtschaftliche Existenz nach dem eigenen Tode in angemessener Weise zu sichern"[854]. Nur ausnahmsweise könne ein Testament, das diesen Pflichten gerecht wird, sittenwidrig sein[855]. Eine moralische Pflicht zur Leistung von Unterhalt kommt einer sittlichen sehr nahe, ohne dass diese Begriffe zwingend deckungsgleich sind.

Diese unterschiedliche Interpretation hat Rechtsunsicherheit zur Folge. Selbst wenn bei Bestehen einer faktischen Lebensgemeinschaft – zumindest in Notsituationen – (mittlerweile) eine sittliche Pflicht zur Leistung von Unterhalt angenommen würde, stellt sich die Frage, wo darüber hinaus eine solche Verpflichtung besteht.

Es ist nicht auszuschließen, dass dies auch in anderen Näheverhältnissen der Fall ist. Welche genau das sind, lässt sich im Vorhinein allerdings nicht abschließend sagen. Naheliegender Weise rücken erneut Geschwister, Stiefkinder und -eltern sowie Freunde in den Fokus.

Sittliche Unterhaltspflichten als Anspruchsalternative in den § 844 Abs. 2 BGB aufzunehmen ist mit zu großen Bedenken begleitet und daher im Interesse der Rechtssicherheit abzulehnen.

d) Anknüpfung an vertragliche Unterhaltspflichten

In Betracht zu ziehen ist, ob es für die Zukunft eine gangbare Handlungsalternative ist, im Rahmen eines neugefassten § 844 Abs. 2 BGB an vertragliche Unterhaltspflichten anzuknüpfen. Diesen Weg hat ganz aktuell das Bayerische Staatsministerium der Justiz in seinem Diskussionsentwurf eingeschlagen[856].

Bei der Beurteilung dieser Frage, sind mehrere Aspekte zu beachten.

aa) Stärkung der Rechtssicherheit

Für eine Anknüpfung an vertragliche Unterhaltspflichten lässt sich zunächst vorbringen, dass auf diesem Weg die von einigen Autoren in Gefahr gesehene Rechtssicherheit gestärkt werden könnte. Sie meinen, dass der Anspruch aus

853 Plog/Wiedow/*Schmidt*, BBG, Band 3 (BBesG), 320. EL, § 40 Rn. 57.

854 BGH NJW 1983, 674, 676; auf diese Entscheidung bezog sich auch Schwenzer schon, vgl. oben 2. HT, Kap. 2, A, VII, 1.

855 BGH NJW 1983, 674, 676.

856 Vgl. dazu bereits oben 2. HT, Kap. 2, A, IV.

§ 844 Abs. 2 BGB bei einer Anknüpfung an tatsächliche Unterhaltsleistungen nur schwer bestimmt werden könne[857]. Mangels gesetzlicher oder vertraglicher Konturierung sei schwierig nachweisbar, in welcher Höhe, über welche Dauer und ob überhaupt weiterhin Unterstützungsleistungen erfolgt wären.

Dieses Problem entfiele bei einer Anknüpfung an vertragliche Unterhaltspflichten. Dauer, Höhe und andere Zahlungsmodalitäten des erweiterten Schadensersatzanspruchs könnten an Hand der Unterhaltsvereinbarung leicht festgesetzt werden. Der Einwand, dass die Anspruchsbemessung bei einer Erweiterung der Norm schwierig wäre, liefe leer.

Allerdings wurde bereits aufgezeigt, dass auch bei einer Anknüpfung an tatsächliche Unterhaltsleistungen die Anspruchsbestimmung möglich ist[858]. Begründet wurde dies an Hand mehrerer Aspekte, von denen insbesondere die folgenden zu wiederholen sind: Der gegenwärtige § 844 Abs. 2 BGB verlangt den Gerichten ebenfalls eine mitunter sehr schwierige Prognoseentscheidung ab, da der Anspruchsumfang zwar von der gesetzlichen Unterhaltspflicht bestimmt wird, diese aber von tatsächlichen Umständen, wie Leistungsfähigkeit und Bedürftigkeit, abhängt. Zudem sind gegenwärtig auch bei anderen Schadensersatzansprüchen komplizierte Prognoseentscheidungen zu treffen, die in der Praxis jedoch bewältigt werden. Exemplarisch wurde die Bestimmung des Verdienstausfallschadens bei Verletzung eines Kindes genannt. Ergänzend konnte darauf verwiesen werden, dass die Anspruchsbestimmung trotz Anknüpfung an tatsächliche Leistungen auch in anderen Ländern erfolgreich durchgeführt wird.

Zwar wäre die Anspruchsbestimmung eines geänderten § 844 Abs. 2 BGB leichter, wenn er an vertraglich vereinbarte Unterhaltspflichten anknüpfen würde. Aber auch bei der Erweiterung auf tatsächliche Leistungen ist sie möglich. Dieses Argument macht es daher nicht zwingend erforderlich, an das Bestehen vertraglicher Unterhaltsbeziehungen anzuknüpfen.

bb) Honorierung von Verantwortungsbereitschaft

Das Bayerische Staatsministerium der Justiz hat ausgeführt, dass es sich bei der vertraglichen Übernahme von Unterhaltsverpflichtungen um einen „anerkennenswerte[n] Ausdruck von Verantwortungsbereitschaft“ handele[859]. Durch die Gewährung deliktischen Schutzes im Todesfall könnte der Gesetzgeber dem gerecht werden.

Bereits zuvor wurde jedoch aufgezeigt, dass auch tatsächliche Unterstützungsleistungen honorabel sind und die Legislative diese fördern sollte, indem

857 Vgl. dazu bereits oben 2. HT, Kap. 2, B, I, 2, a).

858 Vgl. dazu bereits oben 2. HT, Kap. 2, B, I, 2, b).

859 Bayerisches Staatsministerium der Justiz, Diskussionsentwurf, S. 1, 8.

sie positive Rechtsfolgen, wie etwa eine Ersatzfähigkeit im Fall deliktischer Tötung, daran knüpft[860].

Auch dieser Gesichtspunkt streitet daher nicht schlechterdings für eine Aufnahme vertraglicher Unterhaltsbeziehungen, wenngleich eine solche der von den Lebensgefährten übernommenen Verantwortung ebenfalls Rechnung tragen würde.

cc) Anordnung einer entsprechenden Anwendung im Vertragsrecht

Das Gesetz ordnet zum Teil bereits selbst eine Anwendung des § 844 Abs. 2 BGB im vertraglichen Bereich an. Dieser Umstand könnte für eine Erstreckung des Schutzbereichs auf vertragliche Unterhaltsbeziehungen sprechen[861].

Auf diese Weise verfährt das Gesetz etwa in § 618 Abs. 3 BGB[862]. Die Norm greift ein, wenn der Dienstberechtigte die ihm aus § 618 Abs. 1 BGB obliegenden Schutzpflichten gegenüber dem Dienstverpflichteten verletzt. Von § 618 Abs. 3 BGB werden dann die deliktischen §§ 842-846 BGB – und damit auch § 844 Abs. 2 BGB – für anwendbar erklärt. Kommt der Dienstverpflichtete auf Grund einer Verletzung der Schutzpflichten zu Tode, steht seinen Hinterbliebenen ein eigener vertraglicher Schadensersatzanspruch gegen den Dienstberechtigten zu, wobei § 280 Abs. 1 BGB als Anspruchsgrundlage dient[863]. Der Anspruchsumfang bestimmt sich wegen der Verweisung in § 618 Abs. 3 BGB nach § 844 Abs. 2 BGB, so dass auch der Entzug von Unterhalt ersatzfähig ist[864]. Voraussetzung ist jedoch auch hier, dass den Hinterbliebenen ein gesetzlicher Unterhaltsanspruch gegen den getöteten Dienstverpflichteten zustand.

§ 618 Abs. 3 BGB erweitert daher nicht den Kreis der nach § 844 Abs. 2 BGB anspruchsberechtigten Personen auf vertragliche Unterhaltsgläubiger, sondern bestimmt lediglich den Umfang eines vertraglichen Schadensersatzanspruchs. Ausnahmsweise ist danach der Verlust des Rechts auf Unterhalt ersatzfähig, obwohl keine deliktische Handlung vorliegt[865].

Auf Grund dessen kann die Regelung auch nicht als Argument für eine Erstreckung des § 844 Abs. 2 BGB auf vertragliche Unterhaltspflichten herangezogen werden.

---

860 Vgl. dazu bereits oben 2. HT, Kap. 2, B, II, 3.

861 Darauf hinweisend auch Bayerisches Staatsministerium der Justiz, Diskussionsentwurf, S. 2.

862 Eine entsprechende Regelung findet sich auch in § 62 Abs. 3 HGB.

863 MüKo/*Henssler*, BGB, 6. Auflage 2012, § 618 Rn. 96; Palandt/*Weidenkaff*, 72. Auflage, 2013, § 618 Rn. 8.

864 MüKo/*Henssler*, BGB, 6. Auflage 2012, § 618 Rn. 102; Staudinger/*Oetker*, Neubearbeitung 2011, § 618 Rn. 303; Palandt/*Weidenkaff*, 72. Auflage, 2013, § 618 Rn. 8.

865 Palandt/*Weidenkaff*, 72. Auflage, 2013, § 618 Rn. 8.

dd) Vertrag zu Lasten Dritter

Ausdrücklich gegen die Ersatzfähigkeit vertraglicher Unterhaltsansprüche könnte eingewendet werden, dass sich die Unterhaltsvereinbarung im Fall der Tötung des Verpflichteten zu einem Vertrag zu Lasten eines Dritten entwickeln würde. Der Dritte müsste die vom Getöteten vertraglich versprochenen Unterhaltsleistungen nach dessen Tod an den Berechtigten erbringen. Der Vertrag an dem er selbst nicht beteiligt war, würde sich über die deliktische Schadensersatznorm zu seinem Nachteil auswirken. Verträge zu Lasten Dritter sind aber wegen der von Art. 2 Abs. 1 GG verbürgten Privatautonomie nicht zulässig[866].

Um diesen Einwand zu entschärfen, schlägt *Staudinger* eine „Deckelung [des Anspruchsumfangs] etwa anhand fiktiver gesetzlicher Unterhaltspflichten“ vor[867]. Die nachteiligen Wirkungen für den Dritten würden so begrenzt. Dies würde aber nur den Anspruchsumfang und nicht die Anspruchsbegründung betreffen und daher nichts an der grundsätzlichen Charakterisierung als Vertrag zu Lasten eines Dritten ändern.

Allerdings ist den Bedenken, dass es sich um einen Vertrag zu Lasten Dritter handelt, zweierlei entgegensetzen. Erstens, dass nicht die vertragliche Vereinbarung selbst Regelungen zu Lasten eines an ihr nicht beteiligten Dritten enthält. Stattdessen würde das Gesetz die für den Dritten nachteilige Rechtsfolge statuieren, was einen entscheidenden Unterschied darstellt. Es könnte allenfalls von einem indirekten Vertrag zu Lasten Dritter gesprochen werden. Und zweitens hat derjenige, der nach § 844 Abs. 2 BGB haftet, auf deliktsrechtlich relevante Weise den Tod einer anderen Person verursacht. Er ist daher nicht ebenso schutzwürdig wie derjenige, der ohne eigenes Zutun zu seinem Nachteil in die vertragliche Vereinbarung zwischen zwei anderen Personen miteinbezogen wird. Bereits an anderer Stelle wurde herausgearbeitet, dass eine erweiterte deliktische Haftung auch aus diesem Grund mit den Grundrechten des Dritten vereinbar ist, solange gewisse – später näher zu spezifizierende – Anforderungen eingehalten werden[868].

Der Vorbehalt, dass sich der Unterhaltsvertrag im Fall der deliktischen Tötung zu einem Vertrag zu Lasten Dritter wandelt, spricht daher nicht gegen eine Anknüpfung an vertragliche Unterhaltspflichten.

---

866 BVerfGE 73, 261, 270 f.; BGHZ 78, 369, 374 f.; BGHZ 61, 359, 361; BGHZ 58, 216, 219 f.; BGHZ 54, 145, 147; BAGE 108, 199, 204; MüKo/*Gottwald*, BGB, 5. Auflage, 2007, § 328 Rn. 188; BeckOK/*Janoschek*, BGB, Edition 27, § 328 Rn. 5; *Martens* AcP 177 (1977), 113, 139.

867 Schulze/*Staudinger*, 7. Auflage, 2012, § 844 Rn. 7.

868 Siehe dazu oben 2. HT, Kap. 2, B, I, 5.

ee) Reichweite

Zu problematisieren ist ergänzend die Reichweite dieser Anknüpfungsvariante. Auf Grund der Privatautonomie ist es möglich, dass zwei beliebige Personen vertraglich vereinbaren, dass die eine der anderen Unterhalt zu erbringen hat. Es wurde bereits ausgeführt, dass der Schutz sämtlicher vertraglicher Unterhaltsleistungen einen sehr weiten Anwendungsbereich des § 844 Abs. 2 BGB schaffen würde und deswegen mit der Systematik des Deliktsrechts nicht zu vereinbaren ist[869].

Dieses Argument wiegt schwer, könnte jedoch dadurch entkräftet werden, dass die Haftung auf den Entzug vertraglicher Unterhaltsleistungen, die im Rahmen einer faktischen Lebensgemeinschaft erfolgten, begrenzt wird[870].

ff) Schutzbedürftigkeit

Ein Argument, das hingegen vehement gegen die Anknüpfung an vertragliche Unterhaltsleistungen, sei es zwischen faktischen Lebensgefährten oder zwischen zwei beliebigen anderen Personen, streitet, hat *Medicus* vorgebracht. Er meint, dass die Situation beim Tod eines vertraglichen Unterhaltsschuldners eine andere sei als beim Tod eines gesetzlichen Unterhaltsschuldners, weil die vertragliche Unterhaltsverpflichtung auf die Erben des Getöteten übergehe[871]. Der vertraglich berechtigte Unterhaltsgläubiger verliere seinen Anspruch daher nicht mit dem Tod des Verpflichteten. Genau das setze § 844 Abs. 2 BGB aber voraus, indem er fordert, dass der Unterhalt durch die Tötung entzogen ist. Dahinter steht die allgemeine, das gesamte Deliktsrecht beherrschende Überlegung, dass der Geschädigte durch die schädigende Handlung nicht schlechter, aber eben auch nicht besser stehen soll. Konkret für § 844 Abs. 2 BGB heißt das, dass dem Unterhaltsempfänger trotz der Tötung weiterhin ein Schuldner, aber eben auch nicht zwei, zur Verfügung stehen soll. Empfänger vertraglicher Unterhaltsleistungen seien laut *Medicus* beim Tod des Leistenden daher nicht ebenso schutzwürdig wie Gläubiger gesetzlicher Unterhaltsansprüche, die im Fall des Todes überwiegend erlöschen. Eine Erstreckung des § 844 Abs. 2 BGB sei daher nicht erforderlich.

Bei der faktischen Lebensgemeinschaft kann dies auf den ersten Blick zu dem unbefriedigenden Ergebnis führen, dass die Erben des Getöteten die gemeinsamen Kinder der Lebensgefährten sind. Dem vertraglich zum Unterhalt berechtigten hinterbliebenen Lebensgefährten bliebe dann nur die Möglichkeit, die eigenen Kinder in Anspruch zu nehmen. Um diese nicht übermäßig zu belasten, wird er

869 Siehe bereits oben 2. HT, Kap. 3, A, I, 2, b).

870 Zur Zulässigkeit dieser Beschränkung innerhalb der Anknüpfung an tatsächliche Unterstützungsleistungen sogleich unten 2. HT, Kap. 3, B.

871 Prütting/Wegen/Weinreich/*Medicus*, 8. Auflage, 2013, § 844 Rn. 7.

so naheliegender Weise nur in dem (verhältnismäßig seltenen) Fall vorgehen, dass der Getötete ein nicht unerhebliches Vermögen hinterlassen hat. Andernfalls bestünde die Gefahr eines emotionalen und auch rechtlichen Konflikts mit den eigenen Kindern. Dies hätte zur Folge, dass der faktische Lebensgefährte im Fall der deliktischen Tötung seines Lebensgefährten trotz vertraglichen Unterhaltsanspruchs rein tatsächlich keinen Ausgleich für die zuvor von seinem Partner erbrachten Leistungen erhielte. Dieses Ergebnis könnte dafür sprechen, die vertragliche Unterhaltsbeziehung doch unter den Schutz eines geänderten § 844 Abs. 2 BGB zu stellen.

Allerdings ist die Situation dieselbe, wenn ein geschiedener Ehegatte stirbt: Stand seinem ehemaligen Ehegatten ein nachehelicher Unterhaltsanspruch zu, erlischt dieser beim Tod des Verpflichteten nicht[872], so dass auch § 844 Abs. 2 BGB nicht eingreift. Stattdessen richtet er sich nun gegen die Erben. Das sind – zumindest nach gesetzlicher Erbfolge – die Kinder des Getöteten, die regelmäßig auch die Kinder des geschiedenen unterhaltsberechtigten Ehegatten sein werden. Hier wird vom Gesetz in Kauf genommen, dass ein Elternteil gegebenenfalls seine eigenen Kinder in Anspruch nehmen muss.

Zwar würde dieses Ergebnis bei der faktischen Lebensgemeinschaft anders als bei der Ehe nicht nur für die Zeit nach Trennung, sondern auch während der Beziehung gelten. Das ist allerdings hinnehmbar. Die Reform des § 844 Abs. 2 BGB soll verhindern, dass der hinterbliebene Lebensgefährte seine wirtschaftliche Lebensgrundlage verliert. Das wäre jedoch nur dann der Fall, wenn dem Unterhaltsempfänger im Fall der deliktischen Tötung keinerlei Ansprüche zustünden. Ihm stehen jedoch der oder die Erben des ursprünglich Verpflichteten zur Verfügung. Nur wenn diese nicht in der Lage sind, die Unterhaltsansprüche zu befriedigen, kommt nachrangig § 844 Abs. 2 BGB zur Anwendung[873]. Möchte der hinterbliebene Lebensgefährte die Erben trotz Leistungsfähigkeit nicht in Anspruch nehmen, z.B. weil es sich um seine Kinder handelt, ist das seine eigenverantwortliche Entscheidung, die zu respektieren ist. Er kann sich dann jedoch nicht darauf berufen, seine finanzielle Lebensgrundlage wäre ihm auf Grund der deliktischen Tötung entzogen, da der Wegfall auf einem eigenen Entschluss beruht.

Zusammenfassend kann man folgendes festhalten: Die Empfänger vertraglichen Unterhalts allgemein und faktische Lebensgefährten im Speziellen sind im Fall des Todes ihres vertraglichen Unterhaltsschuldners nicht völlig schutzlos, weil ihr Anspruch sich gegen die Erben fortsetzt. Ein vorrangiges Eingreifen des § 844 BGB n.F. ist daher nicht notwendig. Nur wenn die Erben nicht in der Lage sind, die Forderungen zu befriedigen, kommt die Norm nachrangig zur Anwen-

872 Vgl. § 1586b Abs. 1 S. 1 BGB.

873 Vgl. dazu bereits oben 2. HT, Kap. 1, A.

dung. Werden die leistungsfähigen Erben nicht in Anspruch genommen, beruht das auf einem eigenständigen Entschluss des Berechtigten, der zu akzeptieren ist. Eine Anwendung der deliktischen Schadensersatznorm macht er jedoch nicht erforderlich. Mangels Schutzbedürftigkeit bedarf es keiner gesetzlichen Erstreckung der Norm auf den Schutz vertraglicher Unterhaltsbeziehungen.

gg) Vergleich mit anderen vertraglichen Gläubigern

Darüber hinaus hätte eine Anknüpfung an vertragliche Unterhaltsverpflichtungen eine Ungleichbehandlung der vertraglichen Gläubiger des Getöteten zur Folge. Die auf Grund schuldrechtlicher Vereinbarung zum Unterhalt berechtigten Personen würden privilegiert, indem sie sich zunächst an den deliktischen Schädiger wenden könnten. Wäre der nicht in der Lage, ihre Ansprüche zu befriedigen, könnten sie versuchen, nachrangig die Erben des Geschädigten in Anspruch zu nehmen. Ihnen stünden dann zwei Vermögensmassen zur Verfügung, wohingegen sich alle übrigen vertraglichen Gläubiger des Getöteten direkt und ausschließlich an die Erben halten müssten. Eine zusätzliche Inanspruchnahme des deliktischen Schädigers käme nicht in Betracht.

Resultat wären vertragliche Ansprüche erster und zweiter Klasse. Ursächlich hierfür wäre zwar eine gesetzgeberische Entscheidung, dennoch fällt es schwer, überzeugende Gründe für ein solches Vorgehen zu finden. Ergänzend dazu könnten entscheidende Abgrenzungsprobleme entstehen. Denn in Einzelfällen kann es durchaus schwierig sein, Unterhaltsvereinbarungen von anderen Verträgen zu unterscheiden. So ist es insbesondere fraglich, ob eine vertragliche Verpflichtung auf die Zahlung von Unterhalt gerichtet ist, wenn eine Gegenleistung vereinbart ist.

hh) Eingeschränkte Effektivität

Hinzu kommt abschließend, dass, wie bereits angesprochen wurde[874], die Partner einer faktischen Lebensgemeinschaft ihre Angelegenheiten selten (umfassend) vertraglich regeln, weil sie insbesondere während der Beziehung kein entsprechendes Regelungsbedürfnis sehen. Zwar mag man einwenden, dass von demjenigen, der rechtliche Vorteile für sich in Anspruch nehmen möchte, auch erwarten werden kann, dass er seinen Teil dazu beiträgt. Dennoch darf dieser Umstand bei einer Neugestaltung des § 844 Abs. 2 BGB nicht ignoriert werden[875]. Diese soll den hinterbliebenen Lebensgefährten im Fall des Todes des anderen davor bewahren, seine wirtschaftliche Lebensgrundlage kompensationslos zu verlieren. Er soll stattdessen

874 Siehe dazu bereits oben 2. HT, Kap. 2, B, I, 11, b).

875 Der Diskussionsentwurf des Bayerisches Staatsministeriums der Justiz hält es für ausreichend, dass die Beteiligten entsprechende Vorsorge treffen können, S. 9.

die bisher von seinem Lebensgefährten empfangenen Unterhaltsleistungen nun vom Schädiger erhalten. Dieses Ziel kann nicht erreicht werden, wenn man allein an einen Umstand anknüpft, der erwiesenermaßen wenig geeignet ist.

Möglich wäre allenfalls, parallel mit einer entsprechenden Gesetzesänderung eine umfassende Informations- und Aufklärungskampagne zu starten. Mit deren Hilfe könnte der betroffene Personenkreis über seine Möglichkeiten unterrichtet werden. In der Folge müsste zudem im Auge behalten werden, ob dieser Weg Erfolg hat. Da dies völlig offen ist, scheint es sinnvoller, nach einer Anknüpfungsalternative zu suchen, die von Anfang an und ohne zusätzliche Maßnahmen größeren Erfolg verspricht.

ii) Zusammenfassung

Die besseren Gründe sprechen gegen eine zukünftige Anknüpfung an vertragliche Unterhaltspflichten. Hervorzuheben sind die fehlende Schutzbedürftigkeit vertraglicher Unterhaltsgläubiger sowie der Vergleich dieser Personen mit den übrigen vertraglichen Gläubigern des Getöteten. Auch Effektivitätsaspekte sprechen gegen diese Lösungsmöglichkeit. Erfolgreich könnte sie nur sein, wenn vertragliche Unterhaltsvereinbarungen in faktischen Lebensgemeinschaften zukünftig zunähmen und so an die Stelle tatsächlicher Unterstützungsleistungen träten. Daran bestehen jedoch erhebliche Zweifel.

Zwar wäre die Anspruchsbemessung auf diesem Weg leichter. Allerdings ist sie auch bei einer Anknüpfung an tatsächliche Leistungen möglich. Letztere würde zudem die Übernahme von Verantwortung gebührend honorieren. Diese beiden Gründe erzwingen es daher nicht, an vertragliche Unterhaltsleistungen des getöteten Lebensgefährten anzuknüpfen.

Obwohl auch jetzt bereits faktische Lebensgemeinschaften existieren, in denen Unterhaltsverpflichtungen per Vertrag begründet werden, überzeugt es wegen der genannten Gründe nicht, diese auch bei Einschlagen eines anderen Lösungsansatzes – zumindest als eine von mehreren neuen Anknüpfungsalternativen – in den Schutzbereich des reformierten § 844 Abs. 2 BGB miteinzubeziehen. Statt des deliktischen Schädigers können in diesen Fällen die Erben des Getöteten in Anspruch genommen werden. Um eine Schlechterstellung zu vermeiden, könnte jedoch an eine Anwendung des novellierten § 844 Abs. 2 BGB gedacht werden, wenn der Lebensgefährte tatsächlich mehr Unterhalt geleistet hat, als er vertraglich schuldete[876].

Zusammenfassend empfiehlt es sich somit nicht, den § 844 BGB zukünftig auch bei Entzug vertraglicher Unterhaltsleistungen eingreifen zu lassen.

---

876 Vgl. dazu unten 2. HT, Kap. 3, D.

e) *Anknüpfung an tatsächliche Unterhaltsleistungen*

Anschließend ist zu beurteilen, ob zukünftig tatsächliche Unterhaltsleistungen eines faktischen Lebensgefährten von § 844 Abs. 2 BGB erfasst werden sollten. Für diese Vorgehensweise entschieden sich unter anderem Schweden sowie die Macher des DCFR[877]. Auch der Großteil der Befürworter einer Reform im deutschen Schrifttum präferiert diesen Ansatz. Dies zeigt sich unter anderem daran, dass viele Argumente im Streit um die Ausweitung der Norm auf diese Handlungsalternative des Gesetzgebers zugeschnitten sind.

Im Rahmen des Für und Wider einer Novellierung wurde bereits aufgezeigt, dass es dem deutschen Gesetzgeber durchaus nicht fremd ist, tatsächliche Unterhaltsleistungen zu berücksichtigen[878]. Eine entsprechende Anknüpfung in § 844 Abs. 2 BGB wäre daher nichts gänzlich Neues. Allerdings sind noch weitere Gesichtspunkte zu berücksichtigen.

aa) Auswirkungen auf den Dritten

Ebenso wie zuvor bei der potentiellen Anknüpfung an vertragliche Unterhaltspflichten kann auch gegen die an tatsächliche Unterhaltsleistungen des Getöteten eingewendet werden, dass sich diese im Todesfall ebenfalls zu Lasten des Dritten auswirken würden.

Anders als bei vertraglichen Unterhaltspflichten fehlt diesem Einwand im Bereich tatsächlicher Leistungen die rechtstechnische Grundlage. Denn es liegt kein Vertrag zugrunde, der sich direkt oder indirekt zu Lasten eines Dritten auswirken könnte. Vielmehr ist das Argument hier eine reine Fortsetzung des Streits um die zulässige Reichweite deliktischer Haftung. Eine Ausweitung des § 844 Abs. 2 BGB wirkt sich unabhängig vom gewählten Ansatz immer nachteilig auf den Haftenden aus. Dass die Ausweitung mit den Grundrechten des Dritten vereinbar wäre, wurde nun jedoch bereits zwei Mal erörtert[879].

Die negativen Folgen für den haftenden Dritten können daher nicht gegen eine Anknüpfung an tatsächliche Unterstützungsleistungen vorgebracht werden.

bb) Hinreichende Bestimmbarkeit des Anspruchsinhalts

Der Einwand, dass eine Anknüpfung an tatsächliche Unterhaltsleistungen zu unüberbrückbaren Beweisproblemen führen würde, weil Höhe, Dauer und sonstige

877 Dazu bereits oben 2. HT, Kap. 2, B, II, 7.

878 Vgl. dazu bereits oben 2. HT, Kap. 2, B, II, 6, a).

879 Vgl. dazu oben 2. HT, Kap. 2, B, I, 5 und soeben 2. HT, Kap. 3, A, I, 2, d), dd).

Modalitäten des Anspruchs aus § 844 Abs. 2 BGB n.F. nicht hinreichend bestimmbar wären, wurde bereits erörtert und entkräftet[880].

cc) Honorierung von Verantwortungsbereitschaft

Zwar sind vertragliche Unterhaltsleistungen ein anerkennenswerter Ausdruck von Verantwortungsübernahme, das gilt jedoch ebenso für rein tatsächliche Unterstützungsleistungen.

Sie sind Zeichen gegenseitiger finanzieller Solidarität. Relevanz entfaltet diese nicht nur für die Lebensgefährten selbst, sondern auch für die Gesamtwirtschaft[881]. Die Sozialkassen würden entlastet. Es ist daher wichtig, dass der Staat tatsächliche Unterstützungsleistungen fördert. Ein guter Weg dies zu tun, ist sie unter den Schutz des § 844 Abs. 2 BGB n.F. zu stellen.

Das Argument der honorablen Verantwortungsübernahme, das bereits für eine Anknüpfung an vertragliche Unterhaltspflichten sprach, kann somit auch für eine solche an tatsächliche Unterhaltsleistungen fruchtbar gemacht werden.

dd) Erhöhte Schutzbedürftigkeit gegenüber vertraglich Berechtigten

Explizit für eine Aufnahme tatsächlicher Unterhaltsleistungen in den Schutzbereich des § 844 Abs. 2 BGB spricht, dass Empfänger tatsächlichen Unterhalts schutzbedürftiger als solche Personen sind, die auf vertraglicher Grundlage Unterhalt beziehen. Letztere können sich primär an die Erben des ursprünglich Verpflichteten halten, wohingegen tatsächliche Unterhaltsleistungen kompensationslos entfielen[882]. Das Ziel der angestrebten Reform, den faktischen Lebensgefährten davor zu bewahren, durch eine deliktische Tötung seine Lebensgrundlage zu verlieren, kann man auf diesem Weg daher besser gerecht werden.

ee) Größere Effektivität

Weiter oben wurde schon herausgearbeitet, dass zwar auch eine Ausweitung auf vertragliche Unterhaltsleistungen das Schutzniveau faktischer Lebensgefährten erhöhen könnte[883]. Gleichzeitig wurde jedoch festgestellt, dass eine entsprechende Anknüpfung nur dann umfassenden Erfolg haben könnte, wenn sie von einer umfassenden Informations- und Aufklärungskampagne begleitet wäre, weil die Lebensgefährten ihre (finanziellen) Angelegenheiten bisher selten vertraglich regeln.

880 Vgl. dazu bereits oben 2. HT, Kap. 2, B, I, 2, b) und soeben 2. HT, Kap. 3, A, I, 2, d), aa).
881 Vgl. dazu bereits oben 2. HT, Kap. 2, B, II, 3, b).
882 Vgl. dazu bereits soeben 2. HT, Kap. 3, A, I, 2, d), ff).
883 Vgl. dazu bereits soeben 2. HT, Kap. 3, A, I, 2, d), hh).

Ein solches ergänzendes Vorgehen wäre bei einer Anknüpfung an tatsächliche Leistungen nicht erforderlich. § 844 BGB n.F. würde eingreifen, sobald rein faktisch Unterhalt geleistet wurde. Vertragliche Abreden, seien es schriftliche, mündliche oder konkludente, wären entbehrlich.

Wegen des regelmäßigen Fehlens entsprechender Vereinbarungen, muss der Anknüpfungspunkt etwas rein tatsächliches sein. Nur so kann der erforderliche Schutz des unterstützten Lebensgefährten im Fall der Tötung des anderen gewährleistet werden. Es müsste zudem nicht beobachtet werden, ob die parallel zur Gesetzesänderung gestartete Aufklärung Erfolg hat.

Dieser Gesichtspunkt kann eindeutig als Argument für eine zukünftige Erfassung tatsächlicher Unterhaltsleistungen gewertet werden.

ff) Reichweite

Allerdings kann man sich nicht davor verschließen, dass auch die reine Anknüpfung an tatsächliche Unterhaltsleistungen, ebenso wie diejenige an die Versorgereigenschaft und die singuläre Anknüpfung an vertragliche Unterhaltspflichten, einen sehr weiten Anwendungsbereich zur Folge hätte[884]. Erfasst würden nicht nur faktische Lebensgefährten, sondern auch tatsächliche Unterhaltsleistungen in anderen – nicht zwingend nur, aber ganz überwiegend familiären – Konstellationen.

Dies könnte unüberwindbare Probleme bereiten. Denn der Grundsatz, dass mittelbar Geschädigten grundsätzlich keine deliktischen Ansprüche zustehen, würde, wie bereits diskutiert wurde, erheblich tangiert. Dem könnte jedoch mit einer Beschränkung auf tatsächliche Leistungen faktischer Lebensgefährten begegnet werden. Der Kreis der bisher nach § 844 Abs. 2 BGB anspruchsberechtigten Personen würde zwar erweitert, dies allerdings nicht grenzenlos, sondern in einem genau abgesteckten Rahmen. Die Zulässigkeit dieses Vorgehens ist daher in einem nächsten Schritt zu erörtern.

gg) Zusammenfassung

Schutzbedürftigkeit und Effektivitätsgesichtspunkte streiten für eine Anknüpfung an tatsächliche Unterhaltsleistungen. Und auch die darin liegende Verantwortungsübernahme wird auf diesem Weg angemessen wertgeschätzt. Zwar wäre die Bestimmung des Anspruchsinhalts bei vertraglichen Unterhaltspflichten einfacher, jedoch ist sie auch bei Zugrundeliegen tatsächlicher Leistungen möglich.

---

884 Dazu bereits oben 2. HT, Kap. 3, A, I, 2, b) und 2. HT, Kap. 3, A, I, 2, d), ee).

3. Ergebnis: Ein kombinierter Ansatz

Als Ergebnis lässt sich festhalten, dass der § 844 Abs. 2 BGB um einen weiteren Anwendungsfall ergänzt werden sollte. Der Schadensersatzanspruch sollte zukünftig auch dann eingreifen, wenn eine Person getötet wird, die ihren faktischen Lebensgefährten zu Lebzeiten auf rein tatsächlicher Grundlage unterhalten hat. Vorgeschlagen wird damit, dass der Gesetzgeber einen kombinierten Ansatz wählt. Er sollte die Lösung im Deliktsrecht suchen und den Anspruch aus § 844 Abs. 2 BGB erweitern, dabei aber auch ein familienrechtliches Element – den Tatbestand der faktischen Lebensgemeinschaft – einbeziehen.

Es ist daher sehr zu begrüßen, dass *Delank* und sehr früh auch *Schwenzer* bereits kombinierte Ansätze vorgeschlagen haben. Auch England, die Niederlande und die *European Group on Tort Law* verfolgen diesen Weg.

II. Ein Nebeneinander der Anknüpfungen

Der soeben herausgearbeitete neue Anwendungsfall sollte den bisherigen § 844 Abs. 2 BGB lediglich ergänzen. Die Anknüpfung an die gesetzliche Unterhaltspflicht sollte erhalten werden.

Zwar wäre es auch denkbar, den aktuellen § 844 Abs. 2 BGB komplett neuzufassen und eine einheitliche Formulierung zu wählen. Dagegen muss jedoch eingewendet werden, dass dieses Vorhaben kaum zu befriedigenden Ergebnissen führen kann. Eine Wortwahl, die neben dem Verlust gesetzlicher Unterhaltsansprüche gleichzeitig auch den Verlust tatsächlicher Unterhaltsleistungen im Rahmen einer faktischen Lebensgemeinschaft erfasst, lässt sich schwerlich finden. Und selbst wenn, wäre diese hochkomplex und damit kompliziert zu handhaben. Zudem würde diese Vorgehensweise einen kompletten Bruch mit der bisherigen Norm bedeuten. Es wäre schwerer erkennbar, dass nur in bestimmten, eng umgrenzten Ausnahmefällen eine Ausweitung des § 844 Abs. 2 BGB erfolgen soll. Die grundsätzliche Nichtersatzfähigkeit mittelbarer Schäden soll mit der Reform jedoch nicht aufgegeben, sondern lediglich um einen Anwendungsfall erweitert werden. Dies sollte auch aus der Neufassung des Gesetzestextes hervorgehen.

Für ein Nebeneinander der Anknüpfungen haben sich neben Schweden und den Niederlanden auch die Mütter und Väter des DCFR entschieden.

B. Die Beschränkung der Ausweitung auf die faktische Lebensgemeinschaft

Soeben wurde herausgearbeitet, dass eine Neufassung des § 844 Abs. 2 BGB tatsächliche Unterhaltsleistungen für den Fall der deliktischen Tötung des Leistenden nicht unbeschränkt unter Schutz stellen sollte[885]. Um dem Grundsatz, dass mittelbar Geschädigte nur ausnahmsweise anspruchsberechtigt sind, gerecht zu werden, wurde ein kombinierter Ansatz, der eine Beschränkung auf die faktische Lebensgemeinschaft vorsieht, befürwortet. Die Frage, ob dies zulässig ist, bereitet Schwierigkeiten[886] und ist daher nun genauer zu untersuchen.

Sowohl bei der Darstellung der Lösungsansätze als auch bei den für und gegen eine Neufassung vorgebrachten Argumenten war erkennbar, dass viele davon auf die faktische Lebensgemeinschaft zugeschnitten sind. Diese Beziehungsform würde durch dieses Vorgehen jedoch gegenüber anderen familiären Nähebeziehungen privilegiert[887]. Dies gilt für Geschwister, die Verbindung von Stiefeltern und -kindern sowie für Freunde.

Eine Ungleichbehandlung von faktischen Lebensgemeinschaften einerseits und anderen familiären Nähebeziehungen andererseits könnte einen Verstoß gegen den allgemeinen Gleichheitssatz begründen. Aus Art. 3 Abs. 1 GG resultiert neben der Rechtsanwendungsgleichheit auch die Rechtssetzungsgleichheit[888].

Ein Verstoß gegen den allgemeinen Gleichheitssatz liegt vor, wenn wesentlich Gleiches ungleich bzw. wesentlich Ungleiches gleich behandelt wird, ohne dass dies gerechtfertigt ist[889]. Eine Reform des § 844 Abs. 2 BGB, die nur die faktischen Lebensgefährten in den Schutzbereich der Norm aufnimmt, könnte eine ungerechtfertigte Ungleichbehandlung von grundsätzlich gleichen Sachverhalten bedeuten.

In diesem Fall bestünden drei Korrekturmöglichkeiten: Erstens könnte eine Reform vollständig unterbleiben, zweitens könnten, soweit Art. 3 Abs. 1 GG durch die Nichtbeachtung anderer familiärer Lebensgemeinschaften verletzt ist, auch sie in den erweiterten Schutz des § 844 Abs. 2 BGB n.F. aufgenommen

---

885 Dazu schon 2. HT, Kap. 3, A, I, 2, e), ff).

886 Das Problem der Reichweite aufwerfend auch *Reidel*, 50. VGT, 2012, S. 1, 3 f.

887 Außerhalb solcher Gemeinschaften wird es kaum zu regelmäßigen tatsächlichen Unterstützungsleistungen kommen, so dass die Ausführungen auf den Ausschluss familiärer Gemeinschaften beschränkt werden; *Staudinger*, 50. VGT, 2012, S. 11, 12 nennt noch Verlobte.

888 Mit ausführlicher Begründung *Alexy*, 5. Auflage, 2006, S. 359 ff.

889 Jarass/Pieroth/*Jarass*, 12. Auflage, 2012, Art. 3 Rn. 7 f., 14; Sachs/*Osterloh*, 5. Auflage, 2009, Art. 3 Rn. 83; *Hufen*, 3. Auflage, 2011, § 39 Rn. 5; BeckOK/*Kischel*, GG, Edition 18, Art. 3 Rn. 14.

werden und drittens könnte eine Regelung entwickelt werden, die die vergleichbaren Gruppen auf andere Weise gleich behandelt[890].

I. Vergleichbarkeit der Sachverhalte

Zunächst müssten die in Frage stehenden Gruppen vergleichbar sein. Nur wenn das der Fall ist, bedarf eine etwaige Ungleichbehandlung der Rechtfertigung[891]. Vergleichbar sind verschiedene Konstellationen immer dann, wenn sie einem gemeinsamen Oberbegriff (genus proximum) zuzuordnen sind[892]. Entscheidende Bedeutung kommt dabei den Eigenschaften zu, die darüber entscheiden, ob sich die Vergleichsgruppen ähneln oder unterscheiden[893].

Zu vergleichen sind die faktische Lebensgemeinschaft auf der einen und Geschwister, Stiefeltern und -kinder sowie Freunde auf der anderen Seite. Gemein ist diesen Konstellationen, dass es sich um personale Nähebeziehungen, die von gegenseitiger Zuneigung und Verantwortung geprägt sind, handelt. Der Zusammenhalt ist jedoch unterschiedlich stark ausgeprägt. Am engsten ist das Verantwortungs- und Verbundenheitsgefühl typischerweise bei Paarbeziehungen und damit bei faktischen Lebensgemeinschaften[894].

Es fällt allerdings schwer, darüber hinausgehende pauschale Feststellungen vorzunehmen, weil die konkrete Ausgestaltung stark von den jeweiligen Personen geprägt wird. Dies gilt insbesondere für die anderen zu beurteilenden Nähebeziehungen. Dennoch wird versucht, zumindest einige allgemeingültige Aussagen zu treffen.

Freunde stehen einander zwar ebenfalls nahe, allerdings rein freundschaftlich. Die Verbundenheit und daraus resultierend die persönliche und finanzielle Aufopferungsbereitschaft ist in der Regel nicht so hoch wie bei faktischen Lebensgefährten. Gleiches gilt regelmäßig für Geschwister. Anders als bei Freunden besteht hier aber ergänzend eine (Bluts-) Verwandtschaft, die ein besonderes Näheverhältnis begünstigen kann. Noch schwerer ist es, einheitliche Aussagen für das Verhältnis von Stiefeltern und -kindern zu treffen. Je nach Ausgestaltung der familiären Situation kann das Verhältnis von harmonisch und elterngleich bis zu zerrüttet nahezu jede Facette haben. Zusammenfassend bedeutet das, dass die faktische Lebensgemeinschaft die engste Nähebeziehung darstellt, dass jedoch

---

890 Vgl. *Pieroth/Schlink*, 28. Auflage, 2012, Rn. 515; *Hufen*, 3. Auflage, 2011, § 39 Rn. 18.

891 *Ipsen*, 15. Auflage, 2012, Rn. 800; *Pieroth/Schlink*, 28. Auflage, 2012, Rn. 463.

892 *Pieroth/Schlink*, 28. Auflage, 2012, Rn. 463, 465.

893 BeckOK/*Kischel*, GG, Edition 18, Art. 3 Rn. 15; *Alexy*, 5. Auflage, 2006, S. 362.

894 Zur erforderlichen engen persönlichen und emotionalen Bindung faktischer Lebensgefährten bereits oben 1. HT, Kap. 4, A, IV, 1, b).

auch zwischen Geschwistern und Stiefeltern bzw. -kindern eine sehr tiefe Verbundenheit bestehen kann. Abhängig ist dies jedoch vom jeweiligen Einzelfall.

Festzuhalten ist somit, dass der Intensitätsgrad der Nähebeziehung die vier Vergleichsgruppen voneinander unterscheidet. Damit drängt sich die Frage auf, wie ähnlich zwei Sachverhalte sein müssen, damit sie vergleichbar sind. Reicht es, dass jeweils eine besondere Nähebeziehung besteht oder muss auch der Nähegrad identisch sein? Abhängig davon ist, ob ein Verstoß gegen den allgemeinen Gleichheitssatz vorliegt. *Alexy* spricht von „partieller faktischer Gleichheit", wenn einige aber nicht alle Eigenschaften der Vergleichspaare übereinstimmen[895]. Eine solche Feststellung reiche aber nicht aus, um eine Vergleichbarkeit zu begründen. Da eine universelle Gleichheit aber nicht existiere, komme es vielmehr auf eine wertmäßige Gleichheit an[896]. Für die Frage, ob zwei Sachverhalte gleich seien, sei daher eine Wertung vorzunehmen[897].

Als gemeinsamer Oberbegriff wurde die personale Nähebeziehung ausgemacht, obwohl die Intensität variiert. Nach dem soeben gesagten, ist es nicht erforderlich, dass die Vergleichsgruppen in allen Eigenschaften übereinstimmen, sie wären dann identisch und nicht vergleichbar[898]. Der Umstand, dass der genus proximum weiter ist, ändert daher nichts daran, dass eine gemeinsame Obergruppe existiert. Zudem darf eine Verletzung des allgemeinen Gleichheitssatzes nicht übereilt mangels vergleichbaren Sachverhalten abgelehnt werden. Der richtige Ort für eine ausdifferenzierte Betrachtung ist die Rechtfertigungsebene.

Die Beziehung zwischen faktischen Lebensgefährten ist daher mit der zwischen Geschwistern und Stiefeltern bzw. -kindern grundsätzlich vergleichbar. Für einfache Freundschaften gilt dies jedoch nicht, da es ihnen am zu fordernden Mindestmaß an Intensität und Verantwortungsbereitschaft fehlt. Zudem fällt es sehr schwer, Freundschaften unter den Begriff der familiären Gemeinschaften zu fassen.

II. Ungleichbehandlung

Die singuläre Berücksichtigung faktischer Lebensgemeinschaften im zukünftigen § 844 BGB und die damit verbundene Nichteinbeziehung von Geschwistern und Personen, die durch ein Stiefverwandtschaftsverhältnis verbunden sind, begründet eine Ungleichbehandlung.

---

895 *Alexy*, 5. Auflage, 2006, S. 362 wobei offen bleibt, ob dies ein Problem der „Vergleichbarkeit" oder erst der „Rechtfertigung" ist.

896 *Alexy*, 5. Auflage, 2006, S. 363.

897 *Alexy*, 5. Auflage, 2006, S. 363.

898 *Ipsen*, 15. Auflage, 2012, Rn. 801.

III. Rechtfertigung

Das BVerfG hat eine ausdifferenzierte Rechtsprechung zu den Rechtfertigungsanforderungen eines Gleichheitsverstoßes entwickelt. Ausgangspunkt war dabei das Willkürverbot[899], später wurde die sogenannte „neue Formel“[900] entwickelt. Abhängig von „Regelungsgegenstand und Differenzierungsmerkmalen“ ergibt sich ein weiter oder enger gesetzgeberischer Spielraum, der vom Willkürverbot bis zu strengen Verhältnismäßigkeitsanforderungen reicht[901]. Bei sachverhaltsbezogenen Ungleichbehandlungen ist die Willkürprüfung ausreichend[902]. Bei personenbezogenen Ungleichbehandlungen oder solchen, die grundrechtlich geschützte Freiheiten tangieren, ist ein engerer Maßstab anzulegen[903].

Abgrenzungskriterium ist das Führen einer bestimmten persönlichen Nähebeziehung. Diese muss einen bestimmten Grad an Intensität aufweisen, damit sie zukünftig von § 844 BGB n.F. profitiert. Angeknüpft wird damit an eine besondere Personengruppe, namentlich die faktische Lebensgemeinschaft, wodurch gleichzeitig andere Personengruppen, Geschwister und Stiefkonstellationen, ausgeschlossen werden. Es handelt sich dabei um ein personenbezogenes Differenzierungsmerkmal.

Daraus resultiert, dass das höchste Rechtfertigungsniveau nachzuweisen ist. Das BVerfG verlangt dafür, dass „Gründe von solcher Art und solchem Gewicht bestehen, daß sie die ungleichen Rechtsfolgen rechtfertigen können“[904].

1. Prüfungsmaßstab

Wie diese Formel auszufüllen ist, ist Gegenstand eines grundsätzlichen Streits[905]. Vielerorts wird eine Verhältnismäßigkeitsprüfung verlangt[906], andere Autoren

---

899 Erstmals BVerfGE 1, 14 Entscheidungsgrund Nr. 18.

900 Seit BVerfGE 55, 72, wobei die Verwendung des Begriffs „neue Formel“ irreführend ist, da sie mittlerweile über 30 Jahre alt ist.

901 Vgl. z.B. BVerfGE 122, 39, 52 f.

902 BVerfGE 55, 72, 89 f.

903 BVerfGE 95, 267, 317; BVerfGE 122, 39, 52 f.

904 Vgl. etwa BVerfGE 55, 72, 88; BVerfGE 112, 50, 67; BVerfGE 117, 316, 325; BVerfGE 122, 39, 52 f.

905 Zur Darlegung des Problems vgl. ausführlich *Huster*, S. 61 ff., 165 ff.

906 *Pieroth/Schlink*, 28. Auflage, 2012, Rn. 472; Sachs/*Osterloh*, 6. Auflage, 2011, Art. 3 Rn. 18 ff., wo allerdings Modifizierungen vorgegeben werden; *Hufen*, 3. Auflage, 2011, § 39 Rn. 16; *Huster*, S. 173 ff., 219, 223 f. differenziert bzgl. der Rechtfertigungsanforderungen zwischen internen und externen Zwecken der Differenzierung, wobei nur bei letzteren eine Verhältnismäßigkeitsprüfung geboten sei.

weisen darauf hin, dass bei einer solchen Handhabung der Vorgaben des BVerfG zwei unterschiedliche Maßstäbe miteinander vermengt würden[907].

Für eine vollständige Verhältnismäßigkeitsprüfung sprechen zunächst zwei vom BVerfG verwendete Formulierungen. Zum einen der der „Verhältnismäßigkeitsanforderung", zum anderen legt die Wortwahl „Gründe von solcher Art und solchem Gewicht" eine Abwägung nahe, wie sie bei der Angemessenheit auch im Rahmen der Verhältnismäßigkeitsprüfung vorzunehmen ist. Zudem bestünde andernfalls ein sehr weiter gesetzgeberischer Spielraum. Es lassen sich jedoch auch gewichtige Gründe für die Gegenansicht finden. Nach *Sachs* verkennt eine Gleichsetzung der Anforderungen, die das BVerfG für Art. 3 Abs. 1 GG entwickelt hat mit dem Verhältnismäßigkeitsgrundsatz das „Wesen der eigentlichen Gleichheitsprüfung im Kern"[908]. Es gehe nicht um die Relation von Zweck und Mittel, die bei einer klassischen Eingriffsrechtfertigung erforderlich sei, sondern um eine „Entsprechungsprüfung"[909]. Die Unterschiedlichkeit bzw. Gleichheit der Sachverhalte müsse sich in unterschiedlichen bzw. gleichen Rechtsfolgen wiederspiegeln[910]. Die Befürworter einer Verhältnismäßigkeitsprüfung würden den allgemeinen Gleichheitssatz teilweise prüfen wollen wie ein Freiheitsgrundrecht und damit die dogmatischen Unterschiede verkennen[911]. Auch erfordere nicht jede Abwägung die strenge und schematische Prüfung der Verhältnismäßigkeit. *Hufen* weist zudem darauf hin, dass das BVerfG selbst zunehmend eigene Kriterien vorgebe und so eine zu große Anlehnung an den Grundsatz der Verhältnismäßigkeit vermeide[912].

Da vorliegend nicht in die verfassungsrechtlichen Feinheiten eingestiegen werden kann, erscheint es am sinnvollsten, sich streng am Wortlaut des BVerfG zu orientieren. Zu fragen ist daher, ob gewichtige Gründe vorliegen, die die festgestellte Ungleichbehandlung zwischen faktischen Lebensgefährten einerseits und Geschwistern bzw. Stiefverwandtschaftsverhältnis andererseits rechtfertigen. Liegen solche vor, unterscheiden sich die zu vergleichenden Konstellationen in hinreichendem Maße und können unterschiedlich behandelt werden[913].

---

907 *Ipsen*, 15. Auflage, 2012, Rn. 813; *Sachs* JuS 1997, 124, 128 f.; Dreier/*Heun*, 2. Auflage, 2004, Art. 3 Rn. 26 ff.; *Husten*, S. 224 soweit es um interne Differenzierungszwecke geht.

908 *Sachs* JuS 1997, 124, 129.

909 *Sachs* JuS 1997, 124, 129.

910 *Sachs* JuS 1997, 124, 129.

911 *Huster*, S. 225 ff.

912 *Hufen*, 3. Auflage, 2011, § 39 Rn. 16.

913 Vgl. *Huster*, 1993, S. 167 f.

2. Geschwister

a) Gemeinsamkeiten

Für eine ungerechtfertigte Benachteiligung von Geschwistern sprechen im Wesentlichen zwei Aspekte. Zum einen, dass Geschwister rechtlich miteinander verwandt sind. Verwandtschaft ist neben der Ehe der Hauptanknüpfungspunkt für gesetzliche Unterhaltspflichten. Zudem misst auch das Gesetz Geschwistern eine soziale Funktion bei, wenn § 9 Abs. 5 SGB II für das Sozialrecht vermutet, dass der Hilfebedürftige, der mit seinem Bruder bzw. seiner Schwester in einer Hausgemeinschaft lebt, von diesem bzw. dieser Leistungen erhält, soweit dies nach Einkommen und Vermögen erwartet werden kann. Die Hilfsbedürftigkeit kann dadurch vollständig entfallen, so dass kein Anspruch auf Arbeitslosengeld II besteht.

b) Unterschiede

Beide Argumente können jedoch entkräftet werden. Es ist zwar richtig, dass Geschwister miteinander verwandt sind. Dies allerdings nur in der Seitenlinie. Dieser Art von Verwandtschaft wird im BGB grundsätzlich keine große Bedeutung beigemessen. So sind Geschwister einander eben gerade nicht per Gesetz zum Unterhalt verpflichtet. Und im Erbrecht steht Geschwistern nur ein nachrangiges gesetzliches Erbrecht zu[914]. Auch die soziale Funktion ist schwächer ausgestaltet, da nicht das komplette Einkommen und Vermögen des Bruders oder der Schwester herangezogenen, sondern lediglich eine Unterstützungsleistung vermutet wird. Die sozialrechtliche Einstandspflicht ist damit weniger stark als bei faktischen Lebensgefährten.

Darüber hinaus lassen sich weitere Gründe von einigem Gewicht für die Ungleichbehandlung von faktischen Lebensgefährten und Geschwistern anführen. So genießt die Geschwisterbeziehung weder grundrechtlichen Schutz noch wird sie freiwillig eingegangen. Lediglich die konkrete Ausgestaltung, die zu einer ähnlich intensiven Nähebeziehung führen kann, ist vom jeweiligen Geschwisterpaar abhängig. Hinzu kommt – zumindest als ein Indiz – die bereits angesprochene geringere Intensität.

c) Ergebnis

Da für die Ungleichbehandlung von Geschwistern und faktischen Lebensgefährten Gründe von einigem Gewicht vorliegen, ist sie gerechtfertigt.

914 Vgl. dazu §§ 1924 Abs. 1, 1925 Abs. 1 BGB.

3. Stiefkonstellation

Komplizierter wird es da schon, gewichtige Gründe für die Andersbehandlung der Stiefkonstellation zu finden. So wird in der Literatur die Diskussion um eine Ausweitung des § 844 Abs. 2 BGB auch wiederholt am Beispiel von Stiefkindern geführt[915].

a) Gemeinsamkeiten

aa) Grundrechtlicher Schutz

Gemein ist der faktischen Lebensgemeinschaft und der Stiefkonstellation zunächst, dass beide grundrechtlichen Schutz genießen. Erstere über Art. 2 Abs. 1 GG und beim Vorhandensein von Kindern zusätzlich über den Familienschutz des Art. 6 Abs. 1 GG [916]. Die Stiefkonstellation wird ebenfalls vom Familienschutz des Art. 6 Abs. 1 GG erfasst[917]. Das BVerfG selbst hat ausgeführt, dass der Wahrnehmung grundrechtlicher Freiheit entscheidende Bedeutung bei der Rechtfertigung eines Gleichheitsverstoßes zukommt[918]. Zwar hielt das Gericht diesen Aspekt bei der Frage nach dem Rechtfertigungsmaßstab für entscheidend, daraus lässt sich aber eine grundsätzliche Wertung entnehmen. Auch bei der Analyse der Gründe der Rechtfertigung kommt den Grundrechten daher ein hoher Stellenwert zu.

bb) Soziale Funktion

Zudem erfüllen beide Lebensformen eine wichtige soziale Funktion. § 9 Abs. 2 S. 1 SGB II i.V.m. § 7 Abs. 3 Nr. 3c), Abs. 3a SGB II ordnet an, dass Einkommen und Vermögens des Partners einer faktischen Lebensgemeinschaft bei der Bestimmung der Hilfebedürftigkeit des anderen Lebensgefährten zu berücksichtigen sind[919]. Ähnliches gilt auch im Verhältnis von Stiefeltern zu -kindern. So ordnet das Gesetz in § 9 Abs. 2 S. 2 SGB II an, dass Einkommen und Vermögen eines Stiefelternteils auf die Hilfebedürftigkeit des unverheirateten, unter 25-jährigen Stiefkindes anzurechnen sind. Dies gilt unabhängig davon, ob der Stiefelternteil mit dem leiblichen

---

915 Etwa *Deutsch/Ahrens*, 5. Auflage, 2009, Rn. 638; *Wichelhaus*, S. 262; *v. Bar*, Gutachten Deliktsrecht, 1981, S. 1711 und 1778, der sich auf BGH NJW 1969, 2007 bezieht.

916 BeckOK/*Uhle*, GG, Edition 18, Art. 6 Rn. 16; BVerfGE 106, 166; BVerfGE 108, 82; BVerfGE 112, 50.

917 Maunz/Dürig/*Badura*, 64. EL, 2012, Art. 6 Rn. 60; BeckOK/*Uhle*, GG, Edition 18, Art. 6 Rn. 15; BVerfGE 18, 97, 106.

918 Vgl. bereits oben 2. HT, Kap. 3, B, III, 1.

919 Siehe bereits oben 1. HT, Kap. 1, A, III.

Elternteil verheiratet ist oder nicht[920]. Die Verfassungsmäßigkeit der Heranziehung von Stiefelternteilen wird allerdings bezweifelt, eine entsprechende Verfassungsbeschwerde hat das BVerfG jedoch gar nicht erst zur Entscheidung angenommen[921]. Momentan ist dies allerdings geltendes Recht. Andersherum gilt die Einstandspflicht jedoch nicht. Lediglich Stiefeltern, nicht aber Stiefkinder werden demnach in gleichem Maße wie faktische Lebensgefährten im Sozialrecht herangezogen und erfüllen damit die gleiche soziale Funktion.

cc) Gesellschaftliche Entwicklung

Noch ein weiterer Aspekt spricht dafür, dass es für die Ungleichbehandlung der Stiefkonstellation keine ausreichenden Gründe gibt: Die gesellschaftliche Entwicklung. Bereits aufgezeigt wurde, dass das Phänomen faktische Lebensgemeinschaft in den letzten Jahren stetig und erheblich zugenommen hat[922]. Und auch moderne Stiefkonstellationen nehmen zu. Zwar gab es sie, wie die faktische Lebensgemeinschaft auch, schon immer, jedoch beruhten sie früher meist auf einer Wiederheirat nach dem Tod des ersten Ehegatten und nicht auf Scheidung und anschließendem Wiedereingehen einer Beziehung oder Ehe wie heute.

b) Unterschiede

aa) Freiwilligkeit

Ein erster Punkt, der für eine Rechtfertigung der Ungleichbehandlung streitet, ist die Freiwilligkeit. Zwischen Stiefeltern und -kindern besteht eine Art Zwangsgemeinschaft, die auf der beiderseitigen engen Bindung zu einer dritten Person, dem leiblichen Elternteil, mit dem der Stiefelternteil eine Beziehung führt, beruht. Die Stiefkonstellation ist daher nicht Ausdruck einer bewussten und freiwilligen Entscheidung füreinander. Ganz anders liegt es bei den faktischen Lebensgefährten, so dass dieses Merkmal sie von der Beziehung zwischen Stiefeltern und -kindern abhebt.

bb) Schutzbedürftigkeit

Daneben lässt sich noch ein zweiter Unterschied anführen: Die Schutzbedürftigkeit.

---

920 Ausdrücklich Bt.-Drucks. 16/1410 S. 20.

921 BVerfG NZS 2013, 621 f.; zur Darlegung des Streitstandes vgl. BeckOK/*Fahlbusch*, SozR, Edition 30, § 9 SGB II Rn. 7 f.

922 Vgl. dazu bereits 2. HT, Kap. 2, B, II, 2, b), aa), (1).

Insbesondere die Schutzbedürftigkeit hinterbliebener Stiefkinder ist mit der eines hinterbliebenen faktischen Lebensgefährten nicht vergleichbar. Ein Stiefelternteil wird sein Stiefkind in der Regel während dessen Ausbildung unterstützen, da es andernfalls nicht auf dessen Leistungen angewiesen ist. Das Stiefkind hat aber, sofern es nicht Halbwaise ist, zwei rechtliche Elternteile, die ihm während dieser Zeit per Gesetz zum Unterhalt verpflichtet sind. Im Fall des Wegfalls der Unterhaltsleistungen des Stiefelternteils kann es sich an seine Eltern wenden. Es steht bei der deliktischen Tötung des leistenden Stiefelternteils daher nicht ebenso schutzlos da, wie der hinterbliebene faktische Lebensgefährte, der keinen gesetzlichen Unterhaltsschuldner hat, auf den er nun zurückgreifen kann. Ist das Stiefkind Halbwaise besteht eine gesetzliche Unterhaltspflicht zumindest gegenüber dem noch lebenden Elternteil, zudem kommt eine Adoption, in deren Folge gesetzliche Unterhaltsansprüche bestünden, durch den Stiefelternteil eher in Betracht. Eine Berücksichtigung von Stiefkindern im neuen § 844 BGB würde diese nicht nur besser stellen als faktische Lebensgefährten, sondern vor allem auch als rechtliche Kinder. Die kommen zwar in den Genuss des gegenwärtigen § 844 Abs. 2 BGB, aber nur als Ausgleich dafür, dass sie durch die Tötung einen gesetzlichen Unterhaltsschuldner verloren haben. Ihnen wird durch die Ersatzfähigkeit des entgangenen Unterhalts ein zweiter Schuldner erhalten. Stiefkindern hingegen würde ein dritter zur Verfügung gestellt, was sie unangemessen privilegieren würde.

Gleiches gilt für Stiefeltern, sofern sie neben dem sie unterstützenden Stiefkind noch mindestens ein rechtliches Kind haben. Fallen die tatsächlichen Unterhaltsleistungen ihres Stiefkindes auf Grund einer deliktischen Tötung (oder auch aus sonstigen Gründen) weg, steht ihnen, vorausgesetzt sie sind bedürftig, ein gesetzlicher Unterhaltsanspruch gegen das eigene Kind bzw. die eigenen Kinder zu. Nur wenn solche nicht existieren, verliert das Stiefelternteil seine Lebensgrundlage ersatzlos. Mangels bestehender gesetzlicher Ansprüche könnte man annehmen, dass die Schutzbedürftigkeit in diesem Fall die gleiche wie bei hinterbliebenen faktischen Lebensgefährten ist. Dies täuscht jedoch. Das Vertrauen eines Stiefelternteils in tatsächliche Leistungen seines Stiefkindes ist nicht in gleichem Maße schutzwürdig, weil diese Verbindung – wie bereits erläutert – weniger eng ist.

Abschließend kann somit festgehalten werden, dass weder hinterbliebene Stiefkinder, die von einem Stiefelternteil tatsächlich unterstützt wurden, noch hinterbliebene Stiefeltern, die von einem Stiefkind faktische Unterhaltsleistungen erhielten, ebenso schutzwürdig sind wie überlebende faktische Lebensgefährten.

c) Ergebnis

Das Ziel der angestrebten Reform des § 844 Abs. 2 BGB liegt darin, zu vermeiden, dass der hinterbliebene faktische Lebensgefährte im Fall der deliktischen Tötung seines Partners seine wirtschaftliche Lebensgrundlage ersatzlos verliert. Da Stiefkinder nicht ebenso schutzwürdig sind wie hinterbliebene faktische Lebensgefährten und das Zustandekommen der Stiefkonstellation zudem nicht auf einem eigenständigen Entschluss beruht, ist ihre Nichtberücksichtigung gerechtfertigt.

IV. Zusammenfassung

Die Nichtberücksichtigung von Freunden, Geschwistern und Stiefkonstellationen verstößt nicht gegen Art. 3 Abs. 1 GG. Zwar liegt in Bezug auf Geschwister und die Stiefkonstellation eine Ungleichbehandlung grundsätzlich gleicher Sachverhalte vor, diese ist aber gerechtfertigt.

Es ist damit zulässig nur tatsächliche Leistungen faktischer Lebensgefährten zukünftig unter den Schutz des ausgeweiteten § 844 Abs. 2 BGB zu stellen. Die Novellierung sollte daher auch nicht darüber hinausgehen. Dies trägt dem Schutz des haftenden Dritten Rechnung und wahrt zudem den Ausnahmecharakter der Norm. Damit wird ein anderer Weg eingeschlagen als etwa in England, den Niederlanden oder durch die PETL, wo der Kreis der anspruchsberechtigten Personen weiter gezogen wird und unter Umständen auch Geschwister und Stiefkonstellationen Schutz genießen.

C. Die Anforderungen an die Ersatzfähigkeit tatsächlicher Unterstützungsleistungen

Nachdem nun aufgezeigt wurde, dass ein kombinierter, auf faktische Lebensgefährten beschränkter Lösungsansatz gewählt werden sollte, muss in einem nächsten Schritt ausgearbeitet werden, welche Anforderungen an die tatsächlichen Unterstützungsleistungen gestellt werden sollten, damit diese zukünftig ersatzfähig sind.

I. Die Reichweite der Novellierung

Damit klare Aussagen zu den Anforderungen an die tatsächlichen Leistungen getroffen werden können, ist es unerlässlich, das Ziel einer Neufassung des § 844 BGB ganz präzise zu benennen. Bisher wurde festgestellt, dass der Schutz auf tatsächliche Unterhaltsleistungen faktischer Lebensgefährten erweitert und auf diesem Weg verhindert werden sollte, dass diese bei der Tötung ihres Lebensgefährten ihre wirtschaftliche Lebensgrundlage verlieren.

Aber wie weit sollte dieser Schutz reichen? Sollte dem hinterbliebenen Lebensgefährten vom Schädiger nur das Nötigste ersetzt werden oder sollte der Anspruch so weit gehen, dass er all das ersetzt bekommt, was er bisher von seinem Lebensgefährten erhalten hat? Die erstgenannte Möglichkeit würde lediglich einen Mindestschutz gewährleisten, die letztgenannte würde es dem hinterbliebenen faktischen Lebensgefährten ermöglichen, seinen bisherigen Lebensstandard aufrechtzuerhalten.

Die Lösung liegt in der Mitte: Über den neugefassten § 844 BGB sollte dem hinterbliebenen Lebensgefährten grundsätzlich all das ersetzt werden, was er bis zur Tötung von seinem Lebensgefährten erhalten hat. Allerdings darf das nicht schrankenlos gelten, weil, wie bereits aufgezeigt wurde, der ausgeweiteten Haftung Grenzen zu setzen sind. Diese Vorgaben seien hier noch einmal aufgegriffen:

Zuerst wurde klar, dass der Schutz faktischer Lebensgefährten über § 844 BGB n.F. nicht über den, der Ehegatten von der aktuellen Fassung gewährt wird hinausgehen darf[923]. Zudem erfordert der grundrechtliche Schutz des Dritten, namentlich Art. 2 Abs. 1 GG in seinen Ausprägungen als Schutz der Bewegungsfreiheit und des Vermögens, dass der verpflichtete Dritte nicht mehr als nötig belastet wird und der überlebende Lebensgefährte nach der Tötung daher nicht besser steht als vor ihr[924]. Aus dem gleichen Grund und um eine Verrechtlichung des allgemeinen Lebensrisikos zu vermeiden[925], darf es nicht zu einer konturenlosen Weite der neugeschaffenen Norm kommen. Auch dies erfordert eine nähere Spezifizierung der Anspruchsvoraussetzungen. Darüber hinaus wurde erörtert, dass dieses Vorgehen zudem erforderlich ist, um eine genaue Anspruchsbestimmung zu ermöglichen und auf diesem Weg den angesprochenen Beweisproblemen entgegen zu wirken[926].

Diese Aspekte müssen bei der Ausarbeitung der Anforderungen an die tatsächliche Unterstützungshandlung berücksichtigt werden.

II. Die tatsächliche Unterstützungsleistung

1. Ersatz von Bar- und Naturalleistungen

Von wesentlicher Bedeutung ist zunächst, in welcher Form der tatsächliche Unterhalt zu Lebzeiten erbracht worden sein muss, um über den neugefassten § 844 BGB ersatzfähig zu sein.

923 Vgl. dazu bereits oben 2. HT, Kap. 2, B, I, 3 und 2. HT, Kap. 2, B, I, 4.

924 Vgl. bereits oben 2. HT, Kap. 2, B, I, 5.

925 Vgl. bereits oben 2. HT, Kap. 2, B, II, 1, b).

926 Zum Einwand, eine Reform des § 844 Abs. 2 BGB würde zu unüberwindbaren Beweisproblemen führen bereits oben 2. HT, Kap. 2, B, I, 2.

a) Barleistungen

Der Wegfall von Barleistungen[927] des getöteten faktischen Lebensgefährten ist der Standardfall, den jeder im Kopf haben wird, wenn es um die Erweiterung der Haftung aus § 844 Abs. 2 BGB geht. Das Ziel der Novellierung ist es, den hinterbliebenen faktischen Lebensgefährten davor zu bewahren, mit der Tötung seines Lebensgefährten seine finanzielle Lebensgrundlage zu verlieren. Er soll über die deliktische Schadensersatznorm das ersetzt erhalten, was er bisher von seinem Lebensgefährten bekommen hat. Dazu ist es unerlässlich, dass bislang erbrachte tatsächliche Geldleistungen ersetzt werden.

b) Naturalleistungen

Schwieriger fällt da schon die Beantwortung der Frage, ob auch zu Lebzeiten des unterstützenden Lebensgefährten erbrachte sonstige Leistungen das Eingreifen des § 844 BGB n.F. auslösen sollten. Als solche kommen z.B. die Führung des Haushalts, die Betreuung von Kindern oder auch anderweitige Tätigkeiten, wie etwa die Verwaltung privater Immobilien, in Betracht.

Nach dem soeben aufgestellten Ziel, dass der hinterbliebene Lebensgefährte vom Schädiger über den novellierten § 844 BGB das erhalten soll, was er bis zur Tötung von seinem Lebensgefährten erhalten hat, müsste in Zukunft auch der Wegfall von Naturalunterhalt[928] ersatzfähig sein.

Auf den ersten Blick scheint es jedoch angemessen, die Haftung des Schädigers auf zu Lebzeiten erbrachte Barleistungen zu beschränken. Andernfalls könnte es zu einer wirtschaftlichen Besserstellung gegenüber der Situation vor der Tötung kommen. Dies wurde als eine Grenze der Ersatzfähigkeit ausgemacht.

Die finanzielle Privilegierung könnte sich daraus ergeben, dass der hinterbliebene Lebensgefährte nach dem Tod seines Partners mehr Barmittel zur Verfügung hätte als davor. Denn die Naturalleistungen müssten in Geld, namentlich in der Höhe, die eine Ersatzkraft kosten würde, ersetzt werden. Zu Lebzeiten des Lebensgefährten erhielt er jedoch „nur“ die Haushaltstätigkeiten oder sonstige Unterstützungsleistungen. Insbesondere wenn der überlebende Lebensgefährte nun keine Ersatzkraft einstellt, sondern die bisher vom getöteten Lebensgefährten erbrachten Tätigkeiten selbst verrichtet, käme eine zu korrigierende Besserstellung in Betracht.

---

927 Mit diesem bekannten unterhaltsrechtlichen Ausdruck sind Geldleistungen gemeint, nicht zwingend müssen diese tatsächlich in bar erfolgt sein.

928 Um in der unterhaltsrechtlichen Terminologie zu bleiben, wird der Begriff Naturalleistung bzw. Naturalunterhalt verwendet.

Allerdings wurde bereits erörtert, dass auch Hausarbeitstätigkeit geldwert ist[929]. Hergeleitet wurde diese Erkenntnis ursprünglich aus § 1360 S. 2 BGB, einer Norm aus dem ehelichen Unterhaltsrecht. Aus ihr folgt, dass Naturalunterhalt gleichwertig neben dem Barunterhalt steht und bei deliktischer Tötung eines Ehegatten daher ebenfalls über § 844 Abs. 2 BGB ersatzfähig ist. Mangels gesetzlicher Unterhaltspflichten fehlt naturgemäß eine § 1360 S. 2 BGB entsprechende Regelung für die faktische Lebensgemeinschaft und auch eine (analoge) Anwendung der eherechtlichen Norm scheidet aus. Allerdings lässt sich dem § 1360 S. 2 BGB ein allgemeiner, auch auf faktische Lebensgefährten übertragbarer Grundsatz entnehmen: In der Erbringung von Naturalunterhalt liegt eine wirtschaftlich sinnvolle Verwertung von Arbeitskraft.

Fällt diese weg, ist sie durch Zahlung von Geld zu ersetzen. Darin liegt keine finanzielle Besserstellung. Denn hätte der Getötete die Handlungen nicht erbracht, hätte gegebenenfalls eine Ersatzkraft eingestellt werden müssen, was Kosten verursacht hätte, oder die Lebensgefährten hätten sich diese Aufgaben geteilt und der verstorbene Lebensgefährte hätte seine Arbeitskraft (zusätzlich) anderweitig genutzt und wäre einer Erwerbstätigkeit nachgegangen.

Wirtschaftlich stellt sich die Situation für den hinterbliebenen Partner daher vor und nach Tötung seines Lebensgefährten gleich dar, wenn er auch sonstige Unterhaltsleistungen ersetzt erhält. Eine Besserstellung findet nicht statt. Auch Natururalleistungen sollten daher zukünftig ersatzfähig sein.

So urteilt auch *Dethloff*, die hinsichtlich des Schutzbedürfnisses zwischen dem Wegfall von Barunterhalt und dem Wegfall von Familienarbeit keinen Unterschied sieht[930].

Mit Leben füllt sich diese Feststellung, wenn man sich zwei der drei vorausgehend vorgestellten Beispielsfälle, mit deren Hilfe die Vergleichbarkeit der Lage des hinterbliebenen Lebensgefährten mit der des hinterbliebenen Ehegatten verdeutlicht wurde, ins Gedächtnis ruft[931]:

> Beispiel 2: A2 und B2 führen seit 10 Jahren eine faktische Lebensgemeinschaft und haben die beiden gemeinsamen Kinder S (vier Jahre) und T (sechs Jahre). Vor der Geburt der T waren beide Elternteile berufstätig, nach der Geburt blieb B2 zu Hause, weil A2 das weitaus höhere Einkommen erzielte. Diese Aufgabenteilung wurde auch nach der Geburt des S beibehalten. Sowohl A2 als auch B2 wollten, dass ein Elternteil nicht arbeitet, um die Kinder zu betreuen und den Haushalt zu erledigen. A2 finanzierte nicht nur alle familienbedingten Ausgaben, darunter die Miete für die Familienwohnung, sondern kam durch vierteljährlich ausgeführte Überweisungen auch für die persönlichen Bedürfnisse von B2 auf. Die vier Mal im Jahr vorgenommenen größeren Geldzahlungen sollten B2 mehr finanziellen Gestaltungsspielraum einräumen.

---

929 Siehe oben 2. HT, Kap. 2, B, II, 4.
930 *Dethloff*, 30. Auflage, 2012, § 8 Rn. 36.
931 Siehe oben 2. HT, Kap. 2, B, II, 1, b).

Beispiel 3: A3 und B3 führen eine faktische Lebensgemeinschaft, sie haben keine Kinder. A3 arbeitet Vollzeit, B3 hingegen absprachegemäß nur in einem Minijob, um noch genug Zeit für Haus, Garten und die Verwaltung von Immobilien von A3 zu haben. Der gemeinsame Lebensunterhalt wird von A3 bestritten. B3 kann auf das Konto von A3 zugreifen und jeden Monat über einen festgelegten Betrag frei verfügen.

Wird nun jeweils B in deliktsrechtlich relevanter Weise getötet, hat das für A finanzielle Auswirkungen. In Beispiel zwei muss A2 nun entweder seine Arbeitszeit reduzieren, um sich selbst ausreichend um S und T sowie den Haushalt kümmern zu können oder er/sie stellt eine Haushaltshilfe und/oder jemanden für die Kinderbetreuung ein. Wahlweise kann er/sie S und T nach der Schule in einer Betreuungseinrichtung betreuen lassen bis er/sie von der Arbeit zurückkommt. Unabhängig davon, wofür er/sie sich entscheidet, ihm/ihr fallen Kosten an bzw. seine/ihre Einnahmen verringern sich.

Gleiches gilt für A3, wenngleich nicht in gleicher Intensität. Sie/er hat keine Kinder zu betreuen. Dennoch muss sie/er sich jetzt allein um Haushalt, Garten und Immobilienverwaltung kümmern. Auch A3 muss sich überlegen, ob sie/er diese Aufgaben nun selbst wahrnimmt und dafür, wenn erforderlich, ihr/sein Arbeitspensum verringert oder ob sie/er eine Hilfskraft einstellt.

A2 und A3 erleiden finanzielle Einbußen, die ihnen ohne die Tötung von B2 bzw. B3 nicht entstanden wären. Erhalten sie die bisher von B2 bzw. B3 erbrachten Naturalleistungen in Geld ersetzt, werden diese Nachteile ausgeglichen. Eine Besserstellung gegenüber der Situation vor der Tötung findet dadurch nicht statt.

Bereits jetzt sei jedoch darauf hingewiesen, dass die Bedürftigkeit des Hinterbliebenen als Grenze der Ersatzfähigkeit dienen muss[932]. Der Umstand, dass der hinterbliebene Lebensgefährte gegebenenfalls nicht auf die tatsächliche Naturalleistung angewiesen ist, ändert jedoch nichts daran, dass diese von einem neugefassten § 844 BGB erfasst werden sollte.

c) *Fazit*

Zu Lebzeiten erbrachter Naturalunterhalt eines faktischen Lebensgefährten sollte ebenso wie die Leistung in Form von Geldzahlungen im Fall seiner deliktischen Tötung zukünftig über § 844 BGB n.F. ersatzfähig sein. Nur auf diesem Weg erhält der hinterbliebene Lebensgefährte das ersetzt, was er zu Lebzeiten von seinem Partner erhalten hat. Eine Privilegierung gegenüber einem hinterbliebenen Ehegatten ist damit nicht verbunden.

So verfuhren etwa auch die Schweiz und die Niederlande, wo, wenn auch auf unterschiedliche Weise, ebenfalls keine Unterscheidung zwischen verschiedenartigen Unterstützungsleistungen vorgenommen wird. In der Schweiz resultiert

932 Vgl. dazu sogleich unten 2. HT, Kap. 3, C, III.

dies aus dem weiten Versorgerbegriff[933], in den Niederlanden wird die Ersatzfähigkeit von Haushaltstätigkeiten sogar ausdrücklich vom Gesetz angeordnet[934].

2. Art der Erbringung der Unterstützungsleistung

Maßgeblich sollte zudem sein, dass die Leistungen des getöteten Lebensgefährten zu Lebzeiten wirtschaftlich beim anderen Lebensgefährten angekommen sind. Der Weg auf dem die Unterstützung erfolgte ist dagegen nachrangig. Ausreichen sollte daher, dass der hinterbliebene Lebensgefährte mittelbar unterstützt wurde. Auch dies lässt sich damit begründen, dass er über den erweiterten Schadensersatzanspruch so stehen sollte als wäre sein Partner nicht ums Leben gekommen. Ihm ist daher alles zu ersetzen, was er zuvor von diesem erhalten hat.

Veranschaulichen lässt sich auch dieser Aspekt an Hand der bereits vorgestellten Beispielsfälle. Ergänzend zu den soeben wiederholten Beispielen zwei und drei[935], sei daher auch Beispiel eins nochmals aufgegriffen:

> Beispiel 1: A1 und B1 sind seit Jahren faktische Lebensgefährten. Als sie sich kennenlernten gingen beide einer vollzeitigen Erwerbstätigkeit nach. Nach einigen Jahren wird B1 erwerbsunfähig und bezieht seitdem eine Erwerbsunfähigkeitsrente, die allerdings weitaus geringer als das früherer Arbeitseinkommen ist. Um dies auszugleichen, bezahlt A1 die Beiträge für eine private Krankenversicherung von B1 und kommt zudem für die gemeinsamen Urlaube auf. Diese Leistungen bleiben ab dem Moment aus, in dem A1 bei einem von X in deliktsrechtlich relevanter Weise verursachten Skiunfall zu Tode kommt.

A2 hat B2 regelmäßig Geld zur freien Verfügung überweisen und dadurch unmittelbar unterstützt. So stellt man sich die Erbringung von Geldleistungen klassischer Weise vor. Vom wirtschaftlichen Resultat genauso und nur von der Art der Ausgestaltung anders liegt es in Fall drei. Auch B3 hatte Geld zur freien Verwendung. Allerdings konnte sie/er es selbst vom Konto des/der A3 abheben.

A2 hat zusätzlich auch die Miete der gemeinsamen Wohnung entrichtet. Auch dies kam B2 wirtschaftlich zu Gute, allerdings indirekt, da er/sie nicht selbst für diese Verbindlichkeit aufkommen musste. Neben der direkten Unterstützung in Form eines Geldbetrags, wurde sie/er damit auch mittelbar unterstützt.

Ebenso verhält es sich im ersten Beispiel. A1 hat die Beiträge zu einer privaten Krankenversicherung von B2 übernommen und darüber hinaus auch die gemeinsamen Urlaube bezahlt. B2 hat diese finanziellen Mittel zwar nicht direkt zugewandt bekommen, dennoch profitierte sie/er mittelbar davon.

---

933 Basler Kommentar/*Schneyder*, 4. Auflage, 2007, Art. 45 Rn. 8a; Handkommentar zum Schweizer Privatrecht/*Müller*, 2007, Art. 45 OR Rn. 10.

934 Siehe 2. HT, Kap. 2, B, II, 7, a), ff).

935 Siehe soeben 2. HT, Kap. 3, C, I.

Neben direkten Geldzahlungen, sei es in bar oder per Überweisung, ist es damit beispielsweise als relevante Unterstützungsleistung einzuordnen, dass der getötete Lebensgefährte die Miete für die gemeinsam genutzte Wohnung allein übernommen, Krankenkassenbeiträge für seinen Partner entrichtet oder regelmäßig die Urlaube bezahlt hat. Denkbar ist auch, dass der unterstützende Lebensgefährte dem anderen Zugriff auf sein Konto einräumt hat und dieser eigenständig Geld abheben sowie überweisen konnte.

3. Regelmäßige Leistungen

Die tatsächlichen Unterhaltsleistungen müssen regelmäßig erfolgt sein. Dies ist ein ganz wichtiger Bestandteil der Voraussetzungen der Ersatzfähigkeit.

Durch die Beschränkung auf wiederkehrende Leistungen erhält die erweiterte Haftung des Schädigers zunächst erste Konturen, die den Dritten vor einer uferlosen Haftung schützen, da nicht jede einmalige oder gelegentliche Leistung ersatzfähig wäre. Dieser Effekt ist im Anschluss durch das Aufstellen weiterer Kriterien noch zu verstärken[936].

Des Weiteren wäre es ohne das Erfordernis der Regelmäßigkeit sehr schwer, die Höhe des Schadensersatzanspruchs zu bestimmen. Die Festsetzung der Anspruchshöhe kann nur gelingen, wenn es zu Lebzeiten des getöteten Lebensgefährten regelmäßige Unterstützungsleistungen gab, an denen das Gericht sich orientieren kann.

Darüber hinaus können lediglich gelegentliche Zuwendungen nicht als Unterhaltsleistungen klassifiziert werden. Letzteren ist es immanent, dass sie zyklisch erfolgen.

Nicht zwingend ist jedoch, dass die Leistungen monatlich, vergleichbar gesetzlicher Unterhaltsrenten, erfolgt sind. Vielmehr genügt es, dass ein wiederkehrendes Muster erkennbar ist.

Zur Verdeutlichung sei erneut auf die angesprochenen Beispielsfälle Bezug genommen[937]:

In Beispiel eins hat A1 zum einen monatlich eine private Krankenversicherung von B1 bezahlt und ist zum anderen für die jährlichen Urlaube aufgekommen. Wird A1 nun auf Grund einer deliktischen Handlung getötet, umfasst der Anspruch der/des B1 über den novellierten § 844 BGB zumindest die monatlichen Versicherungsraten. Mehr Probleme bereiten die von A1 bezahlten gemeinsamen Urlaube. Es stellt sich die Frage, ob auch deren Kosten ersatzfähig sein sollten und wenn ja, in

936 Siehe dazu 2. HT, Kap. 3, C, II, 4.

937 Siehe zuletzt für Beispiel eins 2. HT, Kap. 3, C, II, 2 und für Beispiele zwei und drei 2. HT, Kap. 3, C, II, 1.

welcher Höhe. Maßgeblich ist die schon diskutierte Reichweite[938], die der neugefasste § 844 BGB bekommen sollte: Soll nur das Nötigste ersetzt werden oder soll dem hinterbliebenen Lebensgefährten ermöglicht werden, sein Leben finanziell weiterhin auf dem gleichen Niveau wie vor der Tötung seines Lebensgefährten zu führen?

Es wurde dargelegt, dass der Anspruch des hinterbliebenen Lebensgefährten sich grundsätzlich auf alle Leistungen erstrecken sollte, die er bis dessen Tötung von seinem Lebensgefährten erhalten hat. Dazu würden auch die Urlaubsreisen zählen. Dieser Grundsatz gilt aber nur solange, wie nicht Gründe existieren, die eine Beschränkung dieses Haftungsumfangs erforderlich machen. Ein solcher Grund könnte darin liegen, dass bei einer Ersatzfähigkeit, der Anspruchsumfang sehr schwer zu bestimmen wäre. Die Urlaubsreisen erfolgten zwar jedes Jahr und damit regelmäßig, die Kosten werden aber jeweils divergiert haben. Inwieweit sollten diese Zuwendungen sich daher in den Schadensersatzansprüchen gegen den deliktischen Schädiger niederschlagen? Welche Höhe sollte angesetzt werden? Möglich ist nur eine pauschalisierende Betrachtung. Über Probleme bei der Bestimmung der Anspruchshöhe hilft jedoch der § 287 S. 1 ZPO hinweg, der es dem Gericht ermöglicht, unter Würdigung aller Umstände nach freier Überzeugung über die Höhe eines Schadensersatzanspruchs zu entscheiden[939]. Ergänzend dürfte der hinterbliebene faktische Lebensgefährte auch nicht besser stehen als ein hinterbliebener Ehegatte. Gemeinsame Urlaube und sonstige Aktivitäten werden nur während des Bestehens der Ehe unternommen werden. In dieser Zeit steht den Ehegatten jeweils ein bedürftigkeitsunabhängiger Anspruch auf Familienunterhalt zu[940], der Freizeitaktivitäten abdeckt, so dass auch der hinterbliebene Ehegatte die Kosten für diese ersetzt bekommt. Die Ersatzfähigkeit der Kosten für Urlaubsreisen würde daher nicht zu einer Besserstellung des faktischen Lebensgefährten gegenüber einem Ehegatten führen. Zu beachten ist jedoch, dass nur die anteiligen Kosten für den hinterbliebenen Lebensgefährten ersatzfähig sein sollten, nicht zusätzlich auch die für den getöteten Lebensgefährten.

A2 hat B2 neben den monatlichen Mietzahlungen auch vierteljährlich Überweisungen für den persönlichen Bedarf zu kommen lassen. Letztere erhielt B2 zwar nicht monatlich, sie folgten aber dennoch einem wiederkehrenden Muster. Daraus folgt, dass sie ebenfalls über den neugefassten § 844 BGB ersatzfähig sein sollten. Es stellt sich lediglich die Frage, wie diese Zuwendungen ausgeglichen werden sollten. Möglich ist einerseits eine weiterhin vierteljährliche Zahlung, die dann alle drei Monate jeweils auf die monatliche, die Mietzahlung ersetzende,

938 Siehe bereits oben 2. HT, Kap. 3, C, I.
939 Vgl. zu § 287 ZPO bereits oben 2. HT, Kap. 2, B, I, 2, b), bb).
940 Vgl. dazu noch unten 2. HT, Kap. 3, C, II, 1, c).

Rate aufzuschlagen wäre. Andererseits könnten die bisher vier Mal im Jahr erfolgten Leistungen von A2 in monatliche Raten umgewandelt werden. Welcher Weg gewählt wird ist nicht ausschlaggebend, entscheidende ist vielmehr, dass die wirtschaftliche Situation von B2 auch nach dem Tod von A2 konstant bleibt.

Die Leistungen von A3 erfolgten monatlich. An Hand ihrer Höhe kann man problemlos die Höhe der über § 844 Abs. 2 BGB geschuldeten Schadensersatzrate bestimmen.

4. Auf Dauer angelegte Leistungen

Die Unterstützungsleistungen müssen zu Lebzeiten des Getöteten nicht nur regelmäßig erfolgt, sondern zudem auch auf Dauer angelegt gewesen sein. Dieses Merkmal hilft einerseits, zu prognostizieren, dass die Leistungen auch weiterhin erfolgt wären, wodurch geltend gemachte Beweisprobleme abgemildert werden[941]. Andererseits ist die Dauerhaftigkeit ein weiterer Baustein, um eine konturenlose Haftungsverpflichtung des deliktisch handelnden Dritten zu verhindern, weil bloß vorübergehende Leistungen ausgeschlossen werden.

Die entscheidende Rolle spielt dabei die bisherige Dauer der Unterstützungsleistungen. Aus den bisherigen Leistungen kann darauf geschlossen werden, dass diese auch weiterhin erbracht worden wären, sofern keine entgegenstehenden Umstände bekannt sind.

Allerdings müssen die tatsächlichen Unterhaltsleistungen nicht zunächst über einen Mindestzeitraum erbracht worden sein, damit diese vom novellierten § 844 Abs. 2 BGB für ersatzfähig erklärt werden. Ausreichend ist vielmehr, dass die Leistungen dauerhaft und damit auch für die Zukunft geplant waren.

Dies ist deswegen unerlässlich, weil nur auf diesem Weg Unterstützungen, die erst über kurze Zeit geleistet wurden, aber für längere Zeit geplant waren, berücksichtigt werden können. Würden diese aus dem Anwendungsbereich ausgeschlossen, mäße man dem Zeitpunkt der deliktischen Tötung eine zu große Bedeutung bei. Unbefriedigende Zufallsergebnisse wären die Folge. Ausreichen muss daher, dass die Leistungen auf Dauer und damit für die Zukunft angelegt waren.

Der Nachweis hierüber obliegt, wie bezüglich der übrigen Anspruchsvoraussetzungen auch, dem Anspruchssteller. Er trägt das Risiko, keinen Ersatz zu bekommen, falls er die erforderliche Prognose nicht mit Tatsachen unterfüttern und beweisen kann. Allerdings hilft auch hier der bereits mehrfach erwähnte § 287 S. 1 ZPO, der es dem Gericht ermöglicht sich mit einem geringeren Grad

941 Zur Geltendmachung der Beweisprobleme oben 2. HT, Kap. 2, B, I, 2, b).

an Wahrscheinlichkeit zu begnügen und unter Würdigung aller Umstände nach seiner freien Überzeugung zu entscheiden[942].

Der Beweis der bisherigen Dauer der Unterstützungsleistung kann bei Überweisungen wie etwa in Beispiel zwei leicht an Hand von Kontoauszügen gelingen. Auch die Zahlungen von A1 an die Versicherung sowie die Mietzahlungen von A2 werden per Überweisung oder Bankeinzug erbracht worden sein. Bei letzterem können die Bankunterlagen ebenfalls Auskunft über die bisherige Dauer der Leistungen geben.

Aber auch für die Ausrichtung auf Dauer kann eine Bestätigung der Bank, dass der getötete Unterstützer einen (unbegrenzten) Dauerauftrag eingerichtet oder eine unbefristete Einzugsermächtigung erteilt hat, als Indiz herangezogen werden. Ebenso können ein zeitlich begrenzter Überweisungsauftrag bzw. eine zeitlich begrenzte Einziehungsermächtigung aufschlussreich sein. Die daraus hervorgehende Dauer kann indizielle Wirkung für den Zeitraum, über den hinweg der Schädiger aus § 844 BGB n.F. zur Haftung verpflichtet ist, haben.

Relevanz erlangt in diesem Zusammenhang noch, ob eine Obliegenheit des hinterbliebenen Lebensgefährten zum Arbeiten besteht. Dieser Umstand könnte zwar auch an anderer Stelle Berücksichtigung finden. Etwa bei der Bedürftigkeit oder im Rahmen einer eventuell bestehenden Schadensminderungspflicht i.S.v. § 254 Abs. 2 S. 1 BGB, weil auf Grund der Zwitterstellung des § 844 Abs. 2 BGB zwischen Schadens- und Familienrecht beide Aspekte zu prüfen sind[943]. Entscheidend dafür, ob der hinterbliebene Lebensgefährte eine Erwerbstätigkeit aufnehmen oder ausbauen muss, ist jedoch, was die Lebensgefährten zu Lebzeiten des Getöteten geplant hatten. Ihr Lebensentwurf bestimmt darüber, ob, wann und in wie weit der hinterbliebene Lebensgefährte seinen Lebensunterhalt durch eigene Erwerbstätigkeit aufbringen muss. Zu berücksichtigen ist dieser Gesichtspunkt daher bei der Festsetzung der Dauer des Anspruchs aus § 844 BGB n.F.

5. Keine Wesentlichkeitsschwelle

Fraglich ist, ob tatsächliche Unterhaltsleistungen faktischer Lebensgefährten über den novellierten § 844 BGB nur dann ersatzfähig sein sollten, wenn sie einen Mindestbetrag übersteigen.

Die Statuierung einer solchen Mindestschwelle könnte eine Verrechtlichung von Banalitäten vermeiden. Die Geltendmachung von (Schadensersatz-) Ansprüchen verursacht Kosten. Zu nennen sind insbesondere Anwalts- und Gerichtssowie Vollstreckungskosten. Diese sollten aus rechtsökonomischer Sicht in ausgewogener Relation zum Nutzen des geltend gemachten Anspruchs stehen. Daran

942 Siehe bereits 2. HT, Kap. 2, B, I, 2, b, bb) und 2. HT, Kap. 3, C, II, 3.

943 Zur Bedürftigkeit noch sogleich ausführlich 2. HT, Kap. 3, C, III.

kann man aber zweifeln, wenn die einzelnen über § 844 BGB n.F. geschuldeten Rentenraten sehr gering sind.

Auf der anderen Seite wird über § 844 BGB n.F. jedoch eine wiederkehrende, wenn auch nicht zwingend monatliche, Rente geschuldet und damit regelmäßige Zahlungen. Diese summieren sich zu einem höheren Betrag, der die Banalitätsschwelle übersteigt.

Zudem bereitet die Festsetzung eines Mindestbetrags Schwierigkeiten. Dieser müsste sich auf die einzelne tatsächliche Leistung beziehen, da sich diese, wie soeben dargelegt, zu einem wesentlichen Betrag addieren. Zu berücksichtigen wäre, dass die wirtschaftlichen Verhältnisse völlig unterschiedlich sein können. Was in einer faktischen Lebensgemeinschaft als unwesentlicher Beitrag angesehen wird, kann in einer anderen die finanzielle Situation erheblich entlasten. Verdeutlichen lässt sich dies an dem Beispiel, dass ein Lebensgefährte dem anderen monatlich 50,- Euro zuwendet. Für jemanden, der dann insgesamt 1.000,- Euro zur Verfügung hat, ist das ein wesentlicher Beitrag zu seinem Lebensunterhalt. Für jemanden, der dadurch auf einen monatlichen Verfügungsrahmen von 3.000,- Euro kommt, sind 50,- Euro dagegen unwesentlich. Kompliziert wird es auch, wenn die Leistungen nicht monatlich, sondern in einem anderen Rhythmus erfolgten.

In Betracht käme daher allenfalls eine prozentuale Grenze. Dann müsste der Leistende einen bestimmten Prozentsatz seines monatlichen Einkommens an seinen Lebensgefährten geleistet haben. Sind die Leistungen nicht monatlich, sondern wie etwa in Beispiel zwei vierteljährlich erfolgt, ist auch das Einkommen dieses Zeitraums anzusetzen. Aber auch hier fragt sich, was für ein Wert anzusetzen und wie mit Naturalleistungen zu verfahren wäre? Wie viele Stunden Hausarbeitstätigkeit wären wesentlich? Oder sollte der zeitliche Aufwand an Hand der Kosten einer professionellen Arbeitskraft in einen Geldbetrag umgerechnet werden?

Dieses Dilemma kann durch den Verzicht auf einen Mindestbetrag umgangen werden. Die Statuierung eines solchen ist auch nicht erforderlich. Unwesentliche Leistungen können über andere Stellschrauben besser aus dem Anwendungsbereich des neuen § 844 BGB ausgeschlossen werden: Die Regelmäßigkeit, die Auslegung auf Dauer und vor allem auch die sogleich zu erörternde Bedürftigkeit. Auf diesem Weg kann zudem den unterschiedlichen wirtschaftlichen Verhältnissen Rechnung getragen werden, da diese maßgeblich für die Beurteilung der Bedürftigkeit sind[944].

Auch das Ziel der Reform kann durch den Verzicht auf einen Minimalbetrag besser erreicht werden. Es wurde festgestellt, dass der Schädiger dem hinterbliebenen Lebensgefährten das ersetzen sollte, was er zuvor von seinem Partner

---

944 Siehe dazu sogleich unten 2. HT, Kap. 3, C, III, 2.

bekommen hat[945]. Dem würde nicht entsprochen, wenn die Leistung kleiner(er) Beträge nicht ersatzfähig wäre.

Darüber hinaus werden auch andere Schadensersatzansprüche nicht nur dann gewährt, wenn der Schaden eine bestimmte Bagatellgrenze übersteigt.

Allenfalls die Handhabung im nachehelichen Unterhaltsrechts könnte noch für die Einführung eines bestimmten Betrags, den die tatsächlichen Leistungen überstiegen müssten, sprechen. Dort ist umstritten, ob Bagatellbeträge auszugleichen sind[946]. Sehr geringe Unterhaltsansprüche entstehen dann, wenn die Einkommen der geschiedenen Ehegatten nur wenig auseinander liegen. Relevant ist diese Frage daher vor allem beim Aufstockungsunterhalt, aber auch für den Unterhalt wegen Alters wird sie diskutiert[947].

Zwar handelt es sich beim Anspruch aus § 844 Abs. 2 BGB um einen Schadensersatzanspruch[948]. Sowohl dessen Anspruchsbegründung als auch der -umfang hängen jedoch von gesetzlichen Unterhaltsansprüchen ab, so dass ihm eine gewisse Zwitterstellung zukommt, worüber die unterhaltsrechtlichen Wertungen ins Deliktsrecht durchschlagen könnten.

Selbst wenn man aber davon ausgeht, dass unwesentliche nacheheliche Unterhaltsansprüche nicht auszugleichen sind, gibt dies nur begrenzt Auskunft darüber, wie im Rahmen von § 844 BGB n.F. mit solchen Minimalansprüchen zu verfahren ist. Schwerpunktmäßig sollen zukünftig tatsächliche Unterstützungsleistungen faktischer Lebensgefährten während der intakten Beziehung ersatzfähig sein[949]. Dies insbesondere deshalb, weil das Vertrauen auf den Fortbestand der Leistungen zu dieser Zeit am größten ist. Für die Zeit der funktionierenden Paarbeziehung existieren auch im Eherecht keine Bagatellgrenzen. Dieser Einwand greift daher nicht durch.

Letztlich sprechen im Ergebnis die besseren Argumente dafür, auf die Festsetzung eines Mindestbetrags zu verzichten.

---

945 Siehe dazu bereits oben 2. HT, Kap. 3, C, I.

946 Dafür MüKo/*Maurer*, BGB, 5. Auflage, 2013, § 1577 Rn. 5; Palandt/*Brudermüller*, 72. Auflage, 2013, § 1573 Rn. 15; OLG Karlsruhe FamRZ 2010, 1082, 1083 für einen Anspruch i.H.v. 63,- Euro bei „sehr engen wirtschaftlichen Verhältnissen“; BGH FamRZ 1984, 988, 990 für eine Berücksichtigung eines Betrags i.H.v. 160,- DM; KG FamRZ 2008, 415, 416 für „Berücksichtigung der konkreten wirtschaftlichen Verhältnisse“; OLG Düsseldorf FamRZ 1996, 947 für einen Mindestbetrag von 100,- DM; dagegen OLG Karlsruhe NJW-RR 2006, 151, 152 bei einer Differenz von unter 10% des Gesamteinkommens; OLG München FamRZ 2004, 1208, 1209 bei einer Differenz von unter 10% des Nettoeinkommens des Unterhaltenen; OLG München FamRZ 1997, 425, 426 für einen Ausgleichsbetrag von 100,- DM auch bei niedrigen Einkommen.

947 OLG Karlsruhe NJW-RR 2008, 1458, 1459.

948 Staudinger/*Röthel*, Neubearbeitung 2007, § 844 Rn. 11.

949 Siehe dazu sogleich unten 2. HT, Kap. 3, C, II, 6, c).

6. Maßgeblicher Zeitpunkt der Leistungen

a) Tatsächliche Leistungen während der Beziehung

Der Grundfall ist, dass die tatsächlichen Leistungen während der Beziehung erbracht wurden. Faktische Lebensgefährten, die zu diesem Zeitpunkt bereits unterstützt wurden, sollten daher in den Genuss der erweiterten Haftung des § 844 BGB n.F. kommen.

b) Tatsächliche Leistungen in der Zukunft

Der aktuelle § 844 Abs. 2 BGB schützt auch zukünftige gesetzliche Unterhaltsbeziehungen. Parallel dazu könnten auch zukünftige tatsächliche Unterhaltsleistungen eines faktischen Lebensgefährten in den Schutzbereich der Norm aufgenommen werden. So verfährt neben Schweden, wo dies ausdrücklich aus dem Gesetzestext hervorgeht, auch die Schweiz, wo dieses Ergebnis erneut aus der weiten Fassung der Norm resultiert.

Zwar wird der Nachweis über Ob und Wie des in der Zukunft zu erbringenden tatsächlichen Unterhalts dem hinterbliebenen faktischen Lebensgefährten sehr schwer fallen. Das sollte jedoch nichts an der grundsätzlichen Ersatzfähigkeit ändern. Auch die Prognose über Bestehen und Umfang zukünftiger gesetzlicher Unterhaltsansprüche ist schwierig, verhindert deren Ersatzfähigkeit aber nicht. Beweisprobleme gehen dabei – wie grundsätzlich im Zivilprozess – zu Lasten des Anspruchsstellers.

Zudem erfordert auch keiner der anderen, die Haftung limitierenden Faktoren den Ausschluss zukünftiger Leistungen. Es kommt so weder zu einer Besserstellung gegenüber der Situation ohne Tötung, da der hinterbliebene Lebensgefährte die Leistungen in der Zukunft dann von seinem Partner erhalten hätte, noch zu einer Privilegierung gegenüber dem hinterbliebenen Ehegatten, da diesem ein gesetzlicher Unterhaltsanspruch zusteht, der auch zukünftige Entwicklungen berücksichtigt.

Auch zukünftige tatsächliche Unterhaltsleistungen sollten, sofern die übrigen Voraussetzungen vorliegen, daher über den neuformulierten § 844 BGB ersetzt werden.

c) Tatsächliche Leistungen nach der Trennung

Des Weiteren muss gefragt werden, ob vom reformierten § 844 BGB nur solche Leistungen erfasst werden sollten, die während des Bestehens der Beziehung erbracht wurden bzw. worden wären oder auch solche, die erst nach ihrer Beendigung erfolgten.

aa) Ersatzfähigkeit

In einem ersten Schritt ist die grundsätzliche Ersatzfähigkeit tatsächlicher Unterhaltsleistungen nach Trennung zu erörtern.

Wie aufgezeigt sollten dem hinterbliebenen faktischen Lebensgefährten über den neuen § 844 BGB die tatsächlichen Leistungen ersetzt werden, die er von seinem Partner erhalten hat bzw. erhalten hätte. Dazu zählt erst mal auch die Unterstützung, die nach Beziehungsende erbracht wurde. Möglicherweise stehen diesem Ergebnis jedoch ein oder mehrere der zu berücksichtigenden, den Haftungsumfang beschränkenden Faktoren entgegen.

Relevant ist zunächst die unterhaltsrechtliche Situation geschiedener Ehegatten. Zwar sind faktische Lebensgefährten einander weder während des Bestehens noch nach Beendigung ihrer Beziehung zum Unterhalt verpflichtet. Dennoch kann ihre Rechtsstellung nicht losgelöst von der von Ehegatten bestimmt werden[950]. Mehrmals wurde betont, dass der Schutz faktischer Lebensgefährten nicht weiter gehen darf als der für (geschiedene) Ehepartner.

Nacheheliche Unterhaltspflichten sind mit der Unterhaltsrechtsreform zum 01.01.2008 erheblich eingeschränkt worden. Mit Wirkung zum 01.03.2013 wird die Rechtsstellung geschiedener Ehegatten wieder etwas gestärkt, dies gilt jedoch nur für Ehen von langer Dauer[951]. So wird lediglich klargestellt, dass bei der Herabsetzung des Unterhalts nach § 1578b Abs. 1 BGB nicht nur ehebedingte Nachteile, sondern gleichberechtigt auch die Dauer der Ehe zu berücksichtigen ist[952]. Die Herabsetzung des nachehelichen Unterhaltsanspruchs wird so erschwert.

Nach dem Willen des Gesetzgebers soll nach der Scheidung jedoch auch weiterhin grundsätzlich jeder Ehegatte selbst für seinen Unterhalt verantwortlich sein[953]. Um dieses Ziel zu erreichen, wurde der Grundsatz der Eigenverantwortlichkeit in § 1569 BGB gestärkt und gleichzeitig die Erwerbsobliegenheit in § 1574 BGB verstärkt[954].

Diese Gesetzesänderung hatte auch Auswirkungen auf § 844 Abs. 2 BGB, dessen Anwendungsbereich sich verkleinerte. Der hinterbliebene geschiedene Ehegatte kann diesen Anspruch nur noch insoweit geltend machen wie (noch) gesetzliche nacheheliche Unterhaltspflichten bestehen. Dies könnte zu einer Privilegierung des hinterbliebenen faktischen Lebensgefährten führen, wenn der neugefasste § 844 BGB tatsächliche Unterhaltsleistungen auch nach Beendigung der faktischen Lebensgemeinschaft uneingeschränkt erfassen würde.

---

950 Vgl. dazu bereits oben 2. HT, Kap. 2, B, I, 3.

951 Bt.-Drucks. 17/11885 S. 3 f.

952 Bt.-Drucks. 17/11885 S. 6.

953 Bt.-Drucks. 16/1830 S. 2, 14, 16.

954 Bt.-Drucks. 16/1830 S. 16, 17.

Nach dem Beziehungsende ist das Risiko der jederzeitigen Einstellung der tatsächlichen Leistungen gegenüber der Situation während der Beziehung zudem erhöht. Dies liegt daran, dass die zugrunde liegende emotionale Bindung, die Voraussetzung der Verantwortungsübernahme ist, wegfällt bzw. zumindest stark abgeschwächt ist. Der begünstigte Lebensgefährte muss nun verstärkt damit rechnen, dass sein ehemaliger Partner die Leistungen einstellt. Es wird für ihn daher immer schwerer nachzuweisen, dass und wie lange er noch unterstützt worden wäre. Diese Beweisschwierigkeiten dürfen sich nicht zu Lasten des haftenden Schädigers auswirken.

Beide Aspekte sprechen gegen eine Erfassung der erst nach Beendigung der Beziehung erbrachten Unterhaltsleistungen.

Auf der anderen Seite kann der hinterbliebene ehemalige Lebensgefährte nach der Trennung noch schutzbedürftig sein. Auch wenn das Vertrauen in die Fortführung tatsächlicher Unterhaltsleistungen nach Beziehungsende nicht mehr so schutzwürdig ist wie während ihres Bestehens, darf nicht unberücksichtigt bleiben, dass der ehemalige Lebensgefährte bis zum Tod des Leistenden von diesem unterstützt wurde.

Vorgeschlagen wird daher ein Mittelweg zwischen der vollständigen Versagung und der unbeschränkten Ersatzfähigkeit. Nach Beziehungsende erbrachte tatsächliche Unterhaltsleistungen eines faktischen Lebensgefährten sollten über den neuen § 844 BGB ersatzfähig sein, allerdings nur für eine – sogleich festzusetzende – Übergangszeit.

Der hinterbliebene Lebensgefährte hätte während der Übergangszeit die Möglichkeit, sich auf die veränderte Situation einzustellen und seine Erwerbstätigkeit so zu gestalten, dass er sich zukünftig allein unterhalten kann. Sobald dies der Fall ist, also gegebenenfalls schon vor Ablauf des maßgeblichen Zeitraums, sollte der Anspruch aus § 844 BGB n.F. entfallen. Erreicht werden kann dieses Ergebnis über das Merkmal der Bedürftigkeit.

Mit einer Übergangslösung werden auch die angesprochenen Beweisprobleme gelöst. Die pauschalisierte zeitliche Begrenzung des Anspruchs macht die äußerst schwierige Prognose der Fortdauer entbehrlich und wird so die Handhabung in der Praxis enorm erleichtern. Eine Übergangsregelung dient damit auch Praktikabilitätserwägungen.

bb) Dauer der Ersatzfähigkeit

In einem zweiten Schritt ist zu diskutieren, wie lang diese Übergangszeit bemessen sein sollte.

Sie müsste einerseits so lang sein, dass der hinterbliebene Lebensgefährte sich auf den Wegfall der Leistungen einstellen kann. Andererseits darf sie nicht zu lang sein, um Ehegatten nicht schlechter zu stellen.

In der DDR war die deliktische Ersatzfähigkeit tatsächlicher Unterhaltsleistungen generell beschränkt[955]. Die Übergangszeit von § 339 Abs. 3 des Zivilgesetzbuchs betrug maximal zwei Jahre und bezog sich auf alle Konstellationen, in denen Unterhalt erbracht wurde, der nicht auf gesetzlicher Grundlage beruhte, galt also nicht nur für Leistungen ehemaliger faktischer Lebensgefährten. Fiel die Bedürftigkeit vor Ablauf der zwei Jahre weg, sollte auch der Schadensersatzanspruch vorzeitig entfallen.

Dieser Zwei-Jahres- bzw. 24-Monats-Zeitraum könnte als Anhaltspunkt für den neuzufassenden § 844 BGB dienen. Er ist jedoch aus mehreren Gründen zu lang. Erstens wegen des nur noch begrenzt schutzwürdigen Vertrauens des ehemaligen Lebensgefährten. Ob der nun getötete ehemalige Lebensgefährte über einen so langen Zeitraum weiterhin Unterhalt bezahlt hätte, ist keineswegs sicher. Zweitens geht es vor diesem Hintergrund zu weit, den deliktischen Schädiger für zwei Jahre zu verpflichten. Zum selben Ergebnis kommt man drittens auch mit Blick auf den nachehelichen Grundsatz, dass beide Ehegatten ab Scheidung selbst für ihren Lebensunterhalt aufkommen sollen. Viertens und letztens liegt es im Wesen einer Übergangslösung, dass sie gerade nur für den Übergang und nicht mittelfristig gelten soll. Einen Zwei-Jahres-Zeitraum kann man aber nicht mehr als lediglich vorübergehende Maßnahme einordnen. Als Zwischenergebnis steht damit fest, dass zwei Jahre zu lang für eine Übergangslösung sind.

Sechs Monate hingegen sind zu kurz. Zwar haben sich die Lebensgefährten bereits getrennt, so dass die emotionale Verbundenheit weniger stark ist. Dennoch kann der (plötzliche) Todesfall den Hinterbliebenen sehr belasten. Dies gilt zum einen in emotionaler, zum anderen jedoch auch in zeitlicher Hinsicht. Gegebenenfalls ist die Beerdigung (mit) zu organisieren oder der Haushalt des Verstorbenen aufzulösen. Hinzu kommt, dass es eine Weile dauern kann bis die Jobsuche erfolgreich ist. Da der hinterbliebene ehemalige Lebensgefährte jedoch absprachegemäß nicht oder wenig arbeitet, sollte er nicht durch eine zu knapp angesetzte Übergangsregelung gezwungen werden, die erstbeste Arbeit anzunehmen.

Angemessen ist daher ein Übergangszeitraum, der zwölf Monate beträgt. Die Interessen von hinterbliebenen ehemaligen Lebensgefährten, haftendem Dritten und geschiedenen Ehegatten werden so in einen ausgewogenen Ausgleich gebracht. Dem Lebensgefährten wird genug Zeit gelassen, sich beruflich (neu) zu orientieren. Der Dritte wird nicht über Gebühr belastet. Und auch im Vergleich

955 Vgl. dazu bereits oben 2. HT, Kap. 2, A, V, 6.

zu den nachehelichen Unterhaltsansprüchen wird dadurch keine Besserstellung gegenüber geschiedenen Ehegatten bewirkt.

Der Anfangspunkt des Übergangszeitraums sollte der Tod des ehemaligen Lebensgefährten sein.

Wichtige Voraussetzung für das Eingreifen der Übergangsregelung ist jedoch, dass nicht nachgewiesen werden kann, dass der Leistende seine Unterstützungsleistungen vorher eingestellt hätte. Ist dies der Fall, darf der Anspruch aus § 844 BGB n.F. nur für diesen Zeitraum gewährt werden.

cc) Zusammenfassung

Auch tatsächliche Leistungen eines (ehemaligen) faktischen Lebensgefährten nach dem Ende der Beziehung sollten in engen Grenzen vom novellierten § 844 BGB geschützt werden. Der Schutz sollte für einen zwölfmonatigen Übergangszeitraum, der mit dem Tod zu laufen beginnt, gewährt werden.

d) Fazit

Grundsätzlich sind nur die tatsächlichen Unterhaltsleistungen, die während des Bestehens der faktischen Lebensgemeinschaft erbracht wurden bzw. erbracht worden wären vom neu gefassten § 844 BGB zu schützen. Die tatsächlichen Leistungen nach Beendigung der Beziehung müssen weitestgehend unberücksichtigt bleiben. Für diese Leistungen sollte jedoch eine Übergangsregelung in das Gesetz aufgenommen werden, nach der der unterstützte ehemalige faktische Lebensgefährte einen auf zwölf Monate begrenzten Schadensersatzanspruch gegen den deliktischen Schädiger erhält, sofern nicht nachgewiesen werden kann, dass der Unterstützer seine Leistungen vorher eingestellt hätte.

7. Ergebnis

Die tatsächlichen Unterhaltsleistungen des faktischen Lebensgefährten müssen vor seinem Tod regelmäßig erfolgt und auf Dauer angelegt gewesen sein. Erfasst wird nicht nur Unterhalt in Geld, sondern auch in sonstiger Form, wie etwa Haushaltstätigkeiten. Nicht erforderlich ist, dass die Leistungen unmittelbar an den Unterstützten gerichtet waren, maßgeblich ist, dass er wirtschaftlich von ihnen profitierte. Die Leistungen müssen keine Wesentlichkeitsschwelle übersteigen. Besondere Betonung verdient der Umstand, dass auch zukünftige Unterhaltsleistungen – unter dem Vorbehalt der Beweisbarkeit – ersatzfähig sein sollten. Tatsächliche Zuwendungen in der Zeit nach der Trennung sollten über eine Übergangsregelung maximal für zwölf Monate nach dem Tod ersatzfähig sein.

Ist bewiesen, dass der Getötete die Leistungen schon vor Ablauf dieser Zeit eingestellt hätte, ist dieser Zeitraum maßgebend.

III. Die Bedürftigkeit des Unterhaltenen

Bereits mehrfach wurde angedeutet, dass die Bedürftigkeit des überlebenden Partners zur Anspruchsvoraussetzung des neugefassten §844 Abs. 2 BGB gemacht werden sollte[956].

1. Bedürftigkeit als Anspruchsvoraussetzung

Auf den ersten Blick mutet es etwas befremdlich an, die Bedürftigkeit des unterhaltenen Lebensgefährten im Rahmen des novellierten § 844 BGB zur Voraussetzung zu machen. Schließlich handelt es sich dabei um einen Schadensersatzanspruch, wohingegen die Bedürftigkeit eine unterhaltsrechtliche Besonderheit ist. Kein anderer deliktischer Schadensersatzanspruch erfordert diesen Umstand. Dennoch ist die Bedürftigkeit des Unterhaltenen zur expliziten Anspruchsvoraussetzung zu machen[957]. Zur Begründung können drei Aspekte herangezogen werden: Die Schutzbedürftigkeit des Unterhaltenen, die Grenzen der Reform und der Gleichlauf mit der bisherigen Anknüpfung in § 844 Abs. 2 BGB.

a) Schutzbedürftigkeit

Von Rummel begründete die Forderung nach dem Vorliegen von Bedürftigkeit zutreffend damit, dass derjenige, der nicht auf die Leistungen des Getöteten angewiesen ist, durch dessen Tod nicht in gleicher Weise betroffen sei, wie derjenige, der von dessen Leistungen abhängig war[958]. Die schon mehrfach angesprochene Schutzbedürftigkeit ist daher nicht hoch genug, wenn der Hinterbliebene seinen Lebensunterhalt aus seinem eigenen Einkommen oder Vermögen bestreiten kann. Es ist nicht nachvollziehbar, warum der überlebende Partner einer faktischen Lebensgemeinschaft zu Lasten des Schädigers privilegiert werden sollte, obwohl er finanziell nicht auf dessen Schadensersatzzahlungen angewiesen ist.

956 Siehe bereits 2. HT, Kap. 3, C, II, 1, b), 2. HT, Kap. 3, C, II, 5 und 2. HT, Kap. 3, C, II, 6, c).
957 So auch explizit *Wichelhaus*, S. 263; *v. Rummel*, S. 205.
958 *v. Rummel*, S. 205.

b) Grenzen der Reform

Durch die Novellierung des § 844 BGB wird die Rechtssicherheit zu Gunsten von mehr Einzelfallgerechtigkeit eingeschränkt. Zu diesem Zweck wird die Haftung des deliktischen Schädigers erweitert. Klargestellt wurde jedoch bereits, dass der hinterbliebene Lebensgefährte zwar grundsätzlich das vom Schädiger ersetzt bekommen soll, was er bis zu dessen Tod von seinem Lebensgefährten erhielt. Eine Grenze findet diese Handhabung jedoch in den Grundrechten des Schädigers, der vor übermäßiger Belastung zu bewahren ist[959]. Bei eigener Leistungsfähigkeit des anspruchsberechtigten faktischen Lebensgefährten ist dieser nicht – bzw. nicht in vollem Umfang – auf die Schadensersatzleistungen des Dritten angewiesen. Stattdessen kann er seinen Lebensunterhalt selbst bestreiten. Auch aus diesem Grund ist die Prüfung der Bedürftigkeit als Schranke erforderlich.

c) Gleichlauf mit der Anknüpfung an gesetzliche Unterhaltspflichten

Darüber hinaus ist die Statuierung der Bedürftigkeit des Unterhaltenen notwendig, um einen Gleichlauf zu den bisher schon geschützten gesetzlichen Unterhaltsbeziehungen herzustellen. Diese setzen (fast) alle die Bedürftigkeit des Unterhaltenen voraus. Dies ist in §§ 1577, 1602 BGB ausdrücklich und in § 1361 BGB implizit[960] geregelt.

Auf die individuelle Bedürftigkeit verzichtet wird lediglich bei § 1360 BGB[961]. Während des Bestehens der Ehe sind die Ehegatten danach unabhängig von einer etwaigen Bedürftigkeit zur Leistung von Familienunterhalt verpflichtet. Die Zeit während des Bestehens der faktischen Lebensgemeinschaft ist aber der Zeitraum für den eine Gesetzesänderung am dringlichsten ist. Wenn nicht erforderlich ist, dass der überlebende Ehegatte bedürftig ist, kann man sich fragen, ob dies vom überlebenden Lebensgefährten einer faktischen Lebensgemeinschaft verlangt werden kann.

Antwort gibt eine nähere Betrachtung des § 1360 BGB. Es ist zu untersuchen, warum bei diesem Unterhaltsanspruch – und § 1360 BGB ist eine Anspruchsgrundlage[962] – auf die Bedürftigkeit als Anspruchsvoraussetzung verzichtet wird. Die Norm verpflichtet die Ehegatten einander Familienunterhalt zu gewähren[963].

959 Dazu bereits oben 2. HT, Kap. 2, B, I, 5.

960 MüKo/*Weber-Monecke*, BGB, 6. Auflage, 2013, § 1361 Rn. 16; Staudinger/*Voppel*, Neubearbeitung 2007, § 1361 Rn. 127.

961 MüKo/*Weber-Monecke*, BGB, 6. Auflage, 2013, § 1360 Rn. 6; Staudinger/*Voppel*, Neubearbeitung 2007, § 1360 Rn. 13; Göppinger/Wax/*Bäumel*, 9. Auflage, 2008, Rn. 884.

962 Staudinger/*Voppel*, Neubearbeitung 2007, § 1360, Rn. 9.

963 BGHZ 169, 200 Rz. 34; Staudinger/*Voppel*, Neubearbeitung 2007, § 1360 Rn. 9; MüKo/*Weber-Monecke*, BGB, 6. Auflage, 2013, § 1360 Rn. 3.

Es handelt sich nicht um eine einseitige Pflicht des leistungsfähigen gegenüber dem anderen Ehegatten, sondern um eine wechselseitige – wenn auch nicht gegenseitige[964] – Verpflichtung. Dieser Umstand unterscheidet den Unterhaltsanspruch aus § 1360 BGB von den anderen gesetzlichen Unterhaltsansprüchen. Der § 1360 BGB ist auf den Erhalt der Lebensgrundlage der Familie, d.h. der Ehegatten und gegebenenfalls der unterhaltsberechtigten Kinder gerichtet. Es ist dann schlüssig, auf die Bedürftigkeit des Anspruchsstellers zu verzichten, da die Leistung des anderen nicht nur die Bedürfnisse des anderen Ehegatten, sondern die der ganzen Familie – und damit auch des verpflichteten Ehegatten – abdecken soll[965].

Diese Besonderheit des Anspruchs auf Familienunterhalt kann jedoch nicht auf die faktische Lebensgemeinschaft übertragen werden, wo eine entsprechende gesetzliche Pflicht nicht existiert. Vielmehr muss der allgemeine Grundsatz, dass eine Verpflichtung zum Unterhalt nur besteht, wenn der Antragssteller bedürftig ist, auch bei § 844 BGB n.F. angewendet werden. Zwar handelt es sich um ein unterhaltsrechtliches Prinzip und der Anspruch aus § 844 BGB n.F. ist schadensrechtlicher Natur, allerdings knüpft er, wie schon erwähnt[966], an familienrechtliche Wertungen an. Dies ermöglicht eine Übertragung des Grundsatzes, dass der Anspruch nur besteht, wenn der Anspruchsinhaber bedürftig ist.

d) Zusammenfassung

Die Bedürftigkeit des überlebenden Partners der faktischen Lebensgemeinschaft muss zur Voraussetzung des neugefassten § 844 BGB gemacht werden. Um dieses Ergebnis zu erreichen, ist sie als ausdrückliche Tatbestandsvoraussetzung in den Gesetzestext aufzunehmen[967].

Dieser Weg wurde auch in den Niederlanden gewählt. Art. 45 Abs. 3 des Schweizerischen OR enthält diese Voraussetzung, wenn auch nicht ausdrücklich, so doch zumindest konkludent. Im schwedischen Recht wurde der Begriff der „Abhängigkeit“ verwendet, wovon ebenfalls nur bei Bedürftigkeit des Unterstützten gesprochen werden kann.

---

964 MüKo/*Weber-Monecke*, BGB, 6. Auflage, 2013, § 1360 Rn. 3; Göppinger/Wax/*Bäumel*, 9. Auflage, 2008, Rn. 884, Fn. 55 spricht von einer gegenseitigen, aber nicht synallagmatischen Verbindung.

965 Statt vieler Staudinger/*Voppel*, Neubearbeitung 2007, § 1360 Rn. 13; Soergel/*Lange*, 12. Auflage, 1988, § 1360 Rn. 11.

966 Siehe oben 2. HT, Kap. 3, C, II, 5.

967 Zum konkreten Formulierungsvorschlag siehe sogleich 2. HT, Kap. 3, E, III.

2. Maßstab für die Bedürftigkeit

Im Anschluss ist der Maßstab der Bedürftigkeit zu bestimmen. Grundsätzlich ist jemand bedürftig, wenn er nicht in der Lage ist, selbst für seinen Lebensunterhalt aufzukommen. Ausschlaggebend für die Beurteilung der Bedürftigkeit ist daher der benötigte Lebensunterhalt. Dieser wiederum ist abhängig vom Lebensstandard. Dieser bestimmt im Unterhaltsrecht über das Maß des Unterhalts, was ein von der Bedürftigkeit getrennt zu betrachtender Aspekt ist.

Die Bedürftigkeit ist aber eng verwoben mit dem Maß bzw. Umfang des Anspruchs. Das gilt nicht nur im Unterhaltsrecht, sondern auch für den neuen Anwendungsfall des deliktsrechtlichen § 844 BGB n.F.

Die für die neugefasste Norm erforderliche Bedürftigkeit ist dann zu bejahen, wenn der Betroffene nicht in der Lage ist, die Mittel für seinen Lebensunterhalt selbst aufzubringen. Gemeint ist damit alles, was er benötigt, um seinen bisherigen Lebensstandard aufrechtzuerhalten.

Diese Feststellung gibt zugleich den Umfang des Anspruchs vor. Der hinterbliebene Lebensgefährte ist so zu stellen, wie er stünde, wenn sein Lebensgefährte nicht getötet worden wäre. Ihm ist daher alles zu ersetzen, was er bisher von diesem erhalten hat. Dies gilt aber nur soweit seine Bedürftigkeit reicht. Hat er eigenes Vermögen oder ein ausreichendes eigenes Einkommen, verringert sich der Anspruch entsprechend oder kann ganz entfallen.

Regelmäßig wird der hinterbliebene Lebensgefährte bedürftig sein, da ihn sein Partner andernfalls nicht unterstützen würde. Zwingend ist das aber nicht. Es sind durchaus Konstellationen denkbar, in denen ein Lebensgefährte von dem anderen Leistungen erhält, weil dieser schlichtweg mehr Geld zur Verfügung hat und seinen Lebensgefährten daran teilhaben lassen möchte. So liegt es in Beispiel eins, wo B1 mittels Erwerbsunfähigkeitsrente, ihren/seinen Lebensunterhalt auch allein bestreiten könnte[968].

3. Maßgeblicher Zeitpunkt für die Bedürftigkeit

Daran anschließend ist die Frage zu beantworten, in welchem Zeitpunkt die Bedürftigkeit vorliegen muss. Zur Zeit der Verletzungshandlung oder erst nach dem Tod des tatsächlich Leistenden?

Für ersteres spricht der Umstand, dass der bisherige § 844 Abs. 2 BGB diesen Zeitpunkt als maßgebend für das Bestehen der gesetzlichen Unterhaltspflicht, die ihrerseits in aller Regel Bedürftigkeit erfordert, erklärt. Wäre auch die finanzielle

968 Beispiel eins zuletzt unter 2. HT, Kap. 3, C, II, 2.

Situation des überlebenden Partners der faktischen Lebensgemeinschaft zu diesem Zeitpunkt entscheidend, würde insoweit ein Gleichlauf hergestellt.

Allerdings ist es durchaus möglich, dass der überlebende Partner vom Getöteten testamentarisch – eine gesetzliche Erbenstellung scheidet aus – bedacht oder als Begünstigter einer Lebensversicherung eingetragen wurde. Ihm entgeht durch die Tötung dann zwar der tatsächliche Unterhalt, er erhält jedoch auch einen Vermögenszuwachs, der erheblich sein kann. Ist das der Fall, ist er auf den Ersatz der tatsächlichen Unterhaltsraten durch den Schädiger nicht angewiesen. Um solche Entwicklungen berücksichtigen zu können, scheint es naheliegend, auf die Zeit nach dem Tod abzustellen.

Beim Anspruch aus § 844 Abs. 2 BGB handelt es sich jedoch um einen Schadensersatz- und nicht um einen Unterhaltsanspruch[969]. Deshalb findet stets eine Vorteilsausgleichung statt, über die Vermögenszuwächse durch den Tod berücksichtigt werden[970].

Es muss daher unterschieden werden zwischen der Bedürftigkeit auf der einen Seite und der Vorteilsausgleichung auf der anderen Seite. Hier zeigt sich deutlich – und zum wiederholten Mal – die Verquickung von unterhaltsrechtlichen Grundsätzen und Schadensersatzrecht. Die Vorteilsausgleichung betrifft die Höhe des Anspruchs aus § 844 BGB n.F., wohingegen die Bedürftigkeit Voraussetzung dafür ist, dass ein solcher Anspruch überhaupt besteht. Maßgeblicher Zeitpunkt muss für letztere der Zeitpunkt der Verletzungshandlung sein.

Die Bedürftigkeit des überlebenden Partners muss daher zu diesem Zeitpunkt vorliegen. Etwaige Vermögenszuwächse auf Grund des Todes werden im Rahmen der Vorteilsausgleichung berücksichtigt.

4. Fazit

Damit der hinterbliebene faktische Lebensgefährte den bisher vom Getöteten geleisteten Unterhalt über § 844 BGB n.F. ersetzt bekommt, ist erforderlich, dass er zum Zeitpunkt der Verletzungshandlung bedürftig ist. Maßstab der Bedürftigkeit und auch des Anspruchsumfangs ist der bisherige Lebensstandard. Etwaige Vermögenszuwächse auf Grund des Todesfalls sind im Rahmen der schadensrechtlichen Vorteilsausgleichung zu berücksichtigen.

---

969 BeckOK/*Spindler*, BGB, Edition 27, § 844 Rn. 9.

970 MüKo/*Wagner*, BGB, 5. Auflage, 2009, § 844 Rn. 74; Staudinger/*Röthel*, Neubearbeitung 2007, § 844 Rn. 71.

IV. Zusammenfassung

Bei der Herausarbeitung der Anforderungen an die Ersatzfähigkeit tatsächlicher Unterhaltsleistungen faktischer Lebensgefährten waren mehrere Aspekte zu berücksichtigen: Der Schutz des hinterbliebenen Lebensgefährten stand im Vordergrund. Er wurde jedoch durch den grundrechtlichen Schutz des haftenden Dritten und die Rechtsstellung von hinterbliebenen Ehegatten begrenzt. Auch Probleme bei der Anspruchsbemessung und der Beweisbarkeit waren zu beachten.

Zusammengefasst muss für die Erstreckung des bisherigen § 844 BGB auf tatsächliche Leistungen faktischer Lebensgefährten folgendes gelten: Die bisher vom faktischen Lebensgefährten erbrachten Bar- oder Naturalleistungen müssen regelmäßig erfolgt und auf Dauer angelegt gewesen sein. Die Art der Unterstützung ist hingegen nicht maßgeblich, entscheidend ist vielmehr, dass sie wirtschaftlich beim Unterstützten ankam. Zukünftige tatsächliche Unterhaltsleistungen sollten ebenfalls ersatzfähig sein, Leistungen die erst nach der Trennung erfolgten jedoch maximal während einer 12-monatigen Übergangszeit. Zudem muss der hinterbliebene Lebensgefährte im Zeitpunkt der Verletzungshandlung bedürftig gewesen sein.

D. Die unmittelbaren Nebenfolgen der Reform

Bevor ein umfassender Formulierungsvorschlag für eine Neufassung des § 844 BGB vorgestellt wird, ist – zumindest kurz – darauf einzugehen, welche Nebenfolgen, die soeben skizzierte Reform hätte.

I. Tatsächliche überobligatorische Leistungen eines Ehegatten

Da wäre zunächst die Frage, wie tatsächliche überobligatorische Leistungen von Ehegatten zu behandeln sind. Das sind solche Unterstützungsbeiträge, die über das unterhaltsrechtlich Geschuldete hinausgehen. Der aktuelle § 844 Abs. 2 BGB richtet sich jedoch nicht nur in der Anspruchsentstehung, sondern auch hinsichtlich des Anspruchsumfangs nach den unterhaltsrechtlichen Normen. Ersatzfähig ist daher nur das, was der Getötete dem Hinterbliebenen unterhaltsrechtlich zu leisten verpflichtet war. Nicht ersetzt werden die Leistungen, die über das gesetzlich geschuldete Maß hinausgehen und daher überobligatorisch sind[971].

971 BGH NJW 2006, 2327, 2329; NJW 1993, 124, 125.

Diese Nichtberücksichtigung tatsächlicher Unterhaltsleistungen von Ehegatten könnte jedoch gegen Art. 3 Abs. 1 GG verstoßen. Begründet werden könnte dies damit, dass in einer Paarbeziehung, der faktischen Lebensgemeinschaft, tatsächliche Unterhaltsleistungen im Fall der deliktischen Tötung des Leistenden ersatzfähig wären, wohingegen dies in einer anderen Paarbeziehung, der Ehe, nicht der Fall ist. Grundsätzlich gleiche Sachverhalte, tatsächliche Unterhaltsleistungen in Paarbeziehungen, werden daher auf den ersten Blick unterschiedlich behandelt.

Denck hat daher schon früh gefordert, dass, wenn sich die Anspruchsbegründung nach tatsächlichen Unterhaltsleistungen bestimmt, dies auch für den Anspruchsumfang gelten müsse[972]. Liegt das tatsächlich Geleistete daher über dem gesetzlich Geschuldeten, sollte sich die Höhe des Anspruchs aus § 844 Abs. 2 BGB nach dem tatsächlich zugewendeten Betrag richten[973].

Und auch der Diskussionsentwurf aus Bayern, der eine Erstreckung des § 844 Abs. 2 BGB auf vertragliche Unterhaltsbeziehungen präferiert, gibt zu bedenken, dass es nicht sachgerecht sei, den deliktischen Anspruch auf das gesetzlich Geschuldete zu beschränken, wenn es durch eine vertragliche Vereinbarung konkretisiert wird[974].

Man könnte deshalb daran denken, auch tatsächliche überobligatorische Leistungen von Ehegatten zukünftig für ersatzfähig zu erklären. Alternativ käme auch eine Deckelung des Anspruchs faktischer Lebensgefährten an Hand fiktiver Unterhaltsansprüche in Betracht[975]. Auf beiden Wegen würde verhindert, dass der hinterbliebene faktische Lebensgefährte über den ausgeweiteten schadensrechtlichen Anspruch mehr erhält als der überlebende Ehegatte.

Allerdings muss man sich die Frage stellen, ob wirklich eine Ungleichbehandlung gleicher Sachverhalte vorliegt. Zwar würden nach einer Reform tatsächliche (überobligatorische) Unterhaltsleistungen von Ehegatten nicht erfasst, wohingegen genau das bei faktischen Lebensgefährten der Fall wäre. Der neu zu schaffende Anspruch aus § 844 BGB n.F. ist jedoch, obwohl es sich um einen Schadensersatzanspruch handelt, wie ein Unterhaltsanspruch durch die Bedürftigkeit des Berechtigten begrenzt. Dies gilt, anders als bei Ehegatten, sogar für die Zeit während der intakten Beziehung. Neben der gemeinsamen Voraussetzung der Bedürftigkeit sind weitere Anforderungen statuiert worden. Durch diese Beschränkungen wird, wie aufgezeigt wurde, neben einer übermäßigen Belastung des Schädigers gerade auch eine Besserstellung gegenüber Ehegatten vermieden. Zu einer Besserstellung faktischer Lebensgefährten kommt es nicht.

---

972 *Denck*, S. 131 f.

973 *Denck*, S. 131 f.

974 Bayerisches Staatsministerium der Justiz, Diskussionsentwurf, S. 9.

975 Zu diesem Vorschlag von *Staudinger* bereits an anderer Stelle, siehe oben 2. HT, Kap. 3, A, I, 2, d), dd).

Art. 3 Abs. 1 GG zwingt daher nicht dazu, auch tatsächliche überobligatorische Leistungen eines Ehegatten für ersatzfähig zu erklären oder den neugeschaffenen Anspruch faktischer Lebensgefährten weiter zu beschränken.

II. Tatsächliche überobligatorische Leistungen eines vertraglich zum Unterhalt verpflichteten faktischen Lebensgefährten

Es wurde abgelehnt, vertragliche Unterhaltspflichten zwischen faktischen Lebensgefährten unter den Schutz des neuen § 844 BGB zu stellen. Stattdessen kann der hinterbliebene Lebensgefährte die Erben des Getöteten in Anspruch nehmen. In diesem Zusammenhang wurde bereits die Problematik aufgeworfen, wie zu verfahren ist, wenn der getötete Lebensgefährte zu Lebzeiten tatsächlich mehr geleistet hat als er seinem Partner nach der vertraglichen Vereinbarung schuldete[976]. Fallen die überobligatorischen Leistungen mit der Tötung ersatzlos weg oder greift zumindest insoweit § 844 BGB n.F. ein?

Würde diese Frage bejaht, wäre die Konsequenz, dass der hinterbliebene Lebensgefährte zum einen die Erben des Getöteten in Anspruch nehmen und von ihnen den Ersatz des auf vertraglicher Grundlage geschuldeten Unterhalts verlangen könnte. Zum anderen könnte er über den erweiterten Schadensersatzanspruch vom deliktischen Schädiger Ersatz des darüber hinausgehenden tatsächlichen Unterhalts verlangen.

Aufschluss gibt die Subsumierung dieses Sachverhalts unter § 844 BGB n.F. Der über die vertragliche Verpflichtung hinausgehende Unterhalt ist zukünftig grundsätzlich ersatzfähig, da es sich um tatsächliche Zuwendungen zwischen faktischen Lebensgefährten handelt. Voraussetzung ist aber, wie bei allen anderen tatsächlichen Leistungen auch, dass die von der Norm aufgestellten weiteren Voraussetzungen vorliegen. Dazu gehört insbesondere, dass der hinterbliebene Lebensgefährte trotz Inanspruchnahme der Erben des getöteten Lebensgefährten bedürftig ist. Ist dies der Fall greift § 844 BGB n.F. ein. Liegen dessen Voraussetzungen jedoch nicht vor, kann der hinterbliebene Lebensgefährte den Schädiger auch nicht in Anspruch nehmen. Es bleibt beim Anspruch auf Fortzahlung der vertraglich versprochenen Leistungen gegen die Erben des Getöteten.

976 Siehe bereits oben 2. HT, Kap. 3, A, I, 2, d), ii).

III. Tatsächliche Leistungen eines faktischen Lebensgefährten an einen aus § 844 Abs. 2 BGB berechtigten hinterbliebenen Ehegatten

Wird die Ersatzberechtigung des bisherigen § 844 Abs. 2 BGB auf den Entzug tatsächlicher Leistungen faktischer Lebensgefährten ausgeweitet, muss man, wie *Röthel* richtig dargelegt hat[977], konsequent sein und solche Leistungen auch auf einen aus dieser Norm resultierenden Ersatzanspruch eines hinterbliebenen Ehegatten anrechnen.

Der Hintergrund ist, dass der Anspruch des hinterbliebenen Ehegatten aus § 844 Abs. 2 BGB dann ganz oder teilweise erlischt, wenn er eine neue Ehe eingeht[978]. Begründet hat der BGH dies damit, dass die von dem Schädiger gestörte Versorgung des Ehegatten durch die Begründung einer neuen Ehe auf eine völlig neue und sichere Grundlage gestellt wird[979]. Auf die Leistungen des Schädigers ist er nicht mehr angewiesen. Zu berücksichtigen ist dieser Umstand bei der Bemessung der Anspruchsdauer[980].

Derzeit ist umstritten, ob der Anspruch des hinterbliebenen Ehegatten aus § 844 Abs. 2 BGB auch dann herabzusetzen oder ganz zu versagen ist, wenn er eine faktische Lebensgemeinschaft eingeht und im Rahmen dieser tatsächlich unterhalten wird. Verneint wird eine Anrechnung der tatsächlichen Versorgungsleistungen mit dem Hinweis, dass zwischen faktischen Lebensgefährten keine gesetzlichen Unterhaltspflichten bestünden und sie auch nicht gezwungen werden könnten, eine Ehe einzugehen, wodurch entsprechende Pflichten begründet würden[981]. Die neue Versorgungslage sei daher nicht gefestigt genug. Die Gegenansicht bejaht eine Anrechnung mit der Begründung, dass es für eine solche auch bei Ehegatten auf die tatsächliche Versorgung ankomme und nicht auf eine gesetzliche Verpflichtung dazu[982].

---

977 *Röthel* NZV 2001, 329, 330 f.

978 Statt vieler Staudinger/*Röthel*, Neubearbeitung 2007, § 844 Rn. 181 m.w.N.

979 BGHZ 91, 357, 359.

980 So Palandt/*Sprau*, 72. Auflage, 2013, § 844 Rn. 13; Staudinger/*Röthel*, Neubearbeitung 2007, § 844 Rn. 181.

981 BGHZ 91, 357, 359 ff.; Palandt/*Sprau*, 72. Auflage, 2013, § 844 Rn. 13; BeckOK/*Spindler*, BGB, Edition 27, § 844 Rn. 40; MüKo/*Wagner*, BGB, 5. Auflage, 2009, § 844 Rn. 82; *Grziwotz*, 4. Auflage, 2006, § 16 Rn. 30; Geigel/*Münkel*, 26. Auflage, 2011, Kap. 8 Rn. 73; Wussow/*Dressler*, 15. Auflage, 2002, Kap. 46 Rn. 19; *Helmut Schirmer* DAR 2007, 2, 11.

982 *Röthel* NZV 2001, 329, 331; *dies.* in Staudinger, Neubearbeitung 2007, § 844 Rn. 185 f.; Staudinger/*Löhnig*, Neubearbeitung 2007, Anh. zu §§ 1297 ff. Rn. 241; Staudinger/*Schiemann*, Neubearbeitung 2005, § 249 Rn. 156; *ders.* in Erman, 13. Auflage, 2011, § 844 Rn. 17; Erman/*Ebert*, vor § 249 Rn. 109; MüKo/*Oetker*, BGB, 6. Auflage, 2012, § 249 Rn. 268; *Monstadt*, S. 183; *Lange* JZ 1985, 90 f.; *Bosch* FamRZ 1984, 980, 980 ohne jede Begründung.

Zukünftig muss eine Anrechnung stattfinden[983]. Es wäre widersprüchlich, wenn faktische Lebensgefährten einerseits von einem neuen § 844 BGB profitierten, andererseits aber ihnen erbrachte tatsächliche Unterstützungsleistungen im Rahmen der Anspruchsbemessung keine Berücksichtigung fänden. Faktische Lebensgefährten stünden dann bezogen auf diese Norm besser als Ehegatten. Neben der dadurch begründeten Widersprüchlichkeit wäre eine solche Handhabung auch mit Art. 6 Abs. 1 GG unvereinbar. Zudem würde vermieden werden, dass Personen nur deshalb nicht heiraten, um ihren Schadensersatzanspruch nicht zu verlieren.

Soweit also ein aus § 844 Abs. 2 BGB berechtigter Ehegatte eine faktische Lebensgemeinschaft eingeht und von seinem Lebensgefährten tatsächlich unterstützt wird, muss sein Anspruch auf Schadensersatz gegen den Schädiger erlöschen bzw. sich zumindest entsprechend verringern. Bleiben die tatsächlichen Unterhaltsleistungen – sei es während des Bestehens oder nach der Beendigung der faktischen Lebensgemeinschaft – aus, lebt der Anspruch aus § 844 Abs. 2 BGB wieder (voll) auf[984].

Eine Gesetzesänderung ist zur Erreichung dieses Ziels nicht erforderlich. Vielmehr kann es über die auch bei Eingehung einer neuen Ehe geltenden Grundsätze verwirklicht werden. Resultat ist ein Gleichlauf zwischen Anspruchsberechtigung und Anspruchsbemessung.

E. Ein Formulierungsvorschlag

I. Die Erweiterung der Ersatzpflicht

Die herausgearbeiteten Vorgaben können auf unterschiedliche Weise in den § 844 BGB eingefügt werden. Zum einen könnte der Wortlaut des Absatzes 2 ergänzt werden und dadurch z.B. folgende Fassung erhalten (Änderungen sind durch Unterstreichungen hervorgehoben):

> „Stand der Getötete zur Zeit der Verletzung zu einem Dritten in einem Verhältnis, vermöge dessen er diesem gegenüber kraft Gesetzes unterhaltspflichtig war oder unterhaltspflichtig werden konnte, <u>oder unterstützte der Getötete den Dritten auf Grund einer faktischen Lebensgemeinschaft auf tatsächlicher Grundlage</u>, und ist dem Dritten infolge der Tötung <u>der Unterhalt entzogen</u>, so hat der Ersatzpflichtige dem Dritten durch Entrichtung einer Geldrente insoweit Schadensersatz zu leisten, als der Getötete während der mutmaßlichen Dauer seines Lebens

983 *Hans-Jürgen Becker* VersR 1985, 201, 205; *Röthel* NZV 2001, 329, 331 m.w.N.; *dies.* in Staudinger, Neubearbeitung 2007, § 844 Rn. 186; kritisch MüKo/*Wagner*, BGB, 5. Auflage, 2009, § 844 Rn. 82, der dieses Ergebnis aber als folgerichtig einstuft.

984 *Röthel* NZV 2001, 329, 331; *Lange* JZ 1985, 90, 90.

> zur Gewährung des Unterhalts verpflichtet gewesen sein würde oder diesen tatsächlich erbracht hätte; die Vorschrift des § 843 Abs. 2 bis 4 findet entsprechende Anwendung. Die Ersatzpflicht tritt auch dann ein, wenn der Dritte zur Zeit der Verletzung gezeugt, aber noch nicht geboren war. Im Fall des Entzugs des tatsächlich geleisteten Unterhalts auf Grund einer faktischen Lebensgemeinschaft, tritt die Ersatzpflicht nur dann ein, wenn die Unterhaltsleistungen regelmäßig erfolgten, auf Dauer angelegt waren und der Dritte zur Zeit der Verletzungshandlung bedürftig ist. Sie ist zudem auf maximal zwölf Monate beschränkt, wenn die tatsächlichen Leistungen nach Beendigung der faktischen Lebensgemeinschaft erfolgten."

Positiv daran wäre, dass zunächst kein neuer Absatz 3 eingefügt werden müsste. Es könnten auch alle nötigen Aspekte eingearbeitet werden. Es müssten jedoch nicht nur Änderungen in Satz 1 vorgenommen, sondern zudem neue Sätze 3 und 4 angefügt werden, die sich nur auf die neueingefügte Anknüpfung bezögen. Der Satz 2 hingegen würde sich lediglich auf den Entzug gesetzlicher Unterhaltspflichten beziehen. Der so gefasste § 844 Abs. 2 BGB n.F. wäre unübersichtlich und dadurch komplizierter in der Anwendung. Ziel sollte jedoch eine klare und leicht verständliche Norm sein.

Vorzugswürdiger ist daher, den Absatz 2 unverändert zu lassen und stattdessen einen neuen Absatz 3 einzufügen. In diesem könnten die erforderlichen Änderungen gebündelt erfasst werden. Dieses Vorgehen wäre insofern unproblematisch als die Norm bisher nur aus zwei Absätzen besteht, so dass sich nichts verschieben würde. Der neu hinzugefügte § 844 Abs. 3 BGB könnte folgendermaßen lauten:

> „Absatz 2 gilt entsprechend, wenn der Getötete zur Zeit der Verletzung mit einem Dritten eine faktische Lebensgemeinschaft führte, auf Grund derer er diesem auf tatsächlicher Grundlage Unterhalt erbrachte oder zukünftig erbracht hätte, und dem Dritten infolge der Tötung der Unterhalt entzogen ist. Die Ersatzpflicht tritt jedoch nur dann ein, wenn die Unterhaltsleistungen regelmäßig erfolgten, auf Dauer angelegt waren und der Dritte zur Zeit der Verletzungshandlung bedürftig ist. Sie ist zudem auf maximal zwölf Monate beschränkt, wenn die tatsächlichen Leistungen nach Beendigung der faktischen Lebensgemeinschaft erfolgten."

Das Resultat wäre eine wesentlich übersichtlichere und dadurch verständlichere Norm. Die Erfassung auch zukünftiger tatsächlicher Leistungen würde stärker zum Ausdruck kommen. Die beiden Anwendungsbereiche würden darüber hinaus klar voneinander abgegrenzt: In § 844 Abs. 2 BGB fände sich weiterhin die Regelung zur Tötung einer gesetzlich zum Unterhalt verpflichteten Person und im neuen Absatz 3 wäre die Regelung für die Tötung des faktischen Lebensgefährten, der seinen Partner zu Lebzeiten tatsächlich unterstützt hat, enthalten. Auf diese Weise kann es zu keinerlei Missverständnissen über die Rechtsstellung der Partner faktischer Lebensgemeinschaften kommen: Sie sind einander weder per Gesetz zum Unterhalt verpflichtet noch sollen sie es zukünftig sein und sie treten auch nicht in Konkurrenz zur Ehe.

II. Der Begriff der faktischen Lebensgemeinschaft

Für beide Lösungsvarianten ist sehr fraglich ist, ob der Gesetzgeber den Begriff der faktischen Lebensgemeinschaft verwenden würde. Er hat dies bisher an keiner Stelle getan[985]. Aufgezeigt wurde jedoch, dass dies der vorzugswürdige Ausdruck ist.

Um ein ausreichendes Niveau an Rechtssicherheit zu gewährleisten, muss unmissverständlich sein, was unter einer faktischen Lebensgemeinschaft zu verstehen ist. Die notwendige Klarheit kann auf zwei verschiedene Arten erreicht werden.

Zum einen könnte eine Legaldefinition in das Gesetz aufgenommen werden[986]. Es bliebe dann noch die Frage nach dem richtigen Standort. Denn möglicherweise wird die Definition auf Grund weiterer Entschließungen des Gesetzgebers nicht nur im Rahmen des neuen § 844 Abs. 3 BGB, sondern auch an anderen Stellen benötig und es wurde herausgearbeitet, dass im gesamten Zivilrecht eine einheitliche Definition der faktischen Lebensgemeinschaft gelten sollte.

Zum anderen könnte es ausreichen, die für den § 844 Abs. 3 BGB n.F. präferierte Definition der faktischen Lebensgemeinschaft in der Gesetzesbegründung zu nennen und zu erläutern. Dies hätte den Vorteil, dass das Gesetz nicht überfrachtet würde und zudem nicht eine Stelle gefunden werden müsste, an der die Definition optimaler Weise eingefügt werden sollte. Dieses Vorgehen brächte jedoch auch Nachteile mit sich. Die Definition wäre nicht gleichermaßen verbindlich und müsste von den Gerichten nicht zwingend verwendet werden. Es könnte sein, dass ein Gericht, das Vorliegen einer faktischen Lebensgemeinschaft und daran anknüpfend auch eine Haftung aus § 844 Abs. 3 BGB n.F. bejaht, ein anderes Gericht in derselben Konstellation aber zum gegenteiligen Ergebnis käme. Dies würde erneut zu Rechtsunsicherheit führen und das Anliegen, ein einheitliches Schutzniveau für die hinterbliebenen Lebensgefährten einer faktischen Lebensgemeinschaft zu schaffen, konterkarieren.

Praktikabilitätserwägungen sprechen daher für die Einführung einer Legaldefinition. Der Einfachheit halber wird vertreten, diese zunächst in einem neuen § 844 Abs. 4 BGB zu verorten. Allerdings kann darüber nachgedacht werden, den Standort zu verändern, wenn weitere Regelungen zur Rechtsstellung faktischer Lebensgefährten in das Gesetz aufgenommen und gegebenenfalls später im Familienrecht gebündelt würden[987].

---

985 Vgl. dazu bereits oben 1. HT, Kap. 1, I, III.

986 Vgl. auch § 1302a des Entwurfs eines Gesetzes zur Regelung der Rechtsverhältnisse nichtehelicher Lebensgemeinschaften von Bundestagsfraktion Bündnis 90/Die Grünen, Bt.-Drucks. 13/7228 S. 2, 6 f.; für eine Legaldefinition auch Scherpe/Yassari/*Martiny*, S. 79, 98; *Schumacher* FamRZ 1994, 857, 864; *Trimbach/El Alami* NJ 1996, 57, 62.

987 Zur Regelungsaufgabe in Bezug auf die Rechtsstellung faktischer Lebensgefährten bereits oben 2. HT, Kap. 2, B, I, 8, b).

III. Der neue § 844 BGB

Der § 844 BGB sollte im Wege einer Reform folgende Fassung erhalten:

„§ 844 Ersatzansprüche Dritter bei Tötung

(1) Im Falle der Tötung hat der Ersatzpflichtige die Kosten der Beerdigung demjenigen zu ersetzen, welchem die Verpflichtung obliegt, diese Kosten zu tragen.

(2) Stand der Getötete zur Zeit der Verletzung zu einem Dritten in einem Verhältnis, vermöge dessen er diesem gegenüber kraft Gesetzes unterhaltspflichtig war oder unterhaltspflichtig werden konnte, und ist dem Dritten infolge der Tötung das Recht auf den Unterhalt entzogen, so hat der Ersatzpflichtige dem Dritten durch Entrichtung einer Geldrente insoweit Schadensersatz zu leisten, als der Getötete während der mutmaßlichen Dauer seines Lebens zur Gewährung des Unterhalts verpflichtet gewesen sein würde; die Vorschrift des § 843 Abs. 2 bis 4 findet entsprechende Anwendung. Die Ersatzpflicht tritt auch dann ein, wenn der Dritte zur Zeit der Verletzung gezeugt, aber noch nicht geboren war.

(3) Absatz 2 gilt entsprechend, wenn der Getötete zur Zeit der Verletzung mit einem Dritten eine faktische Lebensgemeinschaft führte, auf Grund derer er diesem auf tatsächlicher Grundlage Unterhalt erbrachte oder zukünftig erbracht hätte, und dem Dritten infolge der Tötung der Unterhalt entzogen ist. Die Ersatzpflicht tritt jedoch nur dann ein, wenn die Unterhaltsleistungen regelmäßig erfolgten, auf Dauer angelegt waren und der Dritte zur Zeit der Verletzungshandlung bedürftig ist. Sie ist zudem auf maximal zwölf Monate beschränkt, wenn die tatsächlichen Leistungen nach Beendigung der faktischen Lebensgemeinschaft erfolgten.

(4) Unter einer faktischen Lebensgemeinschaft versteht man eine Lebensgemeinschaft zwischen zwei Personen, die auf Dauer angelegt und von einer engen persönlichen Bindung geprägt ist und daneben keine weitere Lebensgemeinschaft gleicher Art zulässt. Ist einer der Lebensgefährten noch verheiratet, ist ergänzend erforderlich, dass die Ehegatten seit mindestens einem Jahr getrennt leben."

Die Ergebnisse der Arbeit

Erster Hauptteil: Die faktische Lebensgemeinschaft

1. Derzeit existiert keine allgemeingültige Definition der faktischen Lebensgemeinschaft.

2. Der Gesetzgeber hat bei der Bestimmung dieser Lebensform je nach Regelungsmaterie unterschiedliche Schwerpunkte gesetzt[988]. Die konkrete Ausgestaltung überließ er jedoch den Gerichten und der Wissenschaft. Auch die Bezeichnungen variieren, was unter anderem daran liegt, dass mancherorts gleichgeschlechtliche Beziehungen erfasst werden sollen, andernorts jedoch nicht.

3. Die Auswertung der bundesgerichtlichen Rechtsprechung zur faktischen Lebensgemeinschaft hat gezeigt, dass dort ebenfalls differenziert werden muss. Je nach Entscheidungsgegenstand und Gericht werden unterschiedliche Merkmale hervorgehoben.
   Im öffentlichen Recht herrscht Konsistenz, da BVerfG, BVerwG[989] und BSG[990] eine einheitliche, vom BVerfG entwickelte Definition verwenden[991]. Auch die Terminologie ist mit der Verwendung des Terminus eheähnliche Gemeinschaft einheitlich.
   Anders sieht es im Zivilrecht aus. Je nach urteilendem BGH-Senat und zugrunde liegendem Sachverhalt werden bei der Definition der faktischen Lebensgemeinschaft unterschiedliche Aspekte betont. Einzig dem grundlegenden BVerfG-Urteil kommt vereinende Wirkung zu. Trotz der Heterogenität konnten drei gemeinsame Merkmal herausgefiltert werden: Die Auslegung auf Dauer, die enge emotionale Verbundenheit und die Verschiedengeschlechtlichkeit[992]. Gebraucht werden dabei die Begriffe eheähnliche Gemeinschaft und nichteheliche Lebensgemeinschaft[993].

988 Siehe 1. HT, Kap. 1.
989 Siehe 1. HT, Kap. 2, B.
990 Siehe 1. HT, Kap. 2, C.
991 Zur grundlegenden Definition des BVerfG siehe 1. HT, Kap. 2, A, II.
992 Siehe 1. HT, Kap. 2, D, V, 1.
993 Siehe 1. HT, Kap. 2, D, V, 2.

4. In der Literatur hingegen bemüht man sich überwiegend um eine verallgemeinernde Definition mit einem weiteren Anwendungsbereich. Aber auch hier besteht weder hinsichtlich aller Einzelheiten noch hinsichtlich der Terminologie Einigkeit[994]. Vorherrschend ist hier (bisher) der Ausdruck nichteheliche Lebensgemeinschaft. Da die herrschende Ansicht sich allerdings für die Erfassung gleichgeschlechtlicher Beziehungen ausspricht, wird nach Bezeichnungen gesucht, die dem gerecht werden. Vorgeschlagen wird zum einen der ergänzende Term lebenspartnerschaftsähnlich, zum anderen wird der Begriff faktische Lebensgemeinschaft ins Spiel gebracht, der verschieden- und gleichgeschlechtliche Verbindungen erfassen soll.

5. Obwohl die Ausprägungen nichtformalisierter Paarbeziehungen sehr vielschichtig sind, ist es mit Hilfe der modernen Definitionslehre möglich, eine Definition der faktischen Lebensgemeinschaft aufzustellen[995]. Eine Typenbildung ist nicht erforderlich. Über den Weg der Abstraktion kann die aufgestellte Definition Geltung für das gesamte Zivilrecht beanspruchen[996]. Dieses Vorgehen verspricht ein möglichst hohes Maß an Rechtsanwendungssicherheit und Effektivität, was die Handhabung dieser Lebensform durch Rechtsprechung und Gesetzgeber erleichtert.

6. Es wird folgende Definition der faktischen Lebensgemeinschaft vorgeschlagen[997]:

   > „Unter einer faktischen Lebensgemeinschaft versteht man eine Lebensgemeinschaft zwischen zwei Personen, die auf Dauer angelegt von einer engen persönlichen Bindung geprägt ist und daneben keine weitere Lebensgemeinschaft gleicher Art zulässt. Ist einer der Lebensgefährten noch verheiratet, müssen die Ehegatten seit mindestens einem Jahr getrennt leben."

7. Der Terminus faktische Lebensgemeinschaft wird dieser Art der Paarbeziehung am besten gerecht[998]. Anders als die Begriffe nichteheliche Lebensgemeinschaft und eheähnliche Gemeinschaft erweckt er nicht den Eindruck, es bestünde eine besondere Nichtnähe bzw. Nähe zur Ehe. Stattdessen erfolgt eine von der Ehe losgelöste Bezeichnung, die die Eigenständigkeit dieser Lebensform zum Ausdruck bringt. Die Personen selbst sollten je nach Zusammenhang als faktische Lebensgefährten, Lebensgefährten oder einfach als Partner bezeichnet werden.

---

994 Siehe 1. HT, Kap. 3, B und C.
995 Siehe 1. HT, Kap. 4, A, I, 2.
996 Siehe 1. HT, Kap. 4, A, III.
997 Siehe 1. HT, Kap. 4, A, IV.
998 Zu der zu verwendenden Terminologie 1. HT, Kap. 4, B.

Zweiter Hauptteil: Unterhaltsleistungen faktischer Lebensgefährten im Todesfall

1. Faktische Lebensgefährten sind einander nicht per Gesetz zur Leistung von Unterhalt verpflichtet. Ihnen steht im Fall der deliktischen Tötung eines Partners daher trotz zu Lebzeiten erbrachter Unterstützungsleistungen kein Anspruch aus § 844 Abs. 2 BGB zu[999]. Die Nichtberücksichtigung faktischer Lebensgefährten war dabei intendiert, so dass mangels planwidriger Regelungslücke auch kein Raum für eine analoge Anwendung ist[1000]. Eine Erfassung von Unterhaltsleistungen faktischer Lebensgefährten kann man daher nur über ein gesetzgeberisches Tätigwerden erreichen.

2. Eine Novellierung des § 844 Abs. 2 BGB würde Rechtssicherheit[1001] und Einzelfallgerechtigkeit[1002] in einen gerechteren Ausgleich bringen und den gesellschaftlichen Verhältnissen in einem weitaus größeren Maß entsprechen als die bisherige Rechtslage[1003]. Dem steht auch der Eheschutz aus Art. 6 Abs. 1 GG nicht entgegen[1004].

   Zudem lassen sich weitere überzeugende Gesichtspunkte für eine Erweiterung des Schutzes auf faktische Lebensgefährten anführen: Die durch die Unterstützungsleistung zum Ausdruck kommende Verantwortungsübernahme würde vom Gesetzgeber honoriert und gefördert[1005]. Wertungswidersprüche zwischen der rechtlichen Behandlung der Tötung eines faktischen Lebensgefährten und dem Umgang mit seiner Verletzung[1006] sowie dem Umgang mit der Tötung eines Ehegatten[1007] würden vermieden. Zudem sprechen auch die Behandlung tatsächlicher Unterhaltsleistungen an anderer Stelle[1008] und der europäische Rechtsvergleich[1009] für eine Ausweitung des bisherigen § 844 Abs. 2 BGB auf zu Lebzeiten erbrachte tatsächliche Unterhaltsleistungen faktischer Lebensgefährten.

---

999 Siehe 2. HT, Kap. 1, A.
1000 Siehe 2. HT, Kap. 1, B.
1001 Siehe 2. HT, Kap. 2, B, I, 1 und 2.
1002 Siehe 2. HT, Kap. 2, B, II, 1.
1003 Siehe 2. HT, Kap. 2, B, II, 2.
1004 Siehe 2. HT, Kap. 2, B, I, 3.
1005 Siehe 2. HT, Kap. 2, B, II, 3.
1006 Siehe 2. HT, Kap. 2, B, II, 4.
1007 Siehe 2. HT, Kap. 2, B, II, 5.
1008 Siehe 2. HT, Kap. 2, B, II, 6.
1009 Siehe 2. HT, Kap. 2, B, II, 7.

3. Schlussendlich handelt es sich um eine zukunftsweisende, rechtspolitische Grundsatzentscheidung[1010]. Der Gesetzgeber muss festlegen, welche Rechtsstellung er faktischen Lebensgemeinschaften zukünftig einräumen möchte.

4. Es sollte kein umfassendes familienrechtliches Rechtsinstitut der faktischen Lebensgemeinschaft eingeführt werden[1011]. Ein solches Vorgehen würde den Interessen faktischer Lebensgefährten nicht gerecht. Die faktische Lebensgemeinschaft ist gerade keine der Ehe vergleichbare, umfassend verrechtlichte Beziehungsform und soll dies auch zukünftig nicht sein. Vielmehr sollte eine Statuierung von Rechten und Pflichten nur vereinzelt dort erfolgen, wo es notwendig ist, um drängende Problemstellungen aufzulösen. Dazu gehört die Erweiterung des § 844 Abs. 2 BGB.

5. Für die Erweiterung des von § 844 Abs. 2 BGB gewährten Schutzes auf faktische Lebensgemeinschaften bestehen verschiedene Möglichkeiten[1012]. Zusammengefasst lässt sich vom familienrechtlichen Ansatz, den deliktsrechtlichen sowie den kombinierten Ansätzen sprechen. Gewählt werden sollte ein kombinierter Lösungsweg, der familienrechtliche und deliktsrechtliche Aspekte verbindet[1013]. Das bedeutet, dass die Problemstellung im Deliktsrecht aufgelöst wird, dabei aber familienrechtliche Aspekte berücksichtigt werden. Neuer Anknüpfungspunkt sollten tatsächliche Leistungen faktischer Lebensgefährten sein.

6. Die neue Tatbestandsalternative sollte den bisherigen Wortlaut des § 844 Abs. 2 BGB lediglich ergänzen[1014]. Dadurch kann der Ausnahmecharakter der Norm aufrechterhalten und klargestellt werden, dass zwischen faktischen Lebensgefährten – anders als bei der Ehe – gerade keine gesetzlichen Unterhaltspflichten bestehen.

7. Der von § 844 BGB n.F. geschützte Personenkreis sollte auf faktische Lebensgefährten beschränkt werden[1015]. Nicht berücksichtigt werden sollten zu Lebzeiten erbrachte tatsächliche Unterhaltsleistungen in Stiefverwandtschaftskonstellation sowie zwischen Geschwistern oder einfachen Freunden. Diese Handhabung ist erforderlich, um die Grundrechte des Schädigers nicht über Gebühr zu belasten und eine übermäßige Aufweichung des Ausnahmecharakters des § 844 Abs. 2 BGB zu verhindern. Die dem Deliktsrecht zugrunde

1010 Siehe 2. HT, Kap. 2, C.
1011 Siehe 2. HT, Kap. 3, A, I, 1.
1012 Siehe 2. HT, Kap. 2, A.
1013 Siehe 2. HT, Kap. 3, A, I.
1014 Siehe 2. HT, Kap. 3, A, II.
1015 Siehe 2. HT, Kap. 3, B.

liegende Systematik würde gewahrt. Die Nichtberücksichtigung anderer (familiärer) Nähebeziehungen wäre auch mit Art. 3 Abs. 1 GG vereinbar.

8. Die Ersatzfähigkeit tatsächlicher Unterhaltsleistungen faktischer Lebensgefährten sollte von bestimmten, eng gefassten Voraussetzungen abhängig gemacht werden[1016]. Die zu Lebzeiten erbrachten Unterstützungsbeiträge sollten regelmäßig erfolgt und auf Dauer angelegt gewesen sein. Der hinterbliebene Lebensgefährte sollte im Zeitpunkt der Verletzungshandlung zudem bedürftig gewesen sein. Die Art der Unterstützungsleistung ist hingegen nicht maßgeblich, entscheidend ist vielmehr, dass sie wirtschaftlich beim Unterstützten ankam. Auch zukünftige tatsächliche Unterhaltsleistungen sollten über den neugefassten § 844 BGB ersatzfähig sein, Leistungen die erst nach der Trennung erfolgten jedoch maximal während einer 12-monatigen Übergangszeit.

9. Auch nach einer entsprechenden Reform sollten über die gesetzliche Unterhaltspflicht von Ehegatten hinausgehende Leistungen nicht ersatzfähig sein[1017]. Weil die Ersatzfähigkeit tatsächlicher Unterhaltsleistungen durch die Bedürftigkeit des Unterhaltenen begrenzt ist, führt diese Handhabung nicht zu einer Besserstellung von faktischen Lebensgefährten gegenüber Ehegatten.

10. Ob tatsächliche Leistungen, die ein faktischer Lebensgefährte zu Lebzeiten über eine vertragliche Unterhaltsverpflichtung hinaus erbracht hat, über den neuen § 844 BGB ersatzfähig sind, sollte sich, wie bei anderen tatsächlichen Leistungen auch, allein danach richten, ob die Anspruchsvoraussetzungen vorliegen[1018]. Auch hier spielt die Prüfung der Bedürftigkeit eine entscheidende Rolle.

11. Geht ein aus § 844 Abs. 2 BGB berechtigter Ehegatte eine faktische Lebensgemeinschaft ein, in deren Rahmen er von seinem Lebensgefährten tatsächlich unterstützt wird, sollte er sich diese Leistungen in Zukunft auf seinen Schadensersatzanspruch anrechnen lassen müssen[1019]. Fallen die tatsächlichen Leistungen, sei es wegen einer Trennung oder aus einem anderen Grund weg, würde der Schadensersatzanspruch in voller Höhe wieder aufleben. Resultat wäre ein Gleichlauf zwischen Anspruchsberechtigung und Anspruchsbemessung.

12. Der erarbeitete Reformvorschlag kann dem Gesetzgeber als Anhaltspunkt dafür dienen, wie er auf die Empfehlung des 50. VGT und die in der Litera-

---

1016 Siehe 2. HT, Kap. 3, C.

1017 Siehe 2. HT, Kap. 3, D, I.

1018 Siehe 2. HT, Kap. 3, D, II.

1019 Siehe 2. HT, Kap. 3, D, III.

tur erhobenen Forderungen nach einer Ausweitung des § 844 Abs. 2 BGB reagieren könnte.

13. Der § 844 BGB sollte zukünftig folgende Fassung erhalten[1020]:

„§ 844 Ersatzansprüche Dritter bei Tötung

(1) Im Falle der Tötung hat der Ersatzpflichtige die Kosten der Beerdigung demjenigen zu ersetzen, welchem die Verpflichtung obliegt, diese Kosten zu tragen.

(2) Stand der Getötete zur Zeit der Verletzung zu einem Dritten in einem Verhältnis, vermöge dessen er diesem gegenüber kraft Gesetzes unterhaltspflichtig war oder unterhaltspflichtig werden konnte, und ist dem Dritten infolge der Tötung das Recht auf den Unterhalt entzogen, so hat der Ersatzpflichtige dem Dritten durch Entrichtung einer Geldrente insoweit Schadensersatz zu leisten, als der Getötete während der mutmaßlichen Dauer seines Lebens zur Gewährung des Unterhalts verpflichtet gewesen sein würde; die Vorschrift des § 843 Abs. 2 bis 4 findet entsprechende Anwendung. Die Ersatzpflicht tritt auch dann ein, wenn der Dritte zur Zeit der Verletzung gezeugt, aber noch nicht geboren war.

(3) Absatz 2 gilt entsprechend, wenn der Getötete zur Zeit der Verletzung mit einem Dritten eine faktische Lebensgemeinschaft führte, auf Grund derer er diesem auf tatsächlicher Grundlage Unterhalt erbrachte oder zukünftig erbracht hätte, und dem Dritten infolge der Tötung der Unterhalt entzogen ist. Die Ersatzpflicht tritt jedoch nur dann ein, wenn die Unterhaltsleistungen regelmäßig erfolgten, auf Dauer angelegt waren und der Dritte zur Zeit der Verletzungshandlung bedürftig ist. Sie ist zudem auf maximal zwölf Monate beschränkt, wenn die tatsächlichen Leistungen nach Beendigung der faktischen Lebensgemeinschaft erfolgten.

(4) Unter einer faktischen Lebensgemeinschaft versteht man eine Lebensgemeinschaft zwischen zwei Personen, die auf Dauer angelegt und von einer engen persönlichen Bindung geprägt ist und daneben keine weitere Lebensgemeinschaft gleicher Art zulässt. Ist einer der Lebensgefährten noch verheiratet, ist ergänzend erforderlich, dass die Ehegatten seit mindestens einem Jahr getrennt leben."

1020 Siehe 2. HT, Kap. 3, E, III.

Literaturverzeichnis

Agell, Anders, Cohabitation without Marriage in Swedish Law, in: *Eekelaar, John/Katz, Sanford N.* (Hrsg.), Marriage and cohabitation in contemporary societies, Areas of legal, social, and ethical change : an international and interdisciplinary study, Toronto 1980 (Zitiert: *Agell* in Eekelaar/Katz)

Alexy, Robert, Theorie der Grundrechte, 5. Auflage, Frankfurt am Main 2006

Amstutz, Marc/Breitschmid, Peter/Furrer, Andreas/Girsberger, Daniel/Huguenin, Claire/Müller-Chen, Markus/Roberto, Vito/Rumu-Jungo, Alexandra/Schneyder/Anton K. (Hrsg.), Handkommentar zum Schweizer Privatrecht, Zürich 2007 (Zitiert: Handkommentar zum Schweizer Privatrecht/*Bearbeiter*)

Asendorpf, Jens B., Living Apart Together: Alters- und Kohortenabhängigkeit einer heterogenen Lebensform, KZfSS Kölner Zeitschrift für Soziologie und Sozialpsychologie 2008, 749

Bamberger, Heinz Georg/Roth, Herbert (Hrsg.), Beck'scher Online-Kommentar, Bürgerliches Gesetzbuch, Edition 27, München 2013 (Zitiert: BeckOK/*Bearbeiter*, BGB)

Bar, Christian v., Gemeineuropäisches Deliktsrecht, Band 1, München 1996 (Zitiert: *v. Bar*, Gemeineuropäisches Deliktsrecht I)

Bar, Christian v., Gutachten Deliktsrecht, S. 1681ff., in: Gutachten und Vorschläge zur Überarbeitung des Schuldrechts, Köln 1981 (Zitiert: *v. Bar*, Gutachten Deliktsrecht)

Bar, Christian v./Clive, Eric/Schulte-Nölke, Hans, Principles, definitions and model rules of European private law : Draft Common Frame of Reference (DCFR), Outline edition, München 2009

Basler Kommentar, Honsell, Heinrich (Hrsg.), Obligationenrecht I, Art. 1-529 OR, 4. Auflage, Basel 2007 (Zitiert: Basler Kommentar/*Bearbeiter*)

Battes, Robert, Unterhaltsansprüche aufgrund nichtehelichen Zusammenlebens? – Eine rechtsvergleichende Skizze –, in: *Hofmann, Paul/Meyer-Cording, Ulrich/Wiedemann, Herbert* (Hrsg.), Festschrift für Klemens Pleyer zum 65. Geburtstag, S. 467, Köln 1986

Battis, Ullrich, Bundesbeamtengesetz, 4. Auflage, München 2009

Becker, Claus, Schadensersatz wegen verletzungsbedingter Beeinträchtigung in der Haushaltsführung auch für Unverheiratete, MDR 1977, 705

Becker, Hans-Jürgen, Die nichteheliche Lebensgemeinschaft (Konkubinat) in der Rechtsgeschichte, in: *Landwehr, Götz* (Hrsg.), Die nichteheliche Lebensgemeinschaft, S. 13, Göttingen 1978 (Zitiert: Landwehr/*Hans Jürgen Becker*)

Becker, Hans-Jürgen, Die nichteheliche Lebensgemeinschaft im Schadensrecht, Geringfügig erweiterte und ergänzte Fassung des am 24.1.1985 im Rahmen des 23. VGT gehaltenen Vortrags, VersR 1985, 201

Benda, Ernst/Maihofer, Werner/Vogel, Hans-Jochen (Hrsg.), Handbuch des Verfassungsrechts der Bundesrepublik Deutschland, Berlin
- 2. Auflage, 1994
- 1. Auflage, 1983

(Zitiert: Benda/Maihofer/Vogel/*Bearbeiter*)

Berg, Wilfried, Entwicklung und Grundstrukturen der Eigentumsgarantie, JuS 2005, 961

Berner Kommentar, *Hausherr, Heinz* (Hrsg.), Kommentar zum Schweizerischen Privatrecht, Band 6, Teilband 3, Unterteilband, Art. 41-46 OR, 2. Auflage, Bern 1998 (Zitiert: Berner Kommentar/*Bearbeiter*)

Bleibtreu, Bruno/Hofmann, Hans/Hopfauf, Axel (Hrsg.), Kommentar zum Grundgesetz, 12. Auflage, Köln 2011 (Zitiert: Schmidt-Bleibtreu/Hofmann/Hopfauf/*Bearbeiter*)

Böckenförde, Ernst-Wolfgang, Abweichende Meinung zu BVerfG NJW 1995, 2615 (= BVerfGE 93, 121), NJW 1995, 2260

Boele-Woelki, Katharina/Schrama, Wendy, Länderbericht Niederlande, in: *Scherpe, Jens M./Yassari, Nadjma* (Hrsg.), Die Rechtsstellung nichtehelicher Lebensgemeinschaften, S. 307, Tübingen 2005 (Zitiert: Scherpe/Yassari/*Boele-Woelki/ Schrama*)

Bosch, Friedrich Wilhelm, Anmerkung zu KG, Beschluss vom 06.02.1967, 12 W 174/67, FamRZ 1967, 219

Bosch, Friedrich Wilhelm, Anmerkung zu BGH, Urteil vom 19.06.1984, VI ZR 301/82, FamRZ 1984, 980

Brühl, Günter, Unterhaltspflichten analog §§ 1569 ff. BGB nach wilder Ehe?, FamRZ 1978, 859

Bull, Hans Peter, Vom Eigentums- zum Vermögensschutz – ein Irrweg – Zur Bewertung der Einheitswert-Beschlüsse des Bundesverfassungsgerichts, NJW 1996, 281

Bücherl, Alexandra, Die vermögensrechtliche Rückabwicklung nach Beendigung nichtehelicher Lebensgemeinschaften, Das „Gesellschaftsrechtliche daran" und die Bedeutung eines konkludenten Vertragsschlusses, Hamburg 2008

Bundesgerichtshof (Hrsg.), Das Bürgerliche Gesetzbuch mit besonderer Berücksichtigung der Rechtsprechung des Reichsgerichts und des Bundesgerichts-

hofs, Band 2, Teil 6, §§ 832-853 BGB, 12. Auflage, Berlin 1989 (Zitiert: RGRKBGB/*Bearbeiter*)
Burgi, Martin, Schützt das Grundgesetz die Ehe vor der Konkurrenz anderer Lebensgemeinschaften?, Der Staat 39 (2000), 487
Burmann, Michael/Heß, Rainer/Jahnke, Jürgen/Janker, Helmut, Straßenverkehrsrecht, 22. Auflage, München 2012
Burmann, Michael/Jahnke, Jürgen, (Kein) Ersatz von mittelbaren Schäden im Haftpflichtfall, NZV 2012, 11
Busche, Jan, Unterhaltsansprüche nach Beendigung nichtehelicher Gemeinschaften, Eine kritische Bestandsaufnahme, JZ 1998, 387
Bydlinski, Franz., Juristische Methodenlehre und Rechtsbegriff, 2. Auflage, Wien 1991
Campenhausen, Axel Freiherr v., Verfassungsgarantie und sozialer Wandel, VVDStRL 45 (1987), 7
Canaris, Claus-Wilhelm, Die Feststellung von Lücken im Gesetz, Eine methodologische Studie über Voraussetzungen und Grenzen der richterlichen Rechtsfortbildung praeter legem, 2. Auflage, Berlin 1983
Cassardt, Gunnar/Creifelds, Carl, Rechtswörterbuch, 20. Auflage, München 2011 (Zitiert: *Creifelds*)
Coester-Waltjen, Dagmar, Die Lebensgemeinschaft – Strapazierung des Parteiwillens oder staatliche Bevormundung?, NJW 1988, 2085
Delank, Martin, Sind nichteheliche Partner im Verkehrs- und Versicherungsrecht den ehelichen Partnern gleich zu stellen?, Referat gehalten auf dem 45.VGT am 25.1.2007, ZfS 2007, 183
Denck, Johannes, Schadensersatzansprüche Dritter bei Tötung ihnen nahestehender Personen im französischen und deutschen Recht, Freiburg 1975
Denck, Johannes, Anmerkung zu BGH, Urteil vom 07.05.1974, VI ZR 10/73, NJW 1974, 2280
Derleder, Peter, Vermögenskonflikte zwischen Lebensgefährten bei Auflösung ihrer Gemeinschaft, NJW 1980, 545
Dethloff, Nina, Familienrecht, 30. Auflage, München 2012 (Zitiert: *Dethloff*)
Dethloff, Nina, Nichteheliche Lebensgemeinschaft und Kinder, in: *Scherpe, Jens M./Yassari, Nadjma* (Hrsg.), Die Rechtsstellung nichtehelicher Lebensgemeinschaften, S. 137, Tübingen 2005 (Zitiert: Scherpe/Yassari/*Dethloff*)
Dethloff, Nina, Nichteheliche Lebensgemeinschaften: Reformbedarf und Reformüberlegungen, in: *Bündnis 90/Die Grünen Bundestagsfraktion* (Hrsg.), Nichteheliche Lebensgemeinschaften, Reformbedarf und Reformüberlegungen, Dokumentation der Anhörung vom 24.3.2003 in Berlin, S. 21-25 (Zitiert: *Dethloff* in Bundestagsfraktion Bündnis 90/Die Grünen, Nichteheliche Lebensgemeinschaft – Reformbedarf und Reformüberlegungen)

Deutsch, Erwin, Die Fahrlässigkeit im neuen Schuldrecht, AcP 202 (2002), 889
Deutsch, Erwin/Ahrens, Hans-Jürgen, Deliktsrecht, Unerlaubte Handlungen, Schadensersatz, Schmerzensgeld, 5. Auflage, Köln 2009
Diederichsen, Angela, Ansprüche naher Angehöriger von Unfallopfern, NJW 2013, 641
Diederichsen, Uwe, Die nichteheliche Lebensgemeinschaft im Zivilrecht, NJW 1983, 1017
Diederichsen, Uwe, Rechtsprobleme der nichtehelichen Lebensgemeinschaft, FamRZ 1988, 889
Dreier, Horst (Hrsg.), Grundgesetz, Band 1, Präambel, Art. 1-19 GG, 3. Auflage, Tübingen 2013 (Zitiert: Dreier/*Bearbeiter*)
Eidenmüller, Horst/Faust, Florian/Grigoleit, Hans Christoph/Jansen, Nils/Wagner, Gerhard/Zimmermann, Reinhard, Der Gemeinsame Referenzrahmen für das Europäische Privatrecht, JZ 2008, 529
Elze, Hans, Lücken im Gesetz, München 1916
Engisch, Karl, Die Idee der Konkretisierung in Recht und Rechtswissenschaft unserer Zeit, 2. Auflage, Heidelberg 1968
Engisch, Karl/Würtenberger, Thomas, Einführung in das juristische Denken, 11. Auflage, Stuttgart 2010
Epping, Volker/Hillgruber, Christian (Hrsg.), Beck'scher Online-Kommentar, Grundgesetz, Edition 18, München 2013 (Zitiert: BeckOK/*Bearbeiter*, GG)
Erdmann, Joachim, Art. 14 GG und die Auferlegung von Geldleistungspflichten, DVBl 1986, 659
Erler, Michael, Nicht-eheliche Lebensgemeinschaft zwischen Alternative und „Normalität", FuR 1996, 10
European Group on Tort Law (Hrsg.), Principles of European Tort Law, Text and Commentary, Wien 2005 (Zitiert: *Bearbeiter* in European Group on Tort Law, PETL, Text and Commentary)
Eyrich, Heinz, Nichteheliche Lebensgemeinschaft – eine Aufgabe für den Gesetzgeber?, ZRP 1990, 139
Fehling, Michael/Faust, Florian/Rönnau, Thomas, Durchblick: Grund und Grenzen des Eigentums- und Vermögensschutzes, JuS 2006, 18
Fenn, Herbert, Die Mitarbeit in den Diensten Familienangehöriger, Grenzbereiche des Familien-, Arbeits-, Steuer- und Sozialversicherungsrechts, Bad Homburg 1970
Ferrari, Franco, Wer ist deliktischer Gläubiger – Der Schutz des Lebensgefährten und die Systematik des Deliktsrechts, Entscheidung der Corte di Cassazione vom 28.März 1994 und des Tribunal de Grande Instance de Belfort vom 25. Juli 1995, Anmerkung, ZEuP 1997, 1122

Finger, Peter, Wohngemeinschaft, Partnerschaft, Lebensgemeinschaft, JZ 1981, 497

Frank, Rainer, Grenzen der Adoption, Eine rechtsvergleichende Untersuchung zur Schutzbedürftigkeit faktischer Eltern-Kind-Verhältnisse, Frankfurt am Main 1978 (Zitiert: *Frank*)

Frank, Rainer, Schadensersatzansprüche bei Tötung des Versorgers (§ 844 Abs. 2 BGB), in: *Hohloch, Gerhard/Stoll, Hans* (Hrsg.), Festschrift für Hans Stoll zum 75. Geburtstag, Tübingen 2001 (Zitiert: *Frank*, FS Stoll)

Freytag, Christiane, Lebenspartnerschaftsgesetz, Eheschutzgesetz und Differenzierungsverbot, – Eine verfassungsrechtliche Untersuchung unter Berücksichtigung der neuesten Entscheidungen des Bundesverfassungsgerichts in dieser Sache –, DÖV 2002, 445

Fuchs, Maximilian/Pauker, Werner, Delikts- und Schadensersatzrecht, 8. Auflage, Berlin/Heidelberg 2012

Gauch, Peter/Schmid, Jörg (Hrsg.), Kommentar zum Schweizerischen Zivilgesetzbuch, Band V 1c, Art. 45-49 OR, 3. Auflage, Zürich 2007 (Zitiert: Gauch/Schmid/*Bearbeiter*)

Geigel, Reinhart/Geigel, Robert/Abele, Erwin (Hrsg.), Der Haftpflichtprozess, Mit Einschluss des materiellen Haftpflichtrechts, 26. Auflage, München 2011 (Zitiert: Geigel/*Bearbeiter*)

Gernhuber, Joachim, Ehe und Familie als Begriffe des Rechts, FamRZ 1981, 721

Gernhuber, Joachim/Coester-Waltjen, Dagmar, Familienrecht, 6. Auflage, München 2010

Glatzer, Wolfgang, Nichteheliche Lebensgemeinschaften, Eheähnlich oder eher alternativ?, Wiesbaden 1997

González Beilfuss, Cristina, Länderbericht Spanien und Portugal, in: *Scherpe, Jens M./Yassari, Nadjma* (Hrsg.), Die Rechtsstellung nichtehelicher Lebensgemeinschaften, S. 249, Tübingen 2005 (Zitiert: Scherpe/Yassari/*González Beilfuss*)

Gotthardt, Peter, „Lebensgefährten" mit beschränkter Haftung?, – Einige Bemerkungen zum Urteil des OLG Schleswig vom 11.4.1978-9 U 113/77 –, FamRZ 1980, 17

Göppinger, Horst/Wax, Peter (Hrsg.), Unterhaltsrecht, 9. Auflage, Bielefeld 2008 (Zitiert: Göppinger/Wax/*Bearbeiter*)

Grziwotz, Herbert, Rechtsprechung zur nichtehelichen Lebensgemeinschaft, FamRZ 2003, 1417

Grziwotz, Herbert, Nichteheliche Lebensgemeinschaft, 4. Auflage, München 2006

Haas, Evelyn, Abweichende Meinung zu BVerfG FamRZ 2002, 1169, FamRZ 2002, 1176

Hausmann, Rainer, Einführung, in: *Hausmann, Rainer/Hohloch, Gerhard* (Hrsg.), Das Recht der nichtehelichen Lebensgemeinschaft, 2. Auflage, Berlin 2004 (Zitiert: Hausmann/Hohloch/*Hausmann*)

Hering, Manfred, Der Verkehrsunfall in Schweden, SVR 2007, 257

Hohnerlein, Eva Maria, Sozialversicherungsrechtliche und versicherungsrechtliche Probleme der nichtehelichen Lebensgemeinschaft, FPR 2001, 49

Holzhauer, Heinz, Familienrecht, in: *Hausmann, Rainer/Hohloch, Gerhard* (Hrsg.), Das Recht der nichtehelichen Lebensgemeinschaft, 2. Auflage, Berlin 2004 (Zitiert: Hausmann/Hohloch/*Holzhauer*)

Huber, Christian, Nichteheliche Lebensgemeinschaft – Ersatz nur bei Erfüllung einer gesetzlichen Unterhaltspflicht?, NZV 2007, 1

Hufen, Friedhelm, Staatsrecht II, Grundrechte, 3. Auflage, München 2011

Huffmann, Johann-Friedrich, Die nichteheliche Lebensgemeinschaft im Schadensrecht, Schadensersatz für entgangenen Unterhalt?, Arbeitskreis II: Die nichteheliche Lebensgemeinschaft im Schadensrecht, 23. VGT 1985, 90

Huster, Stefan, Rechte und Ziele, Zur Dogmatik des allgemeinen Gleichheitssatzes, Berlin 1993

Ipsen, Jörn, Staatsrecht II, Grundrechte, 15. Auflage, München 2012

Jahnke, Jürgen, Versorgerschaden in der nicht-ehelichen Lebensgemeinschaft nach einem Unfall, Überarbeitete Version des auf dem 45. VGT 2007 gehaltenen Vortrags, NZV 2007, 329

Jakubezky, Karl, Bemerkungen zu dem Entwurfe eines Bürgerlichen Gesetzbuches für das Deutsche Reich, München 1892

Jansen, Nils/Zimmermann, Reinhard, Was ist und wozu der DCFR?, NJW 2009, 3401

Jarass, Hans D./Pieroth, Bodo (Hrsg.), Grundgesetz für die Bundesrepublik Deutschland, Kommentar, 12. Auflage, München 2012 (Zitiert: Jarass/Pieroth/*Bearbeiter*)

Jauernig, Othmar/Berger, Christian (Hrsg.), Bürgerliches Gesetzbuch, 14. Auflage, München 2011 (Zitiert: Jauernig/Berger/*Bearbeiter*)

Johannsen, Kurt H./ Henrich, Dieter (Hrsg.), Familienrecht, 5. Auflage, München 2010 (Zitiert: Johannsen/Henrich/*Bearbeiter*)

Kasseler Kommentar zum Sozialversicherungsrecht, *Leitherer, Stephan* (Hrsg.), München

- 6. Sozialgesetzbuch (SGB) – Gesetzliche Rentenversicherung, 73. Ergänzungslieferung, 2012
- 10. Sozialgesetzbuch (SGB) – X. Buch Sozialverwaltungsverfahren und Sozialdatenschutz, 73. Ergänzungslieferung, 2012

(Zitiert: Kasseler Kommentar/ *Bearbeiter*)

Kingreen, Thorsten, Die verfassungsrechtliche Stellung der nichtehelichen Lebensgemeinschaft im Spannungsfeld zwischen Freiheits- und Gleichheitsrechten, Berlin 1995

Koch, Bernhard A./Koziol, Helmut, Länderbericht Österreich, in: *Koch, Bernhard A./Koziol, Helmut* (Hrsg.), Compensation for personal injury in a comparative perspective, Wien 2003 (Zitiert: *Koch/Koziol* in Koch/Koziol)

Kötz, Hein/Wagner, Gerhard, Deliktsrecht, 11. Auflage, München 2010

Kreikebohm, Ralf (Hrsg.), SGB VI, Sozialgesetzbuch, Gesetzliche Rentenversicherung, 3. Auflage, München 2008 (Zitiert: Kreikebohm/*Bearbeiter*, SGB VI)

Kreikebohm, Ralf (Hrsg.), Kommentar zum Sozialrecht, 2. Auflage, München 2011 (Zitiert: Kreikebohm/*Bearbeiter*, Sozialrecht)

Krings, Günter, Die „eingetragene Lebenspartnerschaft" für gleichgeschlechtliche Paare, Der Gesetzgeber zwischen Schutzabstandsgebot und Gleichheitssatz, ZRP 2000, 409

Krings, Günter, Verfassungsrechtliche Vorgaben für eine rechtliche Ordnung nichtehelicher Lebensgemeinschaften, FPR 2001, 7

Kuhlen, Lothar, Typuskonzeptionen in der Rechtstheorie, Berlin 1977

Kunigk, Fritz, Rechtliche Probleme der alternativen Lebensgemeinschaft, Jura 1980, 512

Küppersbusch, Gerhard, Ersatzansprüche bei Personenschaden, Eine praxisbezogene Anleitung, 11. Auflage, München 2013

Lange, Hermann, Anmerkung zu BGH, Urteil vom 19.06.1984, VI ZR 301/82, JZ 1985, 90

Larenz, Karl, Methodenlehre der Rechtswissenschaft, 6. Auflage, Berlin 1991

Larenz, Karl/Canaris, Claus-Wilhelm, Methodenlehre der Rechtswissenschaft, 3. Auflage, Berlin 1995

Larenz, Karl/Canaris, Claus-Wilhelm, Lehrbuch des Schuldrechts, Band II/2, BT, 13. Auflage, München 1994

Leenen, Detlef, Typus und Rechtsfindung, Die Bedeutung der typologischen Methode für die Rechtsfindung dargestellt am Vertragsrecht des BGB, Berlin 1971

Leisner, Walter, Steuer- und Eigentumswende, die Einheitswert-Beschlüsse des Bundesverfassungsgerichts, NJW 1995, 2591

Lieb, Manfred, Empfiehlt es sich, die rechtlichen Fragen der nichtehelichen Lebensgemeinschaft gesetzlich zu regeln?, Gutachten A für den 57. Deutschen Juristen Tag, München 1988

Löhnig, Martin, Der Haushaltsführungsschaden des Mitglieds einer Solidargemeinschaft, FamRZ 2005, 2030

Lübbersmann, Sascha (Hrsg.), Alpmann Brockhaus Fachlexikon Recht, 2. Auflage, Münster 2005 (Zitiert: Alpmann/Brockhaus, Fachlexikon Recht)

Lund-Andersen, Ingrid, Länderbericht Dänemark, in: *Scherpe, Jens M./Yassari, Nadjma* (Hrsg.), Die Rechtsstellung nichtehelicher Lebensgemeinschaften, S. 455, Tübingen 2005 (Zitiert: Scherpe/Yassari/*Lund-Andersen*)

Mangoldt, Hermann v./Klein, Friedrich /Starck, Christian (Hrsg.), Grundgesetz, Band 1, Präambel, Art. 1 bis 19 GG, 6. Auflage, München 2010 (Zitiert: v. Mangoldt/Klein/Starck/*Bearbeiter*)

Martens, Klaus-Peter, Rechtsgeschäft und Drittinteressen, AcP 177 (1977), 113

Martiny, Dieter, Rechtsprobleme der nichtehelichen Lebensgemeinschaft während ihres Bestehens nach deutschem Recht, in: *Scherpe, Jens M./Yassari, Nadjma* (Hrsg.), Die Rechtsstellung nichtehelicher Lebensgemeinschaften, S. 79, Tübingen 2005 (Zitiert: Scherpe/Yassari/*Martiny*)

Maunz, Theodor/Dürig, Günter (Hrsg.), Grundgesetz Kommentar, 64. Ergänzungslieferung, München 2012 (Zitiert: Maunz/Dürig/*Bearbeiter*)

Maus, Wolfgang, Scheidung ohne Trauschein, Die vermögensrechtliche Auseinandersetzung bei Beendigung einer nichtehelichen Lebensgemeinschaft, Frankfurt am Main, New York 1984

Medicus, Dieter/Lorenz, Stephan, Schuldrecht I, Allgemeiner Teil, 20. Auflage, München 2012

Merten, Detlef, Eheliche und nichteheliche Lebensgemeinschaften unter dem Grundgesetz, in: *Isensee, Josef/Lecheler, Helmut* (Hrsg.), Freiheit und Eigentum, Festschrift für Walter Leisner zum 70. Geburtstag, Berlin 1999

Messerle, Alexandra, Zivilrechtliche Probleme der nichtehelichen Lebensgemeinschaft, JuS 2001, 28

Monstadt, Barbara, Unterhaltsrenten bei Tötung eines Ehegatten, Rechtsgrundlage und Berechnung, Baden-Baden 1992

Müller, Rembert, Die „eheähnliche Gemeinschaft" Gleichgeschlechtlicher, Härtegrund nach § 1579 Nr. 7 BGB?, FuR 2002, 441

Münch, Eva-Marie v., Für eine gesetzliche Regelung rechtlicher Fragen nichtehelicher Lebensgemeinschaften, ZRP 1988, 327

Münch, Ingo v., Verfassungsrecht und nichteheliche Lebensgemeinschaft, in: *Landwehr, Götz* (Hrsg.), Die nichteheliche Lebensgemeinschaft, S. 137, Göttingen 1978 (Zitiert: Landwehr/*Ingo v. Münch*)

Münch, Ingo v./Kunig, Philip (Hrsg.), Grundgesetz, Band 1 (Präambel bis Art. 69 GG), 6. Auflage, München 2012 (Zitiert: v. Münch/Kunig/*Bearbeiter*)

Münchner Kommentar, Bürgerliches Gesetzbuch, *Säcker, Franz Jürgen/Rixecker, Roland* (Hrsg.), München

- Band 2, §§ 241-432 BGB, 6. Auflage, 2012
- Band 4, §§ 611-704 BGB, 6. Auflage, 2012
- Band 5, §§ 705-853 BGB, 5. Auflage, 2009
- Band 7, §§ 1297-1588 BGB, 6. Auflage, 2013

– Band 7, §§ 1297-1588 BGB, 4. Auflage, 2000
– Band 9, §§ 1922-2385 BGB, 5. Auflage, 2010
(Zitiert: MüKo/*Bearbeiter*, BGB)

Münchner Kommentar, Zivilprozessordnung, *Rauscher, Thomas/Wax, Peter/ Wenzel, Joachim* (Hrsg.), München
– Band 1, §§ 1-510c ZPO, 4. Auflage, 2013
– Band 2, §§ 511-945 ZPO, 4. Auflage, 2012
(Zitiert: MüKo/*Bearbeiter*, ZPO)

Münchner Kommentar, Insolvenzordnung, *Kirchhof, Hans-Peter/Lwowski, Hans-Jürgen/Stürner, Rolf* (Hrsg.), Band 1, §§ 1-79 InsO, 3. Auflage, München 2013 (Zitiert: MüKo/*Bearbeiter*, InsO)

Musielak, Hans-Joachim (Hrsg.), Zivilprozessordnung, 10. Auflage, München 2013 (Zitiert: Musielak/*Bearbeiter*)

Nave-Herz, Rosemarie, Die nichteheliche Lebensgemeinschaft, – eine soziologische Analyse –, FPR 2001, 3

Oftinger, Karl/Stark, Emil, Schweizerisches Haftpflichtrecht, Band 1, Allgemeiner Teil, 5. Auflage, Zürich 1995

Ohlenburger-Bauer, Karin, Die eheähnliche Gemeinschaft, Eine vergleichende Betrachtung ihrer Rechtslage und Rechtswirkungen in Frankreich und Deutschland, Köln 1977

Palandt, Otto (Hrsg.), Bürgerliches Gesetzbuch, 72. Auflage, München 2013 (Zitiert: Palandt/*Bearbeiter*)

Papier, Hans-Jürgen, Besteuerung und Eigentum, DVBl 1980, 787

Pardey, Frank, Die nichteheliche Lebensgemeinschaft im Versicherungs- und Verkehrsrecht – Teil 2, Der Hausarbeitsschaden in der nichtehelichen Lebensgemeinschaft, ZfS 2007, 303

Pauly, Walter, Sperrwirkung des verfassungsrechtlichen Ehebegriffs, NJW 1997, 1955

Pawlowski, Hans-Martin, Abschied von der „bürgerlichen Ehe"?, JZ 1998, 1032

Pfeiffer, Christian, Die Entwürfe für ein neues österreichisches Schadensersatzrecht – Fortschritt für Österreich und Vorbild für Deutschland?, Eine Untersuchung der Entwürfe unter besonderer Berücksichtigung der Principles of European Tort Law und der Tort Law Principles des DCFR, Hamburg 2011 (Zitiert: *Christian Pfeiffer*, Die Entwürfe für ein neues österreichisches Schadensersatzrecht)

Pfeiffer, Robert, Eigentumsverhältnisse an beweglichen Sachen in der nichtehelichen Lebensgemeinschaft, Osnabrück 2001 (Zitiert: *Robert Pfeiffer*, Eigentumsverhältnisse an beweglichen Sachen in der nichtehelichen Lebensgemeinschaft)

Pieroth, Bodo/Schlink, Bernhard, Grundrechte, Staatsrecht II, 28. Auflage, Heidelberg 2012

Picker, Eduard, Positive Forderungsverletzung und culpa in contrahendo – Zur Problematik der Haftungen „zwischen“ Vertrag und Delikt, AcP 183 (1983), 369

Pintens, Walter, Länderbericht Belgien, in: *Scherpe, Jens M./Yassari, Nadjma* (Hrsg.), Die Rechtsstellung nichtehelicher Lebensgemeinschaften, S. 277, Tübingen 2005 (Zitiert: Scherpe/Yassari/*Pintens*)

Plagemann, Jochen, Die nichteheliche Lebensgemeinschaft in der Sozialversicherung, ZVersWiss 1988, 187

Plog, Ernst/Wiedow, Alexander (Hrsg.), Bundesbeamtengesetz (BBG), Köln
- Band 2, BeamtVG, 320. EL, 2012
- Band 3, BBesG, 320. EL, 2012

(Zitiert: Plog/Wiedow/*Bearbeiter*, Band)

Proff zu Irnich, Maximilian Freiherr v., Die nichteheliche Lebensgemeinschaft in der Kautelarpraxis, RNotZ 2008, 313

Prütting, Hanns/Wegen, Gerhard/Weinreich, Gerd (Hrsg.), Bürgerliches Gesetzbuch, 8. Auflage, Köln 2013 (Zitiert: Prütting/Wegen/Weinreich/*Bearbeiter*)

Raddatz, Manfred, Die zivilrechtliche Rechtsstellung des Überlebenden nichtehelichen Partners, Eine Untersuchung über die erb- und wohnrechtliche Situation des überlebenden Partners sowie die Auseinandersetzung über Geldkonten im Todesfall, Bremen 1985

Rauscher, Thomas, Familienrecht, 2. Auflage, Heidelberg 2008

Reidel, Clemens, Referat zum Arbeitskreis I: Ansprüche naher Angehöriger von Unfallopfern, 50. VGT, S. 1, Köln 2012

Renesse, Margot v., Ein rechtliches Dach für Wohn- und Lebensgemeinschaften!, ZRP 1996, 212

Rijavec, Vesna/Kraljić Suzana, Länderbericht Slowenien, in: *Scherpe, Jens M./ Yassari, Nadjma* (Hrsg.), Die Rechtsstellung nichtehelicher Lebensgemeinschaften, S. 375, Tübingen 2005 (Zitiert: Scherpe/Yassari/*Rijavec/Kraljić*)

Robbers, Gerhard, Eingetragene Lebenspartnerschaften – Verfassungsrechtliche Überlegungen, JZ 2001, 779

Röhl, Klaus F./Röhl, Hans Christian, Allgemeine Rechtslehre, Ein Lehrbuch, 3. Auflage, München 2008

Rolfs, Christian/Giesen, Richard/Kreikebohm, Ralf/Udsching, Peter (Hrsg.), Beck'scher Online-Kommentar, Sozialrecht, Edition 28, München 2012 (Zitiert: BeckOK/*Bearbeiter*, SozR)

Röthel, Anne, Ehe und Lebensgemeinschaft im Personenschadensrecht, Zum deliktischen Schutz von Unterhaltsbeziehungen de lege lata und de lege ferenda, NZV 2001, 329

Roth-Stielow, Klaus, Rechtsfragen des ehelosen Zusammenlebens von Mann und Frau, JR 1978, 233

Ruland, Franz, Rente für die „nichteheliche Witwe"?, NJW 1995, 3234

Rummel, Eberhard v., Ersatz von Vermögensschäden bei widerrechtlicher Tötung oder Tod des körperlich Verletzten nach englischem und amerikanischem Recht, verglichen mit dem deutschen Recht, Karlsruhe 1979

Rummel, Peter (Hrsg.), Allgemeines Bürgerliches Gesetzbuch in zwei Bänden, Band 2, Teilband 1, §§ 1175-1502 ABGB, 3. Auflage, Wien 2007 (Zitiert: Rummel/*Bearbeiter*)

Rüthers, Bernd/Fischer, Christian/Birk, Axel, Rechtstheorie mit Juristischer Methodenlehre, 6. Auflage, München 2011

Rüßmann, Helmut, Buchbesprechung zu Methodenlehre der Rechtswissenschaft, Larenz, Karl/Canaris Claus Wilhelm (Hrsg.), 3. Auflage, 1995, NJW 1995, 1264

Ryrstedt, Eva, Länderbericht Schweden, in: *Scherpe, Jens M./Yassari, Nadjma* (Hrsg.), Die Rechtsstellung nichtehelicher Lebensgemeinschaften, S. 415, Tübingen 2005 (Zitiert: Scherpe/Yassari/*Ryrstedt*)

Sachs, Michael, Die Maßstäbe des allgemeinen Gleichheitssatzes – Willkürverbot und sogenannte neue Formel, JuS 1997, 124

Sachs, Michael (Hrsg.), Grundgesetz, 6. Auflage, München 2011 (Zitiert: Sachs/*Bearbeiter*)

Scherpe, Jens M., Rechtsvergleichende Gesamtwürdigung – Empfehlungen zur Rechtsstellung nichtehelicher Lebensgemeinschaften, in: *Scherpe, Jens M./Yassari, Nadjma* (Hrsg.), Die Rechtsstellung nichtehelicher Lebensgemeinschaften, S. 571, Tübingen 2005 (Zitiert: Scherpe/Yassari/*Scherpe*)

Schewe-Gerigk, Irmingard/Beck, Volker, Nichteheliche Lebensgemeinschaften gesetzlich anerkennen – Überlegungen zur anstehenden Reform, in: *Bündnis 90/Die Grünen Bundestagsfraktion* (Hrsg.), Nichteheliche Lebensgemeinschaften, Reformbedarf und Reformüberlegungen, Dokumentation der Anhörung vom 24.3.2003 in Berlin, S. 3 (Zitiert: *Schewe-Gerigk/Beck* in die Bundestagsfraktion von Bündnis90/Die Grünen in Nichteheliche Lebensgemeinschaft – Reformbedarf und Reformüberlegungen)

Schirmer, Helmut, Die nichteheliche Lebensgemeinschaft im Versicherungs- und Verkehrsrecht, Motto: Tempora mutantur et nos in illis!, DAR 2007, 2

Schirmer, Jörg, Ausdehnung des Familienprivilegs (§§ 67 II VVG, 116 VI SGB X) auf eheähnliche Lebensgemeinschaften, DAR 1988, 289

Schlüter, Andreas/Belling, Claus, Die nichteheliche Lebensgemeinschaft und ihre vermögensrechtliche Abwicklung, FamRZ 1986, 405

Schlüter, Wilfried, BGB – Familienrecht, 14. Auflage, Heidelberg 2012

Schneider, Egon/Schnapp, Friedrich E., Logik für Juristen, Die Grundlagen der Denklehre und der Rechtsanwendung, 7. Auflage, München 2012

Scholz, Rupert/Uhle, Arnd, „Eingetragene Lebenspartnerschaft“ und Grundgesetz, NJW 2001, 393

Schreiber, Christiane, Definition der nichtehelichen Lebensgemeinschaft, FPR 2001, 12

Schubel, Christian, Ansprüche Unterhaltsberechtigter bei Tötung des Verpflichteten zwischen Delikts-, Familien- und Erbrecht, AcP 198 (1998), S. 1

Schulte-Nölke, Hans, Arbeiten an einem europäischen Vertragsrecht – Fakten und populäre Irrtümer, NJW 2009, 2161

Schulz, Werner, Vermögensauseinandersetzung der nichtehelichen Lebensgemeinschaft, FamRZ 2007, 593

Schulze, Reiner/Dörner, Heinrich/Ebert, Ina/Hoeren, Thomas/Kemper, Rainer/ Saenger, Ingo/Schreiber, Klaus/Schulte-Nölke, Hans/Staudinger, Ansgar (Hrsg.), Bürgerliches Gesetzbuch, Handkommentar
- 7. Auflage, Baden-Baden 2012
- 6. Auflage, Baden-Baden 2009

(Zitiert: Schulze/*Bearbeiter*)

Schumacher, Klaus, Zum gesetzlichen Regelungsbedarf für nichteheliche Lebensgemeinschaften, FamRZ 1994, 857

Schwab, Dieter, Alles, nur nicht eheähnlich!, Eine Szene aus dem Rechtsleben, FamRZ 2003, 16

Schwab, Dieter, Zivilrecht und nichteheliche Lebensgemeinschaft, in: *Landwehr, Götz* (Hrsg.), Die nichteheliche Lebensgemeinschaft, S. 61, Göttingen 1978 (Zitiert: Landwehr/*Schwab*)

Schwenzer, Ingeborg, Gesetzliche Regelung der Rechtsprobleme nichtehelicher Lebensgemeinschaften?, JZ 1988, 781

Schwenzer, Ingeborg, Vom Status zur Realbeziehung, Familienrecht im Wandel, Baden-Baden 1987 (Zitiert: *Schwenzer*)

Schwenzer, Ingeborg, Schweizerisches Obligationenrecht, Allgemeiner Teil, 4. Auflage, Bern 2006 (Zitiert: *Schwenzer,* Schweizerisches Obligationenrecht, Allgemeiner Teil)

Schwenzer, Ingeborg, Grundlinien eines modernen Familienrechts aus rechtsvergleichender Sicht, RabelsZ 71 (2007), 705

Soergel, Hans Theodor/Siebert, Wolfgang (Hrsg.), Bürgerliches Gesetzbuch, Stuttgart
- §§ 823-853BGB, Schuldrecht 10, 13. Auflage, 2005
- §§ 1297-1588 BGB, Familienrecht I, 12. Auflage, 1988

(Zitiert: Soergel/*Bearbeiter*)

Stab, Ulrike, Was ist eine nichteheliche Lebensgemeinschaft?, ZRP 1988, 355

Staudinger, Julius v. (Hrsg.), Bürgerliches Gesetzbuch, Berlin
- §§ 249-254 BGB, Schadensersatzrecht, Neubearbeitung 2005
- §§ 613a-619a BGB, Dienstvertragsrecht 2, Neubearbeitung 2011
- §§ 840-853 BGB, Unerlaubte Handlungen 5, Neubearbeitung 2007
- Einleitung zum Familienrecht; §§ 1297-1352 BGB; Anhang zu §§ 1297 ff. BGB (Eheschließung, Faktische Lebensgemeinschaft), Neubearbeitung 2012
- Einleitung zum Familienrecht; §§ 1297-1352 BGB; Anhang zu §§ 1297 ff. BGB (Eheschließung, Faktische Lebensgemeinschaft), 13. Bearbeitung 2000
- §§ 1353-1362, Wirkungen der Ehe im Allgemeinen, Neubearbeitung 2012
- §§ 1967-2063 BGB, Rechtsstellung des Erben, Neubearbeitung 2010
- Eckpfeiler des Zivilrechts, Neubearbeitung 2012

(Zitiert: Staudinger/*Bearbeiter*)

Staudinger, Ansgar, Referat zum Arbeitskreis I: Ansprüche naher Angehöriger von Unfallopfern, 50. VGT, S. 11, Köln 2012

Steeg, Stefan, Analogie und nichteheliche Lebensgemeinschaft am Beispiel des § 1362 Abs. 1 BGB, Mannheim 2009

Steiner, Udo, Zum Ehebild in der jüngeren Rechtsprechung des Bundesverfassungsgerichts, in: *Hofer, Sibylle/Klippel, Dietkelm/Walter, Uwe* (Hrsg.), Perspektiven des Familienrechts, Festschrift für Dieter Schwab, Zum 70. Geburtstag am 15. August 2005, Bielefeld 2005

Stintzing, Heike, Nichteheliche Lebensgemeinschaft und rechtliche Regelung – ein Widerspruch?, Eine konzeptionelle Betrachtung des deutschen und australischen Rechts unter besonderer Berücksichtigung der verfassungsrechtlichen Problematik, Berlin 1992

Strätz, Hans-Wolfgang, Rechtsfragen des Konkubinats im Überblick, FamRZ 1980, 301

Striewe, Peter, Ausländisches und internationales Privatrecht der nichtehelichen Lebensgemeinschaft, Köln 1986

Stückradt, Volker, Rechtswirkungen eheähnlicher Verhältnisse, Frankfurt 1963

Tilch, Horst/Arloth, Frank, Deutsches Rechtslexikon, Band II, G-P, 3. Auflage, München 2001

Trimbach, Herbert/El Alami, Assem, Die nichteheliche Lebensgemeinschaft – eine Herausforderung für den Gesetzgeber, NJ 1996, 62

Uhlenbruck, Wilhelm (Hrsg.), Insolvenzordnung, 13. Auflage, München 2010 (Zitiert: Uhlenbruck/*Bearbeiter*)

Vogelgesang, Klaus, Verfassungsrecht, in: *Hausmann, Rainer/Hohloch, Gerhard* (Hrsg.), Das Recht der nichtehelichen Lebensgemeinschaft, 2. Auflage, Berlin 2004 (Zitiert: Hausmann/Hohloch/*Vogelgesang*)

Voß, Sabine, Ein Gesetzesvorschlag für die vermögens- und unterhaltsrechtliche Auseinandersetzung nichtehelicher Lebensgemeinschaften in Deutschland,

Nach dem Beispiel des De Facto Relationships Act 1984 von Neusüdwales/ Australien, Berlin 1993

Wagner, Gerhard, Ersatz immaterieller Schäden: Bestandsaufnahme & europäische Perspektiven, JZ 2004, 319

Wäßle, Florian, Das Vermögen als Gegenstand der Eigentumsgarantie: Zugleich eine Untersuchung der Eigentumsdogmatik des Bundesverfassungsgerichts, Berlin 2000

Weimar, Peter, Der Begriff des Versorgers nach Art. 45 Abs. 3 OR, in: *Forstmoser, Peter/Giger, Hans/Heini, Anton u. a.* (Hrsg.), Festschrift für Max Keller zum 65. Geburtstag, Beiträge zum Familien- und Vormundschaftsrecht, Schuldrecht, Internationalen Privatrecht, Verfahrens-, Banken-, Gesellschafts-, und Unternehmensrecht, zur Rechtsvergleichung und zum Steuerrecht, S. 337, Zürich 1989

Wellenhofer, Marina, Familienrecht, 2. Auflage, München 2011

Wellenhofer, Marina, Freiheit der Lebensformen im Lichte des Artikel 6 GG – Gesetzliche Regelung der nichtehelichen Lebensgemeinschaft?, FF 2008, 350

Wellenhofer, Marina, Regelungslücken bei der nichtehelichen Lebensgemeinschaft?, AnwBl 2008, 559

Westermann, Harm Peter/Bydlinski, Peter/Weber, Ralph, BGB – Schuldrecht, Allgemeiner Teil, 7. Auflage, Heidelberg 2010

Westermann, Harm Peter (Hrsg.), Bürgerliches Gesetzbuch: Handkommentar, Köln

- Band 1, §§ 1-758 BGB, 13. Auflage, 2011
- Band 2, §§ 759-2385 BGB, 13. Auflage, 2011

(Zitiert: Erman/*Bearbeiter*)

Wichelhaus, Peter, Die Ersatzansprüche der Angehörigen des Geschädigten im amerikanischen Deliktsrecht, Rechtsvergleichende Untersuchungen zu den §§ 844-846 BGB, Münster 1978

Winde, Barbara, Regelungsbedarf und Regelungsmöglichkeiten bei nichtehelichen Lebensgemeinschaften unterschiedlichen Typs, Berlin 2002

Witt, Siegfried de/Huffmann, Johann-Friedrich, Nichteheliche Lebensgemeinschaft, 2. Auflage, München 1986

Witte, Henning, Landesbericht Schweden, in: *Bar, Christian v.* (Hrsg.), Deliktsrecht in Europa, S. 3, Köln 1993 (Zitiert: v. Bar/*Witte*, Deliktsrecht in Europa)

Wussow, Werner (Hrsg.), Unfallhaftpflichtrecht: Gesamtdarstellung, 15. Auflage, Köln 2002 (Zitiert: Wussow/*Bearbeiter*)

Zippelius, Reinhold, Verfassungsgarantie und sozialer Wandel – Das Beispiel von Ehe und Familie, DÖV 1986, 805

Zöller, Richard/Geimer, Reinhold (Hrsg.), Zivilprozessordnung, 29. Auflage, Köln 2012 (Zitiert: Zöller/*Bearbeiter*)

Abkürzungsverzeichnis

a.A.	andere Ansicht
a.F.	alte Fassung
ABGB	Allgemeines Bürgerliches Gesetzbuch (Österreich)
Abs.	Absatz
AcP	Archiv für die civilistische Praxis
AFG	Arbeitsförderungsgesetz
AG	Amtsgericht
AgrStatG	Gesetz über Agrarstatistiken
AK	Arbeitskreis
AMG	Arzneimittelgesetz
AnwBl	Anwaltsblatt
Art.	Artikel
AtomG	Atomgesetz
AVAVG	Gesetz über Arbeitsvermittlung und Arbeitslosenversicherung
BayObLG	Bayerisches Oberstes Landgericht
BBesG	Bundesbesoldungsgesetz
BBG	Bundesbeamtengesetz
BeamtVG	Beamtenversorgungsgesetz
BeckOK	Beck'scher Online Kommentar
BerRehaG	Gesetz über den Ausgleich beruflicher Benachteiligungen für Opfer politischer Verfolgung im Beitrittsgebiet
BFHE	Entscheidungen des Bundesfinanzhofs
BGB	Bürgerliches Gesetzbuch
BGBl.	Bundesgesetzblatt
BGE	Entscheidungen des Bundesgerichts (Schweiz)
BGH	Bundesgerichtshof
BGHZ	Entscheidungen des Bundesgerichtshofs in Zivilsachen
BKGG	Bundeskindergeldgesetz
BSG	Bundessozialgericht
BSGE	Entscheidungen des Bundessozialgerichts
BSHG	Bundessozialhilfegesetz

BT	Besonderer Teil
Bt.-Drucks.	Bundestagsdrucksache
BVerfG	Bundesverfassungsgericht
BVerfGE	Entscheidungen des Bundesverfassungsgerichts
BVerwG	Bundesverwaltungsgericht
BVerwGE	Entscheidungen des Bundesverwaltungsgerichts
BW	Burgerlijk Wetboek (Niederlande)
bzw.	beziehungsweise
CC	Code Civil (Frankreich)
d.h.	das heißt
DAR	Deutsches Autorecht
DCFR	Draft Common Frame of References
ders.	derselbe
dies.	dieselbe
DJT	Deutscher Juristentag
DM	Deutsche Mark
DÖV	Deutsche Öffentliche Verwaltung
DVBl	Deutsches Verwaltungsblatt
EL	Ergänzungslieferung
EntschRentG	Entschädigungsrentengesetz
EStG	Einkommenssteuergesetz
f.	folgende
FamRZ	Zeitschrift für das Gesamte Familienrecht
FF	Forum Familienrecht
ff.	fortfolgende
Fn.	Fußnote
FPR	Familie Partnerschaft Recht
FRG	Fremdrentengesetz
FS	Festschrift
FuR	Familie und Recht
GenTG	Gentechnikgesetz
GewSchG	Gewaltschutzgesetz
GG	Grundgesetz
HPflG	Haftpflichtgesetz
Hrsg.	Herausgeber
HT	Hauptteil
i.e.S.	im engeren Sinn
i.H.v.	in Höhe von
i.S.d.	im Sinne des
i.V.m.	in Verbindung mit

InfektSchutzG	Infektionsschutzgesetz
InsO	Insolvenzordnung
JR	Juristische Rundschau
Jura	Juristische Ausbildung
JuS	Juristische Schulung
JW	Juristische Woche
JZ	JuristenZeitung
Kap.	Kapitel
KG	Kammergericht
KZfSS	Kölner Zeitschrift für Soziologie und Sozialpsychologie
LG	Landgericht
lit.	litera
LPartG	Lebenspartnerschaftsgesetz
LSG	Landessozialgericht
LuftVG	Luftverkehrsgesetz
m.w.N.	mit weiteren Nachweisen
m.w.RsprN.	mit weiteren Rechtsprechungsnachweisen
MADG	Gesetz über den militärischen Abschirmdienst
MDR	Monatsschrift Deutschen Rechts
MüKo	Münchner Kommentar
n.F.	neue Fassung
NJ	Neue Justiz
NJW	Neue Juristische Wochenschrift
NJW-RR	NJW-Rechtsprechungs-Report
Nr.	Nummer
NZV	Neue Zeitschrift für Verkehrsrecht
OEG	Opferentschädigungsgesetz
OLG	Oberlandesgericht
OR	Obligationenrecht (Schweiz)
PETL	Principles of European Tort Law
PflegeZG	Pflegezeitgesetz
ProdHaftG	Produkthaftungsgesetz
RabelsZ	Rabels Zeitschrift
RG	Reichsgericht
RGBl.	Reichsgesetzblatt
RGZ	Entscheidungen des Reichsgerichts in Zivilsachen
Rn.	Randnummer
RPfleger	Der Rechtspfleger
Rspr	Rechtsprechung
Rz.	Randziffer

S.	Seite
SG	Sozialgericht
SGB	Sozialgesetzbuch
SozR	Sozialrecht
St.	Ständig(e)
StrRehaG	Gesetz über die Rehabilitierung und Entschädigung von Opfern rechtsstaatswidriger Strafverfolgungsmaßnahmen im Beitrittsgebiet
StVG	Straßenverkehrsgesetz
SVG	Soldatenversorgungsgesetz
SVR	Straßenverkehrsrecht
UmweltHaftG	Umwelthaftungsgesetz
v.	von
VersR	Zeitschrift für Versicherungsrecht
VGH	Verwaltungsgerichtshof
vgl.	vergleiche
VGT	Verkehrsgerichtstag
VVDStRL	Veröffentlichungen der Vereinigung der Deutschen Strafrechtslehrer
VVG	Versicherungsvertragsgesetz
WRV	Weimarer Reichsverfassung
z.B.	zum Beispiel
ZDG	Zivildienstgesetz
ZEuP	Zeitschrift für Europäisches Privatrecht
ZfS	Zeitschrift für Schadensrecht
ZPO	Zivilprozessordnung
ZRP	Zeitschrift für Rechtspolitik
ZVersWiss	Zeitschrift für die gesamte Versicherungswirtschaft

Studien zum deutschen und internationalen Familien- und Erbrecht

Herausgegeben von Martin Lipp, Christoph Benicke, Marina Wellenhofer und Bettina Heiderhoff

Band 1 Jessica Kriewald: Statusrelevante Erklärungen des Familienrechts. 2009.

Band 2 Martin Gilbert: Unmoralische Angebote, Grundrechtskitsch und die kalte Hand des Erblassers. 2009.

Band 3 Anja Vellmer: Religiöse Kindererziehung und religiös begründete Konflikte in der Familie. Eine rechtsübergreifende Darstellung familiärer religiöser Konflikte und der staatlichen Instrumentarien zu ihrer Lösung. 2010.

Band 4 Uta Heidenreich: Auskunfts- und Wertermittlungsansprüche des Pflichtteilsberechtigten. 2010.

Band 5 Ulla Möhn: Vertrauensschutz im intertemporalen Scheidungsunterhaltsrecht. Zugleich eine Analyse des § 36 Nr. 1 EGZPO. 2010.

Band 6 Gabriele Metternich: Verfügungsverhalten von Erblassern. Eine empirische Untersuchung als Beitrag zur Rechtstatsachenforschung und Reformdiskussion auf dem Gebiet des Erbrechts. 2010.

Band 7 Patrick Schroer: Europäischer Erbschein. Mit rechtsvergleichender Darstellung. 2010.

Band 8 Isabella Toscano: Ehescheidungen mit grenzüberschreitendem Bezug. Von divergierenden nationalen Scheidungsvoraussetzungen zu einem einheitlichen europäischen Scheidungsrecht? 2011.

Band 9 Ulrich Kühle: Die gerichtliche Überprüfung von Erb- und Pflichtteilsverzichtsverträgen im Spiegel ehevertraglicher Inhaltskontrolle. 2011.

Band 10 Gregor Blüm: Härtefälle im Recht des Versorgungsausgleichs. Eine legitimationszentrierte Untersuchung der Rechtsprechung zur Generalklausel des § 1587c Nr. 1 BGB a. F. unter Berücksichtigung der Neuerungen in der Härtefallregelung des § 27 VersAusglG. 2011.

Band 11 Linda Schlegel: Die Bedeutung des vorehelichen Zusammenlebens im Scheidungsfolgenrecht. 2011.

Band 12 Tobias Breitling: Rechtsfolgen von sittenwidrigen Bedingungen in Verfügungen von Todes wegen. Erblasserwille und objektives Recht. 2012.

Band 13 Anja Sommer: Das Verhältnis von Familiengericht und Jugendamt. Kooperation zum Wohle des Kindes? 2012.

Band 14 Pia Maria Schulze: Das deutsche Kindschafts- und Abstammungsrecht und die Rechtsprechung des EGMR. 2012.

Band 15 Sebastian Schaufert: Das Verbot der Doppelverwertung von Vermögenspositionen bei Unterhalt und Zugewinn. 2012.

Band 16 Natalie Ivanits: Die Stellung des Kindes in auf Einvernehmen zielenden gerichtlichen und außergerichtlichen Verfahren in Kindschaftssachen. 2012.

Band 17 Robert Bauer: Die Neuerungen im ehelichen Güterrecht. Eine kritische Untersuchung der Rechtslage nach der Reform von 2009. 2013.

Band 18 Birthe Schekahn: Tatsächliche Unterhaltsleistungen faktischer Lebensgefährten im Todesfall. Ein Vorschlag für eine Reform des § 844 Abs. 2 BGB und zugleich eine Definition der faktischen Lebensgemeinschaft. 2013.

www.peterlang.de

www.ingramcontent.com/pod-product-compliance
Ingram Content Group UK Ltd.
Pitfield, Milton Keynes, MK11 3LW, UK
UKHW021838290926
8980IPUK00004B/531

9 783631 642283